プリント形式のリアル過去問で本番の臨場感！

東京都

筑波大学附属駒場中学校

2025年春 受験用 解答集

本書は，実物をなるべくそのままに，プリント形式で年度ごとに収録しています。
問題用紙を教科別に分けて使うことができるので，本番さながらの演習ができます。

■ 収録内容

・解答集（この冊子です）

書籍ＩＤ番号，この問題集の使い方，最新年度実物データ，リアル過去問の活用，
解答例と解説，ご使用にあたってのお願い・ご注意，お問い合わせ

・2024（令和６）年度 ～ 2018（平成30）年度　学力検査問題

JN132588

○は収録あり

年度	'24	'23	'22	'21	'20	'19
■ 問題収録	○	○	○	○	○	○
■ 解答用紙	○	○	○	○	○	○
■ 配点						

全教科に解説
があります

上記に2018年度を加えた7年分を収録しています
注)国語問題文非掲載:2024年度の三，2022年度の一

問題文の非掲載につきまして

著作権上の都合により，本書に収録している過去入試問題の本文の一部を掲載しておりません。ご不便をおかけし，誠に申し訳ございません。
本文の一部を掲載できなかったことによる国語の演習不足を補うため，論説文および小説文の演習問題のダウンロード付録があります。弊社ウェブサイトから書籍ＩＤ番号を入力してご利用ください。
なお，問題の量，形式，難易度などの傾向が，実際の入試問題と一致しない場合があります。

教英出版

■ 書籍ＩＤ番号

入試に役立つダウンロード付録や学校情報などを随時更新して掲載しています。
教英出版ウェブサイトの「ご購入者様のページ」画面で，書籍ＩＤ番号を入力してご利用ください。

書籍ＩＤ番号　101413

（有効期限：2025年9月30日まで）

【入試に役立つダウンロード付録】
「要点のまとめ（国語／算数）」
「課題作文演習」ほか

■ この問題集の使い方

年度ごとにプリント形式で収録しています。針を外して教科ごとに分けて使用します。①片側，②中央のどちらかでとじてありますので，下図を参考に，問題用紙と解答用紙に分けて準備をしましょう（解答用紙がない場合もあります）。

針を外すときは，けがをしないように十分注意してください。また，針を外すと紛失しやすくなりますので気をつけましょう。

① 片側でとじてあるもの

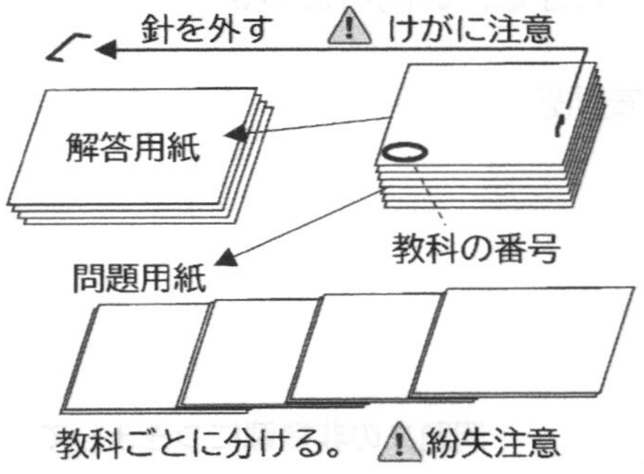

② 中央でとじてあるもの

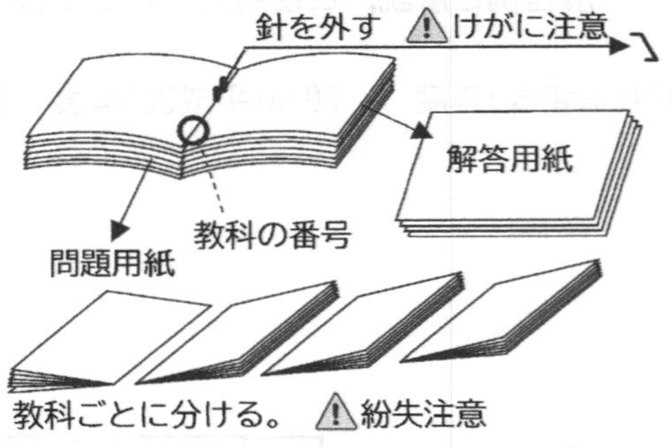

※教科数が上図と異なる場合があります。
解答用紙がない場合や，問題と一体になっている場合があります。
教科の番号は，教科ごとに分けるときの参考にしてください。

■ 最新年度 実物データ

実物をなるべくそのままに編集していますが，収録の都合上，実際の試験問題とは異なる場合があります。実物のサイズ，様式は右表で確認してください。

問題用紙	Ｂ４片面プリント
解答用紙	Ｂ４片面プリント

リアル過去問の活用

～リアル過去問なら入試本番で力を発揮することができる～

本番を体験しよう！

問題用紙の形式（縦向き / 横向き），問題の配置や余白など，実物に近い紙面構成なので本番の臨場感が味わえます。まずはパラパラとめくって眺めてみてください。「これが志望校の入試問題なんだ！」と思えば入試に向けて気持ちが高まることでしょう。

入試を知ろう！

同じ教科の過去数年分の問題紙面を並べて，見比べてみましょう。

①　問題の量

毎年同じ大問数か，年によって違うのか，また全体の問題量はどのくらいか知っておきましょう。どのくらいのスピードで解けば時間内に終わるのか，大問ひとつにかけられる時間を計算してみましょう。

②　出題分野

よく出題されている分野とそうでない分野を見つけましょう。同じような問題が過去にも出題されていることに気がつくはずです。

③　出題順序

得意な分野が毎年同じ大問番号で出題されていると分かれば，本番で取りこぼさないように先回りして解答することができるでしょう。

④　解答方法

記述式か選択式か（マークシートか），見ておきましょう。記述式なら，単位まで書く必要があるかどうか，文字数はどのくらいかなど，細かいところまでチェックしておきましょう。計算過程を書く必要があるかどうかも重要です。

⑤　問題の難易度

必ず正解したい基本問題，条件や指示の読み間違いといったケアレスミスに気をつけたい問題，後回しにしたほうがいい問題などをチェックしておきましょう。

問題を解こう！

志望校の入試傾向をつかんだら，問題を何度も解いていきましょう。ほかにも問題文の独特な言いまわしや，その学校独自の答え方を発見できることもあるでしょう。オリンピックや環境問題など，話題になった出来事を毎年出題する学校だと分かれば，日頃のニュースの見かたも変わってきます。

こうして志望校の入試傾向を知り対策を立てることこそが，過去問を解く最大の理由なのです。

実力を知ろう！

過去問を解くにあたって，得点はそれほど重要ではありません。大切なのは，志望校の過去問演習を通して，苦手な教科，苦手な分野を知ることです。苦手な教科，分野が分かったら，教科書や参考書に戻って重点的に学習する時間をつくりましょう。今の自分の実力を知れば，入試本番までの勉強の道すじが見えてきます。

試験に慣れよう！

入試では時間配分も重要です。本番で時間が足りなくなってあわてないように，リアル過去問で実戦演習をして，時間配分や出題パターンに慣れておきましょう。教科ごとに気持ちを切り替える練習もしておきましょう。

心を整えよう！

入試は誰でも緊張するものです。入試前日になったら，演習をやり尽くしたリアル過去問の表紙を眺めてみましょう。問題の内容を見る必要はもうありません。どんな形式だったかな？受験番号や氏名はどこに書くのかな？…ほんの少し見ておくだけでも，志望校の入試に向けて心の準備が整うことでしょう。

そして入試本番では，見慣れた問題紙面が緊張した心を落ち着かせてくれるはずです。

※まれに入試形式を変更する学校もありますが，条件はほかの受験生も同じです。心を整えてあせらずに問題に取りかかりましょう。

2024 解答例　筑波大学附属駒場中学校

令和６年度

《国　語》

一　問一．相手の体の下に角を入れ、木の幹からすくい上げて投げ飛ばすのに向いた、熊手のような形に進化させてきた。　問二．ウ，オ　問三．⑴オスは、精子の数を減らしてでも大きな武器を持つ方が、けんかに勝ってより多くのメスと交尾できる可能性が高まり、残せる子の数が増えるから。　⑵一度しか交尾しないメスは、武器を作るために多くのエネルギーを使うと、産卵数が減ってしまい、かえって自分の遺伝子を残す上で不利だから。

二　飛んで火に入る夏の虫

三　問一．作者は自分が何を書いているのかわかっていて、自分の気もちをことばで表現しているのだから、そのことばから作者の気もちが読み取れるはずだという考え。　問二．Ⓐイ　Ⓑイ　Ⓒア　問三．母の質問に、なかなか起きてこない「きみ」への不満がこめられているとすれば、それに対する答えには、起きるのがめんどうくさい、あるいはそんなことを言う母のことがうっとうしいという意味がこめられているかもしれないから。

問四．ことばの意味などわからないが、わかろうとしなくていいわけではないという「ぼく」のことばを聞き入れて、よくわからないながらも詩の意味を理解しようとしたことに、「きみ」の成長を感じ、うれしかったから。

問五．「きみ」の、よくわからない国語の問題について、ああでもないこうでもないと考え、少しでも正解に近いものを選ぼうとしたところ。

《算　数》

［１］　⑴63　⑵383　⑶543

［２］　⑴もっとも大きい数…54　もっとも小さい数…44　⑵42，54，56　⑶56，63，70，72

⑷もっとも大きい数…76　もっとも小さい数…40

［３］　⑴27秒後，69秒後　⑵６秒後，18秒後，33秒後，63秒後　⑶６秒後，21秒後，30秒後，51秒後

［４］　⑴$18\frac{4}{7}$　⑵$18\frac{4}{7}$cm，20 cm，21.25 cm　⑶20 cm，22 cm，$23\frac{1}{3}$cm，$24\frac{2}{7}$cm

《理　科》

1　1．ガラス棒でつける　2．B，E　3．気体がとけている

4．A．カ　B．オ　C．ウ　D．エ　E．ア　F．イ　G．キ

2　1．イ　2．ア　3．ア　4．ウ　5．ア

3　1．エ　2．①ア　②イ　③ウ

4　1．ア，ウ，オ，カ　2．イ，エ　3．ア，イ，ウ，キ，ク，ケ　4．①エ　②ウ　③イ　④ア

5　1．①○　②×　③○　④×　2．⑴ウ　⑵オ

6　1．⑴１　⑵３　2．⑶エ　⑷オ　3．⑸４　⑹４

《社　会》

1　1．a．9　b．1／防災　2．神奈川県…キ　山梨県…イ　千葉県…ア　3．ア，イ　4．ア，イ
5．イ，ウ　6．イ，エ

2　1．ウ，エ　2．イ，エ　3．ア，エ　4．ア，オ　5．東京都…ア，ウ，キ，エ　大阪府…イ，カ，オ
6．エ，オ　7．長い時間をかけてつくられた文化的資産を受け継いでいく必要があること。

3　1．ア，オ　2．イ，ウ　3．イ，オ　4．イ，ウ
5．ユネスコ／ＵＮＥＳＣＯ／国連教育科学文化機関 のうち1つ　6．ア，エ

2024 解説　筑波大学附属駒場中学校
令和６年度

《2024　国語　解説》

一　**問一**　ここでいう「武器」とは、カブトムシの場合はオスの大きな角である。カブトムシのけんかについては、次の段落で、「最初にオスは必ず相手の体の下に角を入れようとします。相手を木の幹からすくい上げ、引きはがすためです」「相手の体の下に角を挿入するやいなや、勢いよく頭部を後方にひねり、相手を投げ飛ばします」と説明されている。また、日本のカブトムシのオスの角は熊手のような形をしていて、日本のカブトムシの「戦いにもってこいの形をしていることから、けんかの様式と角の形はリンクして進化してきたと考えられます」とある。つまり、日本のカブトムシは、角を日本のカブトムシのけんかの様式に合う「熊手のような形」に進化させてきたのである。

問二　少し前に、「カブトムシとクワガタムシの活動のピークのシーズンはずれているため～両者が野外で出会う機会は～多くありません」とあるので、ウは適する。さらに少し前に、「本来カブトムシの角は～同種のオスを打ち負かすために進化してきた武器です」とあるので、オも適する。

問三(1)　大きな武器を作るには、多くのエネルギーが必要であり、コストがかかる。「精子は卵よりも“安価”に生産できる」ため、大きい武器を作ることでコストがかかり、「作れる精子の数が少々減ったとしても」より多くのメスと交尾できる可能性が高まる。「交尾相手の数が増えれば増えるほど、残せる子の数が増えてゆ」くため、オスの場合は、「大きい角を持つことで、それを作るためのコストを上回る利益が得られ」るのである。

(2)　(1)の解説も参照。メスの場合も、大きな武器を作るには多くのエネルギーが必要であり、コストがかかる。オスと違うのは、「メスは交尾相手の数が増えても産卵数は増え」ないという点である。加えて、カブトムシのメスは一度しか交尾しない。そのため、大きな武器を作るために、「繁殖《はんしょく》に割《さ》くエネルギーが目減りし、産卵数が減ること」は、「自分の遺伝子《いでんし》を残すうえで不利にな」るのである。

三　著作権上の都合により文章を掲載《けいさい》しておりませんので、解説も掲載しておりません。ご不便をおかけし、誠に申し訳ございません。

《2024　算数　解説》

［1］

(1)　**【解き方】🄱＝26であれば，🄲＝９，🄳＝２を満たす。**

37で割ると余りが26になる数をＰとすると，Ｐの値《あたい》は整数ｐを用いてＰ＝37×ｐ＋26と表せる。ｐ＝０のときにＰは最小値26となるので，２番目に小さい値はｐ＝１のときのＰ＝37×１＋26＝**63**である。

(2)　**【解き方】🄳＝２のとき，🄲＝７×ｑ＋２（ｑは整数）と表せる。同様に，🄱，🄰の値も文字を使って表す。**

🄲は17未満の整数だから，ｑは０，１，２のいずれかなので，条件に合う🄲は２，９，16の３個ある。

よって，🄱＝17×ｒ＋ｓ（ｒは整数，ｓは２，９，16のいずれかの整数）と表せる。🄱は37未満の整数だから，ｒは０，１，２のいずれかなので，条件に合う🄱は２，９，16，19，26，33，36の７個ある。

よって，🄰＝37×ｔ＋ｕ（ｔは整数，ｕは２，９，16，19，26，33，36のいずれかの整数）と表せる。

2024÷37＝54余り26だから，ｕが下線部の値のときは条件に合うｔがそれぞれ，０～54の55個，ｕが下線部以外の値のときは条件に合うｔはそれぞれ，０～53の54個あるので，求める🄰の個数は55×５＋54×２＝**383(個)**ある。

⑶　**【解き方】⑵の🄳＝２を基準に考える。🄳の値が１増減すると，🄲，🄱の候補も同じように１増減することから，🄳の値ごとの🄲，🄱の候補を表にまとめる。ただし，ｑとｒの値の範囲《はんい》に気をつける。**

🄱，🄲，🄳がすべて異なるためには，ｑとｒが０以外でなければならない。

🄲は 17 未満の整数だから，🄳が２以下のときｑ＝１，２であり，🄳が３以上のときｑ＝１である。

🄱は 37 未満の整数だから，🄲が２以下のときｒ＝１，２であり，🄲が３以上のときｒ＝１である。

したがって，🄳＝２のときを基準に🄲，🄱の候補をまとめると，右表のようになる。よって，🄱は 24 以上 33 以下のいずれかの整数であり，🄰＝37×ｔ＋ｕ（ｕは 24 以上 33 以下のいずれかの整数）と表せる。

D	0		1		2		3	4	5	6
C	7	14	8	15	9	16	10	11	12	13
B	24	31	25	32	26	33	27	28	29	30

ｕが 24 以上 26 以下のとき，ｔの値はそれぞれ 55 個，ｕが 27 以上 33 以下のとき，ｔの値はそれぞれ 54 個あるから，求める🄰の個数は 55×３＋54×７＝**543**（個）ある。

［２］

⑴　**【解き方】３個のサイコロを右図のようにＡ，Ｂ，Ｃとする。あるサイコロにおいて，ウラの和に含まれる目の数の合計をウラの数と表すことにすると，Ｂのウラの数はＢの向きに関わらず７となる。**

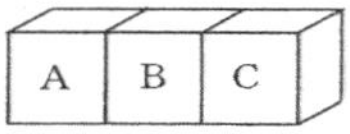

３個のサイコロの目の数の和は 21×３＝63 だから，（オモテの和）＝63－（ウラの和）となる。

オモテの和が最大となるのは，ウラの和が最小となるときだから，ＡとＣのウラの数がそれぞれ１であればよい。

このとき，オモテの和は 63－（１＋７＋１）＝**54** となる。

オモテの和が最小となるのは，ウラの和が最大となるときだから，ＡとＣのウラの数がそれぞれ６であればよい。

このとき，オモテの和は 63－（６＋７＋６）＝**44** となる。

⑵　**【解き方】オモテの和がウラの和で割り切れるとき，オモテの和はウラの和の倍数だから，（オモテの和）＋（ウラの和）＝（３個のサイコロの目の和）もウラの和の倍数である。つまり，ウラの和は，３個のサイコロの目の和の約数である。**

３個のサイコロを右図のようにＤ，Ｅ，Ｆとする。Ｄ，Ｆのウラの数は１から６，Ｅのウラの数は３から 11（ただし，７を除く）だから，ウラの和の最小値は１＋１＋３＝５，最大値は６＋６＋11＝23 であり，ウラの和は５以上 23 以下のすべての整数になりうる。このうち 63 の約数は，７，９，21 だから，オモテの和がウラの和で割り切れるときのウラの和は，７，９，21 である。よって，オモテの和として条件に合うのは，63－21＝**42**，63－９＝**54**，63－７＝**56** である。

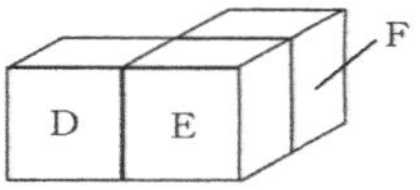

⑶　**【解き方】⑵より，ウラの和はサイコロの目の数の和の約数である。**

サイコロ４個の目の数の和は，21×４＝84 である。右図のように４個のサイコロをそれぞれＧ，Ｈ，Ｉ，Ｊとすると，ウラの数について，ＧとＪは１から６，Ｈは７，Ｉは３から 11（ただし，７を除く）だから，ウラの和は１×２＋７＋３＝12 以上，６×２＋７＋11＝30 以下のすべての整数になりうる。このうち 84 の約数は 12，14，21，28 である。したがって，オモテの和として考えられる数は，84－28＝**56**，84－21＝**63**，84－14＝**70**，84－12＝**72** である。

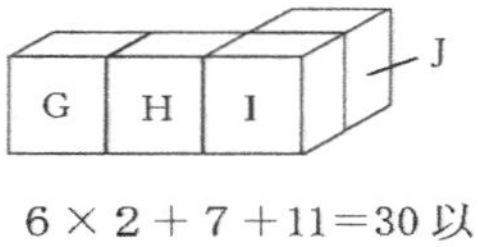

⑷　**【解き方】⑴のＢのように，向かい合う面がともに他のサイコロの面と接すると，その２つの面の数の和は７で固定されてしまうので，このような貼り付け方をしないようにする。少なくとも２個のサイコロは，他の２個のサイコロの面とそれぞれ接することから，サイコロの貼り付け方を考える。**

オモテの和が最大になるのは，ウラの和が最小になるときである。このとき，図ｉのような貼り付け方をすると，K，Nのウラの数の最小値は１，L，Mのウラの数の最小値は３だから，オモテの和の最大値は84－(１×２＋３×２)＝**76**である。

図 i

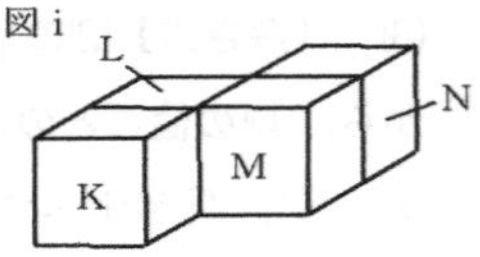

オモテの和が最小になるのは，ウラの和が最大になるときである。このとき，図ⅱのような貼り付け方をすると，O，P，Q，Rのウラの数の最大値はすべて11だから，オモテの和の最小値は84－11×４＝**40**である。

図 ii

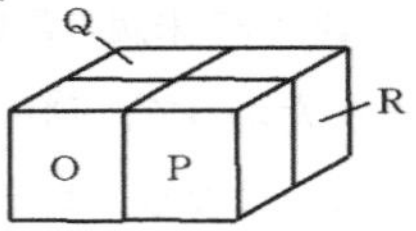

［３］

⑴　**【解き方】３点を結んで三角形が作れないのは，３点のうち２点以上が重なる場合か，３点が一直線上にある場合である。Ｐ，Ｇ，Ｈはどの２点も重ならないので，Ｐが右図の直線ＧＨ上の点Ｉ，Ｊとそれぞれ重なるときの時間を求める。**

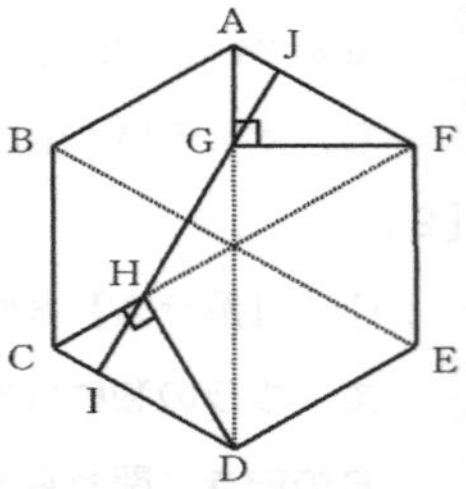

正六角形は３本の対角線によって，６個の正三角形に分けられる。よって，三角形ＡＧＦと三角形ＣＨＤはそれぞれ３つの角の大きさが30°，60°，90°の合同な直角三角形である。三角形ＡＪＧは三角形ＡＧＦと形が同じだから，ＡＪ＝ＡＧ×$\frac{1}{2}$＝(ＡＦ×$\frac{1}{2}$)×$\frac{1}{2}$＝３(cm)である。同様に，ＣＩ＝３cmである。

点Ｐは，出発してからＩに着くまでに，(12×２＋３)÷１＝27(秒)，Ｊに着くまでに72－３÷１＝69(秒)かかる。よって，求める時間は**27秒後**，**69秒後**である。

⑵　**【解き方】⑴より，角ＧＦＨ＝30°，角ＧＨＦ＝角ＩＨＣ＝30°だから，ＧＨ＝ＧＦである。したがって，三角形ＰＧＨと三角形ＡＧＦの底辺をそれぞれＧＨ，ＧＦとしたときの高さが等しければ，面積が等しくなる。三角形ＡＧＦの高さはＡＧ＝６cmだから，三角形ＰＧＨの高さが６cmになればよい。**

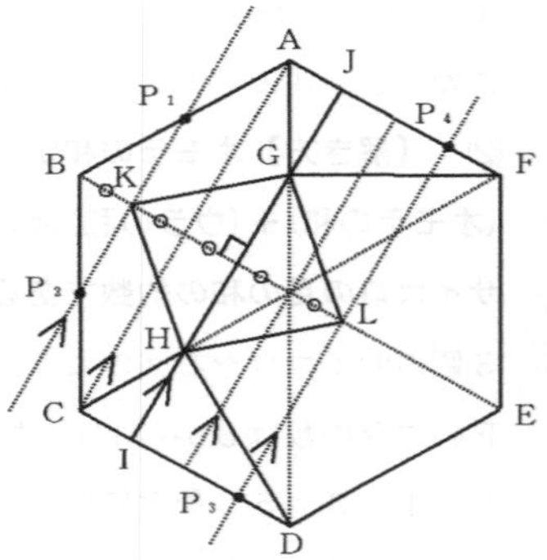

右図のようにＧＨと平行な直線を等間隔《とうかんかく》に引くことができ，○の長さは12×$\frac{1}{4}$＝３(cm)だから，三角形ＫＧＨと三角形ＬＧＨの面積が，三角形ＡＧＦと等しくなる。よって，Ｐが図の$Ｐ_1$，$Ｐ_2$，$Ｐ_3$，$Ｐ_4$とそれぞれ重なる時間を求めればよい。$Ｐ_1$と$Ｐ_2$はそれぞれＡＢ，ＢＣの真ん中の点だから，$ＡＰ_1$＝$ＢＰ_2$＝６cmである。また，$ＣＰ_3$＝$ＡＰ_4$＝３×３＝９(cm)である。

したがって，求める時間は，６÷１＝**６(秒後)**，(12＋６)÷１＝**18(秒後)**，(12×２＋９)÷１＝**33(秒後)**，72－９÷１＝**63(秒後)**である。

⑶　**【解き方】三角形ＰＧＨと三角形ＰＢＨでは，辺ＰＨが共通なので，底辺をＰＨとしたときの高さが等しくなれば面積が等しくなる。よって，Ｐが右図の$Ｐ_5$，$Ｐ_6$，$Ｐ_7$，$Ｐ_8$のいずれかと重なればよい。**

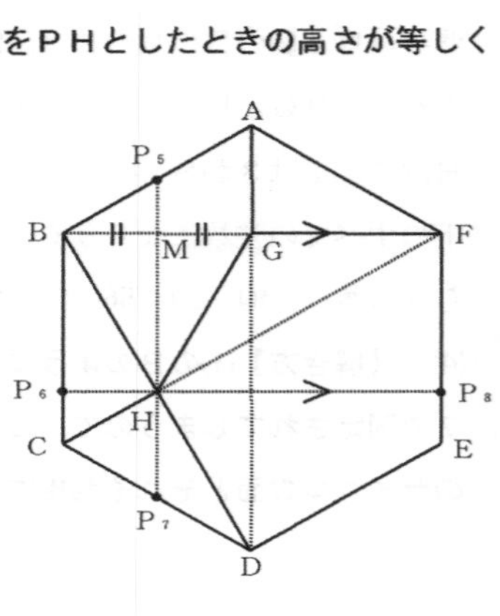

ＧＨ＝ＡＣ×$\frac{1}{2}$＝ＢＤ×$\frac{1}{2}$＝ＢＨである。よって，三角形ＢＧＨは二等辺三角形であり，MHはＢＧの垂直二等分線となるので，MHとＡＤは平行である。$ＡＰ_5$＝$ＣＰ_7$＝ＡＢ×$\frac{1}{2}$＝６(cm)だから，６÷１＝**６(秒後)**と(12×２＋６)÷１＝**30(秒後)**は条件にあう。

次に，三角形$ＣＨＰ_6$は３つの角の大きさが30°，60°，90°の直角三角形だから，$P_6C＝CH×\frac{1}{2}＝3$ (cm)，$P_8E＝P_6C＝3$ cmである。

よって，{12＋(12－３)}÷１＝**21(秒後)**と(12×４＋３)÷１＝**51(秒後)**

は条件にあう。

[４]　**【解き方】１辺が 10 cmの立方体の体積が１Ｌだから，水の体積は立方体 12 個分である。水そうを高さ 10 cmごとに，下から１段目，２段目，３段目と分け，各段にあと立方体が何個置けるかを数えながら，水面の位置を考える。**

(1)　水そう内の空いている空間は，下から１段目が立方体９－３＝６(個分)，２段目が立方体９－２＝７(個分)だから，下から２段目に立方体 12－６＝６(個分)の水が入る。よって，２段目の水面の高さは $10×\frac{6}{7}＝8\frac{4}{7}$ (cm)だから，求める水面の高さは，$10＋8\frac{4}{7}＝$**$18\frac{4}{7}$**(cm)である。

(2)　**【解き方】水そうを真上から見た図の９マスそれぞれについて，何段目がブロックでうめられているかを図に書きこむ。ただし，例えば３段目以下のすべての段に立方体があることを③のように表す。ＡとＢのブロックの置き方は図ア，図イ，図ウの３通りある。**

図ア

③		
②	②	
①		

図イ

③		
②	2, 3	
①		

図ウ

③		
③	3	
①		

３つの図において，下から１段目から３段目に，さらに置くことができる立方体の個数をまとめると右表のようになる。ただし，図イと図ウでは１段目と２段目に置くことができる立方体の個数が 12 個以上になるので，水面の高さは２段目の高さ，つまり 20 cm以下となる。

	図ア	図イ	図ウ
１段目	5	6	6
２段目	6	6	7
３段目	8		

図アのとき，３段目には立方体 12－(５＋６)＝１(個分)の水が入るから，水面の高さは，$20＋10×\frac{1}{8}＝$**21.25(cm)**となる。

図イのとき，２段目までに立方体６＋６＝12(個分)の水が入るから，水面の高さはちょうど２段目の高さの **20 cm**と等しくなる。

図ウのとき，水面の高さは(1)と等しく，**$18\frac{4}{7}$cm**となる。

(3)　**【解き方】(2)と同様に考える。ブロックＣを横向きに置くと図エから図キのようになり，縦向きに置くと図クから図コのようになる。下線部どうしは入れかえることができ，その場合も水面の高さは変わらない。**

図エ

③		
③	3	3
③		

図オ

③		
③	③	3
①		

図カ

③		
③	1, 3	1, 3
①		

図キ

③		
③	2, 3	2, 3
①		

図ク

③		
②	②	③
①		

図ケ

③		
②	2, 3	③
①		

図コ

③		
③	3	③
①		

７つの図において，下から１段目から３段目に，さらに置くことができる立方体の個数をまとめると右表のようになる。

	図エ	図オ	図カ	図キ	図ク	図ケ	図コ
１段目	6	5	4	6	4	5	5
２段目	6	6	7	5	5	5	6
３段目		5	5	5	7	6	5

図エのとき，水面の高さは **20 cm**となる。

図オ，カ，キ，コ(表の色つき部分)のとき，２段目までに置くことができる立方体の個数と，３段目に置くことができる立方体の個数はそれぞれ 11 個，５個だから，水面の高さはすべて等しくなる。３段目には立方体 12－11＝１(個分)の水が入るから，水面の高さは $20＋10×\frac{1}{5}＝$**22(cm)**となる。

図クのとき，３段目には立方体 12－９＝３(個分)の水が入るから，水面の高さは $20＋10×\frac{3}{7}＝$**$24\frac{2}{7}$(cm)**となる。

図ケのとき，３段目には立方体12－10＝２(個分)の水が入るから，水面の高さは$20+10\times\frac{2}{6}=23\frac{1}{3}$(cm)となる。

《2024　理科　解説》

1　実験１と２より，あわができてアルカリ性のＤはせっけん水であり，せっけん水以外でアルカリ性のＡはアンモニア水である。実験３で，Ｃ，Ｄ，Ｆ，Ｇは固体がとけていた水よう液だと考えられる。Ｄはせっけん水であり，茶色くこげたようになったＣは砂糖水だから，ＦとＧは食塩水かミョウバン水よう液のどちらかである。実験４で，水よう液が冷えていくときにとけ残りが増えていく(温度によってとける最大量が変化しやすい)Ｇはミョウバン水よう液，Ｆは食塩水である。実験６で，スチールウールがとけたＢはうすい塩酸，スチールウールにあわがついたＥは炭酸水である。

２　ＢＴＢよう液が黄色に変化するのは酸性の水よう液である。酸性の水よう液は，うすい塩酸(Ｂ)，炭酸水(Ｅ)，ミョウバン水よう液(Ｇ)の３つである。

３　蒸気を水にとかして得られた水よう液が，元の水よう液とほとんど同じ性質であったということは，蒸気にとけていた物質が含《ふく》まれていたということである。実験５では水よう液をおだやかに温めていて，とけていた固体が気体となって移動することはないので，気体がとけていた水よう液のみで実験５の結果が得られると考えられる。

2　１　流れが速いところでは川底がけずられやすく，水深が深くなる。川が曲がっているところではカーブの外側で流れが最も速く，川がまっすぐなところでは中央で流れが最も速い。よって，Ａは右岸がカーブの外側になっている地点，Ｂはまっすぐな地点，Ｃは左岸がカーブの外側になっている地点だと考えられる。また，Ｂの水深が全体的にＡやＣと比べて浅くなっていることに着目すると，同じ量の水が流れるには，浅いところの方が川はばが広くなっている必要があるので，ＢはＡやＣと比べて川はばが広いと考えられる。Ａが上流側であること，左岸・右岸は上流から下流を見たときの左右であることに注意して，イを選べばよい。

２　赤道付近で発生した台風は，沖縄付近までは北西に向かって進み，その後，日本付近の上空をふく西風(偏西《へんせい》風《ふう》)によって，北東に進むことが多い。

４　ウ×…火山が噴火《ふんか》すると大量の二酸化炭素が放出される。

５　ア×…オリオン座は冬を代表する星座であり，オリオン座のベテルギウス，おおいぬ座のシリウス，こいぬ座のプロキオンを結ぶ三角形は冬の大三角とよばれる。なお，はくちょう座のデネブ，わし座のアルタイル，こと座のベガを結ぶ三角形は夏の大三角とよばれる。また，さそり座は夏を代表する星座である。

3　１　エ○…表より，１分間あたりの脈はく数は，運動前が５回とも70回前後であるのに対し，運動後は５回とも100回をこえている。一方，血液中の酸素ほう和度は，運動前も運動後も，97％か98％でほぼ一定である。

２　はく動は心臓が血液を送り出すときの動きであり，これが血管を伝わって手首などで感じることができる動きが脈はくである。

4　１　モズは肉食であり，分類にかかわらずおもに小さな動物を食べる。

２　ア×…あらたさんの最後の発言より，２月ごろから始まるはんしょく期の前に「はやにえ」を食べていることがわかる。　イ，エ○…あらたさんの最後の発言より，「はやにえ」をたくさん食べたオスは，よりはやい歌声で歌うこと，メスにとって，よりはやい歌声のオスの方がみりょく的であることがわかる。　ウ×…オスが「はやにえ」をメスにあげたと読み取れる発言はない。

３　オニヤンマは，卵→幼虫→成虫の順に育つ不完全変態のこん虫である。同様に不完全変態のこん虫は，カメムシの仲間のアとキ，カマキリの仲間のイ，バッタの仲間のウとク，トンボの仲間のケである。なお，カブトムシの仲間のエとカ，チョウの仲間のオは，卵→幼虫→さなぎ→成虫の順に育つ完全変態のこん虫である。

4　オニヤンマは，成虫の時期が数か月しかなく，数年は幼虫のすがたですごす。トンボの幼虫をとくにやごという。やごは1年を通して水中ですごし，水中の小さな動物を食べる。さとしさんの2回目の発言より，産卵する場所は「細い小川みたいなところ」であり，その場所でそのまま育つと考えられる。

[5]　1　表1の結果より，豆電球の数が同じときには直列つなぎのかん電池が多いほど豆電球の明るさは明るく，かん電池の数が同じときには直列つなぎの豆電球が多いほど豆電球の明るさは暗くなると考えられる。　①Pと上のかん電池がつながるので，Pは(1)と同じ明るさで光る。　②Pはかん電池とつながらないので光らない。　③Qと下のかん電池がつながるので，Qは(1)と同じ明るさで光る。　④Qはかん電池とつながらないので光らない。

2　表i参照。2つのかん電池がつながるときは，かん電池の向きに注意しよう。

表i

	ア				イ				ウ				エ				オ			
矢印の向き	右上	右下	左下	左上	右上	右下	左下	左上	右上	右下	左下	左上	右上	右下	左下	左上	右上	右下	左下	左上
Pのつき方	△	×	△	×	×	○	×	○	△	×	△	◎	○	×	×	○	○	○	○	○
Qのつき方	△	×	△	×	×	○	×	○	△	◎	△	×	×	○	○	×	○	○	○	○

[6]　1　物体の重さがかかる点を重心といい，重心は物体の中心にあると考えればよい。重心が土台の上にあるときには立体がかたむいてくずれることはない。　(1)図2のように，直方体⑦の左はしに立方体①をのせていくと，てこを反時計回りに回転させるはたらきが大きくなるため，土台の左はしを支点として反時計回りに回転してくずれる。ここで，図iのように，直方体⑦を立方体①と同じ立方体A～Gをつなげたものと考える。土台の左はしを支点とすると，Aの重心は支点から左に12.5cm，Bの重心は支点から左に7.5cm，Cの重心は支点から左に2.5cmの位置にあるから，それぞれがてこを反時計回りに回転させるはたらき〔重さ×支点からの距離《きょり》〕は，それぞれの支点からの距離に比例し，A：B：C＝12.5：7.5：2.5＝5：3：1となる。よって，Cがてこを反時計回りに回転させるはたらきを[1]とすると，AとBがてこを反時計回りに回転させるはたらきはそれぞれ[5]と[3]であり，A～Cがてこを反時計回りに回転させるはたらきの合計は，D～Fがてこを時計回りに回転させるはたらきの合計と等しいから，Aの上にのせた立方体①がてこを反時計回りに回転させるはたらきの合計が，Gがてこを時計回りに回転させるはたらき([7])よりも大きくなるときを考えればよい。Aの上にのせた立方体①1つがてこを反時計回りに回転させるはたらきは[5]だから，1つまではかたむくことなく安定するが，2つにすると反時計回りに回転してくずれる。　(2). (1)で，直方体⑦の左はしに2つの立方体①をのせると反時計回りに回転してくずれたから，立体⑦を直方体⑦の左はしに6つの立方体①をのせたものと考えると，立体⑦がかたむかないのは土台の位置が図2のときよりも左にあるときである。土台を図2のときよりも1区切り左側にしたとき，つまり立体⑦の左から3つ目の区切りを土台にのせたとき，土台の左はしを支点とすると，てこを反時計回りに回転させるはたらきの合計は[1]＋[3]×7＝[22]，てこを時計回りに回転させるはたらきの合計は[1]＋[3]＋[5]＋[7]＋[9]＝[25]だから，反時計回りに回転してくずれることはない。土台の右はしを支点として同様に考えると，てこを反時計回りに回転させるはたらきの合計は[1]＋[3]＋[5]×7＝[39]，てこを時計回りに回転させるはたらきの合計は[1]＋[3]＋[5]＋[7]＝[16]だから，時計回りに回転してくずれることもない。

図i

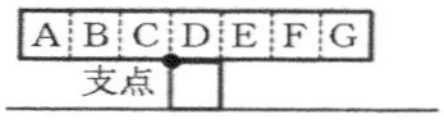

2　図5や図6では，立体⑦に対して他の立体を右上に重ねていくので，全体の重心の位置は右上に移動する。よって，どちらも全体の重心が立体⑦の左から3つ目の区切りよりも右にきたとき，土台の右はしを支点として時計回りに回転してくずれる。つまり，土台の右はしを支点として，反時計回りに回転させるはたらきの合計よりも時計回りに回転させるはたらきの合計が大きくなるときを考えればよい。　(3)土台の右はしを支点として，各立体がてこを反時計回りと時計回りに回転させるはたらきを1解説と同様に求め，重ねていく立体の順に左からまとめる

表ii

立体	⑦	⑥	⑤	④
反時計回り	39	19	5	0
時計回り	16	16	16	19

と表iiのようになる。表iiより，立体④を重ねたとき，反時計回りに回転させるはたらきの合計よりも時計回りに回転させるはたらきの合計が大きくなることがわかる。　(4)．(3)解説と同様に立体を１つ１つ重ねていくときのはたらきを表にまとめて考えることもできるが，ここでは，立体⑦に対して，重ねた立体の全体の形が図６上で正方形になることに着目すると，重心はその正方形の中心にあると考えればよいので，立体③を重ねるまでは正方形の重心が支点(土台の右はし)よりも左にあり，立体④を重ねたときには正方形の重心が支点上にあるので，時計回りに回転させるはたらきが大きくならないことがわかる。よって，立体⑤を重ねたときから，正方形がてこを時計回りに回転させるはたらきが39－16＝23よりも大きくなるときを考えればよい。立体⑤を重ねたとき，立方体①25個分の重さが支点から右に2.5cmの位置にかかり，てこを時計回りに回転させるはたらきが25になるから，時計回りに回転してくずれる。

３　(5)立体⑦に対して他の立体を左下に重ねていくと，全体の重心は左下にずれていくが，ここでは土台がないため，立体の左はしを支点として反時計回りに回転することはない。よって，一番下の立体の右はしを支点として時計回りに回転するときを考える。例えば，図iiは立体⑥を重ねたときであり，色のついた立方体がてこを回転させるはたらきは時計回りと反時計回りでつり合っているので，色がついていない部分でてこを回転させるはたらきを比べると，反時計回りに回転させるはたらきの方が大きいことがわかる。このように考えていくと，立体⑦を含めて５つ重ねたときに図iiiのようになり，時計回りに回転させるはたらきの方が大きくなるので，適当な数は４である。　(6)立体⑦を含めて４つ重ねた図ivにおいて，ａ～ｅを支点としたときにどのように回転するかを(5)解説と同様に考える。ａ～ｄまでを支点としたときには時計回りに回転し，ｅを支点としたときには反時計回りに回転するから，この立体の重心はｄとｅの間にあると考えることができる。よって，かたむくことなく安定する土台の位置はｄとｅの間だから，左から４つ目の区切りを土台にのせればよい。

図ii

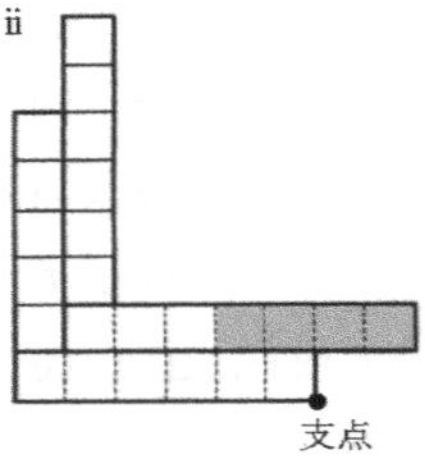

図iii

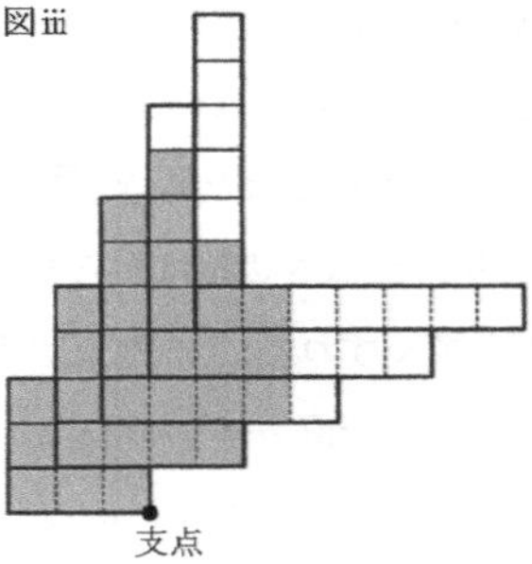

図iv

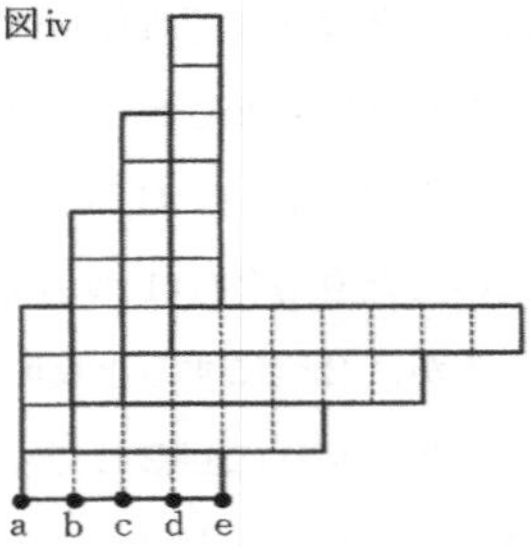

《2024　社会　解説》

1　１　ａ＝９　ｂ＝１　名称＝防災　　昼食の準備のために火を使っていた家庭が多く，火事が各地で発生した。当時日本海を台風が通過していたため，台風の東側にある関東地方には強い南寄りの風が吹き，倒壊した家屋から発生した火の勢いは衰えを知らず，延焼を続けた。

２　神奈川県＝キ　山梨県＝イ　千葉県＝ア　　まず，漁獲量から内陸県である山梨県，埼玉県，群馬県，栃木県はイ，ウ，エ，オのいずれかである。このうち，コメ生産量や工業生産額が少ないイを山梨県と判断する。内陸県ではない神奈川県，茨城県，千葉県はア，カ，キのいずれかであり，このうち，コメ生産量が極端に少ないキを神奈川県と判断する。アとカの数値は似た値を示しているが，鉄道網が発達し，東京都との連結もよい千葉県の方が茨城県より１世帯あたりの乗用車保有台数は少ないと考えられるから，アを千葉県と判断する。ウは群馬県，エは栃木県，オは埼玉県，カは茨城県。

3　ア，イ　　ウ．誤り。韓国は原油や鉄鉱石の生産は少ない。エ．誤り。中国の人口は 2020 年頃をピークに減少していくことが予想されている。また，2023 年にインドの人口が中国を抜いて世界一となった。オ．誤り。中国の自動車工業の発達はめざましく，特に電気自動車の生産が盛んである。

4　ア，イ　　ウ．誤り。神奈川県の温泉観光地は箱根・強羅などの西部に集中し，鎌倉は温泉観光地ではない。エ．誤り。鎌倉は城下町ではなく門前町に近い。また，神奈川県にある東海道の宿場町は，川崎宿・神奈川宿・保土ヶ谷宿・戸塚宿・藤沢宿・平塚宿・小田原宿・箱根宿であり，鎌倉は入っていない。オ．誤り。ペリーが来航した地は，三浦半島東部の浦賀である。

5　イ，ウ　　ア．誤り。三陸沿岸地域は青森県・岩手県・宮城県の太平洋側の地域である。エ．誤り。例えば太平洋側の岩手県宮古市と日本海側の秋田県秋田市はほぼ同緯度に位置するが，秋田市の方が降雪量は多い。オ．誤り。ＪＲ気仙沼線などでは，一部の区間で鉄道復旧をあきらめ，ＢＲＴ(バス高速輸送システム)を導入している。

6　イ，エ　　イ．誤り。液状化現象の発生が予想されている地域は，山間部ではなく埋め立てが進む沿岸部である。エ．誤り。人口 100 万人以上の大阪市や名古屋市の被害は大きいと予想されている。

2　1　ウ，エ　　ア．誤り。飛鳥宮は飛鳥時代に造られたから，平安時代の寝殿造は見られない。イ．誤り。蘇我入鹿が暗殺された場所は，平城宮跡ではなく飛鳥宮跡にある。オ．誤り。一乗谷は大内氏ではなく朝倉氏の城下町である。また，雪舟が描いた絵画は大和絵ではなく水墨画である。

2　イ，エ　　イ．誤り。白神山地はブナの原生林が評価された。エ．誤り。大仙古墳の表面は，埴輪が置かれ，土砂の流出を防ぐために葺石がふかれていたので，森林はなかった。

3　ア，エ　　1912 年～1920 年の間のものを選ぶ。ア．正しい。1918 年に第一次世界大戦は終結した。イ．誤り。関税自主権の回復は 1911 年のことである。ウ．誤り。普通選挙法と治安維持法は 1925 年に制定された。エ．正しい。米騒動は 1918 年のことである。オ．誤り。三国干渉は 1895 年のことである。

4　ア，オ　　ア．誤り。縄文時代の集落には，木製のさくや物見やぐらなどは設けられなかった。弥生時代になり，稲作が広まってムラどうしの争いが起きるようになると，設けられるようになった。オ．誤り。陶製の容器に火器と鉄片をつめた「てつはう」を用いたのはモンゴル軍であった。

5　東京＝ア，ウ，キ，エ　大阪＝イ，カ，オ　　東京…ア(江戸日本橋　江戸時代前期～)→ウ(江戸城　幕末)→キ(東京都千代田区　明治時代)→エ(東京オリンピック　1964 年)　　大阪…イ(堺　織田信長)→カ(大阪城　豊臣秀吉)→オ(大阪万博　1970 年)

6　エ，オ　　明治時代に煤煙が生じる背景を選ぶ。ア，イ，ウはいずれも昭和時代の高度経済成長期の内容。

7　第一段落に「『近代日本の公共空間を代表する文化的資産』と評価」「再開発により～存続の危機」，第二段落に「長い時間をかけてつくられた内苑と外苑を合わせて保全することの意義」，第三段落に「長い時間をかけて～永遠の森をつくり出そうとした」，第四段落に「長期的な視点から価値を見直す」「価値ある場所をどのように受け継いでいく」とあることから考える。文化的資産として価値ある場所を保全し，継承していくべきだと主張していると判断する。

3　1　ア，オ　　イ．誤り。立候補の年齢制限に問題を投げかける裁判は行政裁判だから，裁判員裁判の対象ではない。裁判員裁判は，重大な刑事裁判の第一審だけで行われる。ウ．誤り。国会に設置された弾劾裁判所は，裁判官を対象に裁判を行う。エ．誤り。行政裁判では有罪・無罪の判決はない。

2　イ，ウ　　ア．誤り。首長と議会議員は別々に選挙で選ばれる二元代表制である。エ．誤り。住民の意思は，直接請求や請願によって反映させることができる。オ．誤り。有権者の一定数以上の署名を集めて，首長の解職を請求することができる。

3　イ，オ　　ア．正しい。第五段落に「(ＡＩは)現実の社会問題に対する切実な問題意識や価値判断の力をもっているわけではない」，第六段落に「異なる立場や価値観に触れて悩み抜くことこそ，ＡＩ時代の人間に求められる活動」とある。ＡＩ時代に人間ならではの能力を高めることで，雇用は奪われず，ＡＩを活用した働き方が可能になると主張できる。イ．誤り。根拠にはならない。ウ．正しい。新たなビジネスや職業が生まれることで，人の働き口は減らないと主張できる。エ．正しい。人を雇うより費用がかかることが少なくない(＝ＡＩは費用がかかる)ため，人の働き口は減らないと主張できる。オ．誤り。根拠にはならない。

4　イ，ウ　　イ．誤り。個人のナンバーを預金口座と紐づけることは可能である。ウ．誤り。電子カルテを利用することで情報を共有することを推奨している。

5　ユネスコ(国連教育科学文化機関・UNESCO)　　直後に「教育分野における生成ＡＩの活用」とあることから考える。

6　ア，エ　　ア．誤り。日本国憲法の公布日は1946年11月3日である。エ．誤り。1992年に成立したPKO法によって平和維持活動への参加が可能になった。

2023 解答例 令和5年度　筑波大学附属駒場中学校

《国　語》

一　問一．世界と自分との間に「意味＝つながり」を構成していくことが学びである以上、学びの機会そのものだと言える世界に、私たちは生まれた瞬間から接触し続けているから。　問二．学びと遊びは、どちらも世界に意味を見いだし、新しい意味を構成していくことであるから、根本的には同じ営みであって、対極的に分離されるものではないということ。　問三．学びと遊びを分けて、楽しくないと消極的になったり、無意味だと軽んじたりしていると、新しい意味を創り出す挑戦の機会をのがしてしまい、知の構築が不十分になったり人生の素晴らしさを味わえなかったりして、自分の価値や存在意義を認められなくなるから。　問四．オ

二　問一．突然暴れることはあるかもしれないが、ガラスの扉を割ったりしないだろうと、「暴れて」と「割った」が弟の行動としてすんなり結び付かない「わたし」の違和感を表す効果。　問二．すべてが対等で、傷つけてはいけない、慎重に大切にあつかうべき存在だということ。　問三．弟…無実の罪を着せられずに済んだことに安心し、自分のことを理解してくれる姉と二人だけになって、言葉にできずにこらえていた怒りと悔しさがあふれ出た。

わたし…トラブルに対応した緊張が解け、弟を無実の罪から守ることができて一安心したが、自分の思いを言葉で伝えられない弟の無念さを思い、せつなくなった。　問四．勘違いされたことへの弁明が届かず、怒りで気持ちがとがっていき、これ以上伝えようとしても無理だとあきらめた弟の気持ちを象徴しているように思えたということ。

三　先んずれば人を制す

四　問一．花の時間は本来、自然の周期に合わせてゆったりと刻まれるものであって、短い周期でせわしなく過ぎていく人間の時間の勢いは体に合わず、落ち着かないから。　問二．時間の尺度をおしつけてきた人間をおそれ、きげんを損ねないように気をつかっていること。

《算　数》

[1]　(1)944　(2)2632　(3)172

[2]　(1)190，809　(2)900，990　(3)9　(4)26

[3]　(1)6：5　(2)30：11　(3)112：195

[4]　(1)09，00　横断歩道…C　(2)20，55　横断歩道…B　(3)23，05　横断歩道…B

《理　科》

1　1．エ　2．ア　3．ア　4．ウ　5．キ

2　1．ウ　2．ウ　3．月の形…イ　空に見える月と太陽の位置関係…イ

4．①オ　②ウ　③エ　④ア　⑤×　5．33

3　1．①エ　②イ　③オ　④ア　⑤カ　2．2

4　1．①60　②350　③360　④2150　2．⑤30　⑥40　⑦45　⑧96　⑨317

5　1．食塩…1.8　ミョウバン…14.1　2．食塩…2.7　ミョウバン…1.1　3．3.8

6　1．金属板…3　B．エ　E．ア　2．重さを測った。

《社　会》

[1]　1．［分類／他の事例］ A．［③／ウ］ B．［⑤／エ］ C．［②／ア］ D．［①／オ］　2．島の名前…三宅島　島がふくまれる都道府県…東京都　3．ア，エ　4．ウ　5．ウ，エ　6．ア，イ，オ　7．銅山からの鉱毒流出で，水質汚濁や土壌汚染が発生したこと。

[2]　1．ア，イ，ウ　2．イ，オ　3．精神活動　4．イ，ウ　5．ア，オ　6．ウ，エ

[3]　1．ア，エ，カ　2．イ，エ　3．時期の順…③→④→①→②　関連してのべた文…①カ　②エ　③ア　④イ　4．D．寒冷　E．増加　F．江戸幕府　G．新田開発　5．(a)カ　(b)イ　(c)キ　(d)エ　(e)ア　6．(1)H．19　I．産業革命　(2)温室効果ガスが増加した／世界中で急激に

《2023　国語　解説》

一　**問一**　私たちは、いやおうなく学びの機会のなかに置かれているということ。「私たちは生まれた瞬間《しゅんかん》から、必ず何かに接触《せっしょく》して生きています。その『何か』と自分との間に『意味＝つながり』を構成していくこと、それが学びです」「学びの機会がない場所というのは、世界中のどこにもありません」から読みとる。

問二　「学び」とは、「ひとりひとりが世界に意味を構成すること」（世界に意味を見いだして、作り上げていくこと）である。――②の直前で「遊びは真に新たな意味を作ったり、試《ため》したりする場」であるとし、「これを学びといわずして何が学びになるのでしょうか（まぎれもなく学びである）」と述べている。つまり、「学び＝遊び」だと言いたいのである。直後の段落に「ではなぜ、このふたつは分離《ぶんり》してしまったのでしょうか」とあることにも着目する。「元々ひとつのもの」なのに別物だと考えているせいで、「学びは～楽しくないもの、遊びは～無意味なものといった（誤った）認識《にんしき》を持ってしまう」ことの問題を指摘している。

問三　「この誤解」とは、直前の段落で述べた、「学び」と「遊び」を分離させ、「学びは～楽しくないもの、遊びは～無意味なものといった認識を持ってしまう」こと。「学び」も「遊び」も、世界に意味を見つけ、構成することである。その営みを「楽しくない」「無意味」だと否定的にとらえることは、誤っているだけでなく「絶望的でさえ」ある、つまり、その先に希望がもてないような悪い事態も招いてしまうと述べている。それはどのような事態か。――③の直後で「遊ぶことこそが世界を自分にとって意味あるものとして知ることであり、知の構築なのです～しっかりと遊ぶ～痛みや悲しみさえ伴《ともな》う～そうした過程こそが人生の素晴《すば》らしさを教えてくれるもの」だと述べ、筆者が良いと考える「レッジョ・エミリア」の例をはさんで、本文最後の２段落で「私たちは～常に新しい意味を創り出すことができる、いや、創り出さずにはいられない～それによって私たちは、この世を生きることに意義を見いだし、唯一無二《ゆいいつむに》の人生を生きることができるのです」「結果を予期しない挑戦《ちょうせん》、それが学ぶことであり、遊ぶことです」「今までないモノやコトを想像する力、それが『遊び＝学び』の中で培《つちか》われます。それを通して、真に楽しむ自分に気づき、自らを称《たた》えながら生きていくのです」と述べている。これらの部分から、「遊び＝学び」を十分にしないと、自己肯定感《じここうていかん》が育まれず、人生の充実感《じゅうじつかん》を味わえなくなるということが読みとれる。

問四　「学び」は「ひとりひとりが世界に意味を見いだす、作り上げていくこと」であるから、既存《きそん》の「意味」があるわけではないということ。つまり、あらかじめ決まった「意味」があってそれを得るのではなく、学ぼうとする自分が意味を見いだし、構成し、獲得《かくとく》していくのである。よって、オが適する。

二　**問一**　管理人が言った「暴れて割った」を、「暴れて、割った」と書いている。つまり、「暴れて」と「割った」を分けたのである。――①に続けて「わたし」が「弟は～状況《じょうきょう》が飲《の》み込《こ》めず、パニックになることはある。だけど、人やものを傷つけるようなやつではない」と思っていることと合わせて考える。「暴れて割った」と言うが、「わたし」には、「暴れて」と「割った」がすんなりとつながらなかったのである。弟がガラスを割るなど想像もできない「わたし」は、以降で「本当にうちの弟が割ったの？」「監視《かんし》カメラを見ましょう」と言っている。

問二　「ヒヨコ」は、本文２段落目で「弟の方が、わたしよりよっぽど慎重《しんちょう》だ。彼《かれ》はまるでヒヨコでもすくうかのように、ずんぐりむっくりした手で大切に食器をあつかう」と述べたことを受けている。ヒヨコを抱《だ》き上げるときは、両手でそっと包み込むようにする。強くにぎったり落として骨折させたりしないように、気をつけなければならない。弟は、「命があるものも、ないものも」分けへだてなく、ひ弱な「ヒヨコ」をあつかうかのように接するということ。弟がふだんからそのような様子なので、「わたし」は「人やものを傷つけるようなやつではない」

と思うのであり、本当にガラスの扉《とびら》を割ったのか疑わしく思ったのだ。

問三　弟が必死で否定する様子、「男の子の一人は、サッカーボールを持っていた～ボール遊びをする広場になっている」という状況、「『本当にうちの弟が割ったの？』男の子たちは～気まずそうにした～監視カメラを見ましょうと言うと、彼らはあわてはじめた」という様子から、弟が割ったのではなく、男の子たちが割って弟のせいにしようとしたのではないか、という線が濃《こ》くなった。「『今回はいいですよ』と～その場は解散」になり、「家についてから」二人が声を上げて泣いた心情を考える。弟は、扉を割った罪を着せられそうになり、割っていないことが理解され、ようやく家に帰ってきた。姉である「わたし」は、弟を信じて「本当にうちの弟が割ったの？」「監視カメラを見ましょう」と食い下がり、その結果不問となって、家に帰ってきた。どちらも、張りつめていた気持ちが一気にゆるんだのだと考えられる。弟は、直前で「わたし」が「怒《いか》りだろうか、悔《くや》しさだろうか。どちらもだ」と察したとおりの気持ちをかかえていると考えられる。「わたし」は、直後の「感情も思いやりも～人に伝える言葉を持ちあわせていない。どれだけの無念だろうか」という気持ちになっている。

問四　「とがる」「散らばる」という表現が、弟の気持ちに重ねられていることに気づきたい。「とがる」には、興奮などで感情的になる、とげとげしくなるという意味がある。ここでの「散らばる」は「砕《くだ》け散る」、つまり、何かをしようとする気持ちや勢いがおとろえ、なくなること。――④の前にある「弟は～弁明するが～届かず、怒りは一方的にヒートアップしていく～『もういい！』と言って退散した」という様子に重なる。

三　「先んずれば人を制す」は、他人よりも先に物事を行えば、有利な立場に立つことができるという意味。

四　問一　「先祖代々～太陽の位置～星の傾《かたむ》き加減にて～時間は測られてまいりました」という花の時間をはかるには、「長針と短針」は適さない。時間をはかるときは「計る」という漢字を使うことが多いが、ここで「測る」になっているのは、人間の時間の計り方とは異なる、長さや広さを感じさせたいからだろう。「目の前に直接せまりくる刻一刻」という表現が、せわしなさを感じさせる。

問二　「ちょうだいした」「存じます」は自分がへりくだる表現。「いかがでございましょうか」はとても丁寧《ていねい》な表現。いずれも敬語で、敬意の対象は「長針と短針」をくれた人間である。とことん下手《したて》に出ているのはなぜか。一度受け取ったものを返したいと伝える、しかもそれは、人間が良かれと思ってあたえたものであり、返してしまえば花時計として機能しなくなる。その言いにくい希望を「花一同」の総意として申し出ているので、言ったら人間が怒《おこ》るのではないかとおびえ、気分を害さないように気をつかっていると考えられる。また、あえて丁寧すぎる言い方をするのが皮肉になることがある。その場合、怒りや抗議《こうぎ》の気持ちを静かに伝えていると解釈《かいしゃく》できる。

―《2023　算数　解説》―

［1］

⑴　**【解き方】3と5の最小公倍数は15だから，たかし君が取ったカードの枚数は，(3の倍数の個数)＋(5の倍数の個数)－(15の倍数の個数)で求められる。**

1から2023までの整数のうち，3の倍数は，2023÷3＝674余り1より674個，5の倍数は，2023÷5＝404余り3より404個，15の倍数は，2023÷15＝134余り13より134個ある。

よって，求める枚数は，674＋404－134＝**944**(枚)

⑵　**【解き方】100÷3＝33余り1だから，1から100までの整数のうちの3の倍数の和は，3×1＋3×2＋3×3＋……＋3×33＝3×(1＋2＋3＋……＋33)で求められる。aからbまで等間隔《とうかんかく》で並ぶx個の数の和は，$\frac{(a+b)\times x}{2}$で求められることを利用する。**

1から100までの整数のうち，3の倍数の和は$3\times\frac{(1+33)\times 33}{2}$＝1683，5の倍数の和は，100÷5＝20より，

$5\times\frac{(1+20)\times20}{2}=1050$，15の倍数の和は，100÷15＝6余り10より，$15\times\frac{(1+6)\times6}{2}=315$である。
1から100までの整数の和は，$\frac{(1+100)\times100}{2}=5050$だから，求める値《あたい》は，5050－(1683＋1050－315)＝**2632**

⑶　【解き方】整数を15ごとに区切り，たかし君が取らなかったカードの数の和が区切りごとにどのように変化するかを調べる。

1から15までの整数で，3の倍数の和は，15÷3＝5より，$3\times\frac{(1+5)\times5}{2}=45$，5の倍数の和は，15÷5＝3より，$5\times\frac{(1+3)\times3}{2}=30$，15の倍数の和は15である。1から15までの整数の和は，$\frac{(1+15)\times15}{2}=120$だから，たかし君が取らなかったカードの数の和は，120－(45＋30－15)＝60である。また，3または5の倍数の個数は，5＋3－1＝7(個)だから，たかし君が取らなかったカードの枚数は15－7＝8(枚)である。
16から30までの整数は，1から15までの整数と比べて15ずつ大きくなっているから，16から30までのカードでたかし君が取らなかった8枚のカードの数の和は，15×8＝120大きくなって，60＋120＝180になる。
カードを数が小さい順に15枚で1つのグループとして区切っていくと，たかし君が取らなかったカードの数の和は，60＋180＋300＋……＝60×(1＋3＋5＋……)と求められる。1＋3＋5＋……は連続する奇数の和だから，平方数《へいほうすう》(同じ整数を2個かけてできる数)になる。つまり，n番目のグループまでにたかし君が取らなかったカードの数の和は，60×n×nと表せる。7777÷60＝129余り37だから，129の前後の平方数を探すと，11×11＝121と12×12＝144が見つかる。144より121の方が129に近いので，11番目のグループまでにたかし君が取らなかったカードの数の和を計算してみると，60×121＝7260となる。ここから数を増やしていき，7777をこえる最小の値を探す。
11番目のグループの最後の数は，15×11＝165である。165以上の数で3の倍数でも5の倍数でもない数は，小さい順に，166，167，169，172……である。7260＋166＝7426，7426＋167＝7593，7593＋169＝7762，7762＋172＝7934だから，求める数は**172**である。

［2］

⑴　8の上の段の数は0と8，または，1と9である。9の上の段の数は0と9である。右の2通りが考えられるから，求める整数は，**190，809**である。

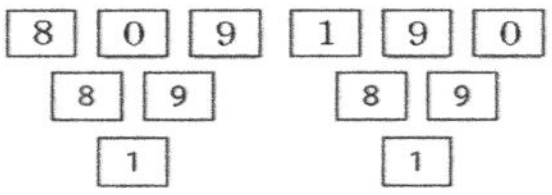

⑵　【解き方】9の上の段の数は0と9であることから，場合を分けて調べていく。また，⑷で使うので，はじめの整数の百の位が0になる場合も書いていく。

すべての場合を調べると，右の㋐～㋓のようになる。はじめの整数が3けたの整数になっているのは㋑と㋓だから，求める整数は**900，990**である。

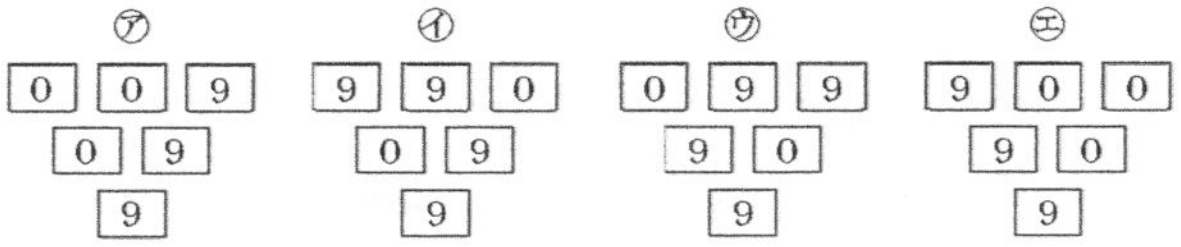

⑶　【解き方】8の上の段の数は0と8，または，1と9であることから，場合を分けて調べていく。また，⑷で使うので，はじめの整数の百の位が0になる場合も書いていく。対称性を利用することで作業量を減らせる。

下から2段目が0と8の場合，右の㋕～㋘と，これらを左右対称に並べかえたものがあるから，4×2＝8(通り)ある。そのうち3けたの整数となっているはじめの整数は，880，119，991，800，911，199の6個ある。

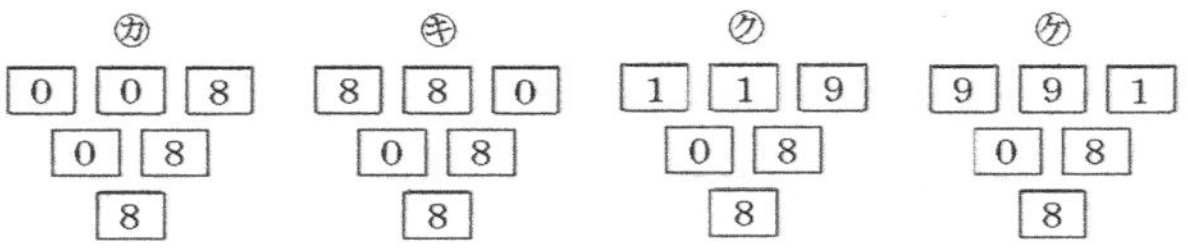

下から2段目が1と9の場合，㋚，㋛と，これらを左右対称に並べかえたものがあるから，2×2＝4(通り)ある。そのうち3けたの整数となっているはじめの整数は，109，890，901の3個ある。

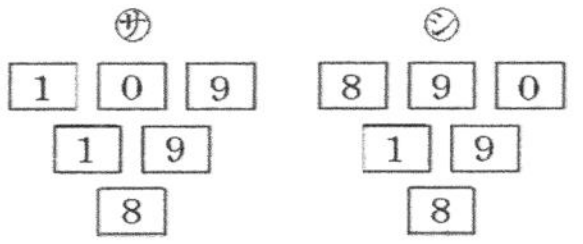

よって，求める個数は，６＋３＝**９**(個)

⑷　**【解き方】右の図Ⅰの点線で囲んだ部分に，⑵，⑶で調べた３段の並びをあてはめると考える。また，それらを左右対称に並べかえたものも考える。**

図Ⅰ

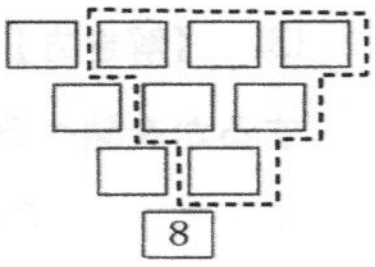

点線部分に㋐～㋓，㋕～㋘，㋚，㋛それぞれをあてはめると，[㋐]～[㋓]，[㋕]～[㋘]，[㋚]，[㋛]のようになる。[㋚]の☆には０か２が入り，[㋛]の◎には７か９が入る。また，㋕～㋘，㋚，㋛それぞれを左右対称に並べかえたものをあてはめると，〈㋕〉～〈㋘〉，〈㋚〉，〈㋛〉のようになる。

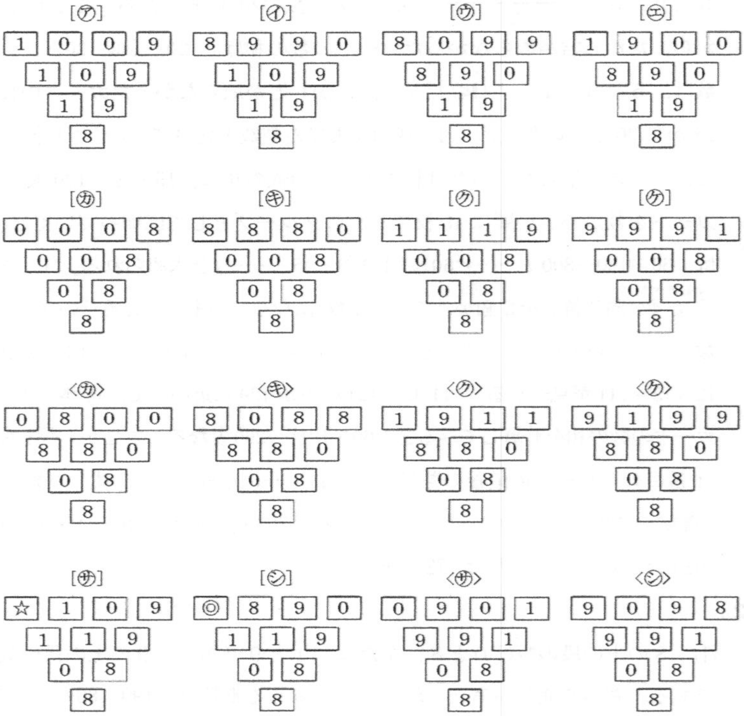

これら16パターンのうち，はじめの整数が４けたの整数となっているものは，[㋐][㋑][㋒][㋓][㋖][㋗][㋘]〈㋖〉〈㋗〉〈㋘〉と，[㋚]で☆が２のときと，[㋛]で◎が７か９のときと，〈㋛〉だから，全部で14個ある。

また，16パターンをすべて左右対称に並べかえた場合，はじめの整数が４けたの整数となっているものは，[㋐][㋒][㋕][㋗][㋘]〈㋖〉〈㋗〉〈㋘〉と，[㋚]で☆が０か２のときと，〈㋚〉〈㋛〉だから，12個ある。

以上より，求める個数は，14＋12＝**26**(個)

［３］　以下の解説では，３辺の比が３：４：５の直角三角形を三角形㋐，７：24：25の直角三角形を三角形㋑とする。

⑴　**【解き方】三角形ＡＢＣは三角形㋐，㋑を合わせた形をしているので，右の図１のように辺の長さをおく。**

ＪＢ＝ＡＪ$\times\frac{3}{4}$＝18，ＡＢ＝ＪＢ$\times\frac{5}{3}$＝30で，ＢＣ＝18＋７＝25なので，

ＡＢ：ＢＣ＝30：25＝**６：５**

図１

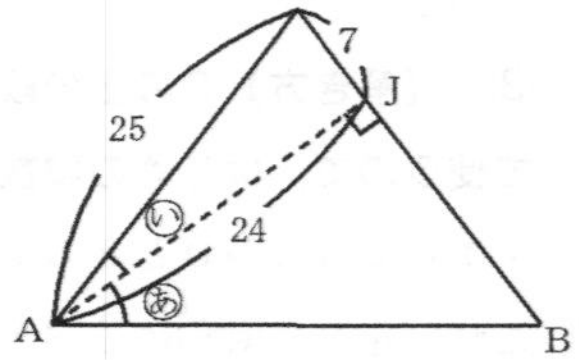

⑵　**【解き方】図１でＡＣ＝ＢＣだから，三角形ＡＢＣは二等辺三角形なので，角ＡＢＣ＝(あ)＋(い)である。したがって，三角形ＡＢＣの辺ＡＢと三角形ＤＥＦの辺ＤＥを重ねて，図２のように作図すると，三角形ＤＪＦは三角形㋑となる。線の長さは⑴と同じとする。**

ＪＦ＝ＤＪ$\times\frac{7}{24}$＝24$\times\frac{7}{24}$＝７だから，ＥＦ＝18－７＝11

よって，ＤＥ：ＥＦ＝**30：11**

図２

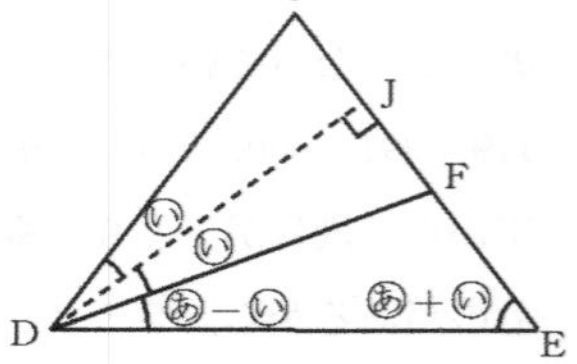

⑶　**【解き方】角ＧＨＩの二等分線を引き，その垂線を，Ｉを通るように引いて，図３のように三角形㋑を２つ作図する。さらにＧＩの垂線ＬＭを引き，三角形ＩＬＭに注目する。**

図３

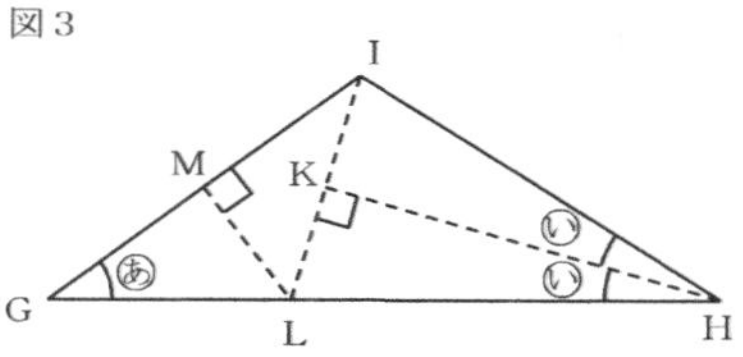

図２において，角ＤＦＪ＝(あ－い)＋(あ＋い)＝あ×２だから，

図３において，角ＩＬＨ＝あ×２である。したがって，

角ＧＩＬ＝あ×２－あ＝あだから，三角形ＧＭＬと三角形ＩＭＬはともに三角形㋐であり，合同である。

ＬＫ＝7，ＫＨ＝24，ＬＨ＝25 とすると，ＩＬ＝ＬＫ×２＝14，ＧＬ＝ＩＬ＝14，ＩＭ＝ＩＬ×$\frac{4}{5}$＝$\frac{56}{5}$，

ＩＧ＝ＩＭ×２＝$\frac{112}{5}$だから，ＩＧ：ＧＨ＝$\frac{112}{5}$：(14＋25)＝**112：195**

［4］　Ａの信号の周期は 30＋10＋20＝60(秒)，Ｂの信号の周期は 40＋10＋30＝80(秒)，Ｃの信号の周期は 50＋10＋40＝100(秒)である。60 と 80 と 100 の最小公倍数は 1200 だから，1200 秒＝20 分ごとに 11 時 00 分 00 秒と同じ状態になる。

⑴　**【解き方】Ａ，Ｂ，Ｃそれぞれに着く時間を求め，すぐに渡れるかどうかを調べる。**

Ａには 105 秒後に着く。105÷60＝１余り 45 だから，Ａの信号は『赤』である。

Ｂには 105＋200＝305(秒後)に着く。305÷80＝３余り 65 だから，Ｂの信号は『赤』である。

Ｃには 305＋200＝505(秒後)に着く。505÷100＝５余り５だから，Ｃの信号は『青』である。

したがって，Ｃならば待つことなく渡れる。どの横断歩道を渡っても家から駅までの道のりは 505＋10＋25＝540(m)だから，かかる時間は 540 秒＝９分である。

よって，求める時刻は 11 時 **09 分 00 秒**，渡る横断歩道は**Ｃ**である。

⑵　**【解き方】待つことなく横断歩道を渡った場合，11 時 30 分 00 秒－９分＝11 時 21 分 00 秒に家を出ればよい。11 時 21 分 00 秒に家を出発したとして，Ａ，Ｂ，Ｃそれぞれに着く時間を調べる。また，３つの信号は 11 時 20 分 00 秒に 11 時 00 分 00 秒と同じ状態になるので，以下の解説の「○秒後」は，すべて 11 時 20 分 00 秒を起点とする。**

Ａには１分＋105 秒＝165(秒後)に着く。165÷60＝２余り 45 だから，Ａの信号は『赤』である。

Ｂには 165＋200＝365(秒後)に着く。365÷80＝４余り 45 だから，Ｂの信号は『点滅』である。

Ｃには 365＋200＝565(秒後)に着く。565÷100＝５余り 65 だから，Ｃの信号は『赤』である。

したがって，11 時 21 分 00 秒に家を出発すると間に合わない。信号を渡れるぎりぎり最後のタイミングは『青』から『点滅』に変わる瞬間である。先ほど調べた３つの信号の状態のうち『点滅』だったのはＢだけである。Ｂの信号は 45－40＝５(秒前)に『青』から『点滅』に変わったので，５秒早く家を出れば待つことなくＢを渡れる。

よって，求める時刻は 11 時 **20 分 55 秒**，渡る横断歩道は**Ｂ**である。

⑶　**【解き方】まずお姉さんがＣを渡り始める時刻を求める。あとは⑵と同様に考えていく。以下の解説の「○秒後」は，すべて 11 時 20 分 00 秒を起点とする。**

お姉さんがＣに着くのは 11 時 31 分 00 秒＋25 秒＝11 時 31 分 25 秒だから，60×(31－20)＋25＝685(秒後)である。685÷100＝６余り 85 だから，このときＣの信号は『赤』であり，あと 100－85＝15(秒)で『青』に変わる。したがって，お姉さんがＣを渡り始めるのは 685＋15＝700(秒後)である。

ゆたか君の家からお姉さんがＣの信号を待っている地点までの道のりは，540－25＝515(m)だから，待つことなく横断歩道を渡った場合 515 秒かかる。したがって，ゆたか君が 700－515＝185(秒後)＝３分５秒後，つまり 11 時 23 分 05 秒に家を出た場合を考える。

Aには185＋105＝290(秒後)に着く。290÷60＝４余り50だから，Aの信号は『赤』である。

Bには290＋200＝490(秒後)に着く。490÷80＝６余り10だから，Bの信号は『青』である。

Cには490＋200＝690(秒後)に着く。690÷100＝６余り90だから，Cの信号は『赤』である。

よって，待つことなくBを渡れるから，求める時刻は11時**23**分**05**秒，渡る横断歩道は**B**である。

《2023　理科　解説》

1　**1**　このようなつくりを弁という。①や③は，空気を一定の方向にだけ移動させるはたらきがある。このようなつくりは心臓にも見られ，心房から心室へ，または心室から動脈へ血液が一定の方向に流れるようになっている。

2　注射器から空気が押し出されれば，びんの中の空気は押し縮められるのでマシュマロは小さくなり，注射器に空気が吸いこまれれば，びんの中の空気は引きのばされるのでマシュマロは大きくなる。注射器１ではピストンを引くときに空気が吸いこまれるのでマシュマロが大きくなり，注射器２ではピストンを押したときに空気が押し出されるのでマシュマロが小さくなる。

3　球の表面積は半径を２回かけた値に比例し，球の体積は半径を３回かけた値に比例する。ここでは，吸水量(吸水後の重さ－吸水前の重さ)を球の表面積，吸水前の重さを球の体積に置きかえて考えればよいので，吸水による増加率は$\frac{(\text{半径}\times\text{半径})}{(\text{半径}\times\text{半径}\times\text{半径})}=\frac{1}{\text{半径}}$に比例すると考えられる。よって，半径が大きい方が吸水による増加率が小さいといえるので，吸水による増加率が最も小さいAが，吸水前の体積が最も大きいたねだと考えられる。

4　ウ×…種子に熱いお湯をかけて消毒することはあるが，種子を長時間煮《に》ると，細胞《さいぼう》がこわれたり，タンパク質が固まったりして，発芽しなくなる。

5　物質Xによってでんぷんを分解して，くきや葉をつくる。物質Xが吸水前や吸水直後にはつくられていないと考えたのは，吸水させていないたねや吸水直後のたねが置いてあった部分ではでんぷんが残っていて，吸水５日後のたねが置いてあった部分ではでんぷんがなくなっていたからである。ヨウ素液はでんぷんに反応して青むらさき色に変化するので，吸水５日後のたねが置いてあった部分だけがヨウ素液に反応しなかったキが正答となる。

2　**1**　右半分が欠けた(左半分が光る)月を下弦《かげん》の月といい，下弦の月は明け方には南の空に見える。

図ｉ

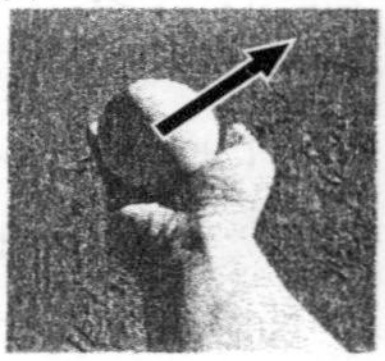

2　ボールへの光の当たり方から，太陽は図ｉの矢印の方向にあると考えられる。このときの時刻は朝７時半で，太陽はほぼ東の方向にある。よって，ひろかさんは校庭で北を向いて立っていることになるので，校舎が校庭の南側にあるウが正答となる。

3　下弦の月から約7.5日後に新月になる。よって，３日後の月は下弦の月よりさらに大きく欠けて見える。また，下弦の月の約7.5日前の満月のときが，月と太陽が最もはなれて見えるときであり，満月から新月になる間に月と太陽は近づいていき，新月のときには月と太陽が同じ方向にある

4　オリオン座は冬の星座であり，ベテルギウスはオリオン座にふくまれる。また，シリウスは冬の星座であるおおいぬ座にふくまれる。

5　探査機がひとつの行動をおこすには，探査機が地球に電波を送り，地球からの指令を受けとる必要がある。つまり，電波が小惑星《しょうわくせい》と地球の間を１往復するのにかかる時間が必要である。よって，(３億×２)÷30万＝2000(秒)→33.3…分より，33分が正答となる。

3 かん電池の数が1個の場合，直列につなぐ豆電球の数が増えると豆電球の明るさは暗くなり，並列につなぐ豆電球の数が増えても豆電球の明るさは1個のときと同じである。また，(4)のQのように，導線の何もない部分に豆電球を並列のようにつないでも，その豆電球には電流が流れない。実験2の結果をまとめると表iのようになる。

表i

P	Q	〔P，Q〕のつき方 状態1	状態2	状態3	状態4
AとB	DとE	〔×，○〕	〔○，○〕	〔×，○〕	〔○，○〕
	EとF	〔×，×〕	〔○，×〕	〔×，×〕	〔○，×〕
	DとF	〔×，×〕	〔○，×〕	〔×，○〕	〔○，○〕

P	Q	〔P，Qのつき方〕 状態1	状態2	状態3	状態4
BとC	DとE	〔×，○〕	〔×，○〕	〔×，○〕	〔×，○〕
	EとF	〔×，×〕	〔×，×〕	〔×，×〕	〔×，×〕
	DとF	〔△，△〕	〔△，△〕	〔×，○〕	〔×，○〕

P	Q	〔P，Qのつき方〕 状態1	状態2	状態3	状態4
AとC	DとE	〔×，○〕	〔×，○〕	〔×，○〕	〔○，○〕
	EとF	〔×，×〕	〔△，△〕	〔×，×〕	〔○，×〕
	DとF	〔×，×〕	〔×，×〕	〔×，○〕	〔○，○〕

4 1　てこは，棒を回転させるはたらき〔おもりの重さ(g)×支点からの距離《きょり》(cm)〕が時計回りと反時計回りで等しくなるとつり合う。ここでは，皿を支点から12cmごとにつるしたので，12cmを1として考えるとよい。10gの分銅をB〜Fにのせかえていくと，10g〜50gまで10g刻みではかりとることができる。よって，50gよりも10g大きい60gの分銅を用意し，Bにのせると60gをはかりとることができる。60gの分銅をBにのせたまま，10gの分銅をB〜Fにのせかえていくと，70g〜110gまで10g刻みではかりとることができる。このように考えていくと，10gと60gの分銅では，両方をFにのせたときが最大で10×5＋60×5＝350(g)であり，さらに350gよりも10g大きい360gの分銅を用意することで，最大で350＋360×5＝2150(g)まで10g刻みではかりとることができる。

2　⑤〜⑦棒と皿の重さを考えない場合，50gの分銅が棒を反時計回りに回転させるはたらきは50×12＝600だから，20gをはかりとるためのEは支点から右に600÷20＝30(cm)，つまり棒の右はしから60−30＝30(cm)の位置につるせばよい。同様に考えると，Dは支点から右に600÷30＝20(cm)，Cは支点から右に600÷40＝15(cm)だから，棒の右はしからはそれぞれ40cm，45cmである。　⑧図2をもとに棒の重さを考える。支点からの距離12cmを1として，Aとおもりが棒を反時計回りに回転させるはたらきは(12＋360)×1＝372であり，B〜Fが棒を時計回りに回転させるはたらきは(12×1)＋(12×2)＋(12×3)＋(12×4)＋(12×5)＝180だから，棒の重さが棒を時計回りに回転させるはたらきは372−180＝192である。棒の重さは棒の中心(支点からの距離がCと同じ2の位置)にすべてかかると考えればよいので，棒の重さは192÷2＝96(g)である。　⑨AとBが棒を回転させるはたらきはつり合っているから，C〜Fと棒の重さが棒を時計回りに回転させるはたらきと，おもりが棒を反時計回りに回転させるはたらきが等しくなると考えればよい。C〜Fと棒の重さが棒を時計回りに回転させるはたらきは(12×15)＋(12×20)＋(12×30)＋(12×60)＋(96×24)＝3804だから，おもりの重さは3804÷12＝317(g)である。

5 1　手順1で用意した水は50gだから，薬品がとける最大の量はそれぞれの温度で表の半分になることに注意する。手順3までで加えた薬品は合計で5×4＝20(g)であり，40℃の水50gにとける量は，食塩が36.4÷2＝18.2(g)，ミョウバンが11.8÷2＝5.9(g)までだから，とけ残っている量は，食塩が20−18.2＝1.8(g)，ミョウバンが20−5.9＝14.1(g)である。

2　手順4のあと，Aでは18.2gの食塩がとけた水よう液が18.2＋50＝68.2(g)，Bでは5.9gのミョウバンがとけた水よう液が5.9＋50＝55.9(g)ある。よって，スポイトでとったそれぞれの水よう液10gにとけている量は，食塩が$18.2\times\frac{10}{68.2}$＝2.66…→2.7g，ミョウバンが$5.9\times\frac{10}{55.9}$＝1.05…→1.1gである。

3　手順5のあとでBに残っている水よう液は55.9−10＝45.9(g)で，とけているミョウバンは5.9−1.1＝4.8(g)である。表で，水の温度が40℃から20℃になると，ミョウバンのとける量が半分になることに着目すると，手順6で水よう液の温度を40℃から20℃まで冷やしたときには4.8gの半分の2.4gが結晶となって出てくるから，

20℃の水よう液は45.9−2.4＝43.5(ｇ)になる。10グループから集めた水よう液は43.5×10＝435(ｇ)になり，500ｇにするために水を500−435＝65(ｇ)加えたことになる。よって，20℃の水65ｇにとかすことのできるミョウバンの量を求めればよいので，20℃の水100ｇに5.9ｇまでとけることから，$5.9\times\frac{65}{100}$＝3.835→3.8ｇが正答となる。

6　1　アルミニウムはアとエに反応し，鉄はエに反応する。また，銅はア〜エのどの水よう液にも反応しない。よって，Ｂだけで変化があった金属板１が鉄，どこにも変化がなかった金属板２が銅，ＢとＥで変化があった金属板３がアルミニウムであり，Ｂがエ，Ｅがアである。

2　体積１㎤あたりの重さは，アルミニウムが約2.7ｇ，鉄が約7.9ｇ，銅が約8.9ｇである。実験室にあった金属板はほぼ同じ大きさ(体積)だったから，重さを測ることで最も軽い金属板がアルミニウム板だと判断できる。なお，銅板は赤色だから見た目で判断できる。

《2023　社会　解説》

1　1　Ａ＝③／ウ　アパルトヘイトは南アフリカ共和国における人種隔離政策であった。
Ｂ＝⑤／エ　2011 年３月 11 日の東日本大震災で，当時の大川小学校全児童の約７割が津波によって亡くなった。
Ｃ＝②／ア　チョルノービリ(チェルノブイリ)は，ウクライナにある原子力発電所で，1986 年に原子力事故を起こし，国際原子力事象評価尺度(ＩＮＥＳ)では，福島第一原発事故と同じく，深刻な事故を表すレベル７に分類されている。　Ｄ＝①／オ　2001 年９月 11 日，イスラム過激派組織アルカイダが，アメリカのワールドトレードセンターとペンタゴン(アメリカ国防総省本庁舎)に旅客機を突入または墜落させた。

2　三宅島／東京都　三宅島は，伊豆諸島にある。

3　ア，エ　ア．誤り。分別の決まりごとは地方公共団体ごとに決められている。エ．誤り。スプレー缶は，再利用(リユース)ではなく，再資源化(リサイクル)される。

4　ウ　ア．誤り。マグロの漁獲を目的としていた。イ．誤り。第五福竜丸の乗組員は日本人であった。
エ．誤り。遠洋漁業の衰退の原因の一つにオイルショックがあるが，「円高によって燃料費が高騰」の部分が適切でない。円高になると原油などの輸入価格は安くなる。オ．マグロ漁は，はえなわ漁やまき網漁が主体であり，底引き網漁は海底近くの魚やエビ・カニなどを捕る漁法である。

5　ウ，エ　ア．誤り。大久野島は瀬戸内海に浮かぶ小島だから対馬海流は流れていない。また，流れはゆるやかである。イ．誤り。大久野島にサンゴ礁はない。オ．誤り。大久野島は火山島ではない。

6　ア，イ，オ　瀬戸内工業地域に関連して述べた文を選ぶ。ア．正しい。日本の工業地帯(地域)の生産額は，中京工業地帯＞阪神工業地帯＞関東内陸工業地域＞瀬戸内工業地域＞京浜工業地帯の順に多い。イ．正しい。2018 年の全国の工業種類別生産額における化学工業が占める割合は 13.4%，瀬戸内工業地域における化学工業が占める割合は 23.1%である。ウ．誤り。自動車など輸送用機械の生産額が全国で最も多い都道府県は，中京工業地帯の愛知県である。エ．誤り。地熱は火山活動が活発な火山のある地域が適しており，瀬戸内地方に火山活動が活発な火山はない。オ．正しい。呉・福山・倉敷などに製鉄所が立地している。カ．誤り。北海道についての記述である。

7　足尾銅山鉱毒事件の内容を書けばよい。足尾銅山から流出した鉱毒が渡良瀬川に流れ込み，アユが大量に死んだり，周辺の水田の稲が立ち枯れしたりした。19 世紀後半に衆議院議員の田中正造が尽力したことで知られる。

2　1　ア，イ，ウ　エ．誤り。国連本部はワシントンＤ．Ｃ．ではなくニューヨークにある。オ．誤り。日本にとって，輸出・輸入の最大の貿易相手国は中国である。

2　イ．オ　イ．ベンチに仕切りを設けることは，すべての人に使いやすい設計ではない。オ．誤り。日本語が理解できない外国人にとって，適切でない取り組みである。

3　精神活動　　直前に「自分の意見を作ることができる」とあることから表現の自由と判断する。自由権には，表現の自由・信教の自由・学問の自由などの精神活動の自由のほか，生命・身体の自由，経済活動の自由がある。

4　イ，ウ　　ア．誤り。ハザードマップに復興計画は示されていない。エ．誤り。復興庁は復興庁設置法によって設立された。オ．誤り。帰還困難区域の避難指示は解除されていない。

5　ア，オ　　指定管理者制度は，「民間事業者の活力を利用した住民サービスの向上」・「施設管理における費用対効果の向上」・「管理主体の選定手続きの透明化」を目的としている。

6　ウ，エ　　ウ．誤り。選挙における投票率は 60 歳代が最も高く，高齢者向けの政策を打ち出す政党や候補者が多い。エ．誤り。情報通信技術の発達によって，個人間，世代間，地域間の情報格差(デジタルデバイド)が拡大している。

3　**1**　ア，エ，カ　　ア．正しい。10 万年単位で見ると，現代より温暖な時期より，寒冷な時期の方が長い。イ．誤り。過去 40 万年から現代にいたるまで，寒冷と温暖を交互に繰り返している。ウ．誤り。12 万年前頃が最も温暖な時期であった。エ．正しい。1200 年～1800 年にかけて，0より下側に色がついている。オ．誤り。0.4 度以上の変動がある地域が 50%以上になった年代はない。カ．正しい。710 年頃の色のついた範囲は，0より上側の方が下側より多い。

2　イ，エ　　イ．誤り。氷河期が終わって現在とほぼ同じ気候になった頃が縄文時代だから，気温は下がり続けていなかった。エ．誤り。九州北部に伝わった稲作は，弥生時代のうちに東北地方まで広がった。

3　③→④→①→②　①＝カ　②＝エ　③＝ア　④＝イ　　③(鎌倉時代)→④(江戸時代)→①(大正時代)→②(第二次世界大戦後)　　アは鎌倉時代，イは江戸時代，ウは戦国時代，エは第二次世界大戦後，オは飛鳥時代後半から平安時代にかけて，カは明治時代から大正時代(二つの対外戦争は日清・日露戦争，ヨーロッパでの大きな戦争は第一次世界大戦)

4　D＝寒冷　E＝増加　F＝江戸幕府　G＝新田開発　　D．図Bのグラフを見ると，17 世紀(1601 年～1700 年)頃の気温は現在より寒かったことが読み取れる。E．9世紀以降の日本の人口の推移のグラフを見ると，17 世紀に人口が 1700 万人程度増えていることが読み取れる。F．17 世紀初頭の 1603 年に江戸幕府が成立していることから考える。G．江戸幕府の経済基盤は米であったことから，江戸時代は新田開発がさかんに行われた。

5　a＝カ　b＝イ　c＝キ　d＝エ　e＝ア　　アは 20 世紀の世界恐慌。イは 11 世紀の藤原氏による摂関政治。ウは8世紀の聖武天皇による大仏造立。エは 18 世紀の大塩平八郎の乱。オは 13 世紀の元寇。カは3世紀の邪馬台国の女王卑弥呼。キは 15 世紀の応仁の乱。

6(1)　H＝19　I＝産業革命　　図Bを見ると，急激に温度が上昇しているのは 19 世紀後半から 20 世紀前半にかけてである。18 世紀後半にイギリスで始まった産業革命は，19 世紀にはヨーロッパ諸国に広がり，欧米諸国の生産力は，はるかに向上した。　**(2)**　二酸化炭素をはじめとする温室効果ガスの大気中の割合が増加することで地球温暖化が進んでいるという事実と，図Bの 20 世紀の部分のグラフに濃い色の急激な山が見られることから，温室効果ガスの急激な増加によって，世界中で温暖化が加速していることが読み取れる。

2022 解答例 令和4年度　★筑波大学附属駒場中学校

《国　語》

一　問一．絵をアニメーションとして動かすことによって、静止画にはない、ある種の生命感を感じさせるということ。　問二．ほんとうに人が存在していて、実際に動いているように感じるということ。　問三．省略の行き届いた絵の方が、見慣れた日常的なものを噛み締め、その意味を確認するような気持ちが生まれるから。　問四．(1)これまでは実写で描いていたドキュメンタリーのような題材を、アニメーションで描くこと。　(2)アニメーションで描くことにより、見慣れて深く考えることのなくなっていた問題について振り返り、その意味を確認して、これからやるべきことを発見することにつなげられるかもしれないから。

二　問一．困るのはお父さんだけであり、自分には関係のないことだと捉えている。　問二．「夏休み」が突然終わることになった根本的な原因を作ったのは自分であり、お父さんを責める資格はないということ。　問三．お母さんに対しては平気なふりをしていたが、また「なんにもしたくない病」になることへの不安もあり、せめてお父さんには自分の本心をかくしたくないと思っているから。　問四．ついさっきまでお父さんを責め、約束を破られたことを許すことができなかったのに、仕事を手伝ってほしいと言われたとたんに、うれしくなり興味がわいてわくわくしていることを、さとられたくなかったから。

三　教えるは学ぶの半ばなり

四　問一．遠くの国で戦争や争いが始まったことと、それに対する人々の意見や考えがばらばらで、身勝手なものであること。　問二．複雑な現実は無視されて、単純な数や力の論理によって物事が決められ、大国や多数派の国々に都合のよい未来が訪れそうだったということ。　問三．多様な声をもつ多くの人々が集まり、みんなが声を合わせることで、調和のとれた美しい歌声が生まれるところ。

《算　数》

[1]　(1)〈8～12〉，〈11～14〉　(2)〈28～52〉，〈55～70〉，〈198～202〉　(3)〈163～174〉，〈504～507〉，〈673～675〉

[2]　(1)4　(2)3　(3)7

[3]　(1)10　(2) $3\frac{1}{3}$　(3)もっとも短い時間… $3\frac{3}{4}$　もっとも長い時間… $5\frac{25}{28}$

[4]　(1)73　(2)(ア)680　(イ)あきら　(3)1110／たかし

《理　科》

1　1．イ　2．エ　3．方角…ウ　見え方…イ　4．ア，エ　5．つぶが角ばっている。

2　1．青色リトマス紙…エ，オ　赤色リトマス紙…イ　2．※学校当局により全員正解　3．イ，エ

3　1．ア，ウ　2．イ

4　1．①エ　②カ　2．①イ　②ア　3．ウ，エ

5　1．①ア　②エ　③イ　④エ　⑤ク　2．イ

6　1．①10　②4　③2　④2　2．⑤2　⑥5　⑦6　⑧15　3．⑨6　⑩6　⑪12　⑫2　⑬3

7　1．オ　2．豆電球Pが×となる…6　豆電球Qが△となる…2

《社　会》

1　1．A．埼玉　B．沖縄　C．山口　　2．ウ，オ　　3．イ，オ，カ　　4．ウ　　5．イ，ウ　　6．ウ，エ
7．資源名…石炭　記号…ウ，オ

2　1．　オ　　2．ア，オ　　3．ア，ウ　　4．イ，エ　　5．松前…ア　対馬…エ　　6．イ，ウ
7．武蔵国から銅が献上されたこと。

3　1．　ア，ウ　　2．イ，エ　　3．イ，ウ　　4．オ　　5．ア，ウ，エ　　6．ウ，オ

《2022　国語　解説》

一　著作権に関係する弊社《へいしゃ》の都合により本文を非掲載《ひけいさい》としておりますので、解説を省略させていただきます。ご不便をおかけし申し訳ございませんが、ご了承《りょうしょう》ください。

三　**問一**　最初は、「後輩《こうはい》」に泣きつかれたお父さんが困っているだけで、自分にはあまり関係のない話だと勝手に思いこんでいた。しかし、お父さんが「夏休みはもう終わりだ」と言ったことに対して、「驚《おどろ》きのあまり、ぼくはお父さんをみた」とある。夏休みは終わりだと言われてようやく、「ぼく」は今回の一件が、自分に関係のあることだと気付いたのである。

問二　お父さんが夏休みを終わりにしなければならなくなったことについて、「ぼく」はお父さんを責め、最後には「お父さんはうなだれた」。ここまでの会話における勝者は「ぼく」で、敗者はお父さんだった。一方、「敗者もぼく」だと言える理由が、――②の直後の段落に書かれている。「すべてはぼくのせいだった。ぼくに反論できる余地はない」とあるように、そもそもお父さんが夏休みを終わりにしなければならなくなった原因を作ったのは「ぼく」だった。そのため、「ぼく」にはお父さんを責める資格はないのである。

問三　直前に「お母さんには、どんなに嫌だと思ったことでも平気なふりをして、そう言えていたのに」とある。家族に対して平気なふりを続けるというのは大変である。「ぼく」は、お父さんにまで本心をかくして平気なふりをするのはつらいと感じている。加えて、「ぼくはまた、なんにもしたくない病になるのだろう」とあり、お父さんの夏休みが終わることで、自分が元の状態にもどってしまうことに不安をいだいている。また、約束を破られたのが初めてではないことも、父さんに対して素直に「わかった」と言えない理由の一つだと考えられる。

問四　2行前に「想像もつかないけれど、ぼくの鼓動《こどう》は高鳴り、勝手にわくわくしてきてしまう」とある。お父さんから「俺の仕事を手伝ってくれないか？」と言われて、「ぼく」は「そんなことできるのだろうか？」と思いながらも、強い興味がわいている。しかし、先ほどまで父を責めていただけに、うれしそうに“やりたい”と言うのは恥ずかしい。そこで、「ふてくされた声をよそお」うとともに、表情から本当の気持ちをさとられないように、「わざとまえをむいたままで」答えたのである。

四　**問一**　「遠くの国で物のこわれる音がして」という表現から、「遠くの国」で戦争や争いが始まった、または続いていることが読み取れる。また、「幾《いく》千万のちりぢりの会話」が指す内容は、「遠くの国」の戦争や争いに対する人々の意見や考えがばらばらで、まとまりがないことを表すと考えられる。たとえば、国連の安全保障理事会では、常任理事国が拒否権《きょひけん》を行使し、戦争や紛争《ふんそう》に関する決議が否決《ひけつ》されることがよくある。また、内戦において、それぞれの勢力を異なる国々が支援し、争いが長引くことも多い。それぞれの国々や人々の意見がまとまらず、こうしてなかなか平和が訪れないことに「僕《ぼく》」は苦しめられている。また、「幾千万のちりぢりの会話」が指す内容は、報道などによって伝わってくる断片的な、戦争や争いにまきこまれた人々の声だと考えることもできる。

問二　まず、「机《つくえ》の上の英和辞典に　何かしれぬ憤《いきどお》りを覚えながら」について考える。20 世紀の始めごろまでは、イギリスが世界中に植民地を持ち、世界で最も力を持っていた。また、第一次世界大戦後にはアメリカが大きく国力をのばし、第二次世界大戦後には、軍事力、経済力ともに世界一の大国となった。この両国は英語圏《けん》の国であり、現在でも英語は世界でもっとも広く使われている言語である。「僕」が英和辞典に憤りを覚えるのは、こうした大国が様々な面で世界を支配していることに反発を感じているからだと考えられる。このことをふまえて「未来は簡単《かんたん》な数式で予言されそうだった」について考える。世界には様々な国々があり、いろいろな考えを持つ人々がいて、本来、未来のことは簡単に予言できるものではない。しかし、大国が力を持つ世界では、複雑な現実や多様な考え方は無視され、一部の国々の意見が通りがちである。また、多数決によって物事を決めれば、やはり数の力が物を言う。こうしたことを「未来は簡単な数式で予言され」ると表現している。また、詩の中の「簡単な数式」が指すものは、世界一有名な数式と言われる「$E=mc^2$」である可能性もある。この式をもとに核兵器が開発され、大国の発言力をいっそう強めることになった。また、核兵器は人類を滅ぼしかねないため、この数式が人類の未来を予言していると捉えることもできる。

問三　合唱は、様々な声を持つ多くの人々が声を合わせて、調和のとれた歌声を生み出す。こうした合唱のもつ特《とく》徴《ちょう》は、問二の解説にある、一部の大国が力を持っている現状とは正反対のものである。世界の現状に憤りを感じている「僕」は、合唱というものがもつ特徴に魅力《みりょく》を感じ、引きつけられているのである。

《2022　算数　解説》

［1］

【解き方】○から△までの連続する□個の整数の和は，$\dfrac{(○+△)\times□}{2}$で求められるから，例えば50を連続する整数の和で表す場合，(○＋△)×□＝100となる。□が奇数のとき○と△はともに偶数かともに奇数となるので，○＋△は偶数となる。□が偶数のとき○と△は偶数と奇数になるので，○＋△は奇数となる。したがって，(○＋△)×□は必ず(偶数)×(奇数)となることを利用する。

(1)　50×２＝100を２以上の２つの整数の積で表すと，100＝２×50＝４×25＝５×20＝10×10となる。

このうち偶数と奇数の組み合わせは，下線部の２組である。

４×25＝100より，連続する４個の整数の和が50となるのは○＋△＝25のときだから，○＝$\dfrac{25-3}{2}$＝11，△＝25－11＝14のとき，〈11～14〉は50となる。

同様に，５×20＝100より，○＝$\dfrac{20-4}{2}$＝８，△＝20－８＝12のとき，〈８～12〉は50となる。

(2)　1000×２＝2000であり，2000＝２×1000＝４×500＝５×400＝８×250＝10×200＝16×125＝20×100＝25×80＝40×50である。

５×400＝2000より，○＝$\dfrac{400-4}{2}$＝198，△＝400－198＝202のとき，〈198～202〉は1000になる。

16×125＝2000より，○＝$\dfrac{125-15}{2}$＝55，△＝125－55＝70のとき，〈55～70〉は1000になる。

25×80＝2000より，○＝$\dfrac{80-24}{2}$＝28，△＝80－28＝52のとき，〈28～52〉は1000になる。

(3)　2022×２＝4044であり，4044＝２×2022＝３×1348＝４×1011＝６×674＝12×337である。

３×1348＝4044より，○＝$\dfrac{1348-2}{2}$＝673，△＝1348－673＝675のとき，〈673～675〉は2022になる。

４×1011＝4044より，○＝$\dfrac{1011-3}{2}$＝504，△＝1011－504＝507のとき，〈504～507〉は2022になる。

12×337＝4044より，○＝$\dfrac{337-11}{2}$＝163，△＝337－163＝174のとき，〈163～174〉は2022になる。

［2］

(1)　１人目の警察官《けいさつかん》が２km以内の移動距離《きょり》でかけつけられない交差点は，４－アと４－ウの２か所である。
この２か所の交差点に２km以内の移動距離でかけつけられるように２人目の警察官を配置すればよい。
条件に合うのは，４－ア，３－イ，４－イ，４－ウの４か所である。

(2)　２km以内でできるだけ多くの交差点にかけつけられるように，右図の☆印の交差点に１人目の警察官を配置すると，●印の５か所の交差点は２km以内でかけつけることができない。この５か所の交差点を２km以内でかけつけるためには，３－アと４－イなど，少なくとも２人の警察官を新たに配置しなければならない。よって，求める人数は３人である。

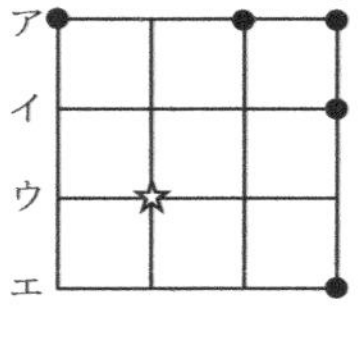

⑶　【解き方】縦に15本，横に15本で，14×14のマスができる。ここに4人の警察官を配置するので，14×14のマスを均等に4つにわけて，7×7のマスごとに1人の警察官を配置し，その1人の警察官が7×7のマス内の交差点にかけつけることとして，移動距離を考える。

図 i

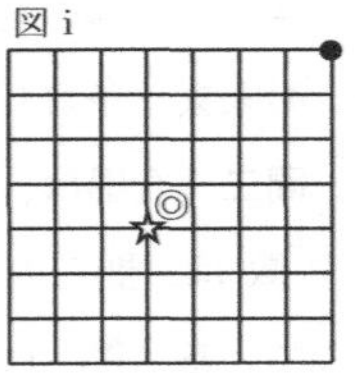

7×7のマスについて，中心のマスは図 i の◎印のマスだから，このマスの周りに配置することで，できるだけ短い移動距離ですべてのマス内の交差点にかけつけることができる。

例えば，図 i の☆印の交差点に警察官を配置すると，●印の交差点には8㎞でかけつけられ，残りの交差点には7㎞以内でかけつけられる。このように，◎印のマスの周りに警察官を配置すると，角の交差点1か所だけ8㎞，残りの交差点は7㎞以内でかけつけられる。

したがって，答えが8以下であることは確定なので，7にできないかを考える。つまり，図 i の8㎞でかけつけられる交差点を，他の警察官が7㎞以内でかけつけられるようにできないかを考える。

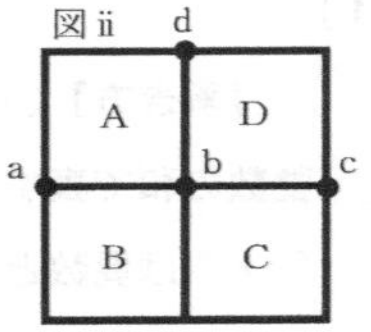

図 ii の太線のマス内はそれぞれ7×7のマスがあるとして，左上，左下，右下，右上のマスにそれぞれ，警察官A，B，C，Dを配置するとする。例えば，図 ii の交差点a，b，c，dの位置がそれぞれ，警察官A，B，C，Dが8㎞でかけつけられる交差点になるように警察官を配置する。このとき，a，b，c，dのいずれの交差点も7㎞以内でかけつけられる警察官が存在することになる。以上より，求める移動距離は7㎞である。

［3］

⑴　【解き方】直線APと直線㋑との交わる点をQとする。Qが壁と重なっている間，Pは壁にかくれる。

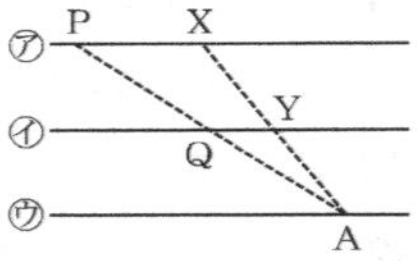

P，Qが1秒後にそれぞれX，Yの位置に移動するとき，右のように作図できる。

直線㋐，㋑は平行だから，三角形APXと三角形AQYは同じ形の三角形である。

PX＝1mで，㋐と㋑，㋑と㋒の間かくは3mで等しいから，QY＝PX÷2＝$1\div2=\frac{1}{2}$(m)とわかる。よって，Qは毎秒$\frac{1}{2}$mで進む。

Pが壁にかくれていた時間は，Qが壁のはしからはしの5mを進んだ時間だから，$5\div\frac{1}{2}=10$(秒)

⑵　【解き方】⑴をふまえる。壁の右はしがQと重なってから，壁の左はしがQと重なるまでの間，Pは壁にかくれる(右図参照)。

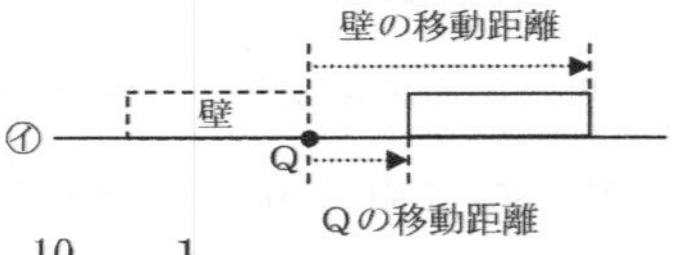

壁の移動距離《きょり》とQの移動距離の差が壁の長さである5mになればよい。

壁とQの速さの差は毎分$(2-\frac{1}{2})$m＝毎分$\frac{3}{2}$mだから，求める時間は，$5\div\frac{3}{2}=\frac{10}{3}=3\frac{1}{3}$(秒)

⑶　【解き方】図③について，直線APと直線㋑，直線APと直線㋓との交点をそれぞれS，Tとすると，AT：AS：AP＝1：2：3より，Sは毎秒$\frac{2}{3}$m，Tは毎秒$\frac{1}{3}$mで進むとわかる。

⑵と同様に考えると，Pが㋑上の壁にかくれるのは，㋑上の壁の右はしがSと重なってから，㋑上の壁の左はしがSと重なるまでの間なので，$5\div(2-\frac{2}{3})=\frac{15}{4}=3\frac{3}{4}$(秒)

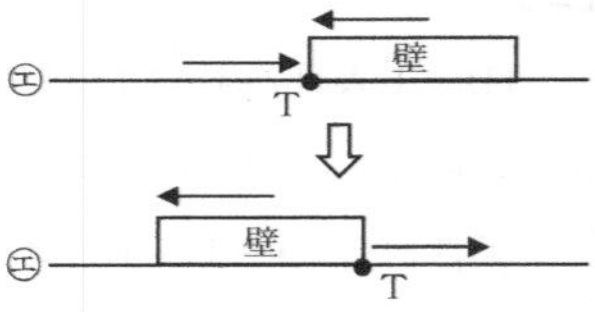

㋓上の壁とTが出会ってから離れるまでの間，Pは㋓上の壁にかくれる(右図参照)。

このとき，㋓上の壁とTの移動距離の和は壁の長さに等しく5mだから，Pが㋓上の壁にかくれるのは，$5\div(2+\frac{1}{3})=\frac{15}{7}=2\frac{1}{7}$(秒)

始めに㋑上の壁にかくれ，再び見えるようになってからはそのまま見え続けており，

Pが㋑上の壁にかくれていた時間よりも㋓上の壁にかくれていた時間の方が短いから，

もっとも短い時間は，「Pが㋑上の壁にかくれている時間の中で㋓上の壁にかくれている時間が終わっていた」場合の$3\frac{3}{4}$秒，もっとも長い時間は，「Pが㋑上の壁にかくれている時間が終わってすぐに㋓上の壁にかくれた」

場合の $3\frac{3}{4}+2\frac{1}{7}=5\frac{25}{28}$(秒)である。

［4］

⑴　あきら君が29人の受付を終え，30人目のお客さんの受付をするのは，開場してから10×29＝290(秒後)である。290÷13＝22余り4，290÷15＝19余り5より，290秒後の時点で，さとし君は23人目，たかし君は20人目の受付をしている。したがって，求める整理番号は，30＋23＋20＝$\boxed{73}$

⑵　**【解き方】3人は，10と13と15の最小公倍数である390秒ごとに，同じ人数だけ受付をしているので，390秒を1周期として考える。**

1周期ごとに，あきら君は390÷10＝39(人)，さとし君は390÷13＝30(人)，たかし君は390÷15＝26(人)，3人で39＋30＋26＝95(人)の受付が終わる。

165÷95＝1余り70より，整理番号$\boxed{165}$のお客さんは，2周期目の70番目となる。

⑴より，2周期目の開始から290秒後に，あきら君が73番目のお客さんを受付し，その4秒前にさとし君が72番目，5秒前にたかし君が71番目のお客さんを受付している。よって，70番目のお客さんを受付するのはあきら君で，290秒後に終わることがわかる。したがって，整理番号$\boxed{165}$のお客さんの受付が終わるのは開場から390＋290＝680(秒後)で，受付をするのはあきら君である。

⑶　**【解き方】ゆたか君と交代した人について場合を分けて，つるかめ算を用いて考える。**

ゆたか君と交代しなかった場合，2022秒後までに受付を終わらせた人数は，あきら君が2022÷10＝202余り2より202人，さとし君が2022÷13＝155余り7より155人，たかし君が2022÷15＝134余り12より134人である。

3人とも2022秒後ちょうどに受付が終わっているわけではないので，ゆたか君が2022－8＝2014(秒後)に整理番号$\boxed{545}$のお客さんの受付を開始し，2022秒後に終わったことがわかる。なお，整理番号$\boxed{544}$のお客さんの受付が終わるのは2022秒後よりもあとになる可能性がある($\boxed{544}$よりも$\boxed{545}$が先に終わる可能性がある)。

あきら君がゆたか君と交代した場合，たかし君は2022－12＝2010(秒後)に整理番号$\boxed{544}$のお客さんの受付を開始するから，あきら君とゆたか君は2人で545－(155＋134＋1)＝255(人)の受付を2022秒でしたことになる。

ゆたか君がすべて受付をした場合でも2022÷8＝252余り6より252人しか受付できないので，条件に合わない。

さとし君とゆたか君が交代した場合，2人で545－(202＋134＋1)＝208(人)の受付を2022秒でしたことになる。

つるかめ算を利用すると，さとし君が受付をした人数は，(2022－8×208)÷(13－8)＝71.6(人)となり，整数にならないので条件に合わない。

たかし君とゆたか君が交代した場合，2人で545－(202＋155)＝188(人)の受付を2022秒でしたことになる。

たかし君が受付をした人数は，(2022－8×188)÷(15－8)＝74(人)だから，15×74＝1110(秒後)にたかし君と交代した。

《2022　理科　解説》

$\boxed{1}$　**1**　イ○…雨を降らせる雲は，乱層雲や積乱雲などの名前に「乱」がつく雲である。乱層雲は温暖前線付近などでゆるやかな上昇《じょうしょう》気流が生じるところ，積乱雲は寒冷前線付近などの激しい上昇気流が生じるところで発生しやすい。

2　エ×…太陽や星座をつくる星は，自ら光を出して輝いている。このような天体を恒星《こうせい》という。これに対し，月や金星のように，自ら光を出さず，太陽の光を反射させることで輝いて見える天体もある。

3　図のように，ちょうど右半分が光っている月は，午後6時ごろに南の空で見える上弦《じょうげん》の月である。上弦の月はこの後，少しずつ満ちていき，約１週間後には満月になる。なお，午後６時ごろの満月は東の地平線付近にあり，午前０時ごろに南の空にくる。

４　ア○…棒のかげは，太陽の高度が大きいときほど短くなる。１日の中で太陽の高度が最も大きくなるのは正午ごろだから，棒のかげの長さは日の入り直前よりも正午の方が必ず短くなる。　イ，ウ×…棒のかげは太陽がある方向と反対方向にできる。太陽は１日の中で東→南→西と動くから，棒のかげは西→北→東と動く。　エ○…神戸市と八王子市では緯度の差がそれほど大きくないので，日の出の時刻は東にある八王子市の方が早い。

５　れきなどは川を流れてくる間に他の石や川底などにぶつかることで，角がとれて丸みを帯びる。これに対し，火山灰は流水のはたらきを受けず噴出物がそのまま堆積するから，つぶが角ばっている。

２　１　青色リトマス紙を赤色に変えるのは酸性，赤色リトマス紙を青色に変えるのはアルカリ性の液である。アとウは中性，イはアルカリ性，エとオは酸性の液である。

３　実験１と２で同じ結果になるのは，炭酸水とうすい塩酸である。これらにアルミニウムや鉄などを加えると，うすい塩酸では激しく気体(水素)を発生させてとけるが，炭酸水ではそのような様子がほとんど観察されない。

３　１　薬品が水にとける量は水の量に比例する。水25ｇに薬品５ｇをとかすということは，水100ｇ(25ｇの４倍)に薬品５×４＝20(ｇ)をとかすことと同じである。よって，表より，30℃のときの水100ｇにとける薬品の量が20ｇ以上のしょう酸カリウムと塩化ナトリウムはすべてとける。

２　１解説とは逆に，表の数値をここでの水の量(100ｇの$\frac{1}{4}$の25ｇ)に合わせて，$\frac{1}{4}$にして考える。１ですべてとけた２つの固体のうち，30℃のときにとける量が多いしょう酸カリウムは水25ｇに45.6÷４＝11.4(ｇ)までとけるから，実験２では11.4－５＝6.4(ｇ)より多く加えたことになる。また，実験３で固体の区別ができるということは，40℃まで上げたとき一方では固体がすべてとけ，もう一方では固体がとけ残ったままになるということである。40℃のときにとける量が少ない塩化ナトリウムは水25ｇに38.3÷４＝9.575(ｇ)までしかとけないので，実験２で加えた量が6.4ｇ(合計で11.4ｇ)より多いのであれば，必ず固体がとけ残ったままになる。これに対し，しょう酸カリウムは40℃の水25ｇに63.9÷４＝15.975(ｇ)までとけるから，実験２では15.975－５＝10.975(ｇ)まで加えてよい。つまり，実験２のＹにあてはまる数値は6.4より大きく10.975以下だから，この条件を満たすイとウのうち，値が小さいイが正答となる。

４　１　アとウは「風によって飛ばされる」たね，イは「動物の体の表面について運ばれる」たね，エは「食料として動物に運ばれる」たね，オは「水にういて流される」たね，カは「はじけて飛び出る」たねである。

２　①はトゲトゲがついていて動物の体にくっつきやすいからイ，②は羽のようなものがついていて風に乗りやすいからアだと考えられる。

３　ウ×…発芽に光が必要な種子もあれば，発芽に光が必要ではない種子もある。　エ×…一生が１年でも１年の中で複数回たねを作る植物はある。また，一生が１年でない植物であれば毎年たねを作る。

５　１　蒸散は，根から吸い上げられた水がおもに葉から水蒸気となって出ていく現象である。蒸散する場所がおもに葉であることを確かめるには，葉がある植物と，葉の有無だけが異なる植物を比べる必要がある。また，光があたるかどうかの条件をそろえる必要がある。蒸散は光があたっているときの方がさかんに起こるので，どちらの植物も光があたる窓のそばにおけばよい。一定時間後，ポリエチレンのふくろにたまった水てきの量を調べると，葉がある植物をかぶせたふくろの方が多くの水てきがたまっていることを確認できる。

２　ヒトがはきだした息の二酸化炭素のう度は約４％だから，イでなければ光をあてる前の二酸化炭素のう度を測定することができない。なお，植物に光をあてることで，二酸化炭素と水を材料にして栄養分と酸素をつくり出す光合成が行われるため，光をあてた後の二酸化炭素のう度は小さくなる。

[6]　１　物体の重さはある１点にかかると考えることができる。この点を重心という。重心が台の上にあれば物体はかたむかないから，実験１より，ここで用いた角材や木片はそれぞれの中心（角材は左はしから27cm，木片は左はしから３cm）に重心があると考えられる。また，支点の左右でてこをかたむけるはたらき〔重さ（g）×支点からの距《きょ》離《り》（cm）〕が等しくなるとつり合う。ここでは木片の重さを[1]，角材の重さを[9]として考える。図２で，台の右はしを支点とすると，角材の重心は支点から左に３cmの位置にあるから，角材がてこを左にかたむける（反時計回りに回転させる）はたらきは[9]×３＝27である。木片をFに積む場合，その重心は支点から右に３cmの位置にあり，木片がてこを右にかたむける（時計回りに回転させる）はたらきが27になるのは木片の重さが27÷３＝９，つまり木片を９個積んだときだから，さらに１個増やして10個目を積むと，てこを右にかたむけるはたらきの方が大きくなり，角材がかたむく。G～Iについても同様に考えると，Gに積む木片の重心は支点から９cmにあるから，27÷９＝３より，４個目を積んだときにかたむく。Hに積む木片の重心は支点から15cmにあるから，27÷15＝1.8より，２個目を積んだときにかたむく。Iに積む木片の重心は支点か21cmにあるから，27÷21＝1.2…より，２個目を積んだときにかたむく。

２　⑤⑥図３では，角材の重心が台の上にないから，そのままの状態では角材が左にかたむく。台の左はしを支点としたとき，角材がてこを左にかたむけるはたらきは[9]×３＝27だから，Iに積む木片（重心の位置は台の左はしから21cm）は27÷21＝1.2…（個）以上にする必要がある。また，台の右はしを支点としたとき，角材がてこを左にかたむけるはたらきは[9]×９＝81だから，Iに積む木片（重心の位置は台の右端から15cm）は81÷15＝5.4（個）以下にする必要がある。よって，Iに積むことができる木片の数は２個から５個である。　⑦⑧図３のときと同様に考える。図４で，台の左はしを支点としたとき，角材がてこを左にかたむけるはたらきは[9]×９＝81だから，Iに積む木片は81÷15＝5.4（個）以上にする必要がある。また，台の右はしを支点としたとき，角材がてこを左にかたむけるはたらきは[9]×15＝135だから，Iに積む木片は135÷９＝15（個）以下にする必要がある。よって，Iに積むことができる木片の数は６個から15個である。

３　角材の重さはどちらも[9]で同じだから，２本の角材（重さの合計は[18]）の重心は，それぞれの角材の重心のちょうど真ん中にあると考えればよい。例えば，図５では台の左はしにあり，図６では台の左はしから９cmの位置にある。　⑨台の右はしを支点としたとき，２本の角材がてこを左にかたむけるはたらきは[18]×６＝108だから，下の角材のIに積むことができる木片の数は108÷21＝5.1…（個）までであり，６個目を積むと右にかたむく。

⑩⑪台の左はしを支点としたとき，２本の角材がてこを左にかたむけるはたらきは[18]×９＝162だから，Iに積む木片は162÷27＝６（個）以上にする必要がある。また，台の右はしを支点としたとき，２本の角材がてこを左にかたむけるはたらきは[18]×15＝270だから，Iに積む木片は270÷21＝12.8…（個）以下にする必要がある。よって，Iに積むことができる木片の数は６個から12個である。　⑫例えば，上の角材を１cm右に動かすと，上の角材の重心も１cm右に動くので，２本の角材の重心はその半分の0.5cm右に動き，てこを左にかたむけるが小さくなる。角材がてこを左にかたむけるはたらきが小さくなっていくと，やがて，台の右はしを支点として，木材が右にかたむく。台の右はしを支点としたとき，Iに積んだ12個の木片がてこを右にかたむけるはたらきは[12]×21＝252だから，２本の角材の重心から台の右はしまでの距離が252÷[18]＝14（cm）より短くなるとかたむく。図６の状態では，２本の角材の重心は台の右はしから15cmの位置にあるので，２本の角材の重心が右に15－14＝１（cm），つまり，上の角材がその２倍の２cmをこえて右に動くと，角材がかたむく。　⑬まずは，⑫と同様に考える。上の角材を左に動かすと，２本の角材の重心が左に動き，てこを左にかたむけるはたらきが大きくなるので，やがて，台の左はしを支

点として，角材が左にかたむく。台の左はしを支点としたとき，Ⅰに積んだ12個の木片がてこを右にかたむけるはたらきは[12]×27＝324だから，台の左はしから２本の角材の重心までの距離が324÷[18]＝18(cm)より長くなるとかたむく。よって，２本の角材の重心が左に18−15＝３(cm)，つまり，上の角材がその２倍の６cmをこえて左に動いたときだと求められる。ただし，図８の上の段の角材の重心が下の角材の左はしから３cmの位置にあることに着目すると，上の段の角材が３cmをこえて左に動くと，重心が下の角材の左はしよりも左に動くため，この時点で上の角材が左にかたむくことがわかる(その後，下の角材が右にかたむく)。

[7] 表２において，アとウでは右の電池だけで直列つなぎのＰとＱを光らせるので，ＰとＱの明るさは(3)と同じになる。イとエとカでは右の電池だけでＱを光らせるので，Ｑの明るさは(1)と同じになる。オでは２つの直列つなぎの電池でＱを光らせるので，Ｑの明るさは(2)と同じになる。キでは左の電池だけでＱを光らせるので，Ｑの明るさは(1)と同じになる。クでは２つの並列つなぎの電池でＱを光らせるので，Ｑの明るさは(6)と同じになる。以上より，表２の空らんに記号をあてはめると，右表のようになる。

	スイッチの入れ方			豆電球のつき方	
記号	X	Y	Z	P	Q
ア	A	A	A	△	△
イ	A	A	B	×	○
ウ	A	B	A	△	△
エ	A	B	B	×	○
オ	B	A	A	×	◎
カ	B	A	B	×	○
キ	B	B	A	×	○
ク	B	B	B	×	○

《2022　社会　解説》

[1] １　Ａ＝埼玉　Ｂ＝沖縄　Ｃ＝山口　　Ａ．秩父地方は，埼玉県の西部に位置する。Ｂ．沖縄県は，太平洋戦争で唯一アメリカ軍が上陸した地域である。Ｃ．秋芳洞・カルスト台地から山口県と判断する。

２　ウ，オ　　ア．日本国内で化学工業の割合が50%を超える工業地帯・地域はない。京葉工業地域(40.1%)，瀬戸内工業地域(22.3%)。イ．京浜工業地帯は，東京都から神奈川県にいたる一帯である。エ．阪神工業地帯は，古くからの中小工場が多く，自動車生産地ではない。

３　イ，オ，カ　　アはコンテナ船，イはＬＮＧ船，ウは自動車運搬船，エはクルーズ船，オは石油タンカー，カは鉱石専用船。

４　ウ　　セメント工業は，原料指向型工業である。石灰石は，物質名は炭酸カルシウム，鉱物名は方解石，岩石名は石灰岩・結晶質石灰岩(大理石)などと呼ばれる。

５　イ，ウ　　イ．儒教は，上下関係や親子関係を重んじる道徳的な教えである。ウ．中国では，仏教以外にも儒教・道教・キリスト教・イスラム教などが認められている。

６　ウ，エ　　ア．サンゴの生息地は南西諸島や西日本の太平洋岸であり，最北端の択捉島には生息しない。
イ．サンゴの白化現象は，海水温の上昇・淡水や土砂の流入・強い光の照射などで起きる。オ．辺野古にもサンゴ礁は存在している。辺野古には依然から米軍のキャンプ・シュワブがあったために，県外移設が無理と判断した政府は，辺野古移設を決めた。

７　石炭／ウ，オ　　アは原油，イは液化天然ガス(ＬＮＧ)，エはウランやプルトニウムである。

[2] １　オ　　大伴家持がまとめたと言われている『万葉集』には，万葉仮名が使われていた。アは小野妹子が隋の皇帝煬帝に渡したと言われる国書，イは「魏志」倭人伝，ウは『小右記』，エは『古今和歌集』。

２　ア，オ　　イ．応仁の乱が起きたことで，「文明」へと改元された。ウ．江戸の大火や京都の震災などの凶事を断ち切るために「天保」へと改元された。エ．明治時代以降は一世一元となったので，明治天皇の崩御に伴って「大正」へと改元された。

3　ア，ウ　　イは古墳時代，エは縄文時代，オは飛鳥時代。

4　イ，エ　　【４班】の中に「1979 年に元号法が制定された」とあるので，1979 年以降の出来事を選ぶ。アは 1954 年，イは 2001 年，ウは 1949 年，エは 1991 年，オは 1956 年。

5　松前…ア　対馬…エ　　イ．琉球王国との交易は薩摩藩が担当した。ウ．唐人屋敷は長崎につくられ，幕府と中国(清)との交易が行われた。オ．オランダ商館は，長崎の出島に設けられ，幕府とオランダとの貿易が行われた。

6　イ，ウ　　ア．イエスの生まれた年を紀元とする。エ．関ヶ原の戦い(1600 年)は 16 世紀，豊臣氏の滅亡(1615 年)は 17 世紀である。オ．承久は元号，西南は方角に基づく。

7　武蔵国から銅が献上されたこと。　　和銅(にきあかがね)は，自然銅(純度の高い銅)を意味する。

3　1　ア，ウ　　ア．経営状態が悪化した企業は，派遣社員やアルバイトなどの非正規雇用との契約を解除した。ウ．東京都からの転出数が，東京都への転入数を上回った。

2　イ，エ　　イ．2020 年時点で核家族世帯の割合はおよそ 56%ある。また，単独世帯の割合は 35.7%と増加している。エ．長引く不況の中，共働き世帯は増えている。

3　イ，ウ　　ア．満 18 歳以上であれば，高校生でも投票する権利はある。エ．選挙期間中に候補者が戸別訪問することは，禁止されている。オ．応援演説など，候補者本人以外が演説することもある。

4　オ　　本文中の「社会的包摂とは，多様な困難を抱える人たちを，社会のメンバーとして包み込んで共に生きていくことを目指す理念」とあることから，多様な困難を抱える人たち＝障がいのある人，社会のメンバーとして包み込んで共に生きていく＝やりがいを感じられる仕事に就けるように支援，と考えればオが適切である。

5　ア，ウ，エ　　イ．ボランティアとの連携について規定しているのは，災害救助法ではなく災害対策基本法である。また，ボランティアの派遣義務はない。オ．消費税の税率の引き上げ理由は，財政再建や社会保障制度の充実であって，復興のための財源の確保はなかった。

6　ウ，オ　　ア．孤独・孤立に対する対策は，厚生労働省ではなく内閣官房に孤独・孤立対策担当室が設置されている。イ．イギリスでは，孤独担当大臣が既存のボランティア団体と連携して対応している。エ．孤独・孤立は貧困を伴うことも多いので，貧困対策などと切り離さない方がよい。

ヤングケアラー…家事や家族の世話をする子ども

2021 解答例 令和３年度 ★筑波大学附属駒場中学校

《国　語》

一　問一．ぐずる原因を見極め、問題がある場合には、それを適切に解決してあげるということ。　問二．上手に待つことで学ぶ、一人で考え、自分と向き合う時間を持つ感覚。　問三．親が子どもに身につけさせたいことをおし付けるのではなく、子ども自身が経験によって主体的に学べるような機会を生かし、手助けしたり導いたりするという特徴。　問四．乗客たちには待つ忍耐力と気の長さが身についており、事情を理解した上で自分がどうすべきかを考える力も備わっているため、他者に対してむやみに腹を立てたりしないから。

問五．A．失敗　B．成果　C．確保　D．雑音　E．余談

二　問一．もう一人の子に対して自分は元から知っていたとじまんするのならわかるが、今話したばかりのわかりきったことを、筆者本人に対して説明し直す意味がわからなかったから。　問二．職務上の言動を真似されるだけでも迷わくなのに、注意して追いはらうこともできず、邪魔だと思いながら黙って我慢するしかないストレスを運転手にあたえてしまった点。　問三．かつて運転手の仕事を邪魔した罰を黙して受けようと思い、筆を動かしつづけるが、直す必要のないところまで手を入れてしまうなど、絵を描くことに集中できていない様子。

問四．子供たちに悪気がないことはわかっているので、おこって追い出したのは心苦しいが、仕事の邪魔をするなという自分の切実な思いも理解し、悪く思わないでくれと願う気持ち。

三　問一．こころが体にえいきょうをあたえ、精神の働きが体を動かしていると考えること。　問二．考えることとあるくことのどちらに重きを置いているのかを自分でも決めきれないように、こころと体は一体のものであり、切りはなして考えることはできないということ。　問三．知らない者同士だが、反射的に軽く頭を下げ合うという動作をしたことによって、おたがいに気まずさを感じることなく、良い気分になることができたというもの。

《算　数》

[1]　(1)59.66　(2)318　(3)46

[2]　(1)20　(2)1004　(3)2893　(4)208

[3]　(1)4　(2)24　(3)132

[4]　(1)2.5　(2)(ア)11　(イ)48 cm^3，144 cm^3

《理　科》

1　1．①ア　②ウ　③イ　2．6　3．イ，ウ，カ　4．オ　5．石灰水

2　1．①イ，エ　②ウ，オ　2．ア　3．ア　4．ウ　5．エ

3　1．入ったとき…エ　出たとき…イ　2．①イ，カ　②ウ，オ　3．①ア　②エ　③ケ

4　1．夏…カ　秋…ア　冬…イ　2．ア，エ

5　1．①24　②12　2．③2　④1　⑤白　⑥1　⑦1　⑧4　⑨黒　⑩1

6　1．①×　②左　③右　④○　2．①ア，ウ　②エ　③なし

《社　会》

1　1．ウ　2．ア，ウ　3．ウ，エ　4．ア，エ　5．ドイツ…ア　香港…エ　6．ウ，オ
7．ア，イ

2　1．エ　2．武家の頂点に立ったことを内外に知らしめるため。
3．名称…中尊寺〔別解〕毛越寺　位置…ア　4．ア，イ，ウ　5．ア，オ
6．④d　⑮c　㉔m　㉖p　㉞g　7．コ，ウ，エ，イ，キ，ク

3　1．オ　2．イ，オ　3．ウ，エ　4．ウ，カ　5．ア，イ　6．イ，ウ

←解答例は前のページにありますので，そちらをご覧ください。

《2021　国語　解説》

一 **問一**　――①をふくむ「待たせてから、よろこびを与《あた》える」というのは、夜に赤ちゃんが泣いた時の対処《たいしょ》法である。待たせるのは「赤ちゃんが自力で落ちつくチャンスを与え」るためであり、この間に「赤ちゃんを観察」し、「ぐずる原因は、空腹《くうふく》だからか、オムツ替《が》えをしてほしいからか～等々、それを見極《みきわ》めるのです」と述べている。このようにして、赤ちゃんを待たせている間にぐずる原因を見極め、その後、問題を解決することで赤ちゃんによろこびを与えるのである。

問二　２行前に「『待つ忍耐《にんたい》』を覚え、『ひとり遊び』をはじめることだってある」とあり、少し後に「ひとり遊びから『孤独《こどく》の味』を教える育児法」とある。赤ちゃんを待たせることで、赤ちゃんはひとり遊びをしながら待つことを学ぶ。ひとり遊びをしている間は、一人で考え、自分と向き合うことになる。そうした時間を過ごす感覚、感じを「孤独の味」と表現している。

問三　前の行に「『ちょっと待つ』は、眠《ねむ》りのつなげ方を『教える』ことにもなっているのです」とある。赤ちゃんは待たされることで、「睡眠《すいみん》サイクルを自力でつなげる学習」を邪魔《じゃま》されることなく行うことができる。「赤ちゃんにとって必要なのは～眠りに戻《もど》るのを手伝ってもらうことです」とあるように、親が行うのは手助けであり、あとは赤ちゃんが経験に基づきながら主体的に自力で学習するのである。これが「教える」ということである。一方、「躾《しつ》ける」は、調教する、訓練するという意味であり、親の側が押《お》しつける意味あいが強くなる。

問四　――②の７行後に「乳《ち》飲《の》み子《ご》の時から『忍耐と気の長さ』を教え、ひとり遊びから『孤独の味』を教える育児法」とある。こうした教え方で育てられたことで、乗客たちには忍耐力や気の長さが備わっている。また、孤独の味を覚え、「上手に待つ」ことも身についている。乗客たちは、列車が遅《おく》れたとしても上手に時間を使って待ち、腹を立てることなく対処できるので、列車が遅れることを謝罪する放送など必要ないのである。

二 **問一**　筆者は男の子に対し、自分は仕事で絵を描《か》いていると説明した。すると、大きいほうの男の子が、さきほど説明したのと同じことを筆者に向けて言ったので、筆者はその意図をはかりかね、不思議に思ったのである。

問二　筆者は子供のころ、電車の運転手の脇《わき》に陣取《じんど》り、運転手の口頭確認を真似《まね》して遊んでいた。大人になり、子供たちに邪魔《じゃま》されながら仕事をしている筆者は、その遊びがいかに迷わくだったかを身をもって体感した。――②に「なおさら」とあるのは、その遊びをされるだけでも迷わくなのに、運転手は、「服務規程」を守らなければならないため、子供たちを追いはらうこともできず、ひたすら黙って我慢するしかなかったからである。

問三　筆者はこのとき、「黙《もく》して罰《ばつ》を受けるのが妥当《だとう》」だと考え、子供に邪魔されても追いはらおうとはせず、絵を描くことに集中しようとしていた。文章の最初の方で筆者は、子供の「実況《じっきょう》放送」を聞きながら、猫《ねこ》の目を描き、そこに修正の筆を入れた。この時点で猫の目は完成しているはずなので、――③の「猫の目を三回も塗《ぬ》ってしまった」という表現は、直す必要もないのに筆を入れてしまったことを表している。つまり、筆者は絵を描くことに集中しようとしていたが、できなかったのである。

問四　少し前で、筆者は子供のころの電車内での遊びを思い返し、「ほんとうに、悪気なんてこれっぽっちもなかったんだ」と考えている。そして、筆者の仕事の邪魔をする子供にも悪気はないに決まっていると思っている。しかし、筆者はどうしてもがまんできず、子供を追い出すことにした。そのことに心苦しさを感じながらも、自分の切実な思いも理解してほしいと願う気持ちが、「これだって、悪気はないんだ」という表現に表れている。

三　**問一**　詩の終わりの方にある「会《え》釈《しゃく》をするとき　こころ　には　体がこめられた」より考える。会釈をするという体の動きが、こころに変化をもたらした。つまり、肉体が精神にえいきょうをあたえたのである。体にこころがこめられるのは、この逆で、こころや精神が体にえいきょうをあたえ、体を動かすということだと考えられる。“こころのこもった贈《おく》り物”といった表現も、考えるヒントになる。

問二　「あるきながら考えている」と「考えながらあるいて」いるは、こころの動きを表すことばと、体の動きを表すことばを入れ替えただけで、意味はほとんど変わらない。つまり、“考える”と“あるく”はどちらかに重きが置かれているわけではなく、切りはなせるものでもない。

問三　直後の「それきりで　過ぎ　ふたたび会うこともなかった」より、作者とむこうからあるいてきた人はたった一度すれちがっただけの知らない者同士だと考えられる。また、二人の間にある垣根《かきね》は、たがいにこころの距《きょ》離《り》があったことを表している。もし、会釈をせずにすれちがえば、作者は気まずい思いをしたはずである。しかし、実際には会釈をしたので「かろやかにすれちがう」こと、つまり良い気分ですれちがうことができた。おそらく考えるより前に体が動き(＝会釈をする)、そのことでこころが動いた(＝気分がよくなった)のである。問一の解説も参照。

―《2021　算数　解説》

［1］

⑴　5秒後に，小さい円の半径は4＋1×5＝9(cm)，大きい円の半径は5＋1×5＝10(cm)になっているから，
10×10×3.14－9×9×3.14＝(100－81)×3.14＝19×3.14＝59.66(cm²)

⑵　**【解き方】斜線部分の面積の変化のしかたの規則性を考える。**

1秒ごとの2つの円の半径と，斜線部分の面積をまとめると，右表のようになる。斜線部分の面積は，最初

時間(秒後)	0	1	2	3	4	5	…
小さい円の半径(cm)	4	5	6	7	8	9	…
大きい円の半径(cm)	5	6	7	8	9	10	…
斜線部分の面積(cm²)	9×3.14	11×3.14	13×3.14	15×3.14	17×3.14	19×3.14	…

9×3.14(cm²)で，1秒たつごとに2×3.14(cm²)増え，つねに(奇数)×3.14(cm²)だとわかる。
2021÷3.14＝643余り1.98だから，斜線部分の面積が2021cm²をこえるのは，面積が645×3.14(cm²)になったときである。よって，求める時間は，(645－9)÷2＝318(秒後)

⑶　**【解き方】⑵より，S＝s×3.14とすると，T＝(s＋2)×3.14と表すことができ，T：S＝{(s＋2)×3.14}：(s×3.14)＝(s＋2)：sとなる。**

T÷Sの値が1.02より小さくなるのは，s＋2がsの1.02倍より小さくなるときだから，(s＋2)－s＝2がsの1.02－1＝0.02(倍)より小さくなるときである。このとき，sは2÷0.02＝100より大きい。
⑵よりsは奇数だから，s＝101となるときを求めればよい。求める時間は，(101－9)÷2＝46(秒後)

［2］　以下の解説では，その数自身より大きい位の数を0と考える。例えば，2を02や002と考える。

⑴　1から99までの数のうち，一の位が「2」の数は十の位が0～9の10個あり，十の位が「2」の数は一の位が0～9の10個ある。100には「2」が使われていないので，1から100までの数を並べると，「2」は全部で10＋10＝20(個)使われる。

⑵　**【解き方】1から99までの数を並べても「0」は200個も並ばないので，まず，1から999までの数を並べたときに，「0」が何個並ぶかを考える。3けたの数[ア][イ][ウ]の[ア]，[イ]，[ウ]それぞれに0～9の10通りの数を入れて，000から999までの数を作ると考える。**

[ウ]に「0」を入れるとき，[ア]，[イ]への数の入れ方は10×10＝100(通り)ある。しかし，[ア][イ][ウ]＝０００の場合に[ウ]に入っている「0」は実際には並ばないので，一の位の「0」は100－１＝99(個)並ぶ。

[イ]に「0」を入れるとき，[ア]，[ウ]への数の入れ方は10×10＝100(通り)ある。しかし，[ア][イ][ウ]＝００[ウ]の場合に[イ]に入っている10通りの「0」([ウ]に10通りの数が入るので)は実際には並ばないので，十の位の「0」は100－10＝90(個)並ぶ。

[ア]に「0」を入れるときにできる数について，[ア]の「0」は実際には並ばないので，百の位の「0」は並ばない。

したがって，１から999までの数を並べると，「0」は99＋90＝189(個)並ぶ。このため，1000以降で「0」が200－189＝11(個)並べばよい。

「0」の個数は，1000が３個，1001，1002，1003，1004に２個ずつあるから，1004まで並べるとちょうど３＋２×４＝11(個)となる。よって，求める数は1004である。

(3)　**【解き方】１けたの数，２けたの数，３けたの数，４けたの数の個数をそれぞれ数える。**

１けたの数は１～９の９個ある。

２けたの数は十の位が１～９の９通り，一の位が０～９の10通りだから，９×10＝90(個)ある。

３けたの数は百の位が１～９の９通り，十の位と一の位が０～９の10通りだから，９×10×10＝900(個)ある。

４けたの数は1000の１個ある。

よって，並べてできる数のけたの数は，１×９＋２×90＋３×900＋４×１＝2893(けた)

(4)　**【解き方】各位の数が「0」，「1」，「2」しかないので，３進数と考えることができる。そうすることで，１けたの数，２けたの数，３けたの数，それぞれの個数を数えやすくなる。**

３進数の１けたの数は，１，２の２個ある。

３進数の２けたの数は，十の位が１，２の２通り，一の位が０，１，２の３通りだから，２×３＝６(個)ある。

３進数の３けたの数は，百の位が１，２の２通り，十の位と一の位が０，１，２の３通りだから，２×３×３＝18(個)ある。

３進数の一の位の「1」は10進数の１にあたる。３進数の十の位の「1」は10進数の３にあたる。３進数の百の位の「1」は10進数の３×３＝９にあたる。３進数の千の位の「1」は10進数の３×３×３＝27にあたる。

したがって，３進数の2021は10進数の27×２＋３×２＋１＝61にあたるから，2021までに４けたの数は，61－(２＋６＋18)＝35(個)ある。

以上より，並べてできる数のけたの数は，１×２＋２×６＋３×18＋４×35＝208(けた)

［３］

(1)　右図Ⅰの○の４通りある。

(2)　**【解き方】空間図形において交わる２直線は，同一平面上にあり，平行でない直線である。したがって，●を４つ以上ふくむ平面ごとに考える。しかし，●を４つしかふくまない平面上では，直方体の外側で交わる点は存在しないので，●を５つ以上ふくむ平面ごとに考える。**

図Ⅰ

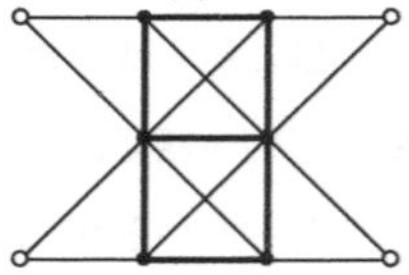

●を５つ以上ふくむ平面は右図IIの６面ある。①～④の平面上で直方体の外側で交わる点の位置は，図Ｉのように４通りずつある。⑤，⑥の平面上で直方体の外側で交わる点の位置は，図III（図Ｉを横にひきのばしただけである）の○のように４通りずつある。

図II

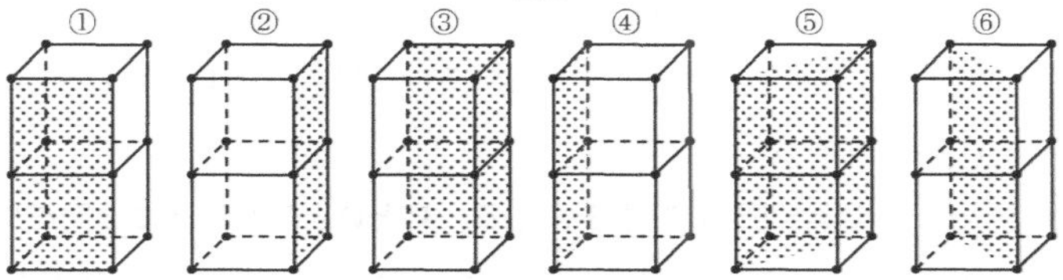

図III

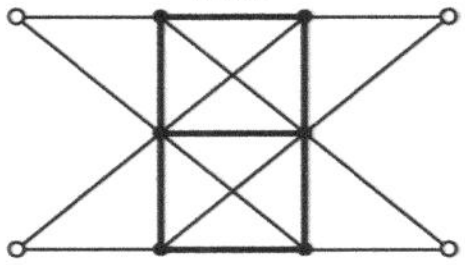

よって，直方体の外側で交わる点の位置は全部で，４×６＝24（通り）

(3)　**【解き方】(2)と同様に，●を５つ以上ふくむ平面ごとに考える。**

●を５つ以上ふくむ平面は右図IVの６面ある。①～④の平面上で直方体の外側で交わる点の位置は，図Ｖの○のように22通りずつある。

図IV

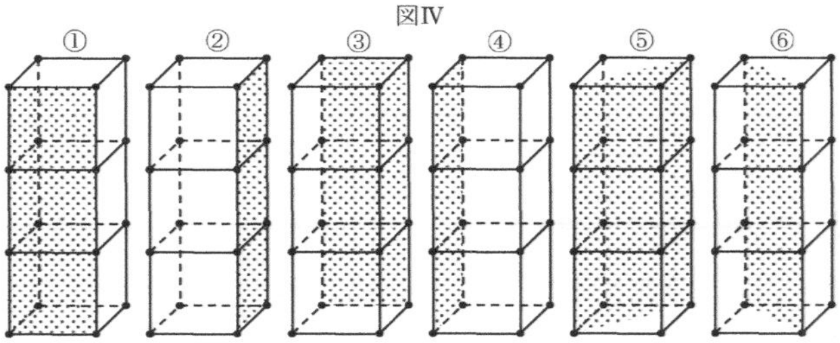

図Ｖ

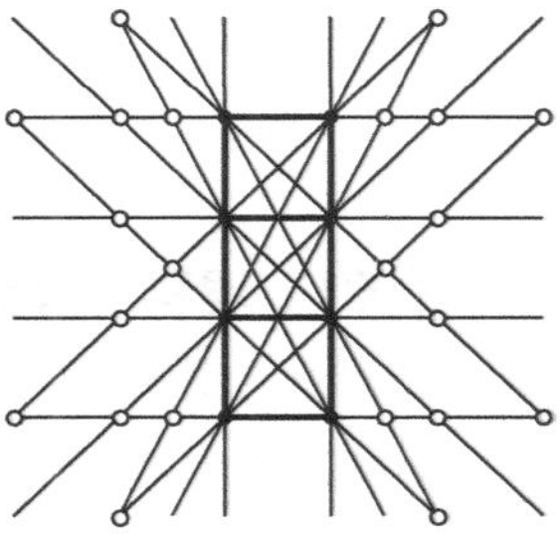

⑤，⑥においても同様に22通りずつある。

よって，直方体の外側で交わる点の位置は全部で，22×６＝132（通り）

［４］

(1)　**【解き方】ＱとＲの高さの差は，最初10㎝である。Ｒが１回目にＦに着く前にＱは10－４＝６（㎝）以上進むので，出発してからＱとＲが動いた長さの和が10㎝になるときを求めればよい。**

10÷（３＋１）＝2.5（秒後）

(2)（ア）　**【解き方】Ｐは５×２÷２＝５（秒）ごとに出発点にもどり，Ｑは10×２÷３＝$\frac{20}{3}$（秒）ごとに出発点にもどり，Ｒは４×２÷１＝８（秒）ごとに出発点にもどる。したがって，ＰとＱは20秒ごとに同時に出発点にもどり，ＰとＲは40秒ごとに，ＱとＲも40秒ごとに同時に出発点にもどる。周期が短いＰとＱに注目し，ＡＰとＢＱの長さのグラフをかいて，答えの候補となる時間を探す。**

ＰとＱは20秒ごとに同時に出発点にもどるので，グラフは20÷２＝10（秒）の時点をさかいに左右対称の形になる。したがって，10秒後までの時間とＡＰとＢＱの長さをグラフにすると，右図のようになる。２つのグラフは①，②，③の○で交わっているが，②は高さが５㎝でＣＲ＝５㎝となることはないので，①と③について調べる。

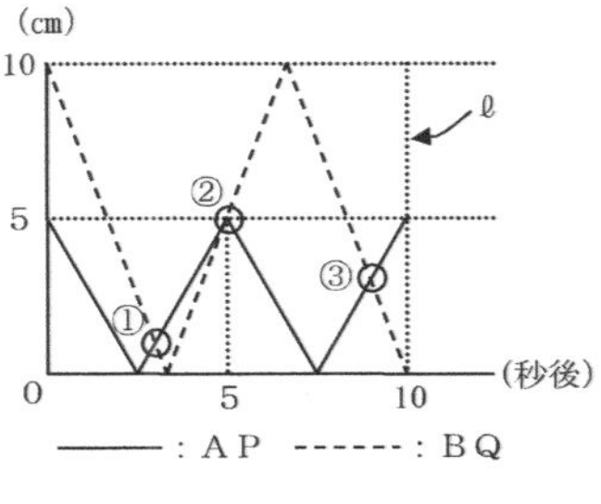

出発してから①までにＰとＱは合わせて５＋10＝15（㎝）進んでいるので，①は，15÷（２＋３）＝３（秒後）である。このとき，ＡＰ＝２×３－５＝１（㎝）

出発してから③までにＰとＱは合わせて５×３＋10×２＋10＝45（㎝）進んでいるので，③は，45÷（２＋３）＝９（秒後）である。このとき，ＡＰ＝２×９－５×３＝３（㎝）

図の直線ℓを対称の軸として③と対称な点は，10＋（10－９）＝11（秒後）の点だから，11秒後にＡＰ＝ＢＱ＝３㎝となる。また，①と対称な点は，10＋（10－３）＝17（秒後）の点だから，17秒後にＡＰ＝ＢＱ＝１㎝となる。

次に，３秒後，９秒後，11 秒後，17 秒後それぞれの時点のＣＲの長さを調べると，右表のようになる。表より，11 秒後と 17 秒後にＡＰ＝ＢＱ＝ＣＲとなるのだから，求める時間は 11 秒後である。

時間	ＣＲ
３秒後	３cm
９秒後	１cm
11 秒後	３cm
17 秒後	１cm

(イ)　**【解き方】(ア)をふまえる。ＰとＱとＲが同時に出発点にもどるのは 40 秒ごとに起こるから，時間とＡＰ，ＢＱ，ＣＲの長さをグラフに表すと，40÷２＝20(秒)の時点をさかいに，左右対称な形になる。**

20 秒後までのグラフは右図のようになる。(ア)より，④(11 秒後)で高さが３cmの三角柱ができ，⑤(17 秒後)で高さが１cmの三角柱ができる。図の直線ｍを対称の軸として④と対称な点と⑤と対称な点のところでも三角柱ができるが，高さは同じ３cmと１cmである。三角形ＡＢＣの面積は，12×８÷２＝48(cm²)だから，求める体積は，48×１＝48(cm³)と 48×３＝144(cm³)である。

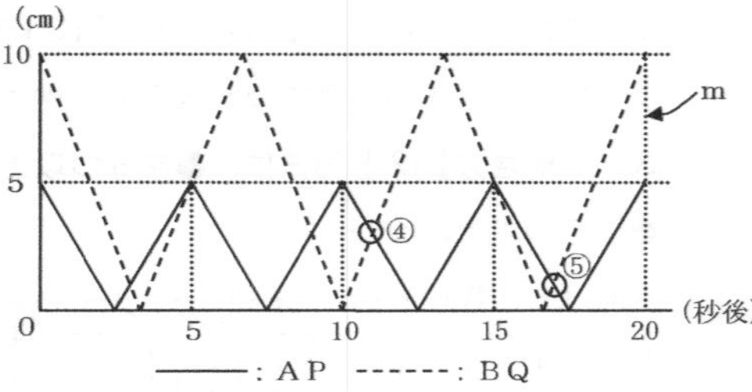

《2021　理科　解説》

1　**1**　①ア，②ウ，③イ…ものが燃える前と後で，ちっ素の割合は変わらない。また，ものが燃えるときに酸素が使われ二酸化炭素が発生するので，酸素の割合が減り，二酸化炭素の割合が増える。

2　実験６○…新しい空気と燃えているものがもっともふれやすいものを選ぶ。図３のように木片の間に空気が通るすき間がある方が木片が燃えやすい。また，ふたと着火口を閉めないようにすると，かんの下から新しい空気が入り，燃えた後の空気が上から外に出て行くので，木片のまわりで空気の通り道ができて木片が燃えやすい。

3　ア×，イ○…木片が燃えることによってできた気体はまわりの空気よりも軽いので，上から外に出て行く。ウ○，エ×…木片が燃えることによってできた気体が外に出て，そのかわりに木片が燃えるために使われる気体(酸素)を十分にふくむ外の空気が着火口から中に入ってくる。　オ×，カ○…木片が燃えるときには使われない気体(ちっ素など)はあたためられて軽くなるので，上から外に出て行く。

4　オ○…実験１と実験５の結果のちがいに着目する。図２のように木片にすき間がないと木片は燃えずに残るが，図３のようにすき間があると木片は燃え続けると考えられる。

5　木片が燃えることで二酸化炭素が発生する。二酸化炭素を石灰水に通すと白くにごる。

2　**2**　ア○…月は自ら１回転するのにかかる時間(自転周期という)と地球の周りを１周するのにかかる時間(公転周期という)が同じで，常に同じ面を地球に向けている。このため，常に同じ部分が見えている。

3　ア○…北斗七星とカシオペヤ座は図Ⅰのような位置関係で北極星を中心に１日でほぼ１回転する。それぞれ一晩中見える。

図Ⅰ

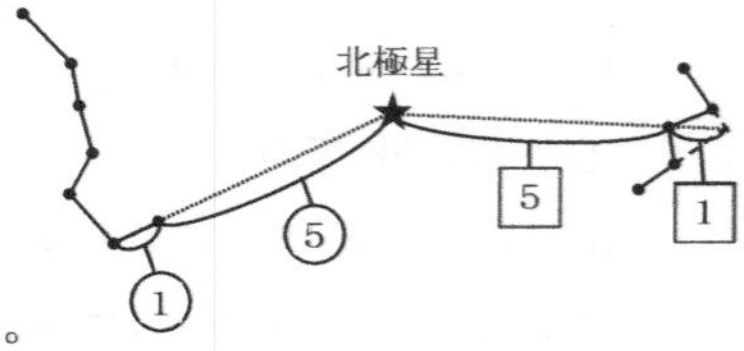

4　ア×，ウ○…れき(直径２mm以上)，砂(直径 0.06 mm～２mm)，どろ(直径 0.06 mm以下)はつぶの大きさで区別する。つぶが小さいほど沖合の深い海まで運ばれて積もるので，どろは沖合の深い海底で，れきは河口の近くで積もる。イ×…砂の中に化石が含まれることがある。　エ×…火山灰は火山から近いほど厚く積もる。

5　エ×…やわらかい土地の方がかたい土地より地震のゆれが大きくなり，災害が大きくなりやすい。

3　1　図４より，ポリエチレンのふくろに空気が入ったときの方がはばがせまくなることがわかる。したがって，ポリエチレンのふくろに空気が入ったとき筋肉はちぢんでいて，ポリエチレンのふくろに空気が入っていないとき筋肉はゆるんでいる。

2，3　うでの２対の筋肉は関節をまたぐようにして別の骨についているので，腕を曲げたりのばしたりすることができる。厚紙の手前側(うでの内側)の筋肉がちぢむことで，うでを曲げることができ，厚紙の後ろ側(うでの外側)の筋肉がちぢむことで，うでをのばすことができる。

4　2　ア，エ○…環境の変化により，観測する生物を見つけにくくなったため，生物の観測を行うことが難しくなってきている。

5　1　①てこをかたむけるはたらき〔おもりの重さ×支点からの距離(cm)〕が左右で等しくなるときにつり合う。また，太さが均一な棒の重さは棒の中央にかかる。図３より，黒いおもり１個の重さは白いおもり１個の重さの$\frac{5}{3}$倍だから黒いおもり１個の重さを５とすると，白いおもり１個の重さは３である。図４で，２つのおもりの重さの合計($3+5=8$)はＡの長さをそれぞれの重さの逆比に分ける点にかかるので，60 cmを３：５に分ける点にかかる。この点はＡの左はしから $60\times\frac{3}{3+5}=22.5$(cm)，つまり，糸(支点)から左に $25-22.5=2.5$(cm)である。また，Ａの重さがかかる点は支点から右に $30-25=5$(cm)だから，棒の重さは$8\times\frac{2.5}{5}=4$である。図５では，４つのおもりの重さの合計$5\times2+3\times2=16$がＡの左はしから22.5 cmにかかり，棒の重さ４はＡの中央(Ａの左はしから30 cm)にかかるので，それぞれの重さがかかる点の間の $30-22.5=7.5$(cm)を４：16＝１：４に分ける点が支点である。したがって，$22.5+7.5\times\frac{1}{1+4}=24$(cm)となる。　②図６は図５に対して，おもりと棒の重さ，棒の長さがそれぞれ半分になっている。したがって，②の長さは①の長さの半分の12cmである。

2　③～⑥糸３につるしたおもりの重さの合計が最も小さくなるのは，糸４，糸６，糸７にそれぞれ白いおもりを１個ずつつるしたときである。このとき，Ａの左はしにかかる重さは$3\times3+2\times2=13$だから，Ａの右はしにかかる重さも 13 になる。したがって，黒いおもりが２個，白いおもりが１個である。　⑦～⑩すべてのおもりの重さの合計は$3\times5+5\times3=30$，２本の棒の重さの合計は４だから，Ａの両はしにはそれぞれ$(30+4)\div2=17$ずつの重さがかかる。おもりの重さが 17 になる組み合わせは$5\times1+3\times4=17$ より，糸３に黒いおもり１個と白いおもり４個をつるし，糸６と糸７には黒いおもりを１個ずつつるす。さらに，残りの白いおもり１個は糸４につるし，糸２の位置を調整すればよい。

6　1　①図１，２より，北と南では電磁石に電流が流れないことがわかる。　②～④図１，２より，スイッチの矢印の向きが西のとき，下のかん電池と電磁石の回路になる。これは，スイッチの矢印の向きが東のとき(上のかん電池と電磁石の回路)と電流の向きや強さが同じになるので，東と西の方位磁針のふれる向き，検流計のふれる向き，ふれる大きさはすべて同じになる。

2①　アとウではスイッチがどの向きでも，検流計がふれることはない。　②　検流計が大きくふれるのは，２個のかん電池が直列つなぎになるときである。これは，エの東と西のときだけである(方位磁針がふれる向きはどちらも左)。　③　イでは北と南のときに方位磁針が左にふれる。①，②解説と合わせて考えると，スイッチの向きによって方位磁針がふれる向きが逆になるものはない。

《2021　社会　解説》

1　1　ウ．一段落より，都心低空飛行ルートは羽田空港に南風が吹く時期に採用されるから，太平洋側に南東季節風が吹く夏と判断する。

2　アとウが正しい。　イ．パスポートのない外国人は出入国が禁止されている。　エ．緊急事態宣言が出され，活動自粛が求められたため，2020 年の国内旅行者は前年よりも半減した。　オ．訪日外国人は，ＧｏＴｏトラベルキャンペーンの対象外であった。

3　ウとエが誤り。　ウ．埋め立て地をつくることで干潟が消失し，漁獲量は減っている。　エ．高度経済成長期以降は，工業用地に利用されることが多い。

4　アとエが正しい。　ア．船で燃料・原料を輸入し，製品を輸出するため，沿岸部に工場が多い。　エ．小型軽量で単価の高い商品が多いため，輸送コストがかかる航空輸送などでも採算が取れる。　イ．工業生産額が最も大きいのは中京工業地帯。　ウ．関東内陸工業地域では，機械などの重工業の方が軽工業よりも生産額が大きい。オ．北陸工業地域では，機械の生産額が最も大きい。

5　ドイツはア，香港はエを選ぶ。ドイツのメルケル首相は，2015 年，ハンガリーに滞留していた大勢の難民たちを人道主義に基づき国内に受け入れた。香港は，社会主義国の中国にありながら，特別行政区として外交と防衛以外は自治が認められているため，香港から中国本土への刑事事件の容疑者引き渡しを可能にする逃亡犯条例改正案へのデモが活発化した。イはイギリス，ウは韓国，オはアメリカ。

6　ウとオが誤り。　ウ．南風時の着陸前，スカイツリー(墨田区)は左手に見える。　オ．南風時の離陸後，富士山(静岡県・山梨県)は右手に見える。

7　アとイが誤り。　ア．四段落より，新宿区上空で高度を約 900m に落とすので，高さ 634m の東京スカイツリーよりも高い位置を飛ぶ。　イ．三段落より，ロンドン(イギリス)で首都上空に飛行ルートが設定されている。

2　1　エ．２班の発表の「ウシ・ウマ・イヌ・サル・ニワトリ」から十二支の動物と判断できる。

2　鎌倉・室町時代の武家で，将軍家だけが実際に牛車に乗れたことから導き出す。

3　中尊寺(金色堂)を建てた奥州藤原氏は，前九年合戦・後三年合戦の後に勃興し，約１世紀にわたって平泉を中心に栄えたから，アと判断する。また，奥州藤原氏は，源義経をかくまったために源頼朝に滅ぼされた。

4　アとイとウが誤り。⑰(奈良時代)と⑲(鎌倉時代)の間だから，⑱は平安時代。　ア．平将門は，朝廷のウマの飼育の管理者(馬寮)ではなかった。平安時代の 10 世紀に自らを新皇と称し，関東で朝廷への反乱を起こした。イ．「藤原京」ではなく「平安京」である。藤原京は飛鳥時代。　ウ．㉑より，平安時代に馬は国家の祈とうに用いられていた。

5　アとオが誤り。　ア．㉗より，縄文遺跡から，全身の骨や骨折が治った跡のある老犬の骨が出土している。オ．㉚より，聖武天皇の治世の奈良時代，天皇・貴族が室内でイヌを飼っていた。

6　675 年の④(飛鳥時代)は，645 年の大化の改新(飛鳥時代)と東大寺大仏の開眼式(奈良時代)の間の d を選ぶ。⑮(古墳時代)は，卑弥呼(弥生時代)と大化の改新(飛鳥時代)の間の c を選ぶ。1894～1895 年の日清戦争・1904～1905 年の日露戦争(明治時代)は，1889 年の大日本帝国憲法発布(明治時代)と 1925 年の男子普通選挙制度制定(大正時代)の間の m を選ぶ。1947 年の㉖(戦後の昭和時代)は，1945 年の原子爆弾投下(戦時中の昭和時代)と 1972 年沖縄返還(戦後の昭和時代)の間の p を選ぶ。13 世紀初頭の㉞(鎌倉時代)は，平清盛の太政大臣就任(平安時代末期)と 1274 年・1281 の元寇(鎌倉時代)の間の g を選ぶ。

7　コ．縄文時代→ウ．古墳時代→エ．平安時代→イ．鎌倉時代→キ．江戸時代→ク．昭和時代。　ア．㉕より，1914～1918 年の第一次世界大戦以降に騎兵は衰えていったから，1937～1945 年の日中戦争で日本軍の中心が騎兵のはずがない。　オ．㉒より，絵馬に個人の願いをこめるようになったのは室町時代。　カ．⑤より，奈良～平安時代にすでに牛乳が使用されていた。　ケ．⑨より，1950年代まで牛馬耕が普及していたから，1910年代の第一次世界大戦期に機械での耕作は行われていなかった。

3　1　オが正しい。　A．五段落の「小学校を卒業する12歳あたりが責任能力があるかどうかのわかれ目」から，13歳未満と判断する。　B．スマートフォンや傘の使用などの自由が制限されることから判断する。

2　民事裁判は個人間の私的なもめごとを審理するから，イとオが正しい。　ア．裁判員制度では，重大な刑事事件の一審について，くじで選ばれた6人の裁判員と3人の裁判官で審議し，有罪か無罪か，有罪であればどのような量刑が適当かを決定する。　ウ．不適切だと考えられる裁判官をやめさせるかどうかを決めるのは弾劾裁判であり，国会議員の中から選ばれた裁判員が裁判するので，司法機関の裁判ではない。　エ．過失致死傷罪は刑法にふれるので，刑事裁判にあたる。

3　ウとエが誤り。　ウ．国民の権利について規定した五日市憲法草案は，日本国憲法制定前ではなく，大日本帝国憲法制定前の明治初期に提案された。　エ．国際連合で採択された障害者権利条約には，障がい者の権利を保障する規定はあるものの，守ることを市民に義務付けてはいない。

4　ウとカが正しい。高校生には責任能力があり，重い障がいがある人の場合は監督義務者の監督責任が問われる。アとイは法に違反していない。エは国会の持つ権限，オは議院内閣制の記述であり，加害者と被害者がいないので，本文中の法的な責任にあたらない。

5　アとイが正しい。　ウ．条例は，都道府県や市区町村の議会が法律の範囲内で制定する。　エ．憲法に定められている，投票で過半数の賛成が必要となるのは「条例」ではなく「日本国憲法」の改正である。　オ．「20歳以上」ではなく「18歳以上」である。

6　イとウが誤り。　イ．所得税は，個人の所得に対して課せられる国税である。　ウ．「自分の生まれ育った地方公共団体のみ」が不適切。ふるさと納税は，都道府県や市区町村へ自分の故郷でなくても寄附ができる公的な仕組みで，寄附金額の一部が控除される。

★筑波大学附属駒場中学校

《国　語》

一　問一．柱にぶつかるのは、目の見えない人が柱の存在を知ることができるというように、問題点に気づき、前に進めるというよい面もあるから。　問二．「ゼロ」がカタカナ英語であることを知らず、しばらくの間、アメリカで「ゼロ」と言い続け、相手に通じなかったこと。　問三．アメリカのお寿司のように、日本のものとは違うものを否定するのではなく、寛容になって、こういうものもあるのだと認めるべきだということ。　問四．固定観念を取りはらい、自分にとっての「当たり前」を相対化することで、考え方や見方がひろがり、相手に寛容になること。

二　問一．姉の言葉からは、島田さんに対する尊敬や賞賛、親しみが感じられず、失礼な言い方をするので、少し腹が立ち、注意しようと思ったから。　問二．じれったく腹が立つという意味。　問三．生真面目で、自分の考えを曲げず、じゅうなん性に欠ける性格。　問四．朝日にとっていちばんこたえる言葉を、より効果的に言うことで、言うことを聞かせ、反省をうながすため。

三　問一．栞をはさんでおけば、すぐに目的のページを開けるように、居場所を変えない樫の木のことを考えたり見たりすれば、すぐに引っ越したあの子との楽しい思い出がよみがえるということ。　問二．⑴栞をはさんだページを開けた時の、栞がはさまっている本の形をイメージしたものになっているという特徴。　⑵詩の前半では、引っ越したあの子のことを思い、だんだんと悲しくなり、樫の木をたとえた栞を境に、あの子との楽しい思い出がよみがえり、前向きな気持ちになっていくこと。

《算　数》

［１］　⑴９　⑵10　⑶６

［２］　⑴1332　⑵117，144，171　⑶47

［３］　⑴1620　⑵2580　⑶10680

［４］　⑴$\frac{5}{6}$　⑵$\frac{1}{2}$　⑶右図

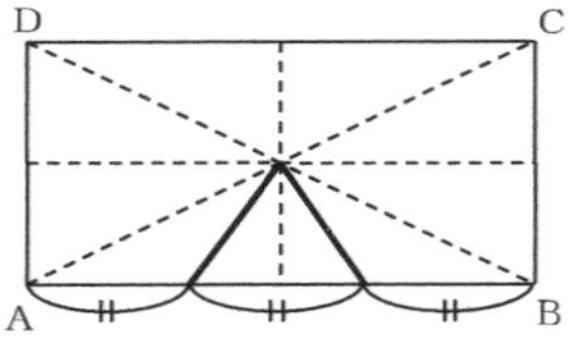

《理　科》

1　１．⑴３　⑵４　２．数…5234　⑶２　⑷２　３．イ

2　１．①○　②右　③○　④○　⑤右　⑥○　２．①△　②△　③左　④○　⑤×

3　１．太陽の方角を調べる。　２．アンモナイト　３．ア，エ　４．水蒸気　５．A．イ　B．エ　C．オ　明るい星…C　赤い星…B

4　１．ウ，オ　２．ア　３．幼虫…ウ　成虫…ウ　４．理由…イ，エ　工夫…ウ，オ

5　１．①ウ　②キ　③ケ　④イ　⑤ク　２．光

6　１．操作１…イ　操作２…ア　２．ウ　３．イ

7　１．イ，エ　２．ちっ素…イ　酸素…ウ　二酸化炭素…ア

《社　会》

1 1．イ，オ　2．イ，ウ　3．ウ，エ　4．イ，ウ，オ　5．ア，イ　6．※学校当局により全員正解
7．［記号／番号］ 2番目［イ／⑨］ 4番目［オ／⑧］

2 1．ア，オ　2．ウ，オ　3．ウ　4．イ，ウ　5．エ　6．ウ→ア→カ→オ→イ→エ　7．イ，エ

3 1．企業から広告掲載料が支払われるため。　2．ア，ウ　3．ア，イ，ウ　4．ア，ウ　5．エ，オ
6．ア，エ

←解答例は前のページにありますので，そちらをご覧ください。

《2020　国語　解説》

一 **問一**　目の見えない人が「柱にぶつかるのは悪いことじゃない」（＝「しっぱい」ではない）と思うのは、「『ああ、ここに柱があるのね』という知覚方法の一種である」から（＝ここに柱があると知ることができるから）である。それは、アメリカのボストンに移住した筆者が「思わぬしっぱい」をして、「でもそのことによって『へーしっぱいなんだ！』と～気づく」とあるのと同じことである。ここでの「柱」は、さまたげとなるもの、問題点。その問題点に気づいたおかげで、うまくいくことになった、前に進むことができたということ。つまり、「柱」にぶつかることが「せいこう」のきっかけになるのである。

問二　「柱」は、さまたげとなるもの、問題点である。ここでは、――②の直前の段落で述べた、筆者がボストンで「数字『０』」のことを「ゼロ」と言うと通じなかったこと。つまり、筆者がカタカナ英語であると知らず言い続けた「ゼロ」という発音が、やりとりのさまたげになっていたのである。

問三　「逆」とは、「しっぱい」した人と、「しっぱい」した人に対応する人との関係を、逆の立場から考えてみるということ。筆者がボストンで「しっぱい」をしたときに、現地の人が「怪訝《けげん》な（あやしんで変に思う）顔をしない」、「『何を言っているんだこいつは』という態度」をしなかったおかげで、「しっぱい」を前に進むきっかけにすることができた。立場を逆にして、自分がだれかの「しっぱい」に出くわしたときには、「怪訝な顔」をしたり「『何を言っているんだこいつは』という態度」になったりしない、つまり相手を傷つけず「寛容《かんよう》」な態度で受け入れることが大事だということ。このことの具体例として、筆者の息子の「サーモンの寿司《すし》」の「シャリ」のエピソードが取り上げられ、「どちらもしっぱいだし、同時にしっぱいじゃない」、つまり、たがいのちがいを知る経験が、多様性を認め合うきっかけになるということを述べている。

問四　本文の最後で「しっぱいを通して、人は初めて自分にとっての『当たり前』を相対化するチャンスを得る」と述べていることに着目する。これは、自分とはちがう何かにぶつかることが、自他のちがいを知るきっかけになるということ。「自分のしっぱいを通して相手を知る」のと同様に、「相手のしっぱいを通して」自分は何を得ることができるのか。それは、自分とはちがう見方や考え方を知ることができるということである。これが「本物」でそれ以外は「にせもの」だ、「いつもの」とちがうのは「へんな」ものだ、といった決めつけをしないで、自分とはちがうがそういうものもあるのだと、広い心で受け止めるようにすれば、自分の視野をひろげることができる。

二 **問一**　お父さんが「おれの友だち」である島田《しまだ》さんを「パッとしない」とからかうのには、「長年の友だちならではの親しみと～たいしたものだという尊敬と賞賛が込《こ》められている」。いっぽう「お姉ちゃんの口にした『パッとしない』には～ほかの意味がなさそうだった」とある。朝日《あさひ》も感じたように、「自分（＝お父さん自身）が言うのとお姉ちゃんに言われるのでは話がちがう」ということ。島田さんとのあいだに深い信頼《しんらい》関係ができているからこそお父さんはからかうことができるのであって、同じ言葉でも、お姉ちゃんが言ったらただの悪口である。

問二　「ただなんか肝《きも》焼けるだけ」は、――①の５行前でお姉ちゃんが言った「なーんか焦《じ》れ焦れすんだよね」と同じような意味だと考えられる。よって、「じれじれ」する（＝いらだたしい）気持ちを説明する。

問三　「一年生の背負うランドセル」は「カブトムシみたいに硬《かた》くてつやつや光る」ものである。それは、ランドセルのもともとの姿であり、使い手のくせやあつかい方が刻まれていないものである。朝日が「もしお姉ちゃんをランドセルにたとえたら、六年生になっても～新品みたいな状態ではないか。革《かわ》が硬くて、縫《ぬ》い目《め》もほつれてないやつ」と思っていることに着目する。こうあるべきという形を保ったままで、柔軟性《じゅうなんせい》も味わいもないのである。「国際大会で華々《はなばな》しく活躍《かつやく》したことがなく、かといって国内でも無敵というわけではない」島田さんは「パッとしない」と言えば「パッとしない」のであり、「新しいお土産を持ってこない」のも「ケチくさい」と言えば「ケチくさい」。辛辣《しんらつ》に(＝手厳しく)言えばそうであり、その見方もまちがっているわけではない。しかし、「お姉ちゃんにそう言われても～顔をほころばせるんだろうな～笑うんだろうな」とある、人の良さそうな島田さんのとらえ方としては、あまりにも一面的で人間味に欠けると言える。そのように、お姉ちゃんは、新品のままが良いと思っていて、傷もふくめてその人らしさが表れているランドセルを認められないような性格、つまり、欠点もふくめてその人なのだと思えない、四角四面な性格だということ。そのようなお姉ちゃんに対して、お父さんが島田さんのことを「あれでもいいとこはあるんだしよ」と言ったのも参照。

問四　落ちついた悲しそうな声にトーンダウンしたのは、「キーキー声」で怒鳴《どな》るよりも、朝日にダメージをあたえられるから。「お母さんが悲しむ」という言葉は、「朝日がいちばんこたえる言葉」で、「それを聞くと、朝日は自分がこの世でもっとも悪い人間になった気がしてくる」「言われると、いつも新鮮《しんせん》に、こころが黒く塗《ぬ》りつぶされる」とある。感情的に怒鳴られるよりも静かに言われるほうが、ずしりと胸にこたえるのである。その効果をねらっていると言える。

三 **問一**　栞《しおり》は目じるしである。本の世界から少し離《はな》れても、栞のはさんであるページを開けば、すぐにその本の世界にもどることができる。同じように、「居場所を変えない樫《かし》の木」を目じるしにすれば、「引《ひ》っ越《こ》したあの子」との楽しい思い出がよみがえるのである。その思い出に向かう道を照らし、「あたし」に喜びをあたえる目じるしとなるものなので、「あかるい」と表現している。

問二(1)　「栞のようにあかるい」の行を真ん中に、左右にページが開かれているイメージ。　**(2)**　前半は「どうしているかな　引っ越したあの子～すこしずつ離れていく」と下降し、悲しくなっていく。そして、「栞のようにあかるい」の行を境に上昇《じょうしょう》し、「引っ越したあの子」との思い出をもとに、遠くにいる友だちに心の中で語りかけて楽しむようになる。この気持ちの変化が、行の配列に表現されていると考えられる。

《2020　算数　解説》

［1］

(1)　品物Bを1個買った場合，品物Aの代金の合計が 1000－100＝900(円)となるので，品物Aを 900÷50＝18(個)買うと条件に合う。このように，品物Bを1個～9個買った場合(品物Bが 10 個のときは品物Aが0個となり条件に合わない)に対して，品物Aを買った個数がそれぞれ定まるから，組み合わせは9通りある。

(2)　品物Cを1個買った場合，品物A，Bの代金の合計が 700－150＝550(円)なので，品物Bを1個～5個買ったときに対して，品物Aを買った個数がそれぞれ定まるから，組み合わせは5通りある。

同様にして，品物Cを2個買った場合，品物A，Bの代金の合計が 700－150×2＝400(円)だから，組み合わせは品物Bを1個～3個買ったときの3通りある。品物Cを3個買った場合，品物A，Bの代金の合計が 700－150×3＝250(円)だから，組み合わせは品物Bを1個～2個買ったときの2通りある。

品物Cを4個買った場合，品物A，Bの代金の合計が 700－150×4＝100(円)となり，条件に合わない。

したがって，組み合わせは全部で5＋3＋2＝10(通り)ある。

(3)　品物X，Y，Zを買った個数をそれぞれ○個，△個，□個とする。品物X，Y，Zは値段の一の位の数がすべて7だから，代金は7の倍数となる。代金の一の位の数が9となるのは，7×7＝49 より，(○＋△＋□)の一の位の数が７のときである。

考えやすくするために，各品物の値段を３円上げると，代金は1499円から３×(○＋△＋□)円上がるので，50×○＋100×△＋150×□＝1499＋３×(○＋△＋□)となる。このとき，各品物の値段は50の倍数だから，代金は50の倍数となる。

○＋△＋□＝７のとき，1499＋３×(○＋△＋□)＝1499＋３×７＝1520であり，これは50の倍数でないので条件に合わない。

○＋△＋□＝17のとき，1499＋３×(○＋△＋□)＝1499＋３×17＝1550であり，これは50の倍数なので条件に合う。このとき，50×○＋100×△＋150×□＝50×(○＋２×△＋３×□)＝1550だから，○＋２×△＋３×□＝1550÷50＝31となる。○＋△＋□＝17だから，△＋２×□＝31－17＝14となる。

□＝１のとき，△＋２×１＝14より，△＝12　　○＋△＋□＝17より，○＝17－１－12＝４

同様に考えると，品物Ｚを１～６個買ったときにときに対して，品物Ｘ，Ｙを買った個数がそれぞれ定まる(品物Ｚを７個買ったときは品物Ｙが０個になるから条件に合わない)から，組み合わせは６通りある。

○＋△＋□＝27のとき，1499＋３×(○＋△＋□)＝1499＋３×27＝1580であり，これは50の倍数でないので条件に合わない。(○＋△＋□)が37以上のときは47×37＝1739より，明らかに条件に合わない。

以上より，組み合わせは全部で６通りある。

［２］

⑴　105＋510＋501＋150＋51＋15＝1332

⑵　「もとの数」について，各位の数が異なる場合，各位の数のうち２つが同じ数の場合，各位の数がすべて同じ数の場合に分けて，「もとの数」と「合計数」の関係を考える。

各位の数が異なる場合，合計数は右の筆算Ⅰより，

(Ａ×２＋Ｂ×２＋Ｃ×２)×100＋(Ａ×２＋Ｂ×２＋Ｃ×２)×10＋(Ａ×２＋Ｂ×２＋Ｃ×２)＝(Ａ＋Ｂ＋Ｃ)×２×111＝(各位の数の和)×２×111となる。

筆算Ⅰ
```
    ＡＢＣ
    ＡＣＢ
    ＢＡＣ
    ＢＣＡ
    ＣＡＢ
＋) ＣＢＡ
```

999は奇数《きすう》なので，「もとの数」の各位の数が異なる場合に「合計数」が999になることはない。

各位の数のうち２つが同じ数の場合，合計数は右の筆算Ⅱより，

(Ｄ×２＋Ｅ)×100＋(Ｄ×２＋Ｅ)×10＋(Ｄ×２＋Ｅ)＝(各位の数の和)×111となる。

筆算Ⅱ
```
    ＤＤＥ
    ＤＥＤ
＋) ＥＤＤ
```

したがって，各位の数の和が999÷111＝９になればよいので，「もとの数」は，117，171，144

各位の数がすべて同じ数の場合，「もとの数」は111だけなので，「合計数」は111になり999になることはない。

よって，求める数は，117，144，171である。

⑶　⑵の解説をふまえる。2020÷111＝18余り22である。

「もとの数」の各位の数が異なる場合，各位の数の和が19÷２＝9.5以上，つまり10以上ならばよい。

百の位の数が１なので，十の位の数をＰ，一の位の数Ｑとすると，Ｐ，Ｑが異なる数で１ではなく，Ｐ＋Ｑが９以上ならばよい。Ｐ＜Ｑのとき，条件に合う(Ｐ，Ｑ)の組は，(０，９)(２，７)(２，８)(２，９)(３，６)(３，７)(３，８)(３，９)(４，５)(４，６)(４，７)(４，８)(４，９)(５，６)(５，７)(５，８)(５，９)(６，７)(６，８)(６，９)(７，８)(７，９)(８，９)の23通りある。

Ｐ＞Ｑのときも同様に23通りあるから，「もとの数」は全部で23×２＝46(個)ある。

「もとの数」の各位の数のうち２つが同じ数の場合，各位の数の和が 19 以上ならばよい。そのような「もとの数」は 199 の１個である。

「もとの数」の各位の数がすべて同じ数の場合，「合計数」は 111 になり 2020 より大きくはならない。

以上より，「合計数」が 2020 より大きくなる「もとの数」は 46＋１＝47(個)ある。

［３］

(1)　2000mを 5000－2000＝3000(m)こえたので，3000÷280＝10 余り 200 より，80 円が 10＋１＝11(回)加算されるから，距離に関する料金は，740＋80×11＝1620(円)

(2)　距離に関する料金は，(7500－2000)÷280＝19 余り 180 より，740＋80×(19＋１)＝2340(円)

時速 42 ㎞＝分速$\frac{42\times1000}{60}$m＝分速 700mより，利用した時間は，$\frac{7500}{700}$分＝$10\frac{5}{7}$分

$10\frac{5}{7}$÷３＝３余り$1\frac{5}{7}$より，時間に関する料金は，80×３＝240(円)だから，「運賃」は 2340＋240＝2580(円)

(3)　距離に関する料金は，2000mから 280m利用につき 80 円ずつ加算され，時間に関する料金は，700×３＝2100(m)利用につき 80 円ずつ加算される。２つの料金が同時に上がるときを探すのはあまり意味がないので，答えのあたりをつけるために，2100mを１つの単位として考える。

距離に関する料金は，2100÷280＝7.5 だから，2100mごとに 80×7.5＝600(円)と考える。時間に関する料金は，2100mごとに 80 円だから，２つ合わせて 2100mごとに 600＋80＝680(円)と考える。

最初の 2000mのあと，3700－740＝2960(円)加算されると 3700 円になり，2960÷680＝４余り 240 だから，2000＋2100×４＝10400(m)が求める距離に近いと考えられるので，10400mのときの料金を実際に計算してみる。

距離に関する料金は，740＋80×$\frac{2100\times4}{280}$＝3140(円)であり，このあと少しでも進むと 80 円加算される。

時間に関する料金は，10400÷2100＝４余り 2000 より，80×４＝320(円)であり，このあと 2100－2000＝100(m)進むと 80 円加算される。したがって，10400mのときの料金は，3140＋320＝3460(円)である。

10400＋280＝10680(m)のときの料金は，3460＋80＋80＝3620(円)であり，このあと少しでも進むと距離に関する料金が 80 円加算されて合計 3700 円となる。よって，求める距離は 10680mである。

［４］

(1)　㋐と㋑，㋑と㋒，㋒と㋓の面積の差がすべて等しいのだから，㋐と㋓の面積の和と，㋑と㋒の面積の和は等しい。右のように作図すると，同じ記号をつけた部分の面積は等しいので，

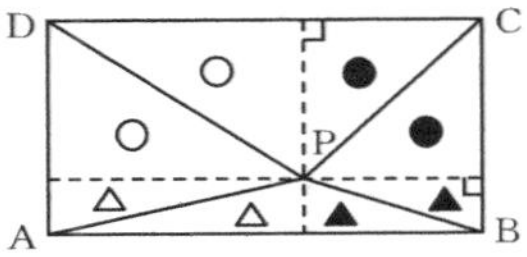

三角形ＰＡＢと三角形ＰＣＤの面積の和は長方形ＡＢＣＤの面積の半分に等しく２×１÷２＝１(㎡)となる。㋐が三角形ＰＡＢだから，㋓は三角形ＰＤＣであり，その面積は$1-\frac{1}{6}=\frac{5}{6}$(㎡)である。

(2)　(三角形ＲＤＡの面積)＝ＡＤ×ＱＲ÷２であることから，ＱＲの長さを求める。

㋑，㋒，㋓の面積は，㋐の面積よりそれぞれ$\frac{1}{6}$m²，($\frac{1}{6}$×２)㎡，($\frac{1}{6}$×３)㎡大きい。㋐と㋓の面積の和が１㎡であることから，㋐の面積は($1-\frac{1}{6}$×３)÷２＝$\frac{1}{4}$(㎡)とわかる。よって，三角形ＲＤＡの面積は㋐の面積に等しく$\frac{1}{4}$㎡だから，ＱＲの長さは$\frac{1}{4}$×２÷１＝$\frac{1}{2}$(m)である。

(3)　右図のように点線の両端《りょうたん》とその交わる点に記号をおく。

ＥＦ上にＰがあるとき，三角形ＰＡＢ，ＰＣＤの面積が等しい。

ＧＨ上にＰがあるとき，三角形ＰＢＣ，ＰＤＡの面積が等しい。

ＡＣ上にＰがあるとき，三角形ＰＡＢ，ＰＤＡの面積が等しい。

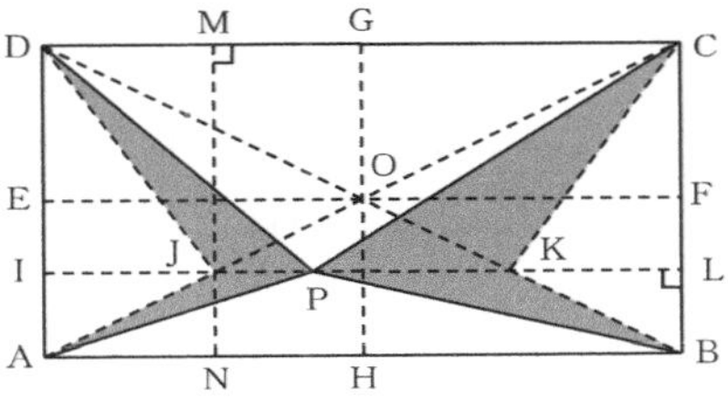

ＢＤ上にＰがあるとき，三角形ＰＡＢ，ＰＢＣの面積が等しい。

三角形ＰＡＢが㋐，三角形ＰＣＤが㋓，三角形ＰＢＣと三角形ＰＤＡがそれぞれ㋑か㋒だから，Ｐは三角形ＯＡＢの辺上をふくまない内部にある。まず，三角形ＰＤＡが㋑，三角形ＰＢＣが㋒の場合（ＰがＧＨの左側にある場合）について考える。

ＡＢに平行でＯＡ，ＯＢと交わる直線とＤＡ，ＯＡ，ＯＢ，ＣＢが交わる点をそれぞれＩ，Ｊ，Ｋ，Ｌとし，Ｊを通りＡＤに平行な直線とＤＣ，ＡＢが交わる点をそれぞれM，Ｎとする。また，㋐，㋑，㋒，㋓の面積の差の条件を満たすように，図の位置にＰをとる。

四角形ＡＢＣＤと四角形ＡＮＪＩは同じ形だから，ＪＮ：ＩＪ＝ＣＢ：ＤＣ＝１：２

これとＡＢ：ＡＤ＝２：１より，三角形ＰＡＢ，ＪＤＡの面積が等しいことがわかる。同様に，三角形ＰＡＢ，ＫＢＣの面積は等しい。㋐と㋑，㋐と㋒の面積の差である図形ＰＡＪＤと図形ＰＢＫＣの面積比は１：２だから，ＰはＪＰ：ＰＫ＝１：２を満たす位置にある。

三角形ＰＡＢ（㋐）と三角形ＰＣＤ（㋓）は底辺をそれぞれＡＢ，ＣＤとすると，高さがＪＮ，ＪＭとなる。

$JN=IJ\times\frac{1}{2}$，$JM=JL\times\frac{1}{2}$だから，㋐と㋓の高さの差は$JM-JN=(JL-IJ)\times\frac{1}{2}=JK\times\frac{1}{2}$

$JP:JK=1:3$より，㋐と㋓の高さの差は，$JK\times\frac{1}{2}=JP\times3\times\frac{1}{2}=JP\times\frac{3}{2}$

したがって，㋐と㋓の面積の差は，$JP\times\frac{3}{2}\times AB\div2=JP\times\frac{3}{2}$（㎡），㋐と㋑の面積の差は，$JP\times AD\div2=JP\times\frac{1}{2}$（㎡）だから，その比は，$(JP\times\frac{3}{2}):(JP\times\frac{1}{2})=3:1$であり，面積の差の条件に合う。

よって，ＰはＪＫを１：２に分ける直線上にある。

三角形ＰＤＡが㋒，三角形ＰＢＣが㋑の場合（ＰがＧＨの右側にある場合）は先ほどと左右対称だから，ＰはＪＫを２：１に分ける直線上にある。

したがって，解答例のように，ＡＢを３等分するような２点とＯをそれぞれ結べばよい。

《2020　理科　解説》

$\boxed{1}$ **1**　てこは，支点の左右で板をかたむけるはたらき〔おもりの重さ×支点からの距離《きょり》〕が等しくなるとつり合う。ここでは，おもりの重さを黒い積み木の数，支点からの距離を①～⑤の番号として考えればよい。　(1)板が水平のままとなる土台を表す数は大きい順に，5234，5124，4123の３通りである。　(2)板が水平のままとなる土台を表す数は大きい順に，415，325，314，213の４通りである。

2　白い積み木については重さの比がＡ：Ｂ：Ｃ：Ｄ＝$\boxed{1}$：$\boxed{2}$：$\boxed{3}$：$\boxed{4}$である。板をかたむけるはたらきを，重さの比の数値$\boxed{1}$～$\boxed{4}$と板の番号の数値①～⑤の積で考えればよい。　(3)土台を表す5234に，左からＣＢＡＤの順に置くと，$\boxed{3}$×⑤＋$\boxed{2}$×②＝$\boxed{1}$×③＋$\boxed{4}$×④（＝19）となり，支点の左右で板をかたむけるはたらきが等しくなる。同様に，左からＢＣＤＡの順に置くと，$\boxed{2}$×⑤＋$\boxed{3}$×②＝$\boxed{4}$×③＋$\boxed{1}$×④（＝16）となり，支点の左右で板をかたむけるはたらきが等しくなる。条件に合うのはこの２通りである。　(4)．(3)解説と同様に考えると，$\boxed{1}$×⑤＋$\boxed{2}$×②＝$\boxed{3}$×③（＝９）のときと，$\boxed{2}$×⑤＋$\boxed{1}$×②＝$\boxed{3}$×④（＝12）のときの２通りである。

3　イ○…黒い積み木が置かれていない場所は，左が④③①で，右が①②⑤であり，黒い積み木の重さは$\boxed{1}$だから，追加した黒い積み木が板をかたむけるはたらきは，$\boxed{1}$×④＋$\boxed{1}$×③＋$\boxed{1}$×①＝$\boxed{1}$×①＋$\boxed{1}$×②＋$\boxed{1}$×⑤（＝８）で，どちらも同じだけ大きくなる。したがって，操作３の(4)で板が水平になっているのであれば，白い積み木の積み方によらず，板は水平のままである。

2 1　結果１より，並列つなぎの２個のモーターまたは２個のかん電池は，それぞれが１個のときと同じである。また，２個のかん電池を直列につないだときには１個のときよりもモーターが速く回転し，２個のモーターを直列につないだときには１個のときよりもモーターが遅《おそ》く回転する。プロペラが回転する向きについては，かん電池の＋極から流れる電流が，モーターの黒いたんしに流れこむと右回りになり，モーターの白いたんしに流れこむと左回りになる。矢印の向きが12時(図２)のとき，どちらのモーターにも電流は流れない。矢印の向きが３時のとき，直列つなぎの２個のかん電池に直列つなぎの２個のモーターが接続されるので，速さは(1)と同じである。また，電流は，モーターＸでは黒いたんしに，モーターＹでは白いたんしに流れこむので，モーターＸは右回り，モーターＹは左回りになる。６時と９時のときについても同様に考えると，表Ⅰのようにまとめられる。

表Ⅰ

矢印の向き	モーターＸ		モーターＹ	
	速さ	向き	速さ	向き
12時	×	×	×	×
３時	○	右	○	左
６時	×	×	○	右
９時	○	左	×	×

2　図３の３つの□に，図Ⅰのようにａ～ｃの記号を置く。３時(図Ⅱ)のときにモーターＹは回転しなかったので，モーターＹはｃではない。６時(図Ⅲ)のときにモーターＹが(2)と同じ速さで右回りに回転したことから，直列つなぎの２個のかん電池とモーターＹが接続されていることがわかるので，ｃがかん電池Ｐ，ｂがモーターＹであり(残りのａはモーターＸ)，図Ⅲの状態でｃの右側が＋極，ｂの右上が黒いたんしである。したがって，12時(図Ⅰ)のときには１個のかん電池に直列つなぎのモーターＸとＹが接続されるので，どちらも(1)より遅く回転し，モーターＹでは白いたんしに電流が流れこむので，モーターＹは左回りになる。また，９時(図Ⅳ)のときにはモーターＸだけがかん電池Ｑに接続されるので，モーターＸだけが(1)と同じ速さで回転する。なお，この問題の条件だけではモーターＸの回転する向きについてはわからない。

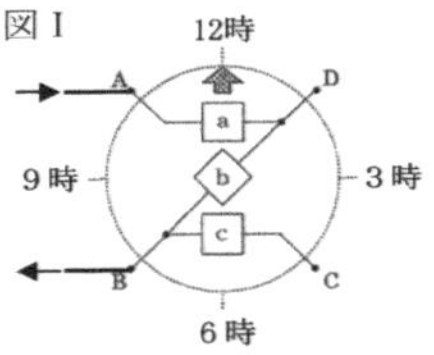

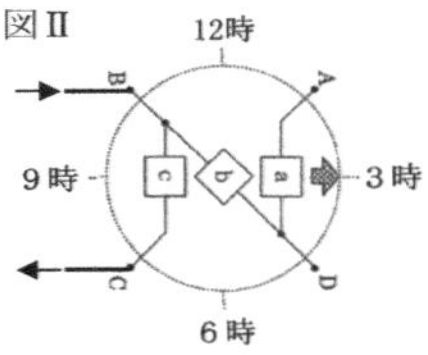

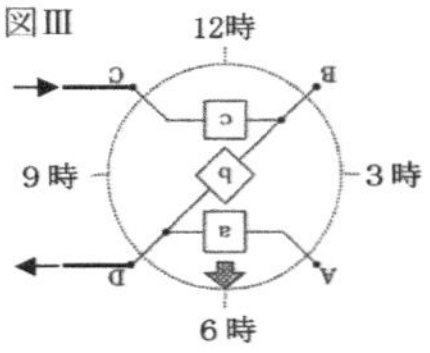

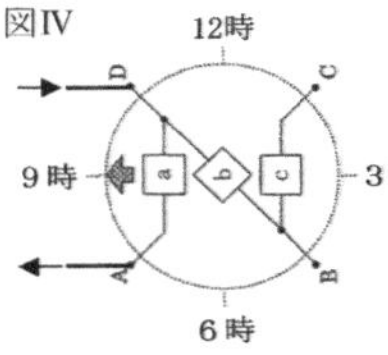

3 1　晴れていれば太陽が出ているので，太陽の方角からおおよその時刻を知ることができる。このとき，太陽の方角を直接方位磁針で調べるより，地面に垂直に立てた棒のかげがのびる方角を調べた方が，(その正反対の方向にある)太陽のより正確な方角がわかる。

2　むかわりゅうなどのきょうりゅうやアンモナイトなどが生きていた地質時代を中生代という。

3　ア，エ○…雨を降らせる雲であれば，雪を降らせることもある。アは乱層雲，エは積乱雲ともよばれる。

4　火山ガスの主成分は水蒸気である。

5　Ａはこいぬ座のプロキオン，Ｂはオリオン座のベテルギウス，Ｃはおおいぬ座のシリウスである。シリウスは太陽の次に明るい恒星《こうせい》(自ら光る星)である。また，アンタレスとベテルギウス(Ｂ)は赤色の恒星である。

4 2　イはトンボ，ウはカブトムシ，エはセミの幼虫である。

3　テントウムシのように，卵→幼虫→さなぎ→成虫の順に育つことを完全変態という。完全変態をする昆虫には，幼虫から成虫になるときに食べ物が変わるものが多いが，テントウムシは食べ物が変わらない。

5 1　①水に肥料がふくまれていない条件アと，水に肥料がふくまれていることだけが異なる条件ウを比べる。②③種子がうまっている条件アと，種子がうまっていないことだけが異なる条件キを比べる。同様に考えて，条件ウと比べるのは条件ケである。　④⑤条件アとウとキとケは空気があるから，これらと空気がないことだけが異なる条件を比べる。空気がない条件にするには，種子がすべて水の中に入るようにすればよい。

2　冷蔵庫の中では光が当たらないので，冷蔵庫に置く条件エだけでなく，条件アについても光が当たらないようにする必要がある。ただし，光が当たらないように条件アだけに箱をかぶせると，それにより他の条件が変わってしまうかもしれないので，条件エについても同様に箱をかぶせ，温度以外の条件がすべて同じになるようにする。

6　1　薬品が水にとける量は，水の量に比例する。表は，水100グラムにとける薬品の量を表しているから，水25グラムにとけるそれぞれの薬品の量は表の値の$\frac{25}{100}=\frac{1}{4}$(倍)である。したがって，食塩は36.1÷4＝9.025(グラム)，ホウ酸は6.8÷4＝1.7(グラム)，ミョウバンは16.6÷4＝4.15(グラム)だから，操作1では，ホウ酸が4.0－1.7＝2.3(グラム)とけ残る。操作2では，さらに4.0グラムを加えたから，合計で8.0グラム加えたことになる。食塩は9.025グラムまでとけるからすべてとけるが，ミョウバンは8.0－4.15＝3.85(グラム)とけ残る。

2　ウ○…1解説より，操作1でとけ残ったホウ酸は2.3グラムである。ホウ酸は30℃の水100グラムに6.8グラムまでとけるから，2.3グラムをとかすのに必要な30℃の水の量は$100\times\frac{2.3}{6.8}$＝33.8…(グラム)である。

3　イ○…1解説より，操作2の結果，とけ残った薬品はミョウバンである。1解説と同様に考えて，水25グラムにとけるミョウバンの量は，40℃のときに23.8÷4＝5.95(グラム)，50℃のときに36.4÷4＝9.1(グラム)だから，40～50℃の間でとける量が8.0グラム以上になり，とけ残りが見えなくなると考えられる。

7　1　イ，エ○…ものが燃え続けるには新しい空気(酸素)が必要である。また，燃えたあとのあたたかい空気は軽くなって上に移動する。このため，ふたをしなかった実験1と3では，燃えたあとの空気が出ていって新しい空気が入ってくるが，ふたをした実験2と4では空気が入れかわることができず，すぐにろうそくの火が消えてしまう。

2　ちっ素はものが燃えることに関係しないので，気体の量は変化しない。また，ろうそくのような炭素をふくむものが燃えるときには，酸素が使われて二酸化炭素ができるので，酸素は少なくなり，二酸化炭素は多くなる。

《2020　社会　解説》

1　1　イとオが正しい。　ア．「平成」に改元されたのは 1989 年，阪神・淡路大震災は 1995 年である。　ウ．砂防ダムは土砂や土石流を止めるためのもので，復旧基地にはならない。　エ．緊急地震速報を出すのは気象庁である。

2　イとウが正しい。　ア．木曽川の左岸に徳川家康が築いたという「御囲堤」と呼ばれる堤防が残っており，「信玄堤」と呼ばれる堤防は山梨県にある。　エ．季節風は，夏は太平洋側に向かって吹き大雨を降らし，冬は日本海側に向かって吹き大雪を降らせる。　オ．名護屋城は佐賀県に築かれた。

3　ウとエが正しい。アは平安時代，イは室町時代についての記述である。オの本居宣長は『古事記伝』を書いた国学者である。蘭学は，8代将軍徳川吉宗の享保の改革の中で，洋書の禁をゆるめたことで登場した。

4　イとウとオが正しい。　ア．関東大震災(1923 年)はラジオ放送開始(1925 年)よりも前の出来事である。
エ．東日本大震災(2011 年)についての記述である。

5　アとイが誤り。　ア．端午の節句や七夕は奈良時代から行われるようになった。　イ．大嘗祭は，天皇即位後に初めておこなわれる新嘗祭である。

7　ウ．平安時代の貞観地震(③)→イ．室町時代の明応地震(⑨)→カ．江戸時代の富士山噴火(⑦)→オ．2000 年の三宅島噴火(⑧)→エ．2014 年の御嶽山噴火(⑤)→ア．2016 年の熊本地震(⑩)

2　1　アとオが誤り。　ア．北極点が氷の上，南極点が大陸の上にある。　オ．「緯線」でなく「経線」についての記述である。

2　ウとオが正しい。　ア．最も漁業生産額が多いのは北海道である。　イ．青森県ではホタテガイの養殖業が盛んである。　エ．遠洋漁業の漁獲量は，1973 年の石油危機以降減っている。

3　ウを選ぶ(右図参照)。

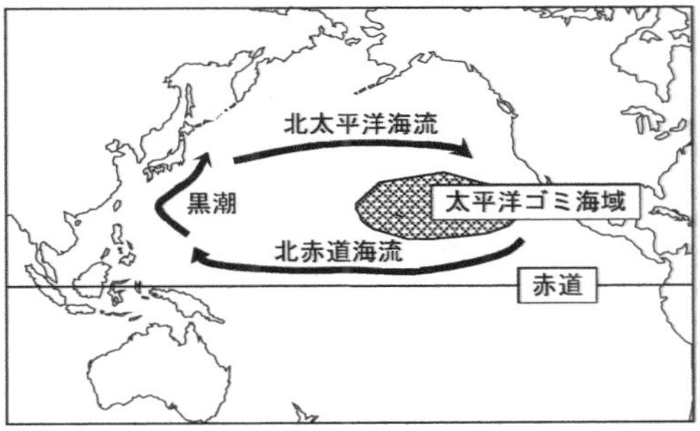

4　イとウが誤り。　イ．経済特区では税が減免されるなどの優遇措置がとられ，海外の企業の誘致がさかんに実施されている。　ウ．2020 年時点，中国の人口は世界一多い。

5　エが誤り。日本国内で回収されたペットボトルを買い取っていた中国では，海洋汚染などが問題となり，廃プラスチックの輸入を禁止した。

7　イとエが誤り。　イ．三段落に「プラスチックごみのうち，最も多かったのが日本語」とある。　エ．四段落に「レジ袋の規制は…アジアなどの発展途上国でも日本よりも強い規制を行っている」とある。

3　2　アとウが正しい。　イ．2018 年の世界の貧困率は，2015 年よりも３割減少した。　エ．子ども食堂の設置は，地域住民などの民間が行っている。　オ．給食の食材費などは保護者が負担するため，有償である。

3　アとイとウが正しい。　エ．高カロリーのコメの消費量が増えれば，カロリーベースの自給率は上昇する。　オ．日本の食料自給率は，カロリーベース(38％前後)の方が生産額ベース(68％前後)よりも低くなっている。その理由は，肉・乳製品・卵などの副食の割合が増えてきたからである。

4　アとウが正しい。イとエとオは自校方式を採る利点についての記述である。

5　エとオが正しい。　ア．首長は住民が直接選挙で選ぶ。　イ．「法律」でなく「条例」についての記述である。ウ．地方議会議員に立候補する際は，満 18 歳以上の日本国民で，その地方の住所を３ヵ月以上持たなければならない。

6　アとエが誤り。　ア．「文部科学省」でなく「厚生労働省」についての記述である。　エ．全員に同じ品数・分量で提供すると，個人差によって多くの食品ロスが出る。

★筑波大学附属駒場中学校

《国　語》

一　問一．A．子供の絵をほめる話は聞きたくないという気持ち。　B．子供の絵をほめるのはひいき目が入ってくるからであり、しょせんは子供の絵だと思い込んでいて、美術として見る気がなかったから。　問二．前者は面の描写や色がなく線だけで描かれている点で「単純」であり、後者は線の濃さや折れ具合や速さが微妙に変化する点で「複雑」である。　問三．固有の意味を持つ漢字を使わないことで、子供が国語の読み書きや算数の計算を学ぶ前の、絵と文字を区別していない状態にあることを示すため。　問四．それぞれの線や図形が、大人の持つ概念にとらわれない、自由で独自の意味を持って、絵を構成するようになるということ。　問五．息子が、文字と同じように絵も型にはめようとすると、大人では計り知れない細部を持つ自由で魅力的な絵を描けなくなるから。

二　足るを知る者は富む。

三　問一．シジミが調理前に死んで、人間に食べられずに捨てられること。　問二．A．シジミにとって自分は残こくな鬼ババだとおどけてみせるため。　B．命をむだにしないために、早めに食べてしまおうという気持ち。
C．おいしいシジミを食べるのを楽しみにしている気持ち。　問三．(ア)は積極的に生きようとする、生命力を感じさせる表現だが、(イ)は力つきて身を守ることさえできなくなった状態を示す表現である。　問四．私も、もうすぐ食べられてしまうシジミと同じように、自分の運命に逆らうことはできず、いずれ訪れる死を静かに待つしかないということ。

《算　数》

[1]　(1)$\frac{29}{32}$　(2)方角…東　距離…$\frac{133}{2048}$　(3)1017

[2]　(1)㋔と㋕，㋑と㋘　(2)7　(3)9

[3]　(1)重なるまでの時間…10　Aからの距離…5　(2)重なるまでの時間…50　Aからの距離…10
(3)重なるまでの時間…75　Aからの距離…7.5

[4]　(1)150　(2)125.6　(3)19.4122

《理　科》

1　1．ツバメ…カ　カラス…ウ　2．場所…エ　材料…イ，オ　3．ア，オ，カ　4．①ア　②ク

2　①エ　②ケ

3　1．イ　2．動かない星をさがす。　3．イ　4．オ　5．エ

4　1．①蒸発　②日光　③空気　2．12.5　3．ク

5　1．①ア　②オ　③イ　④キ　⑤ア　2．ア，キ

6　①3　②4　③2　④1　⑤4　⑥5　⑦5

7　1．［鏡1／鏡2／鏡3／鏡4／鏡5／鏡6］　①［イ／エ／カ／ク／コ／×］　②［×／×／ア／イ／ウ／エ］
2．6

《社　会》

1　1．イ，オ　2．ウ，オ　3．エ，オ　4．ア，オ　5．ア，エ　6．価値…イ　動植物…c
7．イ，カ

2　1．A．高度経済成長　B．沖縄県　C．太平洋戦争　D．稲作　2．①2000　②2005　③1940　④1945
⑤1950　⑥1970　⑦1975　3．(1)イ，エ　(2)当時の朝廷の支配は九州から東北南部あたりまでしか及んでいなかったから。　4．(1)オ　(2)イ，エ，キ

3　1．ウ，オ　2．イ，エ　3．イ　4．イ，エ，オ　5．イ，ウ，エ　6．ア，オ

筑波大学附属駒場中学校

←解答例は前のページにありますので，そちらをご覧ください。

―《2019　国語　解説》―

一　**問一**（Ａ）　ここでは「ご勘弁《かんべん》」を、やめてほしいという意味で用いている。「この手の話」とは、前の一文の「子供はみな絵の天才」「子供にはかなわない」といった、子供の絵をほめる話のことである。　（Ｂ）　筆者が――⑴のように思っていたのは、「自分に子供が生まれ」る前までである。当時は、「子供の絵は子供の絵だと思い込《こ》んで、ちゃんと真正面から見ていなかった」。しかし、現在は、「子供の絵は～美術として本当にいい」と考えていて、「わが子が描《えが》く、というひいき目はどうしても入って」くるが、「そのことを差し引いてなお～感動してしま」う。つまり、子供の絵をほめる話を聞きたくなかったのは、このように考えが変わる前だったからである。

問二　線だけの絵がある一方で、――⑶の直後にあるように、面の描写《びょうしゃ》があり色をぬってある絵もある。そうした絵と比べると、「線だけの絵」は、線しかない「単純きわまりない」絵ということになる。――⑶の「こうした～丸や線」は、直前の２段落に書かれている内容を指している。これらをまとめると、大人が真似《まね》できない、自然でスピード感のある「統一感というものがない」丸や、「微妙《びみょう》に濃《こ》さや折れ具合や速さが変わる」線ということになり、「複雑」だといえる。

問三　次の段落に「こくごやさんすうの初等教育の特徴《とくちょう》は～均質なマス目のなかに文字や数字を入れることにあります」とある。国語や算数は、読み書きや計算などを学ぶ教科であるが、絵と文字の区別がついていない子供がこれらを学習するためには「一字一字が別々のものにな」る必要がある。だから、「こくごやさんすう」で「均質なマス目のなかに文字や数字を入れること」を学び、「一字一字が別々のものにな」ってから、読み書きや計算に進む。つまり、「こくごやさんすう」は、読み書きや計算という教科の中身に進む前の段階であり、これを習う子供たちは絵と文字の区別がついていないということを示している。ひらがなは表音文字であり、文字自体は意味を持たないのに対し、漢字は文字自体が意味を持っている。ひらがなで表記することで、「こくごやさんすう」は、読み書きや計算を学ぶ国語や算数とは性質が異なるということを表している。

問四　――⑸の「別の権利をもって」については、前の段落の「同じ権利をもつ」に着目して考える。「同じ権利をもつ」とは、計算や読み書きが成り立つようにするために、「一字一字が別々のものにな」るということである。これは、絵と文字の区別がつかない子供が、「あ」という形の線は、このかたまりで「あ」と読み、「い」や「う」と同じひらがなの一つであると理解するということである。すると、「別の権利をも」つというのはこの逆で、「一本一本の線や丸、三角、四角」は、それぞれ自由で別々の意味をもつということになる。例えば、ある四角は四角い窓を表すが、となりの同じような四角はタイヤやネコを表すというように、図形の形や大きさ、大人が持つイメージにとらわれない意味をもつということ。

問五　――⑹の「それ」が指す内容は、子供が「マス目に文字をはみ出さずに収めることができるようにな」ったことであり、筆者はこのことを「喜ばしい」と思っている。一方で「文字をきちんとマス目に収めるということは、この能力を抑制《よくせい》してしまう」ので、「ちょっと残念」に思っている。「この能力」とは、「一本一本の線や丸、三角、四角」がそれぞれ「別の権利をもって動き」、自由に絵を描く能力のことである。文章の最初の方にあるように、筆者は「子供の絵は、本当にいい」と感じているので、「文字をきちんとマス目に収め」られるようになることで、自由で魅力《みりょく》的な絵を描く能力が損なわれるのを「ちょっと残念」に思っているのである。

三 **問一**　この文の最初に「どっちみち死ぬ運命にある」とある。「どっちみち」とは、作者に食べられるにしても、食べられずに元気をなくすにしてもということ。「やっぱりムダ死にさせてはいけない」と決めた作者は、「シジミをナベに入れ」るとき、「私といっしょに、もう少し遠くまで行きましょう」と語りかける。これは、調理して食べるということなので、「ムダ死に」とは、調理前に死んで、食べられずに捨てられることである。

問二(A)　「ドレモコレモ　ミンナクッテヤル」というのは、物語に登場する鬼《おに》ババがいかにも言いそうな台詞《せりふ》である。作者は、もうすぐ食べられてしまうシジミから見れば、自分は鬼ババのように見えるだろうと思い、このようにおどけてみせたのである。　**(B)**　Ⅱの文章には、「長く生かしてあげたいなどと甘《あま》い気持ちで」シジミをムダ死にさせてしまっていた作者が、「やっぱりムダ死にさせてはいけない」と決め、早めに食べるようになったという経緯《けいい》が書かれている。　**(C)**　Ⅱの文章がなければ、「ムダ死にさせてはいけない」から早めに食べようという作者の決意を、読みとるのは難しい。シジミを前にして、「鬼ババの笑い」を笑い、――(1)の台詞を口にしておどける様子から読みとれる気持ちを考える。

問三　――(ア)の「口をあけて」は、買ってきたばかりで、まだ元気なシジミの様子である。作者はおそらく砂抜《すなぬ》きをするために、シジミを水につけている。――(イ)の「口をあけて」は、「二日おき、三日た」ち、元気をなくし、死んでいったシジミの様子である。

問四　――(2)の「口をあけて」いる様子は、夜が明けたら死んでしまうシジミと同じである。また、Ⅱの文章に「その私も(あしたは私に食べられてしまう)シジミと同じ口をあけて寝《ね》るばかりの夜である」とある。このことを詩に書くことで、作者とシジミは、死を待つばかりの存在であるという点で同じであるということを表そうとしている。「寝るよりほかに～なかった」という表現は、「寝る」という、静かで受動的なイメージを持つ行動を通して、いずれ訪れる死を避《さ》けることはできず、静かに待つしかないという思いを表している。

《2019　算数　解説》

［1］

(1)　工事1では道路が2等分され，工事2では2×2＝4(等分)され，工事3では4×2＝8(等分)されたとわかる。したがって，工事nでは道路を，㋐2をn回かけた値だけ等分されたとわかる。また，それぞれの工事で立てた看板のうち最も大きい数は，工事1が2，工事2が4，工事3が8，となっているから，工事nで立てた看板の数は下線部㋐の値が最も大きい数となる。したがって，右表のようにまとめられるので，$\boxed{31}$は工事5で最後に立てた$\boxed{32}$の西側にあり，$\boxed{0}$からよりも$\boxed{1}$からの距離の方が求めやすい。

	道路が何等分されたか	最も大きい看板の数
工事1	2等分	2
工事2	4等分	4
工事3	8等分	8
工事4	16等分	16
工事5	32等分	32

工事2で立てた$\boxed{3}$，$\boxed{4}$の看板は$\frac{1}{2}$kmはなれていて，工事3で立てた$\boxed{5}$，$\boxed{6}$，$\boxed{7}$，$\boxed{8}$の看板は$\frac{1}{4}$kmずつはなれているとわかる。したがって，ある工事のときに立てた看板は，1つ前の工事が終わったときの看板どうしの間の距離と等しい距離で立てられたとわかる。このため，$\boxed{31}$と$\boxed{32}$は$\frac{1}{16}$kmはなれているとわかる。

$\boxed{1}$と$\boxed{32}$は$\frac{1}{32}$kmはなれているから，$\boxed{1}$と$\boxed{31}$は$\frac{1}{16}+\frac{1}{32}=\frac{3}{32}$(km)はなれている。

よって，$\boxed{0}$と$\boxed{31}$は，$1-\frac{3}{32}=\frac{29}{32}$(km)はなれている。

(2)　(1)の解説をふまえる。(1)の表の続きは右のようになる。[1]と[2019]が何kmはなれているかわかれば，[31]と[2019]の位置関係がわかる。

[2019]は工事 11 で立てられた看板であり，そのときに立てられた看板のうち最も大きい数である[2048]の，2048－2019＝29(本前)の看板である。工事 11 で立てられた看板は$\frac{1}{1024}$kmずつはなれているから，[2019]と[2048]は$\frac{29}{1024}$kmはなれている。[1]と[2048]は$\frac{1}{2048}$kmはなれているから，[1]と[2019]は，$\frac{29}{1024}+\frac{1}{2048}=\frac{59}{2048}$(km)はなれている。[1]と[31]は$\frac{3}{32}=\frac{192}{2048}$(km)はなれているから，[2019]は[31]から東に$\frac{192}{2048}-\frac{59}{2048}=\frac{133}{2048}$(km)進んだところにある。

	道路が何等分されたか	最も大きい看板の数
工事 1	2 等分	2
工事 2	4 等分	4
工事 3	8 等分	8
工事 4	16 等分	16
工事 5	32 等分	32
⋮	⋮	⋮
工事 9	512 等分	512
工事 10	1024 等分	1024
工事 11	2048 等分	2048

(3)　(1)，(2)の解説をふまえる。2019 個目の看板は，[0]から 2018 個進んだ位置にある看板だから，[0]からの距離は，$\frac{2018}{2048}=\frac{1009}{1024}$(km)である。したがって，工事 10 で立てられた看板であり，[1]から$1-\frac{1009}{1024}=\frac{15}{1024}$(km)はなれているとわかる。[1]と[1024]は$\frac{1}{1024}$kmはなれているから，数を求める看板と[1024]は$\frac{15}{1024}-\frac{1}{1024}=\frac{7}{512}$(km)はなれている。工事 10 で立てられた看板は$\frac{1}{512}$kmずつはなれているから，このとき[1024]の$\frac{7}{512}\div\frac{1}{512}=7$(つ前)に立てられた，[1017]の看板が目当ての看板である。よって，求める数は 1017 である。

［2］　一筆書きできるかどうかは右のように確認することができる。この問題ではAから出発してAにもどってくるので，(ⅱ)の条件だけを考えればよい。つまり，各頂点から出ている線の数がすべて偶数ならば，一筆書きできることになる。例えば，図形 2 では，各頂点から出ている線の数は右図Ⅰのようになる。同じ道を 2 回通るということは図Ⅱのように道を 1 本追加することと同じであり，各頂点から出ている線の数がすべて偶数になっていることがわかる。

一筆書きできるかどうかの確認のしかた

(ⅰ)それぞれ頂点について，出ている線の数が奇数《きすう》か偶数《ぐうすう》かを調べる。

(ⅱ)線の数が奇数の頂点が 0 個なら，一筆書きできる。
　一筆書きすると出発点と終着点が同じになる。

(ⅲ)線の数が奇数の頂点が 2 個なら，一筆書きできる。
　一方の奇数の頂点から出発して，もう一方の奇数の頂点に着くことになる。

(ⅳ)以上の条件にあてはまらなければ，一筆書きできない。

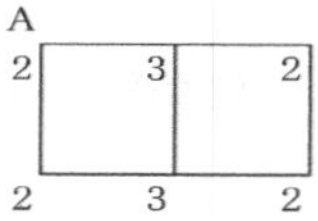

図Ⅰ

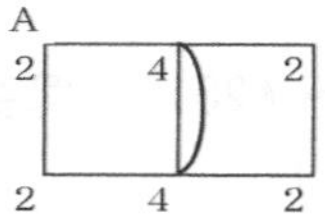

図Ⅱ

このように道を追加することで，各頂点から出ている線の数をすべて偶数にすればよい。

(1)　右の図Ⅲか図Ⅳのように道を追加すればよいので，2 回なぞる 2 本の線の組み合わせは，㋔と㋕，または，㋑と㋘である。

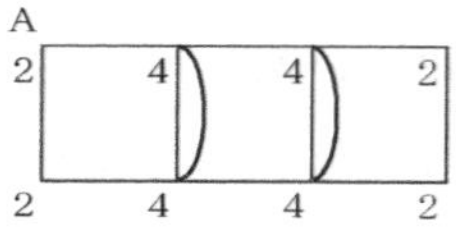

図Ⅲ

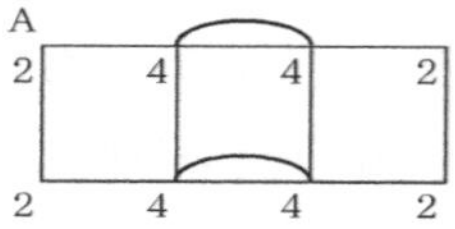

図Ⅳ

(2)　各頂点から出ている線の数は右図Ⅴのようになっている。奇数(3)が 4 つあるので，追加する 4 本の線はすべて，それぞれの奇数の頂点を通る道にしなければならない。追加する線のパターンは右図Ⅵの 3 パターンがある。

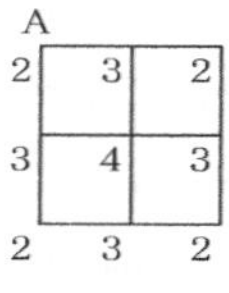

図Ⅴ

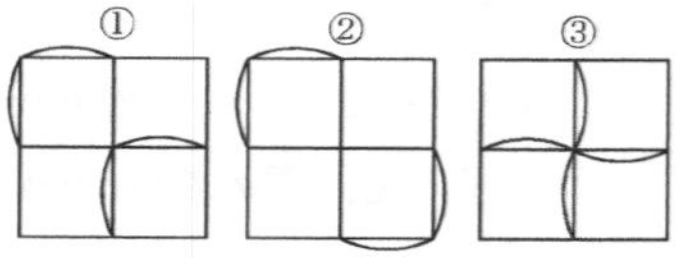

図Ⅵ

パターン①は，この図を 90 度ずつ回転させた 4 通りがある。パターン②は，この図と，これを 90 度回転させた 2 通りが考えられる。パターン③は，この 1 通りだけである。よって，求める選び方の数は全部で，4＋2＋1＝7(通り)

(3)　(2)の解説と同様に数えていく。各頂点から出ている線の数は右図Ⅶのようになっている。奇数(3)が 6 つあるので，追加する 5 本の線のうち少なくとも 1 本

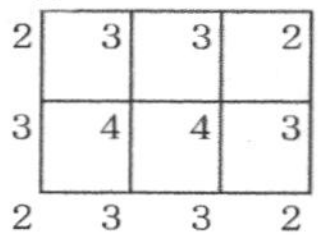

図Ⅶ

は，奇数の頂点を結ぶようにしなければならない。

その結び方は右図Ⅷの５パターンがある。

パターン④からパターン⑦までは，この図と，これらを 180 度回転させたものがあるから，それぞれ２通りずつある。

パターン⑧は１通りだけである。

よって，求める選び方の数は全部で，４×２＋１＝９(通り)

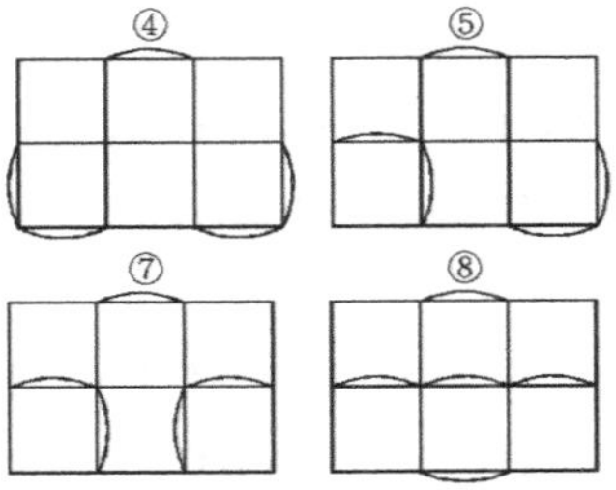

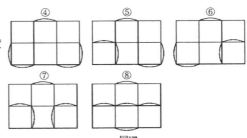

図Ⅷ

［３］

(1)　赤と白が，１周 15m の池の周りをぐるぐる回り続けると考えるとわかりやすい。

赤が白に追いつくのは，15÷(3.5－２)＝10(秒後)である。10 秒で白は２×10＝20(m)進むから，20÷15＝１余り５より，１周したあとＡから５m のところで赤に追いつかれて重なる。

(2)　(1)の解説と同様に，１周 15m の池の周りを，青だけが反対方向に回り続けると考える。赤と白は 10 秒ごとに重なる。赤と青は 15÷(3.5＋1.3)＝$\frac{25}{8}$(秒)ごとに重なる。赤と青が重なる時間のうち整数になるものは，25 の倍数だから，赤と白と青は 10 と 25 の最小公倍数である 50 秒後に初めて重なる。

50 秒で白は２×50＝100(m)進むから，100÷15＝６余り 10 より，６周したあとＡから 10m のところで，赤，青と重なる。

(3)　ここまでの解説をふまえる。白色の光の進み方から周期を見出すのが大変そうなので，白色の光を，「白(→)の光」と「白(←)の光」の２種類に分けて考える。それぞれの動き方は以下のようにする。

「白(→)」の光：Ａを出発して，毎秒 1.5m の速さでＢに向かって進む。
　　　　　　　Ｂに到着した瞬間に再びＡで点灯し，同じ動きをくり返す。

「白(←)」の光：Ｂを出発して，毎秒 1.5m の速さでＡに向かって進む。
　　　　　　　Ａに到着した瞬間に再びＢで点灯し，同じ動きをくり返す。

赤と青は$\frac{25}{8}$秒ごとに重なる。㋐赤と青の重なりに白(→)が重なるときと，㋑赤と青の重なりに白(←)が重なるときを別々に求める。

実際の白色の光は 15÷1.5＝10(秒)ごとに折り返すので，白(→)は，０秒以上 10 秒以下，20 秒以上 30 秒以下，40 秒以上 50 秒以下，60 秒以上 70 秒以下，……，にしか存在せず，白(←)は，10 秒以上 20 秒以下，30 秒以上 40 秒以下，50 秒以上 60 秒以下，70 秒以上 80 秒以下，……，にしか存在しないものとし，下線部㋐，㋑で求めた時間とこれらの時間の範囲《はんい》が初めて一致《いっち》するところを探す。

白(→)と赤は 15÷(3.5－1.5)＝$\frac{15}{2}$(秒)ごとに重なる。赤と青は$\frac{25}{8}$秒ごとに重なるから，少なくとも$\frac{25}{2}$秒ごとに重なるので，㋐の時間は$\frac{15}{2}$と$\frac{25}{2}$のそれぞれに整数をかけてできる数になる。それぞれの分子(15 と 25)の最小公倍数は 75 だから，㋐の時間は$\frac{75}{2}$＝37.5 に整数をかけてできる数である。

白(←)と赤は 15÷(3.5＋1.5)＝３(秒)ごとに重なる。したがって，㋑の時間は，$\frac{25}{8}$×８＝25 と３の最小公倍数である 75 秒の倍数である。

37.5 秒後は白(→)が存在しておらず，37.5×２＝75(秒後)も存在していない。75 秒後に白(←)は存在している。

よって，求める時間は 75 秒後である。75 秒で赤は 3.5×75＝262.5(m)進むから，262.5÷15＝17 余り 7.5 より，17 周したあとＡから 7.5m のところで，白，青と重なる。

［4］

⑴　図２において，右図Ⅰのように記号をおきなおす。三角形ＡＣＤと三角形ＡＤＧはともに１辺が５cmの正三角形だから，(あ)の角度は，

30＋60＋60＝150(度)

図Ⅰ

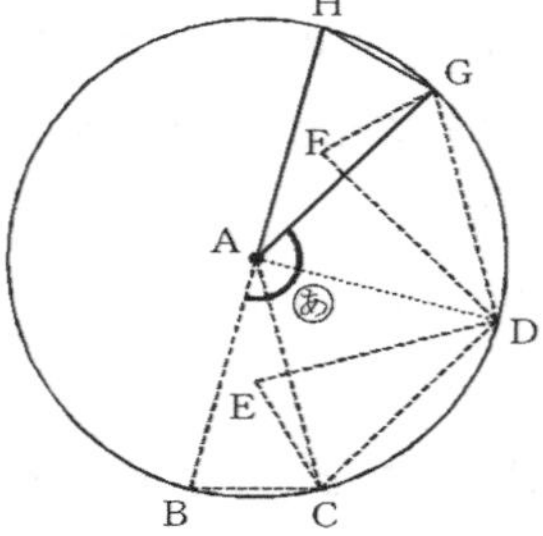

図Ⅱ

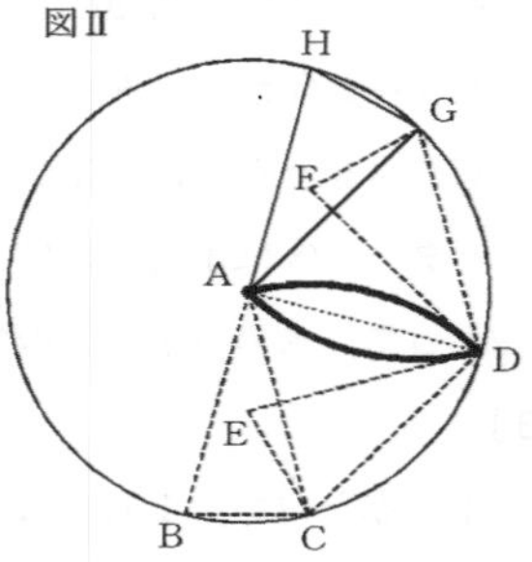

⑵　(ア)，(イ)，(ウ)で１回の操作《そうさ》とすると，

⑴より，１回の操作で三角形ＡＢＣは150度回転するとわかる。三角形ＡＢＣが元の位置の戻るときを求めるために，150と360(円の中心の角度)の最小公倍数を調べると，1800とわかる。したがって，操作を1800÷150＝12(回)したときに三角形ＡＢＣははじめて元の位置に戻る。１回の操作でＡがえがく線は，図Ⅱの太い曲線部分だから，その長さの和は，

$(5\times 2\times 3.14\times\frac{60}{360})\times 2=\frac{10}{3}\times 3.14$(cm)である。

よって，求める長さは，$\frac{10}{3}\times 3.14\times 12=40\times 3.14=125.6$(cm)

⑶　⑴の解説をふまえる。求める面積は，右図Ⅰの色をつけた部分である。

図Ⅰ

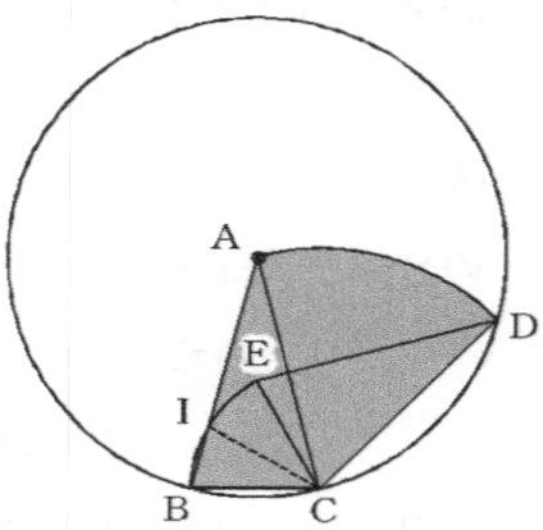

角ＡＢＣが90度より小さいので，Ｂが回転するときにＡＢの元の位置より少しだけ左にはみだすことに注意する。Ｂがえがく曲線と元の位置のＡＢが交わる点をＩとする。求める面積は，おうぎ形ＣＤＡとおうぎ形ＣＩＢと，三角形ＡＩＣの面積の和である。

おうぎ形ＣＤＡの面積は，$5\times 5\times 3.14\times\frac{60}{360}=\frac{25}{6}\times 3.14$(cm²)…①

三角形ＡＢＣと三角形ＣＢＩは同じ形の三角形(二等辺三角形)だから，

角ＢＣＩ＝角ＢＡＣ＝30度なので，おうぎ形ＣＩＢの面積は，$2.6\times 2.6\times 3.14\times\frac{30}{360}=\frac{169}{300}\times 3.14$(cm²)…②

三角形ＡＢＣと三角形ＡＩＣの面積比はＡＢ：ＡＩと等しいので，三角形ＡＩＣの面積を求めるために，三角形ＡＢＣの面積とＡＢ：ＡＩを求める。三角形ＡＢＣにおいて図Ⅱのように作図すると，三角形ＡＣＪは１辺が５cmの正三角形を半分にしてできる直角三角形だから，ＪＣ＝$\frac{5}{2}$cmとわかる。このため，三角形ＡＢＣの面積は，$5\times\frac{5}{2}\div 2=\frac{25}{4}$(cm²)

図Ⅱ

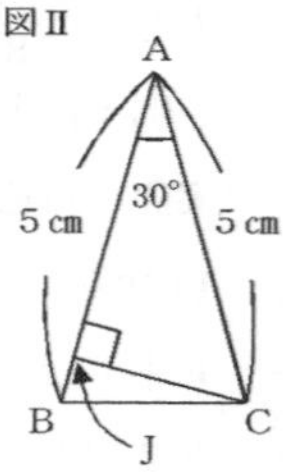

三角形ＡＢＣにおいてＡＢ：ＢＣ＝５：2.6＝25：13だから，三角形ＣＢＩにおいてＣＢ：ＢＩ＝25：13なので，ＢＩの長さはＡＢの$\frac{13}{25}\times\frac{13}{25}=\frac{169}{625}$(倍)である。

これより，ＡＢ：ＡＩ＝１：$(1-\frac{169}{625})=1:\frac{456}{625}$だから，

(三角形ＡＩＣの面積)＝(三角形ＡＢＣの面積)$\times\frac{456}{625}=\frac{25}{4}\times\frac{456}{625}=\frac{114}{25}$(cm²)…③

①，②，③より，求める面積は，

$\frac{25}{6}\times 3.14+\frac{169}{300}\times 3.14+\frac{114}{25}=\frac{1419}{300}\times 3.14+\frac{114}{25}=\frac{473}{100}\times\frac{314}{100}+\frac{45600}{10000}=\frac{194122}{10000}=19.4122$(cm²)

《2019　理科　解説》

1　１　大きくするどいくちばしをもつウがカラス，二またに分かれた尾をもつカがツバメである。

２　ツバメが巣をつくる場所の条件は，「人通りが多い」，「風通しがよい」，「雨にぬれない」，「適度な日当たり」

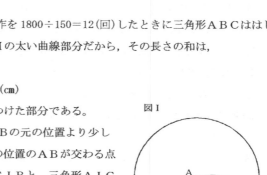

などである。人通りが多い場所を選ぶのは，ツバメの天敵であるカラスやヘビなどが近づきにくいためだと考えられている。また，雨にぬれない場所を選ぶのは，巣のおもな材料の１つがどろで，雨にぬれると巣がこわれてしまうためである。口に中でどろと細いかれ草を混ぜてこね，壁にぬりつけて巣をつくる。

3　イ．ツバメは歩くのが苦手で，地面に降りるのは水を飲むときと巣の材料を集めるときだけだといわれている。ウ．ツバメのエサは空を飛ぶハエやハチなどのこん虫である。エ．カラスは昼間に活動する。

4　カラスは季節が変わっても移動しない留鳥である。季節が変わると移動するわたり鳥のうち，ツバメのように，春あたたかくなると南の国から日本にわたってくるわたり鳥を夏鳥，ハクチョウやカモのように，冬寒くなると北の国から日本にわたってくるわたり鳥を冬鳥という。

2　３株分で玄米の重さが 105ｇだから，これを精米して白米にすると 105×0.9＝94.5(ｇ)になり，さらにこれをたくと白いご飯 94.5×2.3＝217.35(ｇ)になる。調査結果の表の種子の数の合計を求めると 4725 個になるから，茶わん１杯分の白いご飯 150ｇは，精米した白米の $4725\times\frac{150}{217.35}=3260.8\cdots$→約 3300 つぶ分で，イネの $3\times\frac{150}{217.35}=2.07\cdots$→約 2.1 株分である。

3　1　太陽は，東の地平線からのぼって，南の空で最も高くなり，西の地平線にしずむ。かげは太陽と反対方向にできるから，夏でも冬でも，西→北→東の順にできる。ただし，かげの長さは太陽の高さによって変わる。太陽が高い位置にあるときほどかげの長さは短くなるので，同じ時こくにできるかげの長さは夏の方が短くなる。よって，イが正答である。

2　北の空の星は，北極星を中心に反時計回りに動いているように見える。これは，北極星が地球の自転の中心である地軸《ちじく》の延長線付近にあるためである。

3　川が曲がって流れているところでは，外側で流れが速く，内側で流れがおそい。このため，外側ではしん食作用が大きくなってがけができ，内側ではたい積作用が大きくなって川原ができる（図Ｉ）。大雨などによって，水がたくさん流れると，外側ではしん食作用がさらに大きくなり，内側ではたい積作用が小さくなるので，イが正答である。

図Ｉ

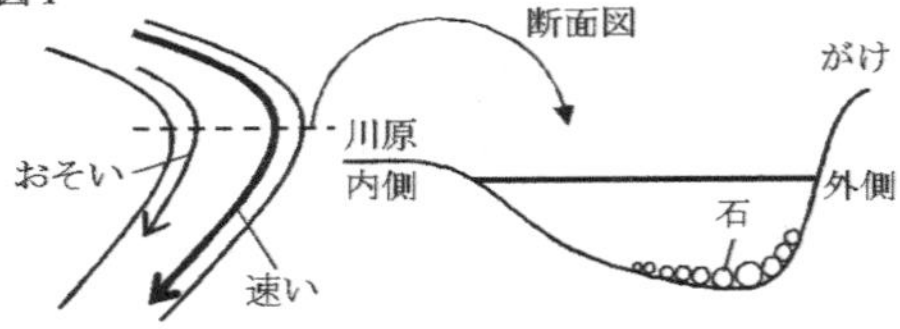

4　オ．観測用のとびらは，開けたとき直射日光が入らないように，北向きに設置する。

5　軽石がふき出すような激しいばく発をする火山のマグマは，白っぽい鉱物を多くふくみ，ねばりけが強い。よって，軽石は白っぽい。また，表面にはマグマから気体が抜け出したあとが小さな穴になって残っている。

4　2　30℃の同じ量の水にとける量は塩よりもにがりのほうが多いから，にがり７ｇがとけたままの状態でいられる最小の水の量を求めればよい。にがりは 30℃の水 100g に最大で 56ｇとけるから，７ｇがとけたままの状態でいられる最小の水の量は $100\times\frac{7}{56}=12.5$(ｇ)である。

3　２解説のように水の量を 12.5ｇにすると，30℃の水 100ｇに最大で 36ｇとける塩は，$36\times\frac{12.5}{100}=4.5$(ｇ)までしかとけていられなくなり，28－4.5＝23.5(ｇ)がつぶとなって出てくる。つまり，1《水》＋0.028《塩》＋0.007《にがり》＝1.035(kg)の海水から最大で 23.5ｇの純すいな塩が作れるということだから，100 ㎡の塩田に１日でまく 400×２＝800(kg)の海水から作れる塩は，１㎡あたり最大で $23.5\times\frac{800}{1.035}\times\frac{1}{100}=181.6\cdots$→約 180ｇである。

5　2　ア，イ．アルミニウムは水酸化ナトリウム水よう液に泡(水素)を出しながらとけるからアが正しい。なお，アルミニウムや鉄が塩酸にとけるときにも水素が発生する。ウ～ク．ろ過した液には，アルミニウムと水酸化ナトリウム水よう液が反応してできた物質がふくまれている。また，水酸化ナトリウム水よう液は必要な量より多く用いたので，ろ過した液には水酸化ナトリウムもふくまれている。よって，ろ過した液から水分を蒸発させると，キのようになる。

6 ①板や積み木の重さがかかる点を重心といい，重心は板や積み木の中心にある。また，板を左右にかたむけるはたらきを，〔積み木の重さ×支点からの距離《きょり》〕で求めることができる。ここでは，積み木の重さは積み木の数，支点からの距離は図Ⅱのように板の左はしから2.5㎝ごとに打ったａ～ｏの１つ１つの点の間の距離を１として考える。操作１で，Ａに積んだ積み木の重心はｂにかかる。このとき，積み木の数は１，ｇを支点としたときの支点からの距離は５だから，Ａに積んだ積み木が板を左にかたむけるはたらきは１×５＝５である。このとき板の左はしが下がったから，板自身が板をかたむけるはたらきは５より小さいことがわかる。同様に考えて，Ｂに積んだ積み木が板を左にかたむけるはたらきは１×３＝３で，このとき板は水平のままだったから，板自身が板をかたむけるはたらきは３以上である。また，図３で，７個並べた１段の積み木を，１本の長いぼうと考えると，その重心はｈにあるから，ｇを支点として，板を右にかたむけるはたらきが７×１＝７になり，これと板自身が板を右にかたむけるはたらきを合計すると，３＋７＝10 以上で，５＋７＝12 より小さくなる。Ａに積む白い積み木が板を左にかたむけるはたらきは，２個のときには２×５＝10，３個のときには３×５＝15だから，２個のときには水平のままで，３個になると左にかたむく。②土台２段のとき，ｇを支点として，板を右にかたむけるはたらきは土台１段のときよりさらに７大きくなって 10＋７＝17 以上で，12＋７＝19 より小さくなる。Ａに積む白い積み木が板を左にかたむけるはたらきは，３個のときには 15，４個のときには４×５＝20 だから，３個のときには水平のままで，４個になると左にかたむく。③階段状に積んだものは，段ごとに重心の位置と板をかたむけるはたらきを考えればよい。一番上を１段目とすると，３段の階段では図Ⅲのようになる。これを，階段の左はしがＣになるように積むと，図Ⅱのｉを支点として，３段目の重心が板を左にかたむけるはたらきは３×１＝３で，１段目の重心が板を右にかたむけるはたらきは１×１＝１だから（２段目の重心はｉにあるから考えない），階段が板を左にかたむけるはたらきは３－１＝２である。板自身が板をかたむけるはたらきは３以上で５より小さいので，板は水平のままである。同様に考えて，階段の左はしがＢになるように積むと，図Ⅱのｇを支点として，階段が板を左にかたむけるはたらきは３－１＝２であり，板自身が板を右にかたむけるはたらきは３以上で５より小さいので，板は水平のままである。これらのように，階段が板をかたむけるはたらきが，板自身が板をかたむけるより小さければ，板は水平のままである。これら以外の積み方では階段が板をかたむけるはたらきの方が大きくなる。④．③と同様に考えると，４段の階段の左はしがＢになるように積んだときだけ板が水平のままになる。⑤７段の階段では，図Ⅱのｉを支点として，１段目から５段目の重心が板を右にかたむけるはたらきは１×５＋２×４＋３×３＋４×２＋５×１＝35 で，７段目の重心が板を左にかたむけるはたらきは７×１＝７だから（６段目の重心はｉにあるから考えない），階段が板を右にかたむけるはたらきは 35－７＝28 である。土台１段と７段目は同じものだから，土台を１段増やすごとに板を左にかたむけるはたらきが７大きくなるので，土台を 28÷７＝４（段）にすれば，階段と土台による板をかたむけるはたらきが支点（ｉ）の左右で等しくなり，板は水平のままになる。⑥６段の階段は７段の階段と比べて７段目がない状態である。⑤解

図Ⅱ

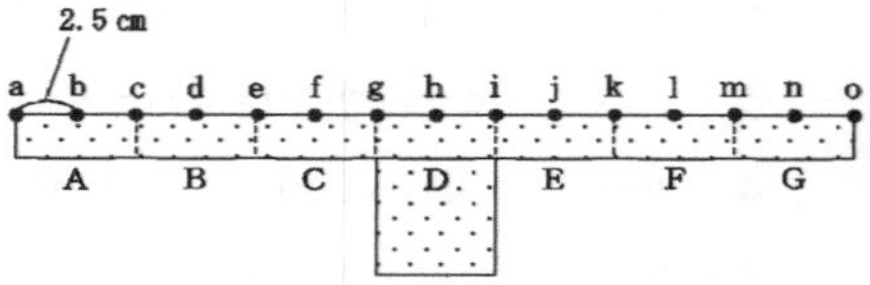

図Ⅲ

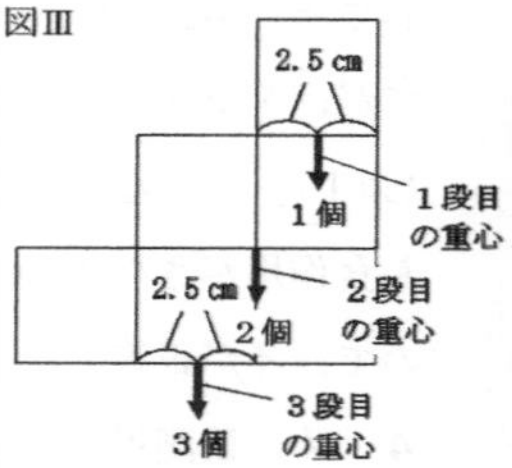

説の通り，７段目は土台１段と同じものだから，土台５段の上に６段の階段の右はしがＧになるように積めば，７段の階段で板が水平になったときと同じ状態になる。右はしがＧになるように積んだ状態で板が水平になれば，すべての積み方で板は水平のままになる。⑦５段の階段の右はしがＧになるように積んだときの階段が板を右にかたむけるはたらきは，６段の階段の右はしがＧになるように積んだときと同じである（６段目の重心はｉにあるから考えない）。よって，５段の階段を積んだときに板が水平のままになるのに必要な土台の数は，６段の階段のときと同じ５段である。

7　１　表より，鏡をケの位置に置いたとき，鏡１～鏡６ではね返した光は図Ⅳのように進む（鏡の面の向きは正確ではない）。鏡の位置を変えても，はね返した光の向き（図Ⅳでのかたむき）は変わらないので，例えば，鏡１ではね返した光をＤに当たるようにするにはイに，鏡３ではね返した光をＲに当たるようにするにはアに鏡を置けばよいことがわかる。このように，鏡１～鏡６をケの位置に置いたときのはね返した光を平行移動させて，ＤやＲに当たるときの鏡の位置を考えればよい。

図Ⅳ

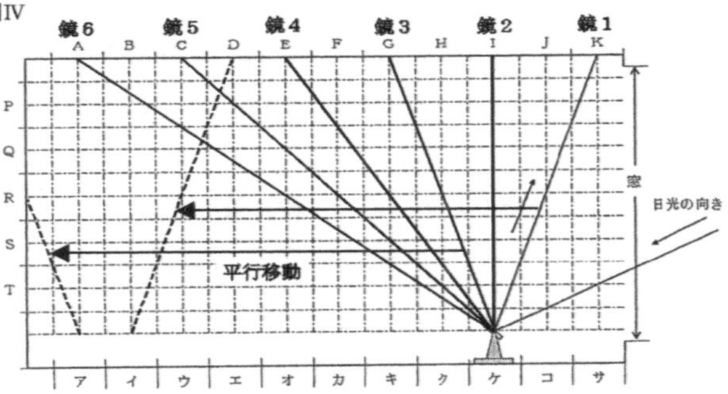

２　鏡１～鏡４について，（はね返す位置，鏡を置く位置）で表すと，鏡１は（Ｃ，ア），（Ｄ，イ），鏡２は（Ａ，ア），（Ｂ，イ），（Ｃ，ウ），（Ｄ，エ），鏡３は（Ａ，ウ），（Ｂ，エ），（Ｃ，オ），（Ｄ，カ），鏡４は（Ａ，オ），（Ｂ，カ），（Ｃ，キ），（Ｄ，ク）となる。これらについて，はね返す位置と鏡を置く位置が同じにならない組み合わせを考えればよい。〔（鏡１），（鏡２），（鏡３），（鏡４）〕で表すと，〔（Ｃ，ア），（Ｂ，イ），（Ａ，ウ），（Ｄ，ク）〕，

〔（Ｃ，ア），（Ｂ，イ），（Ｄ，カ），（Ａ，オ）〕，〔（Ｃ，ア），（Ｄ，エ），（Ａ，ウ），（Ｂ，カ）〕，

〔（Ｄ，イ），（Ａ，ア），（Ｂ，エ），（Ｃ，キ）〕，〔（Ｄ，イ），（Ａ，ア），（Ｃ，オ），（Ｂ，カ）〕，

〔（Ｄ，イ），（Ｃ，ウ），（Ｂ，エ），（Ａ，オ）〕の６通りが考えられる。

《2019　社会　解説》

1　１　イとオが正しくない。南鳥島は日本の最東端に位置する。小笠原諸島は東京都に属している。

２　ウとオが正しい。アについて，小笠原諸島の観光は自然が中心だから大気汚染が起きるような施設はない。イについて，小笠原諸島に海水が汚染されるほどの工場はない。エについて，国有林が50%以上を占めるので，森林伐採は行われていない。

３　エとオが正しくない。エについて，本土に輸送すると費用がかかりすぎることや，亜熱帯性の気候は酪農に不向きなことから，小笠原諸島で酪農が盛んになるとは考えられない。オについて，小笠原諸島は自然に囲まれた島だから日帰り旅行に向いていないので，日帰りの旅行客が増えるとは考えられない。

４　アとオが適切でない。アについて，人口の増減と文化は結びつかない。オについて，地形図から文化は読み取れない。

５　アとエが正しくない。アについて，沖縄県は，大きな河川がなく保水力の低い土地が多いので，飲料水や農業用水の確保に苦労している。エについて，琉球王国は，中国，東南アジア，日本との中継貿易で栄えていた。

6　Aは屋久島だから，イとcを選ぶ。亜熱帯地域に位置しながら，標高が2000m近くになる山があるため，植生は亜熱帯から亜寒帯までさまざまである。「ヤクシカ」や「屋久杉(縄文杉)」で知られる。アとbは知床，ウとaが小笠原諸島，エとdが白神山地の組み合わせである。

7　イとカが正しい。アについて，地形図から人口は読み取れない。ウについて，父島，母島どちらにも水田(Ⅱ)の地図記号は見られない。エについて，水上機発着場はアメリカ軍専用かわからない。オについて，魚を加工する工場は読み取れない。

2　1A　「1960年代は(　　)が続いて国民の生活水準は向上」とあることから高度経済成長を導く。高度経済成長とは，1950年代後半から1973年までの，経済成長率が毎年10%近く上昇していた時期をいう。　B　1945年から1970年までの期間，日本の領土から外れていた都道府県を考えると，沖縄県が導かれる。沖縄県は1972年にアメリカから日本に返還されている。　C　日本が関係する戦争だから，第二次世界大戦ではなく太平洋戦争と答える　D　弥生時代になって，稲作が西日本に広がると，人口重心が西に大きく移動したことは覚えておきたい。

2　④～⑦について，第1次ベビーブームは，戦後の1947～1949年ごろに起きた。この期間に生まれた世代を「団塊の世代」とよぶ。第2次ベビーブームは，1971～1974年ごろに起きた。

3(1)　イとエが正しくない。イについて，本文を参照すると，日本の人口が700万人だったころは1200年ごろだから，平安時代の末期にあたる。木簡は飛鳥～奈良時代に使われた。エについて，日本の人口が3300万人だったころは今から150年前，つまり，明治維新のころである。製糸工場の女性など，工場で働く人の労働条件が社会問題となっていたのは大正時代である。　(2)　8世紀末に桓武天皇が坂上田村麻呂を征夷大将軍に任じ，東北地方に住む蝦夷を制圧したことから，それまで朝廷の支配は東北地方にまで及んでいなかったことがわかる。

4(1)　オが正しい。縄文時代は稲作が始まっていないので，東日本に人口が集中して現在よりもさらに東に重心があったと本文に書かれているので，2015年の人口重心がある岐阜県より東に位置する長野県を選ぶ。

(2)　イ，エ，キが正しい。アについて，奈良に都があったころは図の725年のことだから，重心は滋賀県の琵琶湖の南西にあった。ウについて，平氏が強い力をもつようになったのは12世紀後半だから図の1150年とすれば，それまでより北に移動している。オについて，京都から東京に都が移ったころは図の1873年のころとすれば，人口重心は北に移動している。カについて，満州に多くの人が移住したころ(満蒙開拓移民)は，1930年代だから，人口重心は東に移動している。

3　1　ウとオが正しい。アについて，難民を強制的に帰還させることは禁止しているが，入国については受け入れ審査にそって受け入れられる。イについて，イスラエルとパキスタンの領土は隣接していないので領土をめぐっての争いはない。エについて，トルコ，レバノン，ヨルダン，ドイツなどがシリアからの難民を多く受け入れている。

2　イとエが正しい。アについて，災害救助法は地方公共団体レベルで適用されるものだから，三権を集中させることはない。ウについて，世田谷区が認めた同性婚に，法的効力はない。オについて，2009年からソマリア沖への自衛隊派遣が続いている。

3　イが正しい。イラク戦争で壊滅的被害を受けたイラクの復興支援のために自衛隊が派遣された。Aのカンボジアは③と，Cのパレスチナ自治区は④と，Dの南スーダンは①とそれぞれつながる。

4　イとエとオが正しくない。イについて，日本国憲法第15条で，選挙権を「国民固有の権利」と規定していて外国人に対する選挙権は認めていない。エについて，三つの義務は「納税」「勤労」「教育」だが，勤労については罰則規定がない。オについて，プライバシーの権利，知る権利，環境権などは，「新しい権利」と呼ばれ，日本国憲法に規定されていない権利である。

5　イとウとエが正しくない。イについて，国連分担金は，アメリカ＞中国＞日本の順に多い(2019年)。ウについて，イギリスの元首はエリザベス女王であり，大統領は存在しない。ＥＵ離脱に向けての交渉を続けているのは，女性のメイ首相であり，離脱交渉がまとまらないために2019年５月に退任の意向を表明している。エについて，漢民族は中国の人口全体の約90%を占める。

6　アとオが正しい。本文中に保護する責任は「多くの命が失われたり人道的な危機が起きたりする場合で，武力の行使には国際連合安全保障理事会が認めることが前提」とある。よって，ウは空爆に対して，安全保障理事会の常任理事国である中国やロシアが反対していることから，保護する責任にあてはまらない。

2018 解答例 平成30年度 ★筑波大学附属駒場中学校

《国　語》

一　問一．人との関わりがうまくできない状態であっても、ピアノの調律を依頼した青年には、まだ前向きな気持ちが残っているということ。　　問二．思ったより良い音になったことに驚き、感動しているので、調律した「僕」にその気持ちを伝えたくて思わず目を合わせたが、一音だけではわからないので、続けて他の音も試したいと思っている。　　問三．良い音になったことがうれしく、椅子を探すために体の向きを変えるのも忘れるほど集中し、ピアノのほうだけを向いていたい気持ち。　　問四．テンポが遅くて音の粒も揃わず、弾いている姿も本来の曲とはイメージがちがうが、不器用ながらもうれしい気持ちがよく伝わる青年の弾き方に心を動かされ、それも良いと「僕」が認めたということ。

二　問一．聞こえない不幸から救いたいと思い、部分的にでも聴力を獲得し、音声言語を話せるようになって、幸せになってほしいと願う気持ち。　　問二．音声言語を話せることだけを基準にせず、手話を使っているろう者の能力を正しく認識し、手話も一つの言語であると理解すること。　　問三．相手がどう感じ、どうしたいと思っているのかを聞いてそれを尊重することをせず、自分の立場を中心にして、そのままでは不幸だ、早く自分と同じようになるのが良いと決めつけて強要するところ。

三　千里の道も一歩から

四　問一．停車駅の到着時刻を順に案内しているので、同じ表現が続くものと思われるのに、駅と時刻の間をつなぐ言葉がばらばらだったこと。　　問二．乗務車掌さんが「てにをは」の使い方でなやんでいることを察し、自分も同じなやみをかかえているので気持ちがよくわかるということ。　　問三．また今「てにをは」の使い方でなやんでしまい、言いたいことをうまく表現できない自分のことを、じれったく、情けなく思ったから。

《算　数》

[1]　⑴5　⑵12　⑶22　⑷3　合計…270

[2]　⑴Aが2枚のとき…11　Aが3枚のとき…15　⑵403　⑶755

[3]　⑴(ア)10.5　(イ)10.25　⑵$16\frac{2}{3}$

[4]　⑴左の区画…50　中央の区画…50　右の区画…$23\frac{1}{3}$　⑵(ア)$9\frac{3}{8}$　(イ)17.5　(ウ)$14\frac{1}{26}$

《理　科》

1　1．①1　②8　　2．ウ，エ　　3．ウ，4

2　結果1…エ，カ　　結果2…オ，キ，ク

3　1．ウ，オ　　2．①ア　②イ　③イ　④ア

4　1．①A　②B　③C　　2．④ア　⑤カ　⑥キ　　3．ア，カ，ク

5　1．カ　　2．イ，オ　　3．ア　　4．イ，エ　　5．オ

6　1．ア，ウ，エ，キ　　2．メダカ…エ　ヒト…ウ　　3．①水　②血液

7　1．ヘチマ…イ　タンポポ…ア　サクラ…オ　ヒマワリ…ウ　　2．イ，ウ

《社　会》

1　1．A．太平洋　B．200　　2．ア，エ　　3．千島海流〔別解〕親潮　　4．イ，オ　　5．イ，ウ
6．イ，ウ　　7．ア，オ

2　1．ア，イ，エ　　2．ア，イ　　3．イ，エ　　4．ウ，エ　　5．ア，エ
6．〔記号／都道府県名〕1番目〔ウ／岩手県〕　3番目〔エ／滋賀県〕　　7．ウ，オ

3　1．ア，ウ　　2．ア，イ　　3．イ，エ　　4．ア，オ　　5．イ　　6．イ，オ

2018 解説 平成30年度 ▶ 筑波大学附属駒場中学校

←解答例は前ページにありますので，そちらをご覧ください。

《2018　国語　解説》

一　問一　少し後に「どんなに状態の悪いピアノでも、調律を依頼《いらい》するということは、これからまた弾《ひ》こうとしているということだ。希望があるということだ」とある。青年は、人と目を合わせず、笑みも、言葉もない、人とうまく関わることができない人物である。しかし、ピアノの調律を頼《たの》んだということは、青年に、ピアノを弾こうという前向きな気持ちが残っているということだと、「僕《ぼく》」は気付き、そこに希望を感じたのである。

問二　直前の「彼《かれ》はゆっくりとふりかえった。顔に驚《おどろ》きが表れていた」に着目する。青年は、ドを弾いたあとにこの表情をうかべているので、調律されたピアノの音に驚いている。また、青年はこのあと夢中でピアノを弾いている。青年は、調律されたピアノの音が想像以上に良いことに驚き感動して、調律を行った「僕」にその気持ちを伝えようとふりかえり、目を合わせた。しかし、ピアノの方が気になるので、何も言わず、再び目線を外してピアノの方に向き直ったのである。

問三　後に「椅子《いす》を探《さが》した」「ピアノのほうを向いたまま左手で椅子を引き寄せ、すわった」とある。ここから、「左手を身体の後ろで振《ふ》るよう」な仕草は、椅子を手探《てさぐ》りで探しているのだということがわかる。このような場合ふつうは振り返って椅子の位置を確認してそれを引き寄せる。青年が椅子に背を向けたまま引き寄せたのは、ピアノの音がよくなったことに感動して、少しでも早く弾きたいという思いでいっぱいになり、ピアノから目を離《はな》せなくなったからだと考えられる。

問四　青年が弾いているのは『子犬のワルツ』である。青年の弾く『子犬のワルツ』は、「大きくて少し不器用な子犬」の姿が想像され、テンポが遅《おそ》く、音の粒《つぶ》も揃《そろ》っていない。しかし、「青年自身が少年のように、あるいは子犬のように、うれしそうに弾いているのがよく伝わってくる」。調律道具を片づけはじめていた「僕」は、青年のピアノを聞いて驚き、「こういうピアノもある」と感じて「一心に～青年の背中を眺《なが》め～曲が終わったとき～心からの拍手《はくしゅ》を贈《おく》った」。これは、青年のピアノ演奏《えんそう》に心を動かされ、これもまたよいと思ったということである。

二　問一　「この手術」が指すのは、「特別な機器を頭に」埋《う》めるものであり、これにより、「部分的な聴力《ちょうりょく》の獲得《かくとく》を期待できる」ことがある。この手術を勧《すす》める背景には、「聞こえないことは不幸だ」「音声を話すことが人間としての幸福につながるはずだ、手話を話す生き方などなるべくない方がいい」という、「手話への誤解と否定の思想「聴者たちの幸せの押《お》しつけ」がある。

問二　少し後に「まず、手話の世界での参与《さんよ》観察の経験を積んでほしいものです」とある。筆者がこのように述べるのは、「手話に向き合う気のない人」が、「聞こえないことは不幸だ」「手話しか話せなくなってしまう」などといった手話への誤解と否定の思想を持ち、手話を話す人たちと関わっていない、よく見ていないと感じているからである。よって、「手話に向き合う」とは、聴者の立場だけで物事を判断するのをやめ、手話への誤解と否定の態度をあらためて、手話や手話を話す人たちのことをもっとよく見て理解することである。

問三　テレパシーの国のたとえ話において、「傲慢《ごうまん》な考え方」が指すものは、多数派のテレパシーが使える人たちが、自分たちの立場で物事をとらえて、少数派の音声話者のことを不幸だと決めつけ、テレパシーが使えるようになることを善意で強要する考え方である。最後の段落にあるように、こうした「傲慢な考え方」は、相手の立場に立って考える「文化相対主義の視点」をもたない、「自文化中心主義の姿勢」から生まれる。こうした内容を、少数派のろう者と多数派の聴者に当てはめてまとめる。

四 **問一**　車内放送の部分を読むと、駅名と時刻をつなぐ言葉がばらばらで、乗務車掌《しゃしょう》さんが言葉づかいに悩《なや》みながら放送していることがわかる。

問二　直後に「日本語を苦しんでいる、いや、日本語で苦しんでいる　日本語が、苦しんでいる」とある。「わたし」は、車内放送を聞いて、乗務車掌さんが言葉づかいに悩んでいることに気付き、自分と同じだと感じたのである。また、同じ悩みをかかえているので、「わたし」には、乗務車掌さんの気持ちがよくわかる。

問三　直前の「日本語を苦しんでいる、いや、日本語で苦しんでいる　日本語が、苦しんでいる」より、「わたし」がどの助詞を使うかで迷っていることがわかる。車内放送が続く中、「わたし」は、言いたいことをうまく日本語で表現できない自分のことをじれったく、情けなく思い、「ちいさく」なっている。

《2018　算数　解説》

［1］

(1)　(2)で１段目のマス目に注目しているので，(1)でも１段目のマス目を元に考える。

１段目の数だけを考えると，２列目の数は１列目の数に４＋２＝6を足した数の一の位，３列目の数は２列目の数に４＋３＝7を足した数の一の位，４列目の数は３列目の数に４＋４＝8を足した数の一の位，…と変化していく。

下線部の足す数が10まで増えたら，十の位を無視して０を足し，それ以降は１を足す，２を足す，…と変化させていけばよい。１段目の数を10列目まで書くと，

+6　+7　+8　+9　+0　+1　+2　+3　+4
1，7，4，2，1，1，2，4，7，1，となる。

よって，10列目の５段目の数は，１＋４＝５

(2)　(1)より１段目の数を１列目から書いていくと，以下のようになる(○をつけた①が10列目，⑥が20列目)。

+6　+7　+8　+9　+0　+1　+2　+3　+4　+5　+6　+7　+8　+9　+0　+1　+2　+3　+4　+5　+6
1，7，4，2，1，1，2，4，7，①，6，2，9，7，6，6，7，9，2，⑥，1，7，…

したがって，20列目までを１周期として，同じ数の並びがくり返されるとわかる。

50列目までに２周期と10列あるから，41列目から50列目までの並びは１列目から10列目までの並びと同じになる。１周期の中に１は４個あり，１列目から10列目までに１は４個あるから，求める個数は，４×２＋４＝12(個)

(3)　(2)の解説をふまえる。１段目だけではなく２段目から５段目も，１列目から20列目の並びを１周期とする，規則的な並びとなる。

１段目に０はなく，２段目から５段目までに０が並ぶのは，１列目の数が６～９のときである。

１段目の１列目から10列目までに６～９は２個あり，11列目から20列目までに６～９は８個あるから，求める個数は，(２＋８)×２＋２＝22(個)

(4)　(2)，(3)の解説をふまえる。１段目の１周期は以下のようになる(○をつけた①が10列目，⑥が20列目)。

1，7，4，2，1，1，2，4，7，①，6，2，9，7，6，6，7，9，2，⑥

したがって，１段目の１列目から10列目までの和は30，11列目から20列目までの和は60だから，１段目の50個の数の和は，(30＋60)×２＋30＝210となる。

２段目は，ほぼすべての数が１段目より１ずつ大きくなるが，１段目で９が入っていたマス目の下のマス目には０が入る。１段目で９が入っていたマス目は全部で２×２＋０＝４(個)あるから，２段目の50個の数の和は，210＋１×(50－４)－９×４＝220

３段目は，１段目で８が入っていたマス目の下にあるマス目に０が入るはずだが，そのようなマス目はないので，３段目の50個の数の和は２段目の合計より50大きく，220＋50＝270となる。

４段目は，１段目で７が入っていたマス目の下にあるマス目に０が入る。１段目で７が入っていたマス目は全部で

4×2＋2＝10(個)あるから，３段目で９が入っていたマス目も10個ある。したがって，４段目の50個の数の和は，270＋１×(50－10)－９×10＝220

５段目は，１段目で６が入っていたマス目の下にあるマス目に０が入る。１段目で６が入っていたマス目は全部で４×２＋０＝８(個)あるから，４段目で９が入っていたマス目も８個ある。したがって，５段目の50個の数の和は，220＋１×(50－８)－９×８＝190

以上より，合計が最も大きいのは３段目で，その合計は270である。

［２］

⑴　Aを０枚または１枚使う選び方は，問題文の例のように７通りある。

Aを２枚使う選び方は，{AA}{AAB}{AAC}{AABC}の４通りある。

よって，Aのカードが２枚あるときの選び方は全部で，７＋４＝11(通り)

また，Aを３枚使う選び方は，{AAA}{AAAB}{AAAC}{AAABC}の４通りある。

よって，Aのカードが３枚あるときの選び方は全部で，11＋４＝15(通り)

⑵　⑴より，Aのカードが０枚のときは３通りの選び方があり，Aの枚数が１枚増えるごとにカードの選び方は４通り増えるとわかる。よって，Aのカードが100枚あるときの選び方は全部で，３＋４×100＝403(通り)

⑶　⑵より，(3023－３)÷４＝755(枚)

［３］

⑴**(ア)**　右図のように記号をおく。PJとACが平行で，PGとABが平行だから，三角形PGJは三角形ABCと同じ形の二等辺三角形である。

BCの真ん中の点をMとするとBM＝14÷２＝７(cm)となるから，AB：BM＝28：７＝４：１となる。三角形PGDはこれと同じ形の三角形だから，

PG＝GD×４＝2.5×４＝10(cm)である。

四角形HBGPは平行四辺形だから，HB＝PG＝10cmなので，

FH＝28－16－10＝２(cm)である。平行線の同位角は等しいから，

角AHI＝角ABCなので，三角形PHFも三角形ABMと同じ形なので，

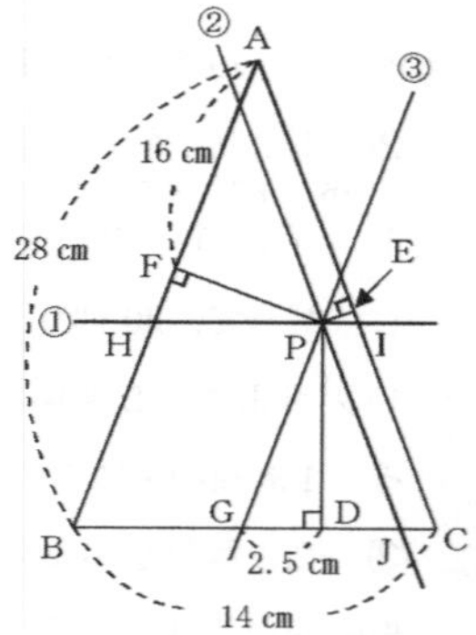

HP＝FH×４＝２×４＝８(cm)である。よって，BG＝HP＝８cmだから，BD＝８＋2.5＝10.5(cm)

(イ)　(ア)の解説をふまえる。PJ＝PG＝10cm，JD＝GD＝2.5cmだから，JC＝14－８－2.5×２＝１(cm)

四角形PJCIは平行四辺形だから，IC＝PJ＝10cm，PI＝JC＝１(cm)

三角形PIEも三角形ABMと同じ形の三角形だから，EI＝PI×$\frac{1}{4}$＝１×$\frac{1}{4}$＝0.25(cm)

よって，CE＝10＋0.25＝10.25(cm)

⑵　⑴と同様に，Pを通り，辺BC，辺AC，辺ABそれぞれに平行な直線を引く。すると，右図の色をつけた三角形は正三角形となる。それぞれの正三角形の１辺の長さを図のように，②，2⃞，2⃟とする。色をつけた正三角形の間には平行四辺形ができ，平行四辺形の向かい合う辺は長さが等しいことから，図のように線の長さを表すことができる。

したがって，①＋2⃟＝７cm，②＋1⃞＝８cm，2⃞＋1⃟＝10cmだから，これらをすべて足し合わせることで，③＋3⃞＋3⃟が７＋８＋10＝25(cm)にあたるとわかる。正三角形ABCの１辺の長さは②＋2⃞＋2⃟と表せるから，その長さは，25×$\frac{2}{3}$＝16$\frac{2}{3}$(cm)

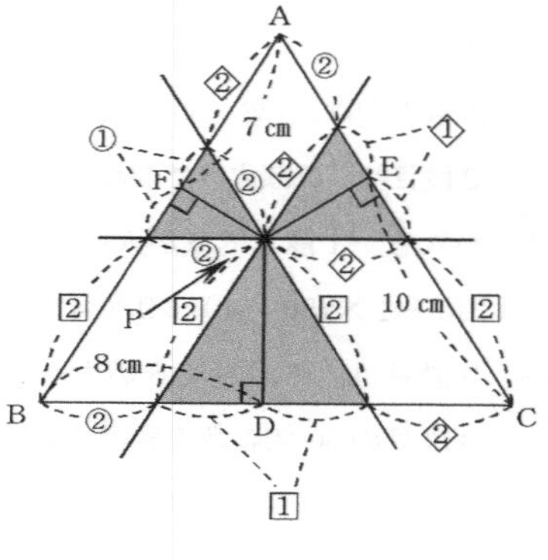

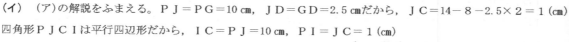

[4]

蛇口Aからは毎分1600㎤の水が入る。蛇口Bから入る水の量は5分ごとに，毎分2000㎤→毎分1500㎤→毎分1000㎤→毎分1500㎤→毎分2000㎤→…，と変化している。また，左と右の区画の容積は10×30×50＝15000(㎤)であり，中央の区画の容積は15000×$\frac{20}{30}$＝10000(㎤)である。

(1)　蛇口Aからは20分で1600×20＝32000(㎤)の水が入るから，左の区画と中央の区画の水の高さが50㎝になって，右の区画に32000－15000－10000＝7000(㎤)の水が入っている。右の区画の水の高さは，$\frac{7000}{10\times30}=\frac{70}{3}=23\frac{1}{3}$(㎝)

(2)(ア)　5分後に左の区画には1600×5＝8000(㎤)の水が，右の区画には2000×5＝10000(㎤)の水が入っている。10分後までに蛇口Aから入った水は1600×10＝16000(㎤)，蛇口Bから入った水は10000＋1500×5＝17500(㎤)だから，両方の水が中央の区画に入り始めてから少したったことがわかる。したがって，求める時間は10分後よりも前である。

左の区画の水の高さが50㎝になるのは，15000÷1600＝$\frac{75}{8}$＝9$\frac{3}{8}$(分後)である。右の区画の水の高さが50㎝になるのは，5＋(15000－10000)÷1500＝5＋$\frac{10}{3}$＝8$\frac{1}{3}$(分後)である。よって，右の区画から中央の区画に水が入り始めるとき(8$\frac{1}{3}$分後)まではずっと左より右の区画のほうが水の高さが高いから，左右の区画の水の高さが初めて同じになるのは，ともに高さが50㎝となる，9$\frac{3}{8}$分後である。

(イ)　(ア)より，10分後に中央の区画には(16000－15000)＋(17500－15000)＝3500(㎤)の水が入っている。よって，中央の区画の水の高さは，$\frac{3500}{10\times20}$＝17.5(㎝)

(ウ)　水槽全体の容積は，10×80×55＝44000(㎤)である。

(ア)より，10分後に水槽の中でまだ水が入っていない部分の容積は，44000－16000－17500＝10500(㎤)である。10分後から15分後までの5分間で合計1600×5＋1000×5＝13000(㎤)の水が2つの蛇口から出るから，求める時間は15分後より前である。

10分後から15分後までの間，2つの蛇口から入る水の量の合計は毎分(1600＋1000)㎤＝毎分2600㎤だから，10500㎤の空間を水で満たすためにかかる時間は，10500÷2600＝$\frac{105}{26}$＝4$\frac{1}{26}$(分)である。

よって，求める時間は，10＋4$\frac{1}{26}$＝14$\frac{1}{26}$(分後)

《2018　理科　解説》

1　1　①てこと同じように，支点の左右で棒をかたむけるはたらき〔おもりの重さ(g)×支点からの距離《きょり》(㎝)〕について考える。操作1ではCを支点とすると，100gのおもりが棒を左にかたむけるはたらきは100(g)×5(㎝)＝500で，このとき棒は左にかたむいた。また，操作2ではDを支点とすると，30gのおもり3個が棒を右にかたむけるはたらきは90(g)×5(㎝)＝450で，このとき棒は水平であった。つまり，棒をかたむけるはたらきが450以下であれば棒は水平になり，500以上であれば棒はかたむく(450から500までの間については分からない)。また，棒が左にかたむくときにはCを支点とし，棒が右にかたむくときにはDを支点とすればよい。操作3で，Bに100gのおもりを2個つるすと，Cを支点として棒を左にかたむけるはたらきは200×5＝1000になり，Fに30gのおもりを1個つるすと，Cを支点として棒を右にかたむけるはたらきは30×25＝750になる。棒をかたむけるはたらきの差は1000－750＝250であり，これは450より小さいので，棒は水平になる。なお，ここでDを支点として棒をかたむけるはたらきを求めると，左にかたむけるはたらきが3000で，右にかたむけるはたらきが450となり，左にかたむけるはたらきが500以上大きくなるが，Dを支点として左にかたむくことは(Cに取り付けた糸が切れない限り)ないので，Dを支点として考える必要はない。②棒が右にかたむいているので，Dを支点として考える。200gのおもり2個が棒を左にかたむけるはたらきは200×15＝3000だから，棒を右にかたむけるはたらきがこれより500以上大きい3500以上になれば，確実に棒は右にかたむく。したがって，おもりの重さが合計で3500÷15

＝233.3…(g)以上になればよいので，8個が正答となる。なお，7個のときは210×15＝3150で，棒をかたむける はたらきの差が150なので，棒が水平になることが確かめられる。

2　Eにつるしたおもりが2個になったとき，棒が左にかたむいているので，Cを支点として考える。30gのおもり2個が棒を右にかたむけるはたらきは60×15＝900だから，棒を左にかたむけるはたらきがこれより500以上大きい1400以上になれば，確実に棒は左にかたむく。ただし，30gのおもりが3個のときには棒がかたむいていないから，棒を左にかたむけるはたらきが90×15＋450＝1800以下である必要もある(1800から1850までの間については分からない)。ア～ケのときの棒を左にかたむけるはたらきは，アが500，イが1000，ウが1500，エが1500，オが2000であり，カ～ケはさらに大きくなる。したがって，ウとエが正答となる。

3　8個のおもりをすべてFだけにつるしたとき，Dを支点として考えると，棒を右にかたむけるはたらきは3600になる。棒を左にかたむけるはたらきは，ウのときが4500，エのときが2500となり，エのときは棒を左にかたむけるはたらきが3600より500以上小さいので，棒は右にかたむく。したがって，100gのおもりはウのようにつるしてあることが分かる。また，この後，棒が右にかたむくのは，棒を右にかたむけるはたらきを4500－3600＋500＝1400以上大きくしたときだから，Fに追加でつるすおもりの重さが1400÷15＝93.3…(g)以上になればよい。したがって，4個である。なお，追加するおもりが3個のときには棒を右にかたむけるはたらきが4950になり，棒を左にかたむけるはたらきより450大きいので，棒が水平になることが確かめられる。

2　下図のようにたんしと豆電球に記号をおく。ア～コについて，6通りのつなぎ方と豆電球の光り方をまとめると下表のようになる(○は明るくついたとき，△は暗くついたとき，×はつかなかったとき)。

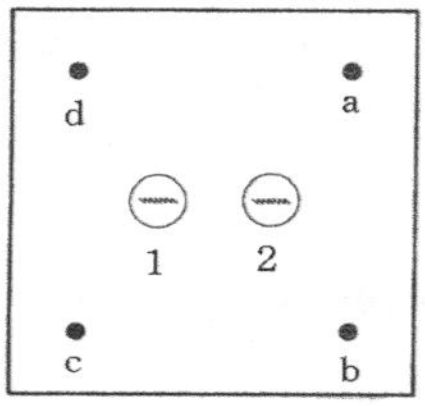

	ア		イ		ウ		エ		オ		カ		キ		ク		ケ		コ	
	1	2	1	2	1	2	1	2	1	2	1	2	1	2	1	2	1	2	1	2
a b	×	×	×	×	×	×	×	×	×	×	×	○	×	×	×	○	×	×	×	×
a c	×	×	×	×	×	×	×	×	×	×	×	×	×	○	△	△	×	×	×	×
a d	×	×	×	×	×	×	○	×	×	×	×	×	△	△	×	×	×	×	○	○
b c	△	△	×	×	×	×	×	○	△	△	×	×	×	×	○	×	×	×	×	×
b d	×	×	○	×	×	×	×	×	×	○	×	×	×	×	×	×	△	△	×	×
c d	×	×	×	×	○	○	×	×	○	×	○	×	○	×	×	×	×	×	×	×

3　Aではうすい塩酸にスチールウールがとけるとき，水素のあわが発生し，塩化鉄ができるから，スチールウールをとかした塩酸を熱すると黄色の塩化鉄が残る。塩化鉄を磁石に近づけても引きつけられないので，鉄とは別のものに変化していることが確かめられる。Bでは水に食塩をとかしてもあわが出ず，食塩水を熱すると食塩が残るのでとけたものは別のものに変化していないことがわかる。

4　1，2　ものが燃えるには新しい空気(酸素)が必要である。燃えたあとの空気は暖められてかさが大きくなり，同じかさで比べたときの重さが軽くなるので上のほうへ動く。したがって，びんの口が開いているAとBでは燃え続ける。さらにAでは底の一部も開いているので，燃えたあとの空気が上から出ていき，新しい空気が下から入ってくるという空気の流れができて，よく燃える。

3　ア．どちらも限度があるということである。カ．どちらも面積を広くして効率をよくしている。ク．どちらもものどうしをたくさんぶつけることで速度を速めている。

5　1　太陽と反対の方角にある月は満月である。太陽は東の地平線から出てくるから，このとき満月は西にあり，間もなく西の地平線にしずんで見えなくなる。

4　10時ごろの太陽は南東にあるので，かげになるのはその反対の北西を向いているしゃ面である。

5　しもばしらは，土の表面が冷やされてできた氷のつぶが土の中から水を吸い上げてさらにこおっていくことで上にのびてできる。このため，土の中の水分をふくむことができる小さなすき間が必要であり，火山灰を多くふくむ土はその条件に合っている。

6　1　イ．ヒトだけに見られる様子である。オ．メダカは体外受精であり，産みつけられた卵にオスが精子をかけて受精する。つまり，はいは母親の体外にあるので，母親の養分が不足しても，はいの養分は不足しない。カ．ふ化したり母体から生まれたりしたあとに，えらや肺で呼吸しはじめる。ク．養分が入ったふくろをもっているのはメダカだけで，ヒトは生まれたあとは乳を飲んで育つ。

2　ヒト…母親とたい児は，たいばんとへそのおを通してもののやりとりをしている。たいばんにはたがいの血管が集まっていて，たい児に必要な酸素や養分はたい児の血液へ取りこまれ，たい児の体で不要になった二酸化炭素などは母親の血液にわたされる。このとき，たい児と母親の血液が混ざることはない。

7　1　ヘチマ…ヘチマは黄色い花びらを持つから①をふくまないウ，オは誤り。また，くきから出てくるのはつるではなく巻きひげだから⑥をふくむアとエは誤り。したがって，イが正答となる。タンポポ…タンポポのようなキク科の植物は，小さな花がたくさん集まり１つの花のようになっているから③をふくまないウ，エ，オは誤り。また，生きた葉をつけたまま冬ごしをするから④をふくまないイは誤り。したがって，アが正答となる。なお，タンポポの冬ごしのすがた(背を低くして地面に葉を広げた状態)をロゼットという。サクラ…サクラは１つの花にめしべとおしべを持つ花をさかせるから②をふくむアとイは誤り。また，小さな花がたくさん集まり１つの花のようになっていないから③をふくむウとエは誤り。したがって，オが正答となる。ヒマワリ…ヒマワリは１つの花にめしべとおしべを持つ花をさかせるから②をふくむアとイは誤り。また，ヒマワリはキク科の植物だから③をふくまないエとオは誤り。したがって，ウが正答となる。

2　生きた状態で気温が低い冬をこし，春に花をさかせる植物は，低い温度にさらされないと花芽がつくられないと考えると，イとウが正答となる。

《2018　社会　解説》

1　1A　「サンマの回遊ルート」「日本近海を通り」などから，サンマが日本沿岸をふくむ太平洋を回遊する回遊魚であると判断する。　B　沿岸から200海里内の水域のうち領海を除く部分を排他的経済水域という。

2　アとエが正しい。水揚げ後に素早く冷凍した方が新鮮さが保たれるからイは誤り。貨物の輸送に新幹線は利用されないからウは誤り。サンマの養殖は実現していないからオは誤り。

3　サンマが低い水温を好んで回遊する寒流魚であることから，千島海流を導き出す。

4　イとオが正しくない。イについて，降雪量が少なくなるほど温暖化は進んでいない。また，北陸地方や東北地方の日本海側ではいまだに大雪による被害が多い。オについて，北海道でのコメの生産量増加は，品種改良などの農家や企業の努力によるものであり，また，日本の食料自給率は減少傾向にある。

5　イとウが正しくない。ニシンや鮭は寒流魚だから，四国地方の郷土料理や関西地方のお雑煮の具にはない。

6　イとウが正しくない。イについて，埋立地の造成は，魚の住みかを減らす。ウについて，栽培漁業とは，卵から稚魚になるまでを人の手で行い，その後放流する漁業活動である。

7　アとオが正しい。アについて，2017年の資源量の約100万トンは，2003年の資源量の５分の１だから，2003年の資源量は100万÷$\frac{1}{5}$=500万(トン)である。オについて，最終段落に「サンマは日本の資源ではなく，国際的な共有資源だ」「関係漁業国が合意をして，国際的な漁業規制を導入」とある。

2　1　ア，イ，エが正しくない。アについて，『古事記』『日本書紀』は８世紀に完成した。イについて，『蒙古襲来絵詞』は御家人の竹崎季長の戦いぶりから土地をもらうまでを描いている。エについて，福沢諭吉は明治時代の文明や思想に影響を与えた。

2　アとイが正しくない。アについて，板付遺跡は主に弥生時代の遺跡だから，縄文時代の土偶は見つかっていない。イについて，三内丸山遺跡は縄文時代の遺跡だから，弥生時代の石包丁や古墳時代のはにわは見つからない。

3　イとエが正しい。ワカタケル大王の名が刻まれたのは青銅製の剣ではなく鉄剣であり，出土は大仙古墳からではなく稲荷山古墳からだからアは誤り。備中ぐわや千歯こきは江戸時代に開発された農具であり，そのうえ竹でつくられていないからウは誤り。日露戦争後の日本は絹織物ではなく綿花が輸入品目の第一位となったからオは誤り。

4　ウとエが正しい。行基は渡来人の子孫であるが日本生まれだからアは誤り。租は都ではなく国府に納められたからイは誤り。ポツダム宣言受諾時に日本にテレビは普及していないからオは誤り。

5　アとエが正しい。日清戦争は朝鮮での東学党の乱を契機に，朝鮮に軍隊を送ったことで起きたからイは誤り。台湾を植民地化したのは日清戦争の講和条約である下関条約だからウは誤り。サンフランシスコ講和会議に，韓国や中国は招かれなかったからオは誤り。中国とは 1972 年の日中共同声明で，韓国とは 1965 年の日韓基本条約で国交を回復した。

6　ウ．浄土信仰(平安時代)→ア．鉄砲伝来(戦国時代)→エ．安土城(安土桃山時代)→イ．日光東照宮(江戸時代)→オ．黒船来航(幕末)　よって，１番目の奥州藤原氏が建てた寺院は，岩手県の中尊寺金色堂である。３番目の織田信長が建てた安土城は，現在の滋賀県近江八幡市あたりにあった。

7　ウとオが正しい。本文４～５行目に「2015 年の世界の紙生産量は…前年比では 0.4%増加」とあるからアは誤り。本文２段落目に「最も古いとされる紙片は紀元前２世紀」とあり，紀元前２世紀は弥生時代にあたるのでイは誤り。本文３段落目に「日本の紙づくりは…７世紀」とある。仏教公伝は６世紀のことだからエは誤り。

3　1　アとウが正しい。メッカはサウジアラビアにあるからイは誤り。イスラム教では偶像崇拝は禁止されているからエは誤り。日本人でもイスラム教徒になることはできるからオは誤り。

2　アとイが正しい。イスラム教徒の女性が子どもを産む数は，キリスト教徒やヒンドゥー教徒よりも多いからウは誤り。中南米はカトリック教徒が多いからアメリカでのイスラム教徒の割合は全人口の半分を超えるとは言えないためエは誤り。2010 年以降日本の人口は減少に転じているからオは誤り。

3　イとエが正しくない。イについて，テロ組織に入った自国民による事件がフランスやドイツで起きている。エについて，日本の防衛費は，近年の国家予算ではほぼ横ばいで５兆円を超えない。

4　アとオが正しい。イについて，少数者にも表現の自由はある。ウについて，他人の名誉やプライバシーをおかす可能性がある表現は，裁判で争うことができる。エについて，インターネット上の表現は，他人の権利をおかすことはできず，国の法律の中でしか自由はない。

5　「立場を超えた」「社会の分断を乗り越え」などから連帯と判断する。

6　イとオが正しい。先進各国では，少数者の文化や宗教を尊重する多文化主義が求められているからアは誤り。民泊は外国人定住者のための宿泊施設ではないからウは誤り。日本では，さまざまな国の人々が標識を認識できるように，英語だけでなく，アラビア語・中国語・韓国語(ハングル)などで表記されているからエは誤り。

筑波大学附属駒場中学校

平30　中　国　1/5

（40分）

〔注意〕

答えはすべて、解答用紙の定められたところに記入しなさい。

本文には、問題作成のための省略や表記の変更《へんこう》があります。

一　次の文章は、ピアノの音の調子をととのえる仕事（調律師《ちょうりつし》）をしている「僕《ぼく》」が、ある「青年」の家を仕事で訪れた場面をえがいたものです。これを読んで、あとの問いに答えなさい。

弦《げん》にこびりついた汚《よご》れを落とそうともう一度ティッシュに手を伸《の》ばしたとき、ふと、さっきの写真が目に入った。瞬《まばた》きをする。この少年。似ても似つかないのに、このかわいらしい少年が、この家の青年であることに気がつく。顔がよく見えなかったから、そしてあまりにも雰囲気《ふんいき》が変わってしまっていたから、わからなかった。

手に取って、写真を見る。やはり、面影《おもかげ》があった。長い年月の間に何があったのかは知らない。でも、たしかにこの写真に写っている笑顔《えがお》の少年が、何年か後にすっかり風貌《ふうぼう》を変えてピアノの調律を依頼《いらい》する。青年に、笑《え》みはない。交《か》わす視線も、言葉も、ない。はっとした。①それでも、望みがある。ピアノを調律しようとしている。どんなに状態の悪いピアノでも、調律を依頼《いらい》するということは、これからまた弾《ひ》こうとしているということだ。希望があるということだ。

長く部屋の隅《すみ》に忘れられたピアノがあり、ひどい環境《かんきょう》下に打ち捨てられたピアノがあり、それでもこの仕事に希望があるのは、これからのための仕事だからだ。僕たち調律師が依頼されるときはいつも、ピアノはこれから弾かれようとしている。どんなにひどい状況でも、これからまた弾かれようとしているのだ。

僕にできることは、何だ。考えるまでもない。迷いもない。このピアノをできる限りいい状態に戻《もど》すことだけだ。

小さな家だ。青年の気配は常にどこかにあった。作業に没頭《ぼっとう》していても、音の波を数えるために耳を澄《す》ませていても、隣《となり》の部屋で、青年が一緒《いっしょ》に耳を澄ませている気配が伝わってきた。

調律を済《す》ませたらピアノを売るのかもしれない。半分くらい、そう思っていた。そうであったとしてもいい。このピアノが、ここへ来たときの状態に戻すのは無理でも、ここで過ごした長い年月を味方につけて、今出せる精いっぱいの音を出せるようになればいい。

「終わりました」

声をかけると、青年はすぐにこちらへ来た。視線は外したままだ。

「ハンマーが歪《ゆが》んでしまっているものがいくつかと、弦を止めるピンが緩《ゆる》んでしまっているものがありました。修理することも可能ですが、今はとりあえず応急処置《しょち》だけにしてあります」

説明をしているときも、うつむいたままだったが、

「試しに弾いてみていただけますか」

聞くと、しばらく間を置いて、かすかにうなずいた。

人と目を合わせもしない人が、人前でピアノを弾くとは思えなかった。だから、右手の人差し指一本で、鍵《かぎ》穴の上のドを叩《たた》いたときに、その一音だけでも弾いてくれてよかったと思ったのだ。

ド、は思いがけず力強かった。青年はピアノの前に立って、一本の指でドを弾いたまま動かなかった。ドだけでは調律の具合はわからないだろう。できればもう少し弾いてもらえないか、と声をかけようとしたとき、彼はゆっくりとふりかえった。顔に驚《おどろ》きが表れていた。②その目は一度たしかに僕の目と合い、それからまた外された。彼は人差し指を親指に替《か》え、もう一度ドを弾いた。それから、レ、ミ、ファ、ソ、と続けた。③左手を身体の後ろで振《ふ》るようにして、椅子《いす》を探《さが》した。椅

子にその指の先が届《とど》くと、ピアノのほうを向いたまま左手で椅子《いす》を引き寄せ、すわった。そうして、両手でドから一音ずつ丁寧《ていねい》に一オクターブ鳴らしていった。

試し弾《び》きをされている間は、普段《ふだん》なら気が抜《ぬ》けない。自分の仕事を目の前で品定めされる緊張感《きんちょうかん》だ。でも、今日は、調律《ちょうりつ》前よりも空気が和《なご》んでいた。

青年が、椅子にすわったまま肩越《かたご》しにこちらをふりむいた。

「いかがですか」

聞くまでもない。笑っていた。青年は笑っていた。まるで、あの写真の中の少年のようだった。よかった、と思うまもなく、またピアノのほうを向いたかと思うと、何か曲を弾きはじめた。

ねずみ色のスウェットの上下で、髪《かみ》は起きぬけのぼさぼさのままで、大きな身体を丸めて弾いている。テンポがゆっくり過ぎてわからなかったが、ショパンの子犬のワルツだった。

曲はしばらく像を結ばなかった。それが、だんだん、子犬の姿《すがた》が見えるようになった。調律《ちょうりつ》道具を片づけはじめていた僕は、驚いて青年の後ろ姿を見た。大きな犬だ。ショパンの子犬はマルチーズのような小さな犬種のはずだったけれど、この青年の子犬は、たとえば秋田犬や、ラブラドール・レトリーバーの、大きくて少し不器用な子犬なのだ。テンポは遅《おそ》いし、音の粒《つぶ》も揃《そろ》ってはいないけれども、青年自身が少年のように、あるいは子犬のように、うれしそうに弾いているのがよく伝わってくる。ときどき鍵盤《けんばん》に顔を近づけて、何か口ずさんでいるようにも見えた。

④こういう子犬もいる。こういうピアノもある。

一心にピアノを弾く青年の背中を眺《なが》め、やがて短い曲が終わったとき、僕は心からの拍手《はくしゅ》を贈《おく》った。

（宮下《みやした》 奈都《なつ》『羊と鋼《はがね》の森』による）
文藝春秋 刊

問一 ――①「それでも、望みがある」とは、どういうことですか。

問二 ――②「その目は一度たしかに僕の目と合い、それからまた外された」とありますが、ここから「青年」のどのような気持ちが読み取れますか。

問三 ――③「左手を身体の後ろで振《ふ》るようにして」とありますが、ここから「青年」のどのような気持ちが読み取れますか。

問四 ――④「こういう子犬もいる」とは、どういうことですか。

二 次の文章を読んで、あとの問いに答えなさい。

「人工内耳《じんこうないじ》」という医療《いりょう》技術について、ふれておきます。これは、特別な機器を手術で頭に埋《う》めることで、部分的な聴力《ちょうりょく》の獲得《かくとく》を期待できることがあるという医療技術のひとつです。最近では、聞こえないおとなだけでなく、聞こえない子どもたちにも手術をし、音声言語の習得をさせようとする考えが広まりつつあり、ろう学校にも人工内耳を装用《そうよう》した子どもたちの姿《すがた》が見られるようになりました。

①耳鼻科《じびか》の医師は、この手術を、聞こえない本人や、聞こえない子どもの親に勧《すす》めます。しかし、ろう者たちのなかに「手話とろう文化を否定するものだ」と強く反発する人たちが現れ、議論となりました。

「耳が聞こえないより聞こえた方が幸せだ」と思う人にとっては、この手術は朗報《ろうほう》ということになります。実際、人生の途中で聴力を失い、音を聞く暮らしに戻《もど》りたいという気持ちが強い人などの場合には、試してみたいと思える技術でしょう。

最大の問題は、この技術の背景に見え隠《かく》れしている、手話への誤解《ごかい》と否定《ひてい》の思想です。「聞こえないことは不幸だ」「早く手を打たないと、手話しか話せなくなってしまう」と、手話を話すろう者たちをまるで欠陥品《けっかんひん》のようにとらえる見方が、今なお聴者たちのなかにあります。最近も、耳鼻科医の団体の幹部が「五歳《さい》までに難聴《なんちょう》が治らないと、言語がしゃべれなくなる」「一般的《いっぱんてき》に字も読めなくなる」「想像力や考える力は耳が優位《ゆうい》である」という講演をし、ろう者の全国組織が抗議《こうぎ》したという事件がありました。このような②手話に向き合う気のない人こそ、まず、手話の世界での参与《さんよ》観察の経験を積んでほしいものです。

音声を話すことが人間としての幸福につながるはずだ、手話を話す生き方などなるべくない方がいいと信じて疑《うたが》わない、聴者たちの幸せの押《お》し付けがおそろしいと感じるのです。（中略）

また、手術や装用後の生活に身体的な負担《ふたん》があること、手術をしても必ずしも聴者になるとは限らないこと、部分的な聴力を得てもすぐに音声言語を話せるわけではないことなど、いろいろと課題があります。実際、手術をした子どもたちがみな聞こえるようになるのなら、普通学校《ふつうがっこう》に通えばいいことでしょう。人工内耳を装用した子どもたちがろう学校に通っている理由はなぜなのかを考えたいと思います。

いくつかの短所や不確実さを考えると、そこまで無理して聞こえるようにならなくても、自然な手話での暮らしを続ける方がいい、むしろ、聴者が手話に対する誤解や否定の態度をあらためるほうが先だろうと考えるろう者は少なくありません。

みなさんがテレパシーの国の数少ない音声話者として暮らしているとき、テレパシーができるかもしれない、でも確実とは言えない、身体的な負担をともなう新しい手術があると知らされたとします。「声で話して暮らすのは不幸です、早く手術しないと手遅《ておく》れになってしまう、あなたのような人たちがなるべく社会に増えないようにするのが医療の務めです」と善意の笑顔《えがお》で勧められたら、どうでしょう。私だったら、医療技術はさておいて、「まず君たちのその③傲慢《ごうまん》な考え方をあらためることから始めてくれ」と求めると思います。

自分たちが少数派《は》となり、多数派の幸せを強要される側になったときに、初めてその気持ちは理解できるのかもしれません。人工内耳を警戒《けいかい》するろう者たちのことを、「医療の恩恵《おんけい》を拒否《きょひ》する偏屈《へんくつ》な人たち」のように見るのは、聴者の立場を一歩も出ていない自文化中心主義の姿勢《しせい》です。ろう者が受けてきた受難《じゅなん》の歴史や、それゆえに共有されている歴史観を含《ふく》めて、文化全体の中で理解する文化相対主義の視点をもちたいものです。

（亀井《かめい》　伸孝《のぶたか》『手話の世界を訪《たず》ねよう』岩波ジュニア新書による）

〈注〉ろう……耳が聞こえないこと。「ろう者」とは耳が聞こえない人のこと。
聴者《ちょうしゃ》……耳が聞こえる人。
参与《さんよ》観察……研究対象とする社会や集団の一員となって、ともに生活しながらその社会や集団を観察すること。

問一 ――①「耳鼻科《じびか》の医師は、この手術を、聞こえない本人や、聞こえない子どもの親に勧《すす》めます」とありますが、「医師」はどういう気持ちで手術を勧めるのですか。

問二 ――②「手話に向き合う」とは、どういうことですか。

問三 ――③「傲慢《ごうまん》な考え方」とありますが、「私」はどのようなところを「傲慢」だと思っていますか。

三 カタカナは漢字に直し、全体をていねいに大きく一行で書きなさい。

センリのミチもイッポから

四　次の詩を読んで、あとの問いに答えなさい。

あけがたには

藤井《ふじい》　貞和《さだかず》

夜汽車のなかを風が吹《ふ》いていました
①ふしぎな車内放送が風をつたって聞こえます
……よこはまには、二十三時五十三分
とつかが、零時《れいじ》五分
おおふな、零時十二分
ふじさわは、零時十七分
つじどうに、零時二十一分
ちがさきへ、零時二十五分
ひらつかで、零時三十一分
おおいそを、零時三十五分
にのみやでは、零時四十一分
こうずちゃく、零時四十五分
かものみやが、零時四十九分
おだわらを、零時五十三分
……

②ああ、この乗務車掌《しゃしょう》さんはわたしだ、日本語を
苦しんでいる、いや、日本語で苦しんでいる
日本語が、苦しんでいる
③わたくしは眼《め》を抑《おさ》えてちいさくなっていました
あけがたには、なごやにつきます

問一　——①「ふしぎな車内放送」とありますが、どういうことが「ふしぎ」なのですか。

問二　——②「ああ、この乗務車掌さんはわたしだ」とは、どういうことですか。

問三　——③「わたくしは眼を抑えてちいさくなっていました」とありますが、なぜですか。

【注意】 ① 答えはすべて，解答用紙の定められたところに記入しなさい。
② 円周率は 3.14 を用いなさい。

（40分）

［1］ 縦《たて》 5 段，横 50 列の 250 個のマス目のついた表があり，1 列目のマス目には 1 段目から順に 1，2，3，4，5 が書いてあります。2 列目以降のマス目に，次のように 2 つの数をたしてできる 1 桁《けた》の数を書いていきます。
ただし，たしてできる数が 2 桁になったときは，一の位だけを書くことにします。

2 列目　1 段目には，1 列目の 5 段目の数に，2 をたしてできる数を書きます。
2 段目から 5 段目には，すぐ上の段にある数に 1 をたしてできる数を書きます。
3 列目　1 段目には，2 列目の 5 段目の数に，3 をたしてできる数を書きます。
2 段目から 5 段目には，すぐ上の段にある数に 1 をたしてできる数を書きます。
4 列目　1 段目には，3 列目の 5 段目の数に，4 をたしてできる数を書きます。
2 段目から 5 段目には，すぐ上の段にある数に 1 をたしてできる数を書きます。
………
50 列目　1 段目には，49 列目の 5 段目の数に，50 をたしてできる数を書きます。
2 段目から 5 段目には，すぐ上の段にある数に 1 をたしてできる数を書きます。

下の表はこの規則に従って，4 列目まで数を書いたときのものです。

	1 列目	2 列目	3 列目	4 列目	5 列目				50 列目
1 段目	1	7	4	2			…		
2 段目	2	8	5	3			…		
3 段目	3	9	6	4			…		
4 段目	4	0	7	5			…		
5 段目	5	1	8	6			…		

すべてのマス目に数を書いた表について，次の問いに答えなさい。

(1)　10 列目の 5 段目のマス目に書かれた数を答えなさい。

(2)　1 段目の 50 個のマス目のうち，1 が書かれているものは何個ありますか。

(3)　表にある 250 個のマス目のうち，0 が書かれているものは何個ありますか。

(4)　それぞれの段で，マス目に書かれた 50 個の数の合計を求めます。
求めた合計が最も大きいのは何段目ですか。また，その合計も答えなさい。

[2] Aと書かれたカードが何枚かと，Bと書かれたカードが1枚，Cと書かれたカードが1枚あります。これらのカードから何枚かを選ぶとき，その選び方が何通りあるかを考えます。

例えば，Aと書かれたカードが1枚のとき，選んだカードに書かれた文字を｛　｝に書くことにすると，カードの選び方は，

{A}　{B}　{C}　{AB}　{AC}　{BC}　{ABC}

の7通りです。

次の問いに答えなさい。なお，Aと書かれたカードが2枚以上あるとき，それらは区別しません。

(1) Aと書かれたカードが2枚のとき，選び方は何通りですか。
　また，Aと書かれたカードが3枚のとき，選び方は何通りですか。

(2) Aと書かれたカードが100枚のとき，選び方は何通りですか。

(3) Aと書かれたカードが何枚のとき，選び方がちょうど3023通りになりますか。

［3］　三角形ABCの内側に点Pがあり，Pから辺BC，AC，ABにそれぞれ垂直な線を引き，交わった点を順にD，E，Fとします。次の問いに答えなさい。

(1)　三角形ABCが二等辺三角形であり，辺ABと辺ACの長さが28 cm，辺BCの長さが14 cmです。図1のように，Pを通りBCに平行な直線を①，Pを通りACに平行な直線を②，Pを通りABに平行な直線を③とし，③と辺BCが交わる点をGとします。
AFの長さは16 cm，DGの長さは2.5 cmです。

(ア)　BDの長さを求めなさい。

(イ)　CEの長さを求めなさい。

図1

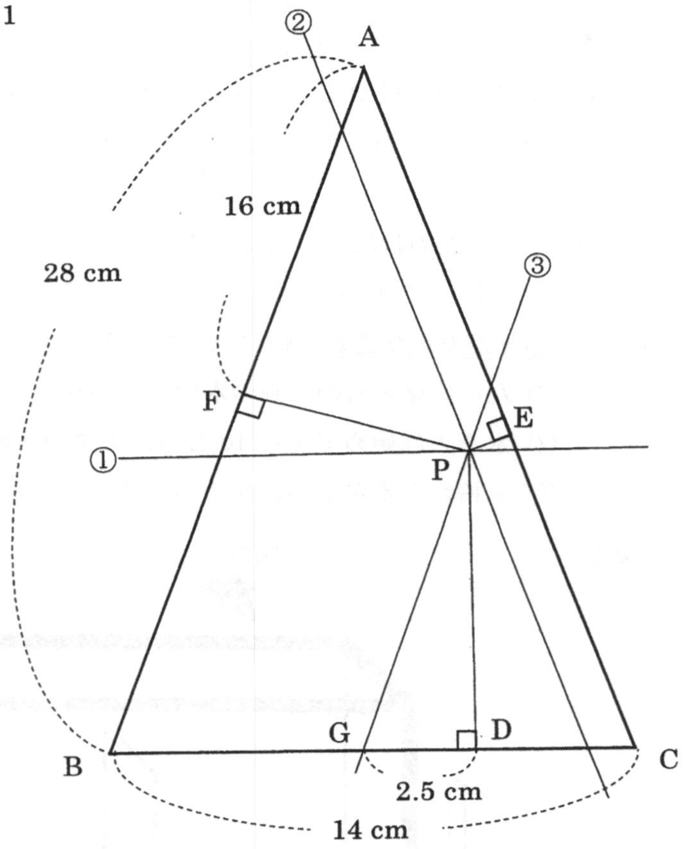

(2)　図2のように，三角形ABCは正三角形であり，AFの長さは7 cm，BDの長さは8 cm，CEの長さは10 cmです。このとき，正三角形の一辺の長さを求めなさい。

図2

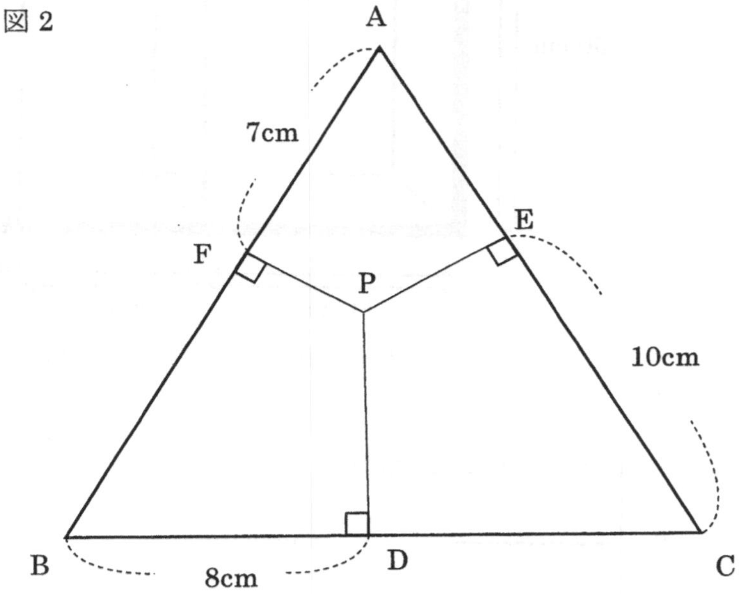

[4]　幅《はば》 80 cm，奥《おく》行き 10 cm，高さ 55 cm の直方体の水槽《そう》が水平に置かれています。この水槽は，図 1 のように，底面に垂直な 2 つの仕切りによって，3 つの区画に分けられています。仕切りの高さはそれぞれ 50 cm で，区画の幅は左の区画が 30 cm，中央の区画が 20 cm，右の区画が 30 cm です。なお，それぞれの区画の底面は長方形です。

左の区画の上に蛇口《じゃぐち》 A があり，蛇口 A から水槽に入る水の量は，毎分 1.6 L です。また，右の区画の上に蛇口 B があり，蛇口 B から 1 分あたりに水槽に入る水の量は，5 分ごとに変化します。図 2 のグラフは，水を入れ始めてからの時間と，蛇口 B から 1 分あたりに入る水の量の関係を表しています。

水槽と仕切りの厚さは考えないものとして，次の問いに答えなさい。

(1) 水槽が空の状態から蛇口 A だけを使って水を入れます。水を入れ始めてから 20 分後のそれぞれの区画の水の高さは何 cm ですか。

(2) 水槽が空の状態から蛇口 A，蛇口 B の両方を使って水を入れます。2 つの蛇口から同時に水を入れ始めるとき，

(ア) 左の区画と右の区画の水の高さが初めて同じになるのは，水を入れ始めてから何分後ですか。

(イ) 水を入れ始めてから 10 分後，中央の区画の水の高さは何 cm ですか。

(ウ) 水槽から水があふれ始めるのは，水を入れ始めてから何分後ですか。

図 1

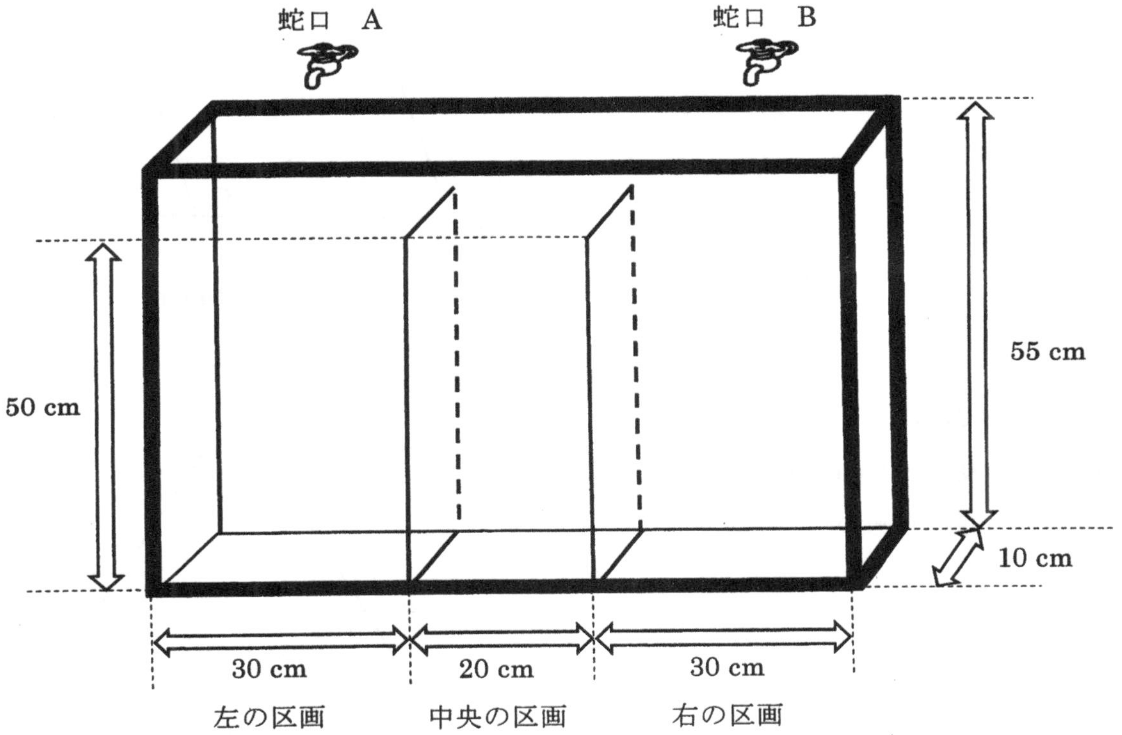

図 2

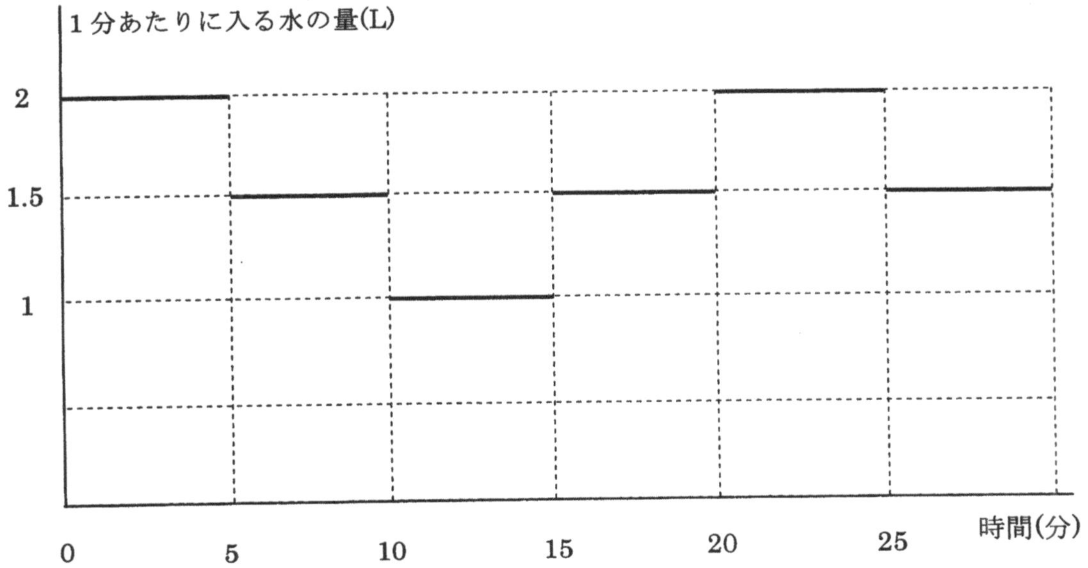

【注意】答えはすべて、解答用紙の定められたところに記入しなさい。
また、指示されたもの以外の答えは、ア～コなどのなかから選んで答えなさい。

(40分)

1 あきら君とさとし君は、図1のような装置と100グラムのおもりを3個、30グラムのおもりをたくさん用意し、てこのはたらきを学習した。装置は、長さ50 cmの棒の位置CとDに糸を取り付けて棒全体を水平につるし、位置A、B、E、Fに取り付けた糸にはおもりをつるすことができる。次の文を読んで、後の各問いに答えなさい。ただし、操作1～4は、装置に何もつるしていないところから始める。

【操作1】Bに100グラムのおもりを1個つるすと、棒の左はしが下がり、かたむいた。

【操作2】Eに30グラムのおもりを1個つるすと、棒は水平のままだった。Eにつるす30グラムのおもりの数を増やすと、3個までは棒は水平のままだったが、4個つるすと棒の右はしが下がり、かたむいた。

【操作3】Bに100グラムのおもりを2個つるすと、棒の左はしが下がり、かたむいた。続けて、Fに1個ずつ30グラムのおもりをつるしていくと、(①) 個で棒は水平にもどった。おもりの数を増やしていくと、(②) 個になったとき、棒の右はしが下がり、かたむいた。

【操作4】最初に、さとし君がEに30グラムのおもりを8個つるす。次に、あきら君がさとし君から見えないよう、AとBのいずれか、あるいは両方に100グラムのおもりをつるし、棒を水平にする。そして、3つある100グラムのおもりをいくつ使ってどの位置につるしたか分からないよう、装置の左部分を図2のようについたてでおおった。さとし君は次のように考え、あきら君がAとBにつるしたおもりの数をあてた。
まず、Eにつるした30グラムのおもりの数を8個から1個ずつ減らしていくと、2個になったとき、棒の左はしが下がり、かたむいたので、〔 X 〕のいずれかになる。次に、8個のおもりをすべてFだけにつるしてみたが、棒の右はしが下がることはなく、水平のままだった。このことから〔 Y 〕と分かった。

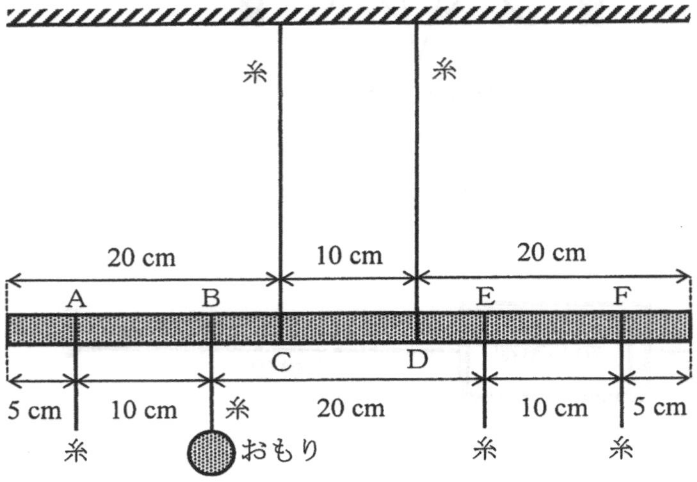

図1

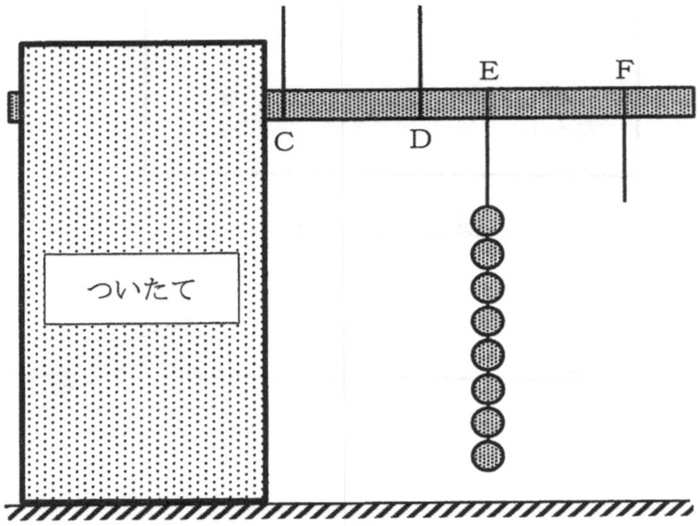

図2

1．操作3の(①)と(②)に入る数をそれぞれ答えなさい。

2．操作4の〔 X 〕に入る位置Aと位置Bにつるした100グラムのおもりの数を、下の組み合わせのなかからすべて選びなさい。

ア　A：0、B：1	イ　A：0、B：2	ウ　A：0、B：3
エ　A：1、B：0	オ　A：1、B：1	カ　A：1、B：2
キ　A：2、B：0	ク　A：2、B：1	ケ　A：3、B：0

3．操作4の〔 Y 〕に入る位置Aと位置Bにつるした100グラムのおもりの数を、問2の組み合わせのなかから選びなさい。また、この後Fにつるした8個のおもりに加え、30グラムのおもりを何個追加すると棒の右はしが下がり、かたむきますか。

2 あきら君とさとし君は、木の板に金属棒の「たんし」4本と豆電球2個が備わった図1のような装置を用意し、電気のはたらきを学習した。豆電球は導線付きソケットに取り付けられ、ソケットの導線を「豆電球の導線」と呼ぶことにする。

まず、2人は以下のルールでいろいろなつなぎ方を考えた。

【ルール】1つの豆電球からのびる2本の導線のうち、1本は必ず「たんし」につなぐ。もう1本は別の「たんし」か、もう1つの「豆電球の導線」につなぐ。

次に、さとし君から見えないように、あきら君が木の板の下で豆電球の導線をつなぎ、さとし君は装置を真上から見て、あきら君がどのようにつないだのか、以下の手順であてることにした。

【手　順】かん電池とスイッチを導線でつないだ図2のような装置を用意し、4本の「たんし」から選んだ1本に導線の先たんAを、残りの3本から選んだ1本に先たんBをそれぞれつなぎ、スイッチを入れたときの豆電球のつき方を調べる。AとBを入れかえてつないでも結果は同じになるので、2本の「たんし」を選びなおし、6通りのつなぎ方すべてで、スイッチを入れたときの豆電球のつき方を結果としてまとめる。

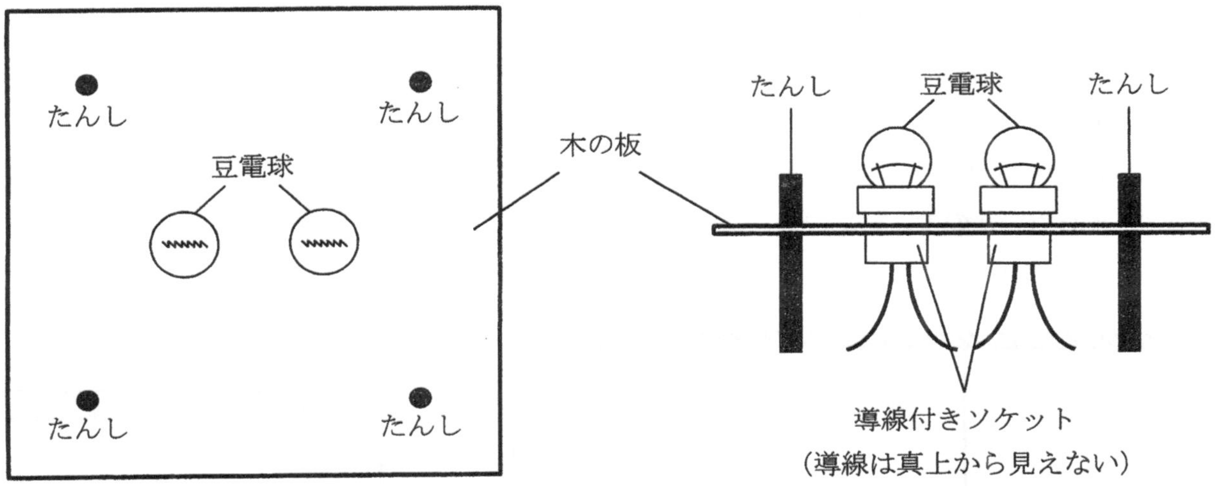

＜真上から見た図＞　＜真横から見た図＞

図1

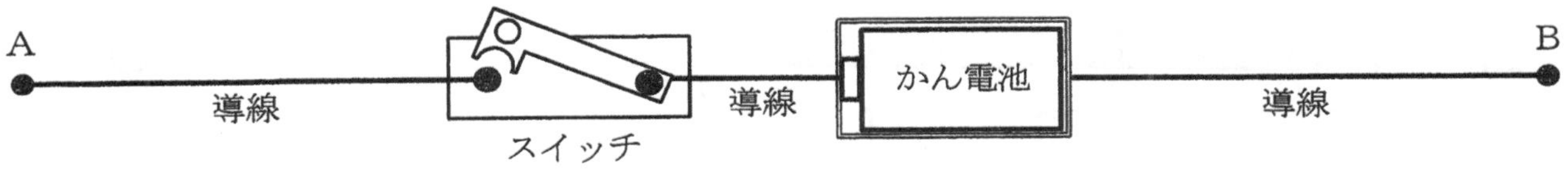

図2

さとし君のまとめた結果が次の＜結果1＞、＜結果2＞の場合、あきら君は豆電球の導線をどのようにつないだと考えられますか。それぞれあてはまるものを、次のページの＜つなぎ方＞からすべて選びなさい。

＜結果1＞豆電球がついたのは、6通りのうち2通りのつなぎ方だった。いずれも2つの豆電球のうち1つだけが明るくつき、もう片方はつかなかった。

＜結果2＞豆電球がついたのは、6通りのうち3通りのつなぎ方だった。そのうち2通りは2つの豆電球のうち1つだけが明るくつき、もう片方はつかなかった。もう1通りは2つの豆電球とも暗くついた。

2 は次のページに続く

2 の続き

＜つなぎ方＞

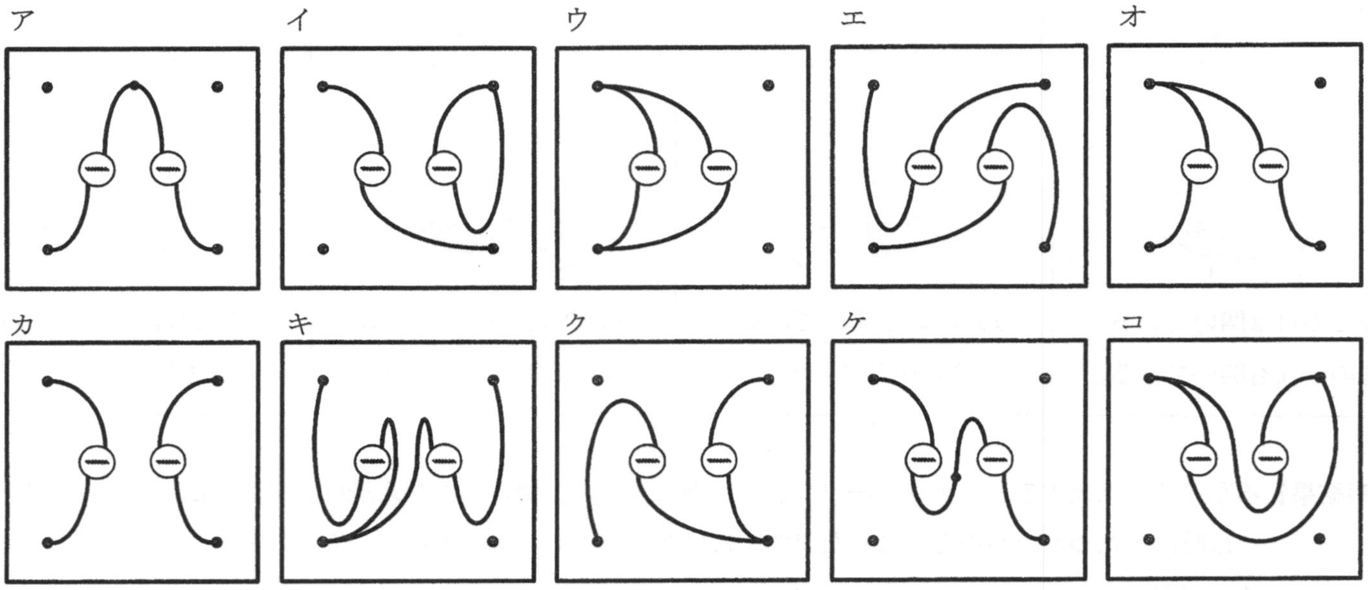

3 「とかす」という言葉で表されるＡとＢの操作について、後の各問いに答えなさい。

Ａ．うすい塩酸にスチールウール（鉄）をとかす。

Ｂ．水に食塩をとかす。

1．ＡとＢには、とけたものが別のものに「変化する」か「変化しない」かのちがいがある。ＡとＢの「とける」にちがいがあることの説明に利用できる実験・観察はどれですか。すべて選びなさい。

ア　スチールウールは金属だが、食塩は金属ではない。

イ　水はリトマス紙の色を変化させないが、うすい塩酸は青色のリトマス紙を赤く変化させる。

ウ　うすい塩酸にスチールウールをとかすときあわが出てくるが、水に食塩をとかしてもあわは出ない。

エ　食塩水を熱するとあとに食塩が残るが、スチールウールをとかす前の塩酸を熱すると何も残らない。

オ　食塩水を熱するとあとに食塩が残るが、スチールウールをとかした塩酸を熱すると鉄とはちがう固体が残る。

2．次の操作①～④のうち、とけたものが「変化する」場合はア、「変化しない」場合はイとそれぞれ答えなさい。

①　うすい水酸化ナトリウム水よう液にアルミニウムはくをとかす。

②　うすい食塩水に砂糖をとかす。

③　水にミョウバンをとかす。

④　石灰水に二酸化炭素をとかす。

4 ものの燃え方について調べるために、底が開いているびん、ガラスのふた、びんの下に置くねんどを使って４種類の実験方法（A～D）でろうそくを燃やし、観察した。後の各問いに答えなさい。

【実験方法】

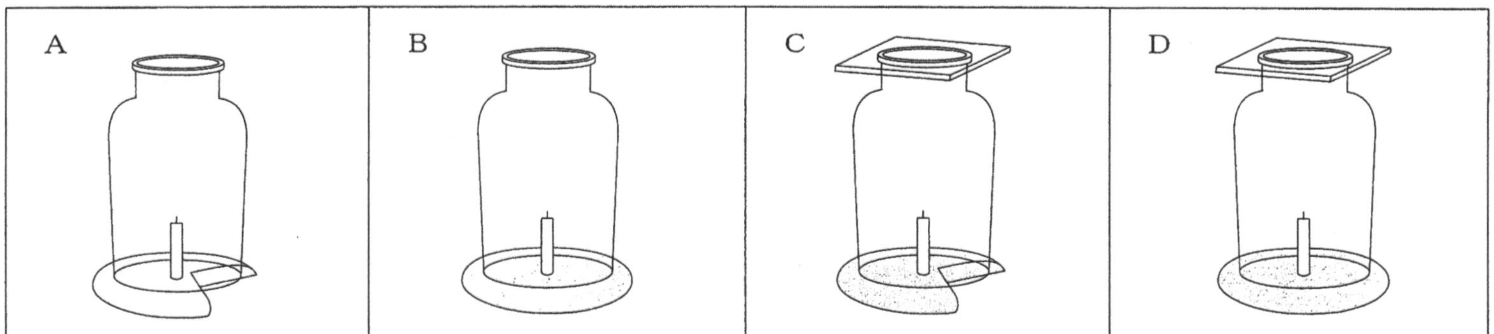

A	B	C	D
びんの口は開いている。底の一部も開いている。	びんの口は開いている。底は閉じている。	びんの口は閉じている。底の一部は開いている。	びんの口は閉じている。底も閉じている。

【観察結果】ろうそくに点火すると、実験方法（　①　）のろうそくは勢いよく燃え続け、実験方法（　②　）のろうそくは時間がたつと火が小さくなったが燃え続けた。しかし、実験方法（　③　）とDのろうそくは、まもなく火が消えた。

1．（　①　）～（　③　）にそれぞれあてはまる実験方法を記号で答えなさい。

2．（　①　）や（　②　）のろうそくが燃え続けることができたのは、びんの中の空気が入れかわったからである。空気が入れかわるしくみを説明した次の文の（　④　）～（　⑥　）にそれぞれあてはまるものを答えなさい。
「びんの中でろうそくを燃やすと、びんの中の空気が暖められる。暖められた空気は、暖める前よりかさが（　④　）なる。そのため、同じかさで比べると暖かい空気はまわりの冷たい空気より（　⑤　）なったので、（　⑥　）のほうへ動いてびんから出ていった。かわりに、びんのまわりの空気が入りこんできた。」

ア　大きく　　イ　小さく　　ウ　うすく　　エ　こく　　オ　重く　　カ　軽く　　キ　上　　ク　下

3．次にしめす、ものを燃やす実験X、ものを水にとかす実験Yの結果は、見方によっては同じように考えて理解することができる。実験Xと実験Yで起こることについて、関連が深い組み合わせを３組選びなさい。

＜実験X＞　①　口を閉じたびんの中でろうそくを燃やすと、しばらくして火が消える。
　　　　　②　木を燃やすときは、木と木の間にすきまをあけたほうがよく燃える。
　　　　　③　木を燃やしているとき、風を送るとほのおが大きくなる。

＜実験Y＞　①　一定量の水に塩をとかしていくと、やがてそれ以上とけなくなる。
　　　　　②　塩を水にとかすとき、よくかき混ぜるとはやくとける。
　　　　　③　塩は大きなかたまりよりも、細かくしたほうがとけやすい。

ア　X：①、Y：①　　イ　X：①、Y：②　　ウ　X：①、Y：③　　エ　X：②、Y：①
オ　X：②、Y：②　　カ　X：②、Y：③　　キ　X：③、Y：①　　ク　X：③、Y：②
ケ　X：③、Y：③

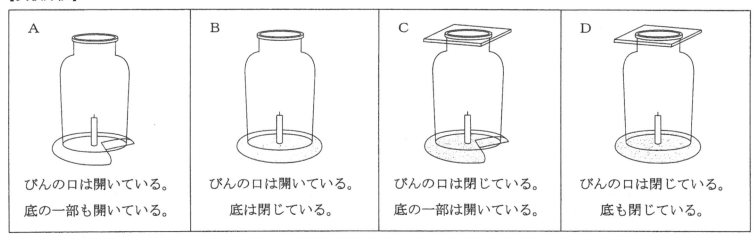

5 あきらくん、けんたくん、さとしくんの３人は、あるスタンプハイクに参加することになった。□内の文を読んで、後の各問いに答えなさい。

あきらくん：朝の６時30分を過ぎたよ。そろそろ太陽が出てくるね。
けんたくん：もうすぐ１年で一番昼の時間が短くなる時期だからね。
さとしくん：あっ、太陽と反対の方角に月が見えるよ。
あきらくん：本当だ。これから山に登るまでの間、ずっと月が見えるかな？

１．さとしくんが見た月の様子と、この後の月の見え方はどれですか。

ア　三日月のような月で、見える高さが高くなる。
イ　三日月のような月で、見える高さが低くなり、やがてしずんで見えなくなる。
ウ　半月のような月で、見える高さが高くなる。
エ　半月のような月で、見える高さが低くなり、やがてしずんで見えなくなる。
オ　満月のような月で、見える高さが高くなる。
カ　満月のような月で、見える高さが低くなり、やがてしずんで見えなくなる。

けんたくん：あれ！この先にがけくずれの場所があって、回り道をしなきゃならないみたいだよ。
さとしくん：え～。先が思いやられるなぁ。
あきらくん：とにかく気をつけて登ろうよ。
けんたくん：でもどうしてがけくずれが起きたのかな？

２．がけくずれの原因として考えられるものをすべて選びなさい。

ア　火山のふん火　　イ　地しん　　ウ　かみなり　　エ　火事　　オ　大雨　　カ　強風

けんたくん：少しずつ高度が上がってきたね。
さとしくん：おや？谷に水が流れているよ。
あきらくん：本当だ。この水飲めるのかな？
けんたくん：やめた方がいいよ。飲むとおなかがいたくなるかも。
さとしくん：この水は谷をずっと下に流れていくんだね。

３．水が流れているこのような谷のようすはどれですか。

ア　せまくて急な谷　　イ　せまくてゆるやかな谷　　ウ　広くて急な谷　　エ　広くてゆるやかな谷

5 は次のページに続く

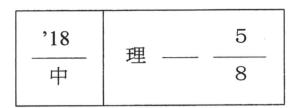

5 の続き

あきらくん：10時を過ぎたよ。体もあたたまってきたし、ゴールまでもうひとがんばりだ。
けんたくん：でも日かげに入ってしまったから寒いよ。ぼく寒いのきらい！
さとしくん：しかたないよ。登っているときはあせをかくから、少し寒いくらいがいいらしいよ。
けんたくん：寒いことは寒いの！早く日なたに出たいよ。

4．けんたくんたちが登っているしゃ面が向いている方角として考えられるものをすべて選びなさい。
　ア 東　　イ 西　　ウ 南　　エ 北

けんたくん：やれやれ。やっとゴールに着きそうだ。
さとしくん：本当によくがんばったね。食べる弁当もおいしいと思うよ。
あきらくん：弁当の中身は何かな。楽しみ。
けんたくん：やっぱり山のてっぺんは気温が低いね。あちこちまだこおってるみたいだよ。
さとしくん：そうだね。しもばしらができて、まだ残っている感じだね。

5．しもばしらができやすい土に多くふくまれているのはどれですか。
　ア れき　　イ 砂　　ウ ねんど　　エ 軽石　　オ 火山灰

6　卵の中や母体内にいる誕生する前の生物を「はい」と呼び、特にヒトの「はい」は「たい児」と呼ばれる。ヒトのたい児の血管は、母親のたいばんへのびている。たいばんの中には母親の血液が流れていて、たい児の血管が細かい枝のように広がっている。以下の各問いに答えなさい。

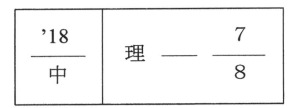

1．ヒトのたい児が成長していく様子を直接観察することは難しいが、メダカのはいが成長していく様子を観察することで、たい児の成長についてもいくつかわかることがある。メダカとヒトで共通しているものをすべて選びなさい。

ア　受精したばかりの卵は１つの球体のように見え、まだ体はできていない。
イ　はいやたい児は、母親とへそのおでつながっている。
ウ　むなびれやうでよりも先に、目のもとになる部分がつくられる。
エ　ふ化したり母体から生まれたりする前から、心臓が動いて血液が流れている。
オ　受精したあとに母親がとりこむ養分が不足すると、はいやたい児も養分が不足する。
カ　ふ化したり母体から生まれたりする直前では、すでにえらや肺で呼吸しはじめている。
キ　骨や筋肉が成長して、ふ化したり母体から生まれたりする前でも体を自分で少し動かす。
ク　ふ化したり母体から生まれたりしたあと、体に養分の入ったふくろがあるうちは自分で養分をとらない。

2．メダカのはいやヒトのたい児の育ち方について、あてはまるものをそれぞれ１つずつ選びなさい。

ア　母親が吸収した養分は、はいやたい児の周りの水にとけこみ、はいやたい児はその水から養分をとる。
イ　母親が吸収した養分は母親の血液にとけこみ、母親の血液がはいやたい児の体の中を流れて養分をとる。
ウ　母親が吸収した養分は母親の血液にとけこみ、はいやたい児はたいばんにある自分の血管を通して養分をとる。
エ　母親が吸収した養分は卵の中やたい児をつつむまくの中にたくわえられ、はいやたい児は何も食べない。
オ　母親が吸収した養分は卵の中やたい児をつつむまくの中にたくわえられ、はいやたい児はたくわえられた養分を食べる。

3．生まれる直前のはいやたい児が育つのに必要な酸素について、次の文の（　①　）と（　②　）にあてはまる言葉をそれぞれ答えなさい。

「メダカのはいは、卵のうすいまくを通して（　①　）にとけている酸素を取りこむ。ヒトのたい児は、へそのおを通して（　②　）にとけている酸素を取りこむ。」

7　学校のいろいろな植物について季節ごとにどう変化するか1年間かけて調べたところ、植物の種類によって開花する時期や体全体が大きく成長する時期、冬ごしの様子などがだいぶ異なることがわかった。図1は東京におけるヘチマ、タンポポ（セイヨウタンポポ）、サクラ（ソメイヨシノ）、ヒマワリの4種類の植物の開花時期、図2は東京の月平均気温をまとめたものである。これら4種類の植物について、後の各問いに答えなさい。

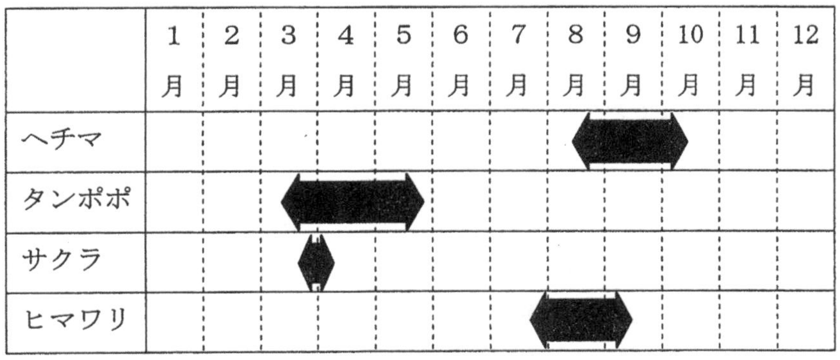

図1　いろいろな植物の開花時期（東京）

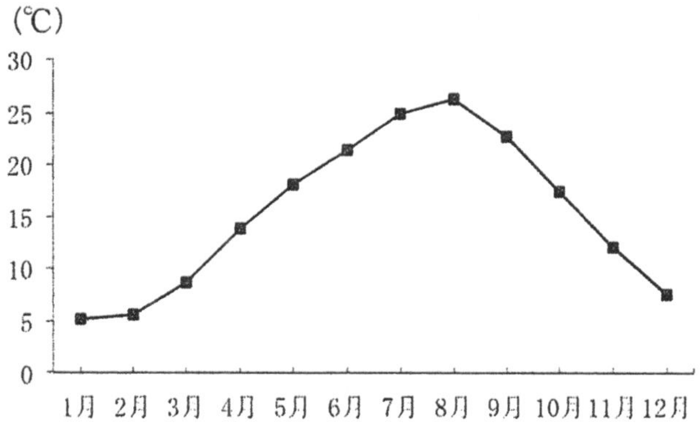

図2　東京の月平均気温（1980年～2010年）

1．植物のいろいろな特ちょう①～⑩について、ヘチマ、タンポポ、サクラ、ヒマワリにあてはまる組み合わせをそれぞれ1つずつ選びなさい。

＜特ちょう＞
① 黄色い花びらを持つ。
② お花とめ花がある。
③ 小さな花がたくさん集まり1つの花のようになる。
④ 生きた葉をつけたまま冬ごしする。
⑤ 開花した後に葉が出てくる。
⑥ くきからつるをのばす。
⑦ 気温が上がるにつれて葉やくきを大きく成長させる。
⑧ 暖かくなると種から芽生える。
⑨ 冬芽をつくる。
⑩ 1年以上生きている。

ヘチマ：	ア　①②⑥⑦	イ　①②⑦⑧	ウ　②⑥⑦⑧	エ　①②⑥⑦⑧	オ　②③⑥⑦⑧
タンポポ：	ア　①③④⑩	イ　①③⑤⑩	ウ　①④⑦⑧	エ　①④⑦⑩	オ　①⑦⑧⑩
サクラ：	ア　②⑤⑦⑨	イ　②⑤⑦⑩	ウ　③⑤⑦⑨	エ　③⑦⑨⑩	オ　⑤⑦⑨⑩
ヒマワリ：	ア　①②③⑦	イ　①②③⑧	ウ　①③⑦⑧	エ　①⑥⑦⑧	オ　①⑦⑧⑨

2．花がさく前には、植物の体の中で花芽となる部分がつくられる。これら4種類の植物の中で、15℃以下のような低い気温が、花芽がつくられるのに必要な条件であると予想される植物はどれですか。すべて選びなさい。

ア　ヘチマ　　イ　タンポポ　　ウ　サクラ　　エ　ヒマワリ

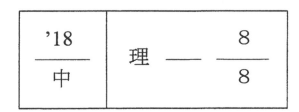

〔注〕　答えはすべて、解答用紙の定められたところに記入しなさい。

（40分）

1　つぎの文を読んで、あとの１から７までの各問いに答えなさい。

日本を代表する秋の味覚と言えば、サンマです。日本のサンマの漁獲《ぎょかく》量は2007年の約30万トンから2016年には約11万トンまで減少しています。サンマに何が起こっているのでしょうか。サンマの漁獲量が減少している背景を確認《かくにん》し、サンマ漁業の未来について考えてみましょう。

日本の食卓《しょくたく》にとって、サンマはとても身近な魚です。私たちは、サンマを日本の魚と考えがちですが、実はそうではありません。サンマは日本近海だけにいるのではなく、北（　Ａ　）全体の広い海域に分布しています。北のえさ場で豊富なプランクトンを食べて成長したサンマは、秋になると南の産卵《さんらん》場に回遊します。産卵のために回遊する一部の群れが、日本の近海を通りかかり、それを日本の漁船が捕獲《ほかく》しているのです。

日本のサンマの漁獲量に影響《えいきょう》をあたえる要因として、サンマの資源量、サンマの回遊ルート、外国船の漁獲の三点があげられています。この三点それぞれについて、順番に見てみましょう。

まずは、サンマの総数である資源量についてです。日本の研究機関は毎年６月から７月に、サンマの資源量を調べるための調査を行っています。サンマの回遊ルートをたどり、（　Ａ　）全体をその対象としている大規模な調査です。この調査の結果、サンマの資源量は減少傾向《けいこう》にあることがわかりました。2017年の資源量は約100万トンと見積もられましたが、これは、2003年の資源量の５分の１ほどにとどまっています。

二つ目のポイントは、回遊ルートです。日本のサンマの漁獲にとって、サンマが日本近海を通過するかどうかも重要な要素です。外国船は、排他《はいた》的経済水域である日本の（　Ｂ　）カイリ内では操業できないので、外洋で漁業を行っています。一方、日本の船はサイズが小さく、遠出ができないので、漁場は日本近海に限定されます。サンマは低い水温を好んで回遊するので、日本周辺の水温が低い年には、より日本に近いルートで回遊し、日本周辺に好漁場が形成されます。逆に日本周辺の水温が高い年には、日本に近づく前に南下してしまいます。その場合、沿岸で待っている日本の漁船は待ちぼうけということになります。ここ数年は日本周辺の水温が高く、サンマが近海に入りづらい状況《じょうきょう》が続いていました。

三つ目のポイントは、外国船の漁獲です。ここ数年、「中国・台湾《たいわん》の乱獲でサンマが減少している」という報道を頻繁《ひんぱん》に見かけるようになりました。しかし、データを見ると、現在の漁獲の影響は限定的であることがわかります。外国船によるサンマの漁獲量は、資源量全体の５分の１ほどであり、現在まで低い水準にあります。成長が早く、生産力が高いサンマにとって、問題になるようなレベルではありません。2016年の中国の漁獲量は６万３千トンで資源量全体の５％、台湾は14万６千トンで12％です。これをみると、「中国・台湾の乱獲で日本のサンマ漁獲量が激減している」という主張には無理があることがわかります。現在の漁獲量では乱獲になる可能性が低いので、サンマの資源量が減少しているのは、自然現象と考えられます。サンマの資源量はこれまでも変動を繰《く》り返してきました。過去には、日本しか漁獲していなかった1960年代の10年間に、漁獲量が約48万トンから約５万トンまで変動したこともあります。ここ10年のサンマ漁獲量の減少は、過去の変動の範囲《はんい》に収まっています。

では、このまま漁獲を続けて問題がないかというと、そうではありません。今後も地球温暖化などで日本近海の水温が上がると、日本周辺ではますますサンマが獲《と》りづらくなります。サンマの水揚《あ》げを確保するために、日本も漁船を大型化して、外洋までサンマを獲りに行くことになるかもしれません。資源が減少しているなかで、各国がこれまでと同じ量のサンマを漁獲すると、資源に対する影響は大きくなります。このままサンマが減少していけば、そう遠くない将来、漁獲を規制せざるを得なくなるでしょう。サンマ食文化を守るには、サンマ資源の持続性が不可欠です。いざというときにサンマの漁獲にブレーキがかけられるように準備をしておく必要があります。

2016年、日本は国際的な漁獲枠《わく》を提案したのですが、他国の支持が得られませんでした。日本が提案した漁獲枠は全体で56万トンです。最近のサンマの漁獲量は合計で35万トン程度なので、現状の1.5倍に漁獲量を増やすことになり、資源保護効果は期待できません。また、国別の漁獲枠配分にも問題があります。日本提案では、日本のみが漁獲量を大幅《おおはば》に増やし、他国はこれ以上漁獲量を増やせないという、一方的な内容でした。これでは他国の合意が得られるはずがありません。

忘れてはならないのは、サンマは日本が所有する資源ではなく、国際的な共有資源だということです。日本には、他国が外洋でサンマを漁獲するのを規制する権限はありません。関係漁業国が合意をして、国際的な漁獲規制を導入できるように、粘《ねば》り強く交渉《こうしょう》する必要があります。

勝川俊雄「サンマ不漁　原因と対策」（『ＮＨＫ　視点・論点』）を一部改めた

1　（　Ａ　）（　Ｂ　）に入れるのに最も適する語句を書きなさい。

2　漁獲してから食卓にサンマが届くまでの行程についてのべた文として正しいものを、つぎのアからオまでの中から二つ選び、その記号を書きなさい。

ア　漁獲は夜、集魚灯を使って網《あみ》で行われることが多い。

イ　工場では、水揚げしたサンマを常温の海水に入れることで、新鮮《しんせん》さを保ちながら箱づめしている。

ウ　東京方面への輸送は、おもにトラックや新幹線を使って行われる。

エ　築地《つきじ》などの消費地市場を通さず、産地から直接届いたサンマを小売店で買うこともできる。

オ　近年、サンマの養殖《ようしょく》がさかんになり、養殖サンマが食卓へ届く機会が増えている。

3　日本近海における秋のサンマの回遊ルートと重なって流れる海流の名前を書きなさい。

4　地球温暖化に関連してのべた文として正しくないものを、つぎのアからオまでの中から二つ選び、その記号を書きなさい。

ア　沖縄では温暖化による海水温の上昇《じょうしょう》により、サンゴの白化現象がおこっている。

イ　日本海側の地域では、温暖化にともない気温が上昇し、降雪量は減少している。

ウ　ハイブリッド車やクリーンディーゼル車は、二酸化炭素の排出《はいしゅつ》量が少ないため、温暖化への対策となる。

エ　森林に対して間伐《かんばつ》などの手入れをすることは、温暖化への対策となる。

オ　温暖化によって北海道のコメの生産量が増え、結果として日本の食料自給率は上昇している。

5　日本の食文化についてのべた文として正しくないものを、つぎのアからオまでの中から二つ選び、その記号を書きなさい。

ア　沖縄《おきなわ》では、生産量の多いゴーヤーがチャンプルーなどとして食べられている。

イ　四国地方には、近海で獲れるニシンを使った郷土料理がある。

ウ　関西地方では、お雑煮《ぞうに》の具として鮭《さけ》を入れることが多い。

エ　新潟《にいがた》では、餅《もち》づくりや日本酒づくりがさかんである。

オ　北海道《ほっかいどう》では、水揚げ量の多いホタテガイやカニなどの海産物が食べられている。

6　魚介《ぎょかい》類の資源保護についてのべた文として正しくないものを、つぎのアからオまでの中から二つ選び、その記号を書きなさい。

ア　出漁する日を制限することは、魚の獲りすぎを防ぐことになる。

イ　埋《う》め立て地の造成は魚の住みかを増やすため、資源の増加につながる。

ウ　栽培《さいばい》漁業とは、マグロなど高級魚の稚魚《ちぎょ》を育て、大きくしたのちに放流することである。

エ　川の上流にある山に植林したり、海中にアマモを植えたりすることは、資源の増加につながる。

オ　漁をする網の目を大きくすることで、小さな魚がかかりにくくなる。

7　本文の内容についてのべた文として正しいものを、つぎのアからオまでの中からすべて選び、その記号を書きなさい。

ア　日本の研究機関の調査によると、15年前のサンマの資源量は約500万トンであった。

イ　外国船の漁獲でサンマの資源量が激減したために、日本の漁獲量も減っている。

ウ　日本はサンマ資源の保護のため、日本を含む関係漁業国に対し、漁獲量を減らす提案を行った。

エ　ここ10年の日本におけるサンマ漁獲量の減少幅は、かつてないほどの大きさになっている。

オ　サンマは国際的な共有資源であるため、今後は関係漁業国で協力して資源の保護を行う必要がある。

2　つぎの文を読んで、あとの1から7までの各問いに答えなさい。

わたしたちの生活は、紙なしでは成り立ちません。紙の三大機能は、記録すること、ものを包むこと、ふき取ることだといいます。情報のデジタル化が急速にすすみ、書物や書類などを紙で作成しないペーパーレス社会が到来《とうらい》して紙の使用量は減少するのではないかといわれています。確かに記録するという機能に関しては、紙はデジタル化の影響《えいきょう》を強く受けました。より多くの情報をより速く伝えるという点では、紙はデジタル媒体《ばいたい》には到底かないません。しかし、2015年の世界の紙生産量は約4億トンにも及び、前年比では 0.4%増加しています。わたしたちの毎日は紙であふれているのです。冷蔵庫を開ければ紙のパックに入った牛乳があるでしょうし、ティッシュペーパーやトイレットペーパーは遠慮《えんりょ》なく消費され、財布《さいふ》には紙幣《しへい》が入っています。インターネットで買い物をしたときも、商品は段ボール箱や封筒《ふうとう》などの紙に包まれて届きます。いまこうして入試問題に取り組んでいるあなたの目の前にあるのも、やはり紙です。

紙は中国で発明されました。ここでいう紙とは、植物の繊維《せんい》などを水中で薄《うす》く平らにからみ合わせて乾燥《かんそう》させたもののことをいいます。紀元105年に蔡倫《さいりん》という人物が発明し、皇帝《こうてい》に献上《けんじょう》したという記述が中国の歴史書にあり、これを紙のはじまりとするのが通説でした。しかし、それよりも古い時期のものとみられる紙が、20世紀にはいってから中国の遺跡《いせき》であいついで発見されています。これらは、麻布《あさぬの》や麻縄《あさなわ》などを原料とする麻紙でした。現在最も古いとされる紙片《しへん》は、紀元前2世紀の小さな墓の棺《ひつぎ》の中から発見されたものです。縦2.6センチ、横5.6センチの小さな断片ですが、川の流れや道路などを表す図形が描《えが》かれていました。

紙が発明される前、中国の人びとは記録材料として、牛や豚《ぶた》の骨、亀《かめ》の甲羅《こうら》、青銅器、木、竹、石、絹布《けんぷ》などを用いていました。この中で、最も重要な役割を担《にな》ったのは竹です。文字を縦書きにする細い竹片（竹簡）の上に文字を書いたのです。竹簡はたがいに結びあわせて丸め、巻物のようにしました。これは経済的で頑丈《がんじょう》でしたが、重いうえに場所を取ってしまいました。文字を書くのに適していたのは、薄い素材である絹でした。巻物状にした絹布の本は、紀元前4世紀にはすでに存在していたといいます。しかし、絹は非常に高価なので、日常的に用いるのには適していません。竹よりも軽く、絹よりも安価な紙が発明され、それまでの竹簡などにかわって行政文書や仏教の経典《きょうてん》に用いられた結果、アジアの各地に広がりました。日本列島に紙づくりがもたらされたのは、7世紀のこととされています。

「和紙」という言葉は、もともと日本では使われていませんでした。19世紀以降、日本の紙と中国や西洋の紙とを区別するために使われるようになったのです。コウゾなどを主原料とする和紙は、記録素材としての耐久性《たいきゅうせい》をそなえているだけでなく、強い性質をいかして、さまざまな生活用品に加工され、幅《はば》広い用途《ようと》に用いられてきました。江戸《えど》時代の学者は、和紙は情報伝達の記録材料として優《すぐ》れているだけでなく、障子《しょうじ》・防水衣料・傘《かさ》・武具など日常生活で用いることができ、さらにききんのときには非常食にもなると述べています。漆《うるし》や柿渋《かきしぶ》で固めた印籠《いんろう》・水筒・弁当箱なども生み出されました。木材や金属などの代用でありながら、耐久性はそれらに勝《まさ》るともいわれています。世界各地の紙の産地をめぐったアメリカの紙史研究家ダード・ハンターは、1933年には日本、朝鮮《ちょうせん》、中国にも現地調査にきています。その著書の中で和紙を世界最高級の紙とたたえています。その後も受けつがれてきた日本の和紙技術は、歌舞伎《かぶき》や和食と同じように、ユネスコ無形文化財に登録されています。

2000年以上の道のりをへて、紙は今のかたちになりました。今後、少しずつその役割をかえながらも、それぞれの時代と場所に合わせたかたちで、わたしたちの生活によりそい続けてくれるに違《ちが》いありません。

1　書物に関連してのべた文として正しくないものを、つぎのアからオまでの中からすべて選び、その記号を書きなさい。

ア　国の成り立ちを示す『古事記』や『日本書紀』は、天皇の命令でつくられ、6世紀に完成した。

イ　『蒙古襲来絵詞《もうこしゅうらいえことば》』は、源義経《みなもとのよしつね》が自らの戦いぶりをうったえて土地をもらうまでの様子を描いている。

ウ　杉田玄白《すぎたげんぱく》らはオランダ語の医学書を翻訳《ほんやく》し、『解体新書』と名づけて出版した。

エ　福沢諭吉《ふくざわゆきち》の『学問のすすめ』は、新しい国づくりを目指す幕末の運動に大きな影響を与えた。

オ　戦後まもないころの学校では、戦争中の教科書がそのまま使われたが、戦争に関する内容は墨《すみ》で消された。

2　日本にある遺跡に関連してのべた文として正しくないものを、つぎのアからオまでの中から二つ選び、その記号を書きなさい。

ア　福岡《ふくおか》県板付《いたづけ》遺跡からは、水田のあとや土偶《どぐう》が見つかっている。

イ　青森県三内丸山《さんないまるやま》遺跡からは、石包丁やはにわが見つかっている。

ウ　佐賀《さが》県吉野ヶ里《よしのがり》遺跡は弥生《やよい》時代の遺跡で、集落のまわりには大きなほりやさくがめぐらされていた。

エ　博多湾《はかたわん》周辺には、元軍からの攻撃を防ぐために鎌倉《かまくら》時代につくられた防塁《ぼうるい》のあとがのこっている。

オ　原爆《げんばく》ドームは、太平洋戦争のあとをのこす戦争遺跡である。

3　青銅器、木、竹、石、絹布に関連してのべた文として正しいものを、つぎのアからオまでの中から二つ選び、その記号を書きなさい。

ア　ワカタケル大王《おおきみ》の名がきざまれた青銅製の剣《けん》は、日本で最大の前方後円墳《ぜんぽうこうえんふん》から出土した。

イ　聖徳太子《しょうとくたいし》によって建てられた法隆寺《ほうりゅうじ》は、世界最古の木造建築として、世界文化遺産に登録された。

ウ　鎌倉時代の農村では、竹でつくった備中《びっちゅう》ぐわや千歯こきなど新しい農具が普及《ふきゅう》し、生産力が高まった。

エ　室町《むろまち》時代には、石や砂を用いて、水の流れや山の風景を表現する枯山水《かれさんすい》と呼ばれる様式の庭園がつくられた。

オ　日露戦争《にちろせんそう》後の日本では貿易額が急増し、絹織物が輸入品目の第一位となった。

4　情報伝達に関連してのべた文として正しいものを、つぎのアからオまでの中から二つ選び、その記号を書きなさい。

ア　行基は、中国の政治のしくみや文化、仏教などを伝えるための遣唐使《けんとうし》として日本にやってきた。

イ　都に納められた租《そ》には、木簡をつけて生産地がわかるようにしていた。

ウ　平安時代、漢字をくずしたひらがなや漢字の一部をとったかたかながつくられた。

エ　江戸時代、町人や百姓《ひゃくしょう》のこどもたちは、読み書きそろばんなど生活に必要な知識を寺子屋で学んだ。

オ　1945年8月15日、日本の降伏《こうふく》を伝える昭和天皇の放送をみるために、人々はテレビのある街頭《がいとう》に集まった。

5　日本、朝鮮、中国に関連してのべた文として正しいものを、つぎのアからオまでの中から二つ選び、その記号を書きなさい。

ア　江戸時代、日本と朝鮮との貿易や外交は、対馬藩《つしまはん》を通して行われた。

イ　19世紀末に中国で内乱がおこると、日本は中国に軍隊をおくり、日清戦争《にっしんせんそう》がはじまった。

ウ　第一次世界大戦によって日本は巨額《きょがく》の賠償金《ばいしょうきん》を獲得《かくとく》し、台湾などを日本の植民地にした。

エ　1937年に日本軍と中国軍が北京郊外《ぺきんこうがい》で戦いを始め、日中戦争がおこった。

オ　1951年にサンフランシスコ平和条約が結ばれ、日本と中国・韓国《かんこく》との国交が正常化した。

6　つぎのアからオまでの文を時代順に並べた時、１番目と３番目となるものをそれぞれ選び、その記号とその文でのべた場所がある都道府県名を書きなさい。ただし、ひらがなで書いてもよい。

ア　ポルトガル人を乗せた船が流れ着き、鉄砲《てっぽう》が日本に伝わった。

イ　徳川家光は、家康《いえやす》をまつる神社を何度もお参りし、大規模な建て直しもおこなった。

ウ　極楽浄土《ごくらくじょうど》へのあこがれから、奥州藤原氏《おうしゅうふじわらし》が寺院をつくった。

エ　織田信長《おだのぶなが》が日本で最初の本格的な天守を築いた。

オ　ペリーが４隻《せき》の軍艦《ぐんかん》を率《ひき》いてあらわれ、幕府に開国をせまった。

7　本文を参考に、人と紙のかかわりに関連してのべた文として正しいものを、つぎのアからオまでの中から二つ選び、その記号を書きなさい。

ア　世界の紙の生産量は、電子書籍《しょせき》が普及したことにより 2015 年以降毎年減少している。

イ　世界最古とされる紙が使用されていたころ、日本列島では縄文《じょうもん》土器が使われ始めるようになった。

ウ　紙が発明される前の中国では、行政文書などには竹簡が広く用いられた。

エ　日本列島には、仏教と紙づくりが同時に伝わり、経典もつくられるようになった。

オ　江戸時代には、紙は記録材料としてだけでなく、傘や衣料など日用品としても使われた。

3　つぎの文を読んで、あとの１から６までの各問いに答えなさい。

ミシェル・ウェルベックの小説『服従』がフランスの書店に並んだのは、2015 年１月７日のことでした。ちょうど同じ日の午前 11 時 30 分頃《ころ》、パリ 11 区にあるシャルリー・エブド本社が銃《じゅう》をもった３人のイスラム過激派による襲撃《しゅうげき》を受け、12 人が命を落とす事件が起こりました。この日、駅の売店に並んだシャルリー・エブド紙の一面には、ウェルベックの顔を漫画《まんが》風に描《えが》いた絵が掲載《けいさい》されていました。これらの出来事《できごと》が同じ日に起こったのは偶然《ぐうぜん》にすぎません。しかし、その偶然は、現代そして未来の社会が抱《かか》える重大な課題を私たちに示しているようにも思えます。

『服従』は近未来のフランスを描いた小説です。その舞台《ぶたい》設定は、2022 年の大統領選挙でイスラム教をかかげる政党の党首が勝利し、フランスにイスラム政権が誕生する、というものです。主人公は、社会制度やライフスタイルが次々に「イスラム化」され、周囲の人々が静かにそれに順応していく様を目にします。この作風にも現れたウェルベックの視点は、「イスラム恐怖症《きょうふしょう》」的と評されてきました。長きにわたって北アフリカからの移民を労働力としてきたフランスでは、人口に占《し》めるイスラム教徒の割合が７％を超《こ》えています。その多くは低所得層ですが、出生率が高いため、将来的には数の力で影響《えいきょう》力を強めるとみられています。『服従』で描かれた世界をただの作り話とは思えない人も少なくないのです。

こうした動向を受けての「恐怖症」は、フランスに固有のものではないでしょう。たとえば、アフリカ大陸の人口は今世紀半ばまでに現在の倍以上になると推定されています。このことは、文化を異にする移民・難民が、現在を上回る規模《きぼ》でヨーロッパにやってくる事態を予想させます。また、フランスと同じく移民大国であるアメリカでは、人口に占める白人の割合が今世紀半ばには 50％を切り、中南米系の人々やイスラム教徒の割合は激増するとみられています。いわゆるトランプ現象は、この事実抜《ぬ》きには理解できません。近年の国境を越《こ》える人の移動や人口の変動は、各国の民主主義において多数者となる集団が入れ替《か》わる可能性をもたらしているのです。その中で、現在多数派として影響力をもつ人々は、その座を奪《うば》う勢力に「服従」を余儀《よぎ》なくされる未来を思い描き、「恐怖症」に陥《おちい》ってしまうのかもしれません。

『服従』の発売と同日にテロの被害《ひがい》を受けたシャルリー・エブドは、社会的に注目を集める人物や事件への風刺《ふうし》で有名な週刊新聞を発行する会社です。風刺画は、ヨーロッパの歴史において、権力や権威《けんい》をもつ者へ異議を申し立てる役割を担《にな》ってきました。しかし、シャルリー・エブドの記事の内容は、下品なものや差別的と感じられるものも多く、フランス

国内でも必ずしも評判のよいものとは言えません。以前から、この新聞はイスラム教の預言者《よげんしゃ》ムハンマドの風刺画をたびたび載《の》せ、イスラム教徒の怒《いか》りをかってきました。そもそも、イスラム教では偶像崇拝《ぐうぞうすうはい》が禁じられており、神や預言者の像を描くこと自体を認めていないのです。

事件の翌週、1月14日に発行されたシャルリー・エブド紙の一面には、「すべてをゆるした」という見出しとともに、ムハンマドらしき人物が「私はシャルリー」と書かれた看板を手に涙《なみだ》する絵が掲載されました。「私はシャルリー」ということばは、事件後にパリで100万人を超える人々が参加したデモ行進のスローガンでした。このデモの参加者には、日頃シャルリー・エブド紙の表現を快く思っていない人々も多くいたと報じられています。人々は、言論や報道などの表現の自由を守ることをかかげ、立場を超えた（　A　）をめざしたのです。その一方で、特に国外からは、フランスの表現の自由はいきすぎではないか、信者が宗教を侮辱《ぶじょく》されたと感じる表現は慎《つつし》むべきだ、という声もありました。

シャルリー・エブド襲撃事件は「フランスの9・11」と呼ばれました。もちろん、いかなる社会的背景も暴力を正当化するものではありません。しかし、9・11同時多発テロ後の世界をみればわかるように、直接的なテロ対策だけでは問題の根本に向き合うことができないのも事実でしょう。「私はシャルリー」に象徴《しょうちょう》される（　A　）の理念は、社会の分断を乗り越《こ》え、民族・宗教・文化をめぐる共生の課題にこたえられるのでしょうか。かつてのフランス大統領シャルル・ド・ゴールは、フランス人とイスラム教徒を「油と酢《す》」にたとえました。同じ瓶《びん》に入れて混ぜたとしても、すぐに分離《ぶんり》してしまう、という意味です。しかし、油と酢からドレッシングができるように、決して溶《と》け合わずとも調和しながら共存する、そのような社会のあり方を探《さぐ》っていくことは必要なのです。

1　イスラム教についてのべた文として正しいものを、つぎのアからオまでの中から二つ選び、その記号を書きなさい。

ア　聖典「コーラン（クルアーン）」はアラビア語で書かれている。

イ　エジプトにある聖地メッカには、多くの信者が巡礼《じゅんれい》に訪《おとず》れる。

ウ　1年のうちに一定期間、日中に断食《だんじき》を行うことが信者のつとめとされる。

エ　神アッラーの聖像に向けて礼拝をすることが信者のつとめとされる。

オ　特定の民族を救済する教えであるため、日本人がイスラム教徒になることはできない。

2　国境を越える人の移動や人口の変動に関連してのべた文として正しいものを、つぎのアからオまでの中から二つ選び、その記号を書きなさい。

ア　世界全体の人口は現在も増加を続けており、今世紀のうちに倍以上になると見込まれる大陸もある。

イ　フランスはヨーロッパの外から移民労働者を受け入れてきた歴史をもち、民族や宗教の多様化が進んでいる。

ウ　イスラム教徒は平均的に子どもをもつ数が少ないため、ヨーロッパ諸国の人口に占める割合は減少する傾向《けいこう》にある。

エ　中南米からの移民が多いアメリカでは、今世紀半ばにはイスラム教徒の割合が全人口の半分を超えるとされる。

オ　平均寿命《じゅみょう》が長い日本では、高齢《こうれい》化が進行しつつ、人口は今後もゆるやかに増加していくと予想されている。

3　テロに関連してのべた文として正しくないものを、つぎのアからオまでの中から二つ選び、その記号を書きなさい。

ア　ニューヨークで起こった同時多発テロの後、アメリカはアフガニスタンへの空爆《くうばく》を行った。

イ　近年の大規模なテロ事件のほとんどは、特定のテロ組織のメンバーが国外から侵入《しんにゅう》することで引き起こされている。

ウ　ハッキングなど情報ネットワークを対象とした攻撃もテロの中に含《ふく》まれ、対策が求められている。

エ　テロ対策のために日本の防衛費は増加しており、近年の国家予算では20兆円を超える支出となっている。

オ　駅構内からゴミ箱を撤去《てっきょ》したり、コインロッカーを閉鎖《へいさ》したりすることはテロ対策の一つとされる。

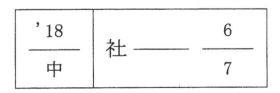

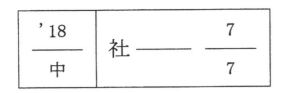

4　表現の自由に関連してのべた文として正しいものを、つぎのアからオまでの中から二つ選び、その記号を書きなさい。

ア　表現の自由は健全な民主主義のために欠かせないものであることから、重要な基本的人権とされる。

イ　多数者の常識からみて好ましくない考え方を表明している場合、表現の自由による権利保障は受けられない。

ウ　他人の名誉《めいよ》やプライバシーをおかす可能性がある表現については、憲法上の規定がないため裁判で争えない。

エ　インターネット上のサイトに記した表現については、内容にかかわらず法的に規制されない。

オ　ヘイトスピーチと呼ばれる差別表現・憎悪《ぞうお》表現について、日本ではその解消に向けた対策法が設けられている。

5　文中の空欄（　A　）にあてはまる語として最も適するものを、つぎのアからオまでの中から一つ選び、その記号を書きなさい。

ア　平等　　イ　連帯　　ウ　世界平和　　エ　国民主権　　オ　差別のない社会

6　民族・宗教・文化をめぐる共生の課題に関連してのべた文として正しいものを、つぎのアからオまでの中から二つ選び、その記号を書きなさい。

ア　先進各国では、少数者が多数者の文化や宗教に同化できるように支援《しえん》することが求められている。

イ　近年の日本では、宗教の教えにしたがった食材と調理法で作られた食品を提供《ていきょう》するビジネスが生まれている。

ウ　日本政府は、民泊を促進《そくしん》することで、外国人定住者が安定した住居を得て共同で生活できるようにしている。

エ　多様な人に対応するため、公共施設《しせつ》での外国人向け案内標示を共通語である英語に統一することが進められている。

オ　日本語がわからない外国籍《がいこくせき》の子どもに対する識字教育は、基本的人権である「教育を受ける権利」の保障である。

平３０
中
国

受験番号

氏　名

解答用紙

評　点

※100点満点
（配点非公表）

一

問一

問二

問三

問四

二

問一

問二

問三

三

四

問一

問二

問三

'18 / 中	算

受験番号		氏名	

※100 点満点
（配点非公表）

解答用紙

評点	

【注意】① 答えはすべて，解答用紙の定められたところに記入しなさい。
② 円周率は 3.14 を用いなさい。

	計算		答え	
[1]		(1)		
		(2)		個
		(3)		個
		(4)	段目	合計
[2]		(1)	A が 2 枚のとき	通り
			A が 3 枚のとき	通り
		(2)		通り
		(3)		枚
[3]		(1)	(ア) BD	cm
			(イ) CE	cm
		(2)		cm
[4]		(1)	左の区画 cm / 中央の区画 cm	右の区画 cm
		(2)	(ア)	分後
			(イ)	cm
			(ウ)	分後

'18 中	理

受験番号		氏名	

解　答　用　紙

※100点満点
（配点非公表）

評点	

1	1	①		②				
	2	X						
	3	Y	個					
2	結果1							
	結果2							
3	1							
	2	①		②		③		④
4	1	①		②		③		
	2	④		⑤		⑥		
	3							
5	1							
	2							
	3							
	4							
	5							
6	1							
	2	メダカ		ヒト				
	3	①		②				
7	1	ヘチマ		タンポポ		サクラ		ヒマワリ
	2							

’18 / 中	社

受験番号		氏名	

解　答　用　紙

※100点満点
（配点非公表）

評点	

1	1	A		B		
	2					
	3					
	4					
	5					
	6					
	7					
2	1					
	2					
	3					
	4					
	5					
	6	1番目	記号		都道府県名	
		3番目	記号		都道府県名	
	7					
3	1					
	2					
	3					
	4					
	5					
	6					

筑波大学附属駒場中学校

［注意］
答えはすべて、解答用紙の定められたところに記入しなさい。
本文には、問題作成上、表記を変えたところがあります。

一　次の文章を読んで後の問いに答えなさい。

子供の描《えが》く絵を見ていると、思わず「いいな！」と声に出してしまうことがあります。立派な美術では、ほぼそんなことはありません（ごくたまにはあります）。でも子供の絵は、本当にいいのです。

よく、だれそれが子供の絵を褒《ほ》めたとか、そういう話を聞きます。子供はみな絵の天才だとか、子供にはかなわないとか、その手の話です。(1)以前は私も「この手の話はご勘弁《かんべん》」と思っていたのですが、自分に子供が生まれてからはコロッと考えが変わりました。子供の絵は、子供の絵としてではなく、美術として本当にいいからです。

こういう場合、わが子が描く、というひいき目はどうしても入ってきます。でも、そのことを差し引いてなお、それでもやっぱりどの絵にも感動してしまいます。それまでは、子供の絵は子供の絵だと思い込《こ》んで、ちゃんと真正面から見ていなかったのです。先入観があったのは、こちらのほうでした。それからは、保育園や小学校の絵の発表会に足を運ぶことが増えました。子供を持つ親の特権です。いや、誰《だれ》でも見ることができるように会場は一般《いっぱん》に公開されています。けれども、縁《えん》もゆかりもない人がふらっとひとりで入れるものではなかなかありません。独身時代の私が入ろうものなら、まちがいなく不審《ふしん》な目で見られたでしょう。苦《く》笑《しょう》するしかありませんが、特権というのは、まあ、そういうことです。

それで、自分の子供だけでなく、同年代の子供たちの絵をたくさん見比べる機会を得たわけです。そこで確信しました。我《わ》が子可愛《かわい》さの手前味《み》噌《そ》だけではない。子供の絵は美術としてどれも本当にいいのだ、と。

私は美術批評家ですから、いいと思ってそれで終わりにするわけにはいきません。なぜ子供の絵がいいのか、きちんと言葉にしてみたくなりますし、そうでなければなりません。日頃《ひごろ》、美術館などでたくさんの作品を見るときの、批評する土台にも影響《えいきょう》しないではないからです。本当にいいと思うというのは、そういうことです。

まずわかったのは、大人が子供のように描こうとしても、絶対に同じようには描けない、ということです。それは「幼い」というのとは決定的に違《ちが》っているのです。試みに、息子《むすこ》の描いた絵を真剣《しんけん》に模写してみました。(2)単純きわまりない線だけの絵です。

ところが、これがひどくむずかしいのです。

なぜでしょうか。大人には子供のような感性がもう失われて久しいからでしょうか。いや、ぜんぜんそういうことではないのです。

わかったのは、もっと単純なことでした。まず、子供は大人に比べて、手が圧倒的《あっとうてき》に小さいのです。子供はその小さな手に特段に小さくもない筆記用具を持って、紙に線を引きます。小さな手で描かれた線は、大きな手に筆記用具を持って描いた線とは、これはもう物理的に（注）スケール感が違っているのです。たとえば同じ丸を描こうとしても、子供ならすらすらと描ける小さな丸でも、同じサイズの丸を大人が描こうとすると、ひどく窮屈《きゅうくつ》なのです。だから模写しようとしても、スピード感がないし、だいいちぎこちない。しかも、子供の描く丸は大きさがまちまちです。およそ統一感というものがない。なかには丸かどうか迷うようなものもあります。大人はどうしても丸という概念《がいねん》を基準にそれを崩《くず》そうとしますから、やっぱり同じにはなりません。

これに加えて筆圧があります。子供は握力《あくりょく》も乏しく、筆記用具の握《にぎ》り方も、紙への力の掛《か》け方も非常に不安定で、言い換《か》えれば均質ではありません。この力の抜《ぬ》き差しが、大人にはどうしても真似《まね》ができないのです。スーッと引かれたただの一本線でも、同じ線を引こうとすると、微妙《びみょう》に濃《こ》さや折れ具合や速さが変わる子供の線は、単純なようでいて恐《おそ》ろしく複雑です。

とにかく、一事が万事《ばんじ》こうなのです。子供の絵は、(3)こうした複雑きわまりない丸や線の集積からできています。線でさえそうなのですから、無数の毛を束ねた筆のような面の描写《びょうしゃ》が加わると、事態はもっと複雑になります。さらにここに色が加わります。こうして成り立つ子供の絵は、(注)無垢《むく》な感性などではなく、絶対に変えることができない身体的な特性から、大人では計り知れない細部を持つ絵になっているのです。

ちょっと微妙《びみょう》な心境になるのは、こうした絵の魅力《みりょく》は義務教育を経るにしたがって、どんどんなくなっていくからです（からだの成長もあるでしょう）。でも、それは図画工作の教育の影響《えいきょう》というより、(4)子供が小学校に入って最初にならう「こくご」や「さんすう」の影響なのです。

こくごやさんすうの初等教育の特徴《とくちょう》は、なによりもまず、均質なマス目のなかに文字や数字を入れることにあります。計算ができるか、意味がわかるかは、そのあとの話です。同じ大きさのマスのなかに入るということは、数字や文字が一字ごとに同じ権利をもつということです。でもこれは仕方がないことで、一字一字が別々のものにならなければ、そもそも計算や読み書きは成り立ちません。

けれども、子供の絵は文字と区別されていません。子供が自由に描《えが》けば描くほど、一本一本の線や丸、三角、四角はそれぞれが(5)別の権利をもって動き始めます。文字をきちんとマス目に収めるということは、この能力を抑制《よくせい》してしまうのです。息子《むすこ》は最近やっと、マス目に文字をはみ出さずに収めることができるようになりました。喜ばしいことです。でも、本当のことを言うと、(6)私はそれがどこかでちょっと残念なのです。

（椹木《さわらぎ》野衣《のい》「子供の絵」による）

注　スケール＝大きさの程度。
　　無垢な＝清らかで汚《けが》れがない

問一 ――(1)「以前は私も『この手の話はご勘弁《かんべん》』と思っていた」とありますが、

（A）「ご勘弁」とはどういう気持ちですか。

（B）私はなぜ「ご勘弁」と思っていたのですか。

問二 ――(2)「単純きわまりない線だけの絵です」とあり、――(3)「こうした複雑きわまりない丸や線の集積からできています」とありますが、前者はどのような点で「単純」で、後者はどのような点で「複雑」なのですか。

問三 ――(4)「子供が小学校に入って最初にならう『こくご』や『さんすう』の影響《えいきょう》なのです」とありますが、「こくご」や「さんすう」はなぜひらがなで書かれているのですか。

問四 ――(5)「別の権利をもって動き始めます」とありますが、「別の権利をもって動き始め」るとは、どうなることですか。

問五 ――(6)「私はそれがどこかでちょっと残念なのです」とありますが、なぜ残念なのですか。説明しなさい。

二 次の文の、カタカナは漢字に直し、全体をていねいに大きく一行で書きなさい。

タるをシるモノはトむ。

三　次の詩（Ⅰ）と文章（Ⅱ）を読んで後の問いに答えなさい。

Ⅰ

シジミ　石垣《いしがき》りん

夜中に目をさました。
ゆうべ買ったシジミたちが
台所のすみで
口をあけて生きていた。

「(1)夜が明けたら
ドレモコレモ
ミンナクッテヤル」

鬼《おに》ババの笑いを
私は笑った。
それから先は
(2)うっすら口をあけて
寝《ね》るよりほかに私の夜はなかった。

Ⅱ

買ってきたシジミを一晩水につけて置く。夜中に起きたらみんな(ア)口をあけて生きていた。あしたはそれらをすっかり食べてしまう。その私もシジミと同じ口をあけて寝るばかりの夜であることを、詩に書いたことがあります。

一人暮らしには五十円も買うと、一回では食べきれないシジミ。長く生かしてあげたいなどと甘《あま》い気持ちで二日おき、三日たつ間に、シジミは元気をなくし、ひとつ、またひとつ、パカッパカッと(イ)口をあけて死んでゆきました。

どっちみち死ぬ運命にあるのだから、シジミにとっては同じだろう、と思いましたが、ある日、やっぱりムダ死にさせてはいけないと身勝手に決めました。シジミをナベに入れるとき語りかけます。「あのね、私といっしょに、もう少し遠くまで行きましょう」

（石垣りん『ユーモアの鎖国《さこく》』ちくま文庫による）

問一　四角で囲まれた「ムダ死に」とは、シジミがどうなることですか、簡潔に書きなさい。

問二　――(1)「夜が明けたら／ドレモコレモ／ミンナクッテヤル」について、

（A）「ドレモコレモ／ミンナクッテヤル」は、なぜカタカナで書かれているのですか。

（B）Ⅱの文章を踏《ふ》まえて、――(1)に込《こ》められた気持ちを説明しなさい。

（C）Ⅱの文章がなかったとすると、――(1)に込められた気持ちは、Bの解答とは異なるものも考えられます。それはどのような気持ちですか。

問三　――(ア)「口をあけて生きていた」とあり、――(イ)「口をあけて死んでゆきました」とありますが、この二つの「口をあけて」は、どのように違いますか。「(ア)は・・・・・・だが、(イ)は・・・・・・である。」という一つの文で説明しなさい。

問四　――(2)「うっすら口をあけて／寝《ね》るよりほかに私の夜はなかった」とありますが、これはどういうことですか。

【注意】 ① 答えはすべて，解答用紙の定められたところに記入しなさい。

② 円周率は 3.14 を用いなさい。

(40分)

［1］ 0 から 2048 までの数がひとつずつ書かれた，2049 本の看板《かんばん》があります。

これらの看板 [0], [1], [2], …, [2048] を，この順で，東西にまっすぐのびる長さ 1 km の道路に，1 本ずつ立てる工事を行います。

まず，西の端《はし》に [0] ，東の端に [1] の看板を立てます。

続いて，次のように工事 1，工事 2，工事 3，…，工事 11 を行います。

工事 1：[0] と [1] の看板のちょうど中間地点に，[2] の看板を立てます。

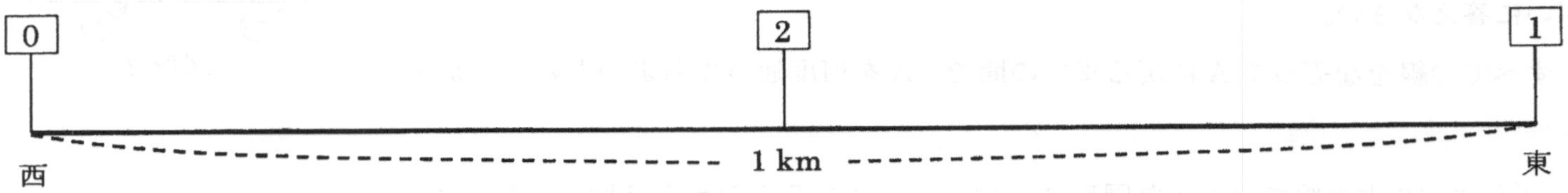

工事 2：工事 1 までで立てた看板のちょうど中間地点に，西から順に [3] ，[4] の看板を立てます。

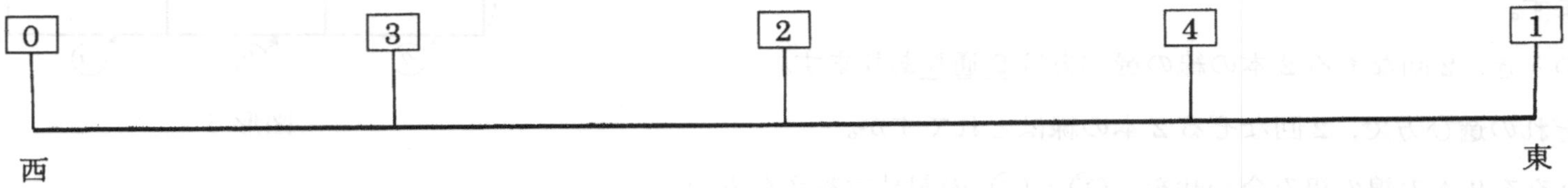

工事 3：工事 2 までで立てた看板のちょうど中間地点に，西から順に [5] ，[6] ，[7] ，[8] の看板を立てます。

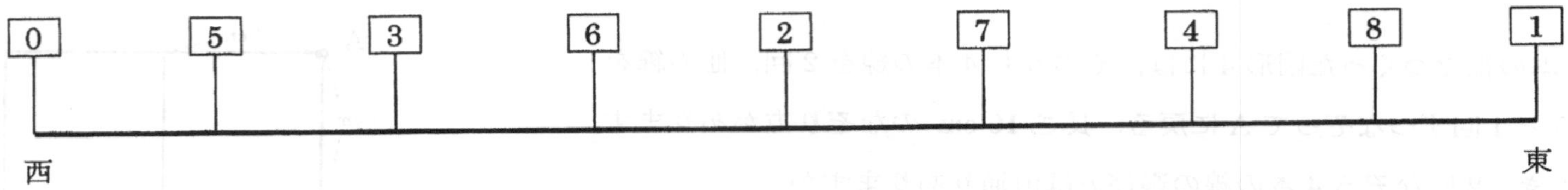

同じように，前の工事までで立てた看板のちょうど中間地点すべてに，西から順に新しい看板を立てる工事を続け，工事 11 で [2048] の看板まで立てました。

このとき，[0] の看板と [2] の看板の間の距離《きょり》は $\frac{1}{2}$ km，[0] の看板と [3] の看板の間の距離は $\frac{1}{4}$ km です。

(1) [0] の看板と [31] の看板の間の距離は何 km ですか。

(2) [31] の看板から東西どちらに何 km 進めば，[2019] の看板に着きますか。方角と進んだ距離を答えなさい。

(3) この道路を [0] の看板から東へ進みながら，看板の個数を数えていきます。

ちょうど 2019 個目の看板にかかれた数は何ですか。ただし，[0] の看板を 1 個目と数えます。

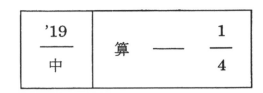

[2]　長さが 1 cm のまっすぐな線をいくつか紙にかいて図形をつくります。
紙から鉛筆《えんぴつ》をはなさずに，この図形上のある 1 点 A から，すべての線をなぞって A に戻《もど》ることを考えます。

例えば，4 本の線でつくった図形 1 は，A からすべての線を 1 回ずつなぞって A に戻れます。このとき，なぞった線の長さは 4 cm です。

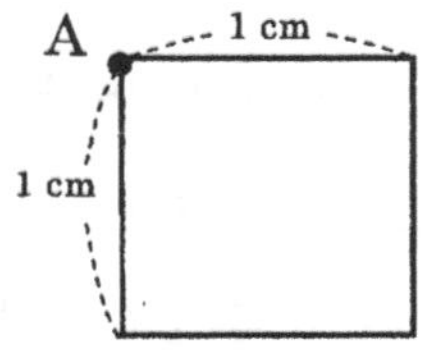

図形 1

また，(あ)～(き) の 7 本の線でつくった図形 2 は，A からすべての線を 1 回ずつなぞって A に戻ることはできませんが，(え) の線を 2 回なぞれば，他の線を 1 回ずつなぞって A に戻れます。　このとき，なぞった線の長さは 8 cm です。

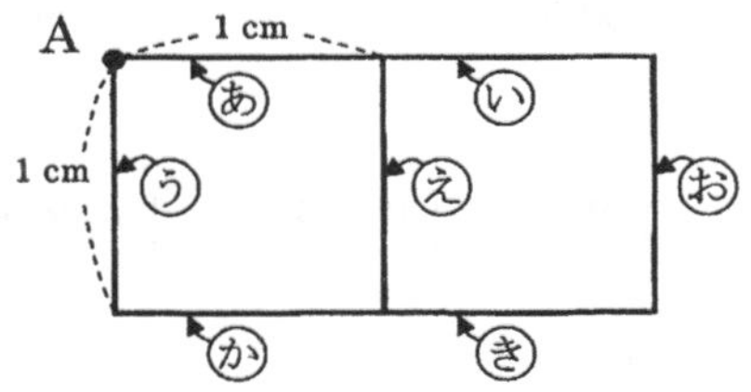

図形 2

次の問いに答えなさい。
なお，すべての線をなぞって A に戻るまでの間で，A を何度通ってもよいものとします。

(1)　㋐～㋙ の 10 本の線でつくった図形 3 には，そのうち 2 本の線を 2 回，他の線をちょうど 1 回ずつなぞって A に戻る，長さ 12 cm のなぞり方があります。
このとき，2 回なぞる 2 本の線の選び方は 2 通りあります。
それぞれの選び方で，2 回なぞる 2 本の線はどれですか。
2 回なぞる 2 本の線の組み合わせを，㋐～㋙ の記号で答えなさい。

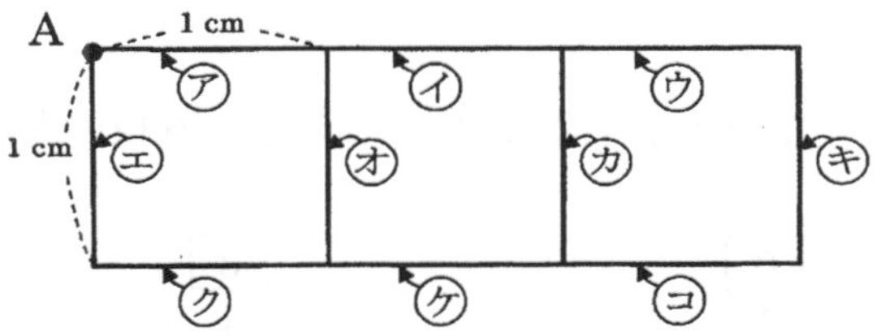

図形 3

(2)　12 本の線でつくった図形 4 には，そのうち 4 本の線を 2 回，他の線をちょうど 1 回ずつなぞって A に戻る，長さ 16 cm のなぞり方があります。
このとき，2 回なぞる 4 本の線の選び方は何通りありますか。

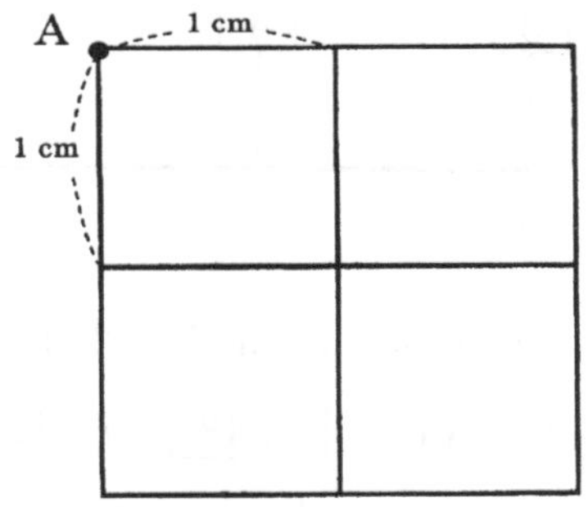

図形 4

(3)　17 本の線でつくった図形 5 には，そのうち 5 本の線を 2 回，他の線をちょうど 1 回ずつなぞって A に戻る，長さ 22 cm のなぞり方があります。
このとき，2 回なぞる 5 本の線の選び方は何通りありますか。

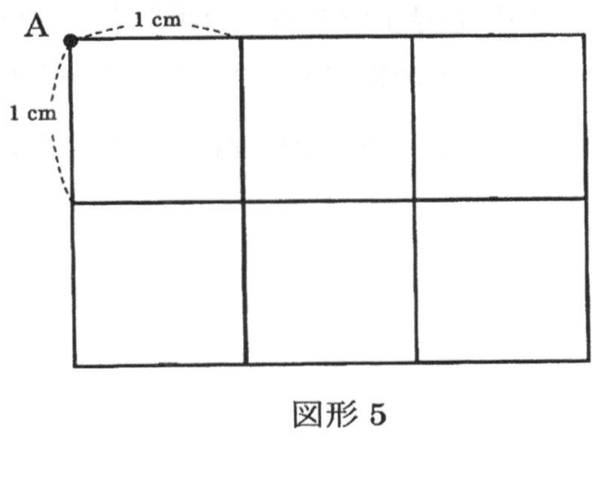

図形 5

［3］ 15 m 離《はな》れた 2 点 A，B をまっすぐにつなぐ電飾《でんしょく》ケーブルがあります。
赤色，白色，青色の光の点が，次の(1)，(2)，(3)のようにそれぞれ動きます。同時に動き始めてから，点灯しているすべての光の点が初めて重なるまでの時間と，A から重なった地点までの距離《きょり》をそれぞれ答えなさい。

(1)

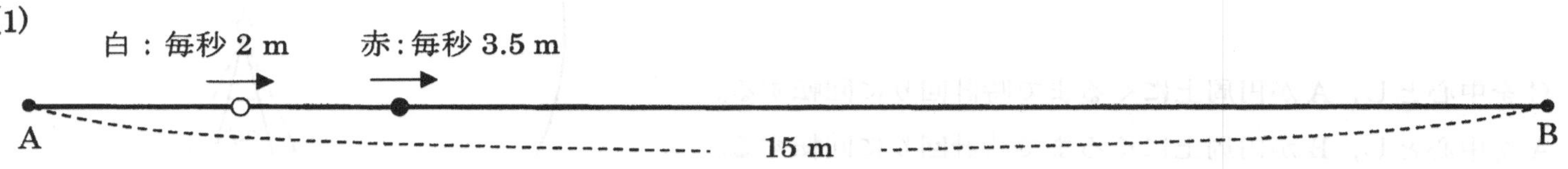

赤色の光：A を出発して，毎秒 3.5 m の速さで B に向かって進む。
B に到着《とうちゃく》した瞬間《しゅんかん》に再び A で点灯し，同じ動きをくり返す。

白色の光：A を出発して，毎秒 2 m の速さで B に向かって進む。
B に到着した瞬間に再び A で点灯し，同じ動きをくり返す。

青色の光：点灯しない。

(2)

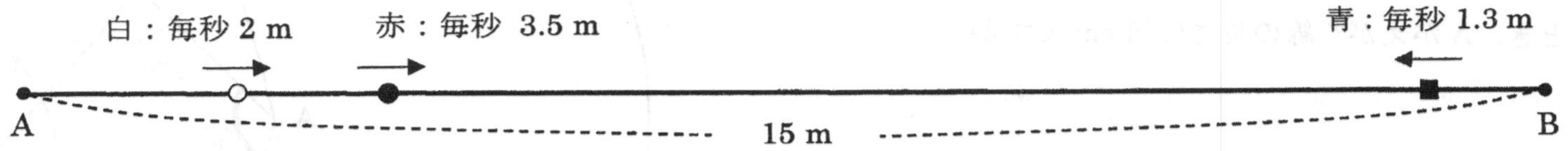

赤色の光：(1)と同じ動き。

白色の光：(1)と同じ動き。

青色の光：B を出発して，毎秒 1.3 m の速さで A に向かって進む。
A に到着した瞬間に再び B で点灯し，同じ動きをくり返す。

(3)

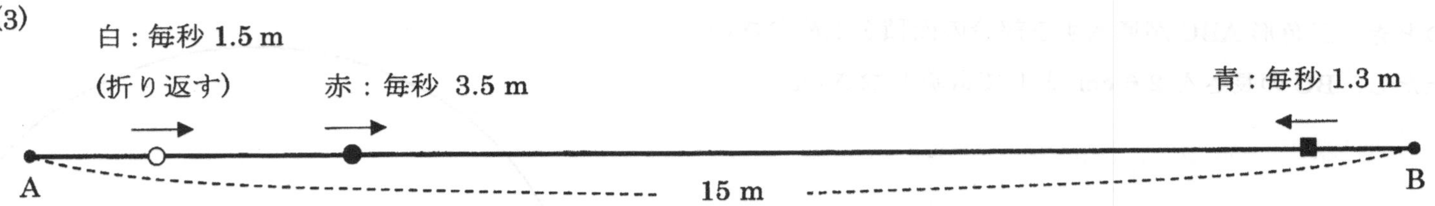

赤色の光：(1)と同じ動き。

白色の光：A を出発して，毎秒 1.5m の速さで B に向かって進む。
B に到着した瞬間に折り返して，毎秒 1.5m の速さで A に向かって進む。
A に到着した瞬間に折り返して，同じ動きをくり返す。

青色の光：(2)と同じ動き。

［4］ 半径 5 cm の円があります。図 1 のように，この円の内側に三角形 ABC があります。AB，AC の長さはどちらも 5 cm，3 つの角の大きさはそれぞれ 30°，75°，75° です。また，B，C は円周上にあります。

この三角形 ABC を次の(ア)，(イ)，(ウ)の順に動かします。

(ア) C を中心とし，A が円周上にくるまで時計回りに回転する。
(イ) A を中心とし，B が円周上にくるまで時計回りに回転する。
(ウ) B を中心とし，C が円周上にくるまで時計回りに回転する。

次の問いに答えなさい。

図 1

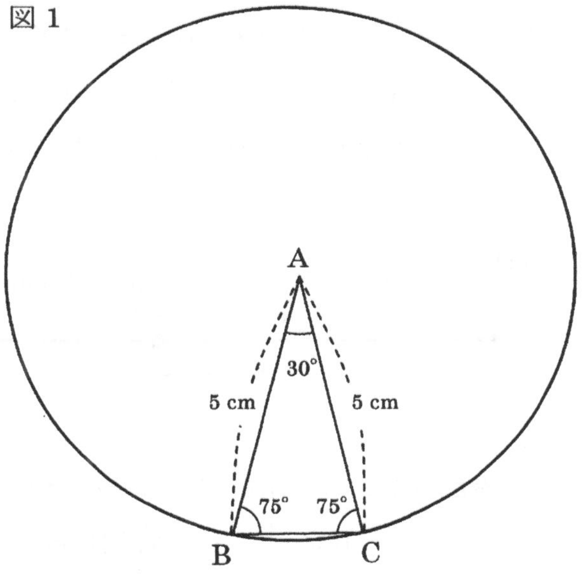

(1) 三角形 ABC を，図 1 の位置から（ア），（イ），（ウ)の順に動かすと，図 2 のようになります。㋐ の角度を答えなさい。

図 2

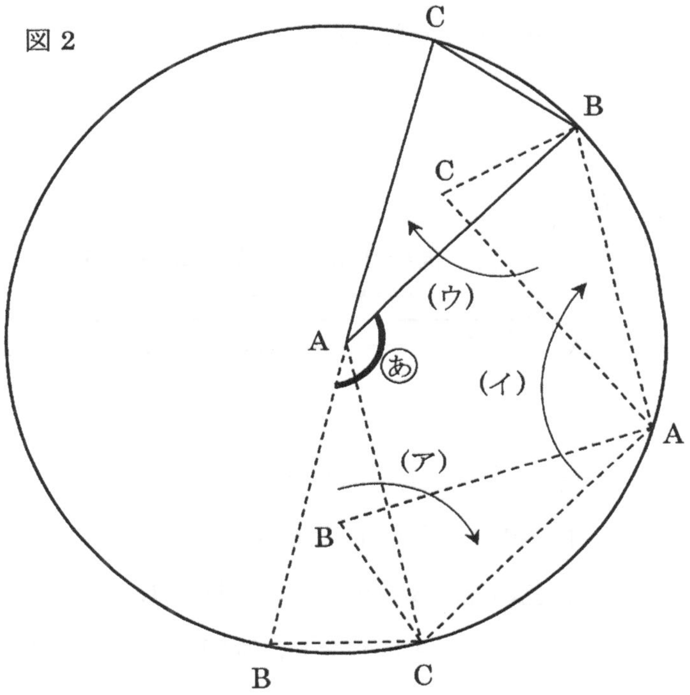

(2) 三角形 ABC を，図 1 の位置から
(ア)，(イ)，(ウ)，(ア)，(イ)，(ウ)，…
の順に，元の位置に戻《もど》るまでくり返し動かします。
このとき，A がえがく線の長さは何 cm ですか。

(3) 三角形 ABC を図 1 の位置から(ア)だけ動かします。
このとき，三角形 ABC が通過する部分の面積を求めなさい。
ただし，BC の長さを 2.6 cm として計算しなさい。

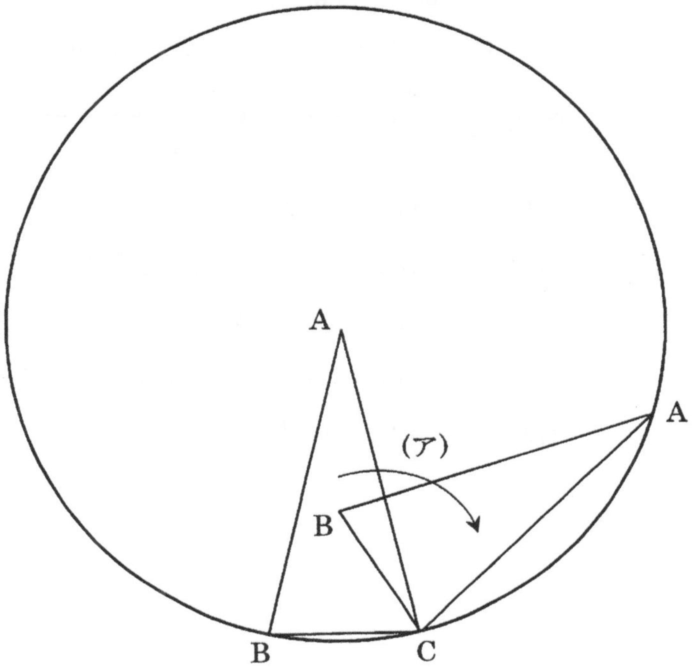

【注意】答えはすべて、解答用紙の定められたところに記入しなさい。
また、指示されたもの以外の答えは、ア～サなどのなかから選んで答えなさい。

(40分)

1 春になるとさまざまな鳥を野外でよく見かけるようになる。ツバメは春、つがいになって巣をつくり、そこで子育てをする。カラスもツバメと同じように春、つがいになって巣をつくり子育てをする。どちらも身近な鳥だが、ツバメとカラスに対する人々の接し方は対照的で、ツバメはかんげいされる一方、カラスはきらわれやすい。次の各問いに答えなさい。

1．次の図のうち、ツバメとカラスをそれぞれ選びなさい。

ア

イ

ウ

エ

オ

カ

キ

ク

2．カラスは巣をつくるとき、高い木の上に、枝や針金などで巣の土台をつくり、中にかれ草や他の動物の毛や羽をしきつめる。ツバメはどのような場所に、どのような材料で巣をつくるか。最も適当な場所を1つ選びなさい。また、おもな材料を2つ選びなさい。

〔場所〕
ア 高い木の上　イ 川のそばの草むら　ウ 低木の植えこみの中
エ 家や駅舎などののき下　オ 屋根裏　カ 木の幹の中

〔材料〕
ア 小石　イ どろ　ウ 木の枝　エ 木の落ち葉　オ 細いかれ草
カ 他の動物の毛や羽　キ 自分のだ液　ク 自分のふん　ケ 針金

3．ツバメとカラスの行動について、次の中からあてはまるものをすべて選びなさい。
ア ツバメもカラスも、電線に止まることがある。
イ ツバメもカラスも、ハトと同じようによく地面に降り立って歩く。
ウ ツバメは木の実をよくエサにしているが、カラスは生ゴミをよくエサにしている。
エ ツバメは昼間に活動するが、カラスは夜間に活動する。
オ ツバメは飛びながらエサを得るが、カラスは枝や地面にとまってエサを得る。
カ ツバメは他の鳥をおそうことはしないが、カラスは他の鳥をおそうことがある。

1は次のページに続く

4．次の（　①　）と（　②　）にあてはまるものをそれぞれ選びなさい。

カラスは１年中見られるのに対して、ツバメは春あたたかくなると（　①　）から日本にわたってくる。ツバメと同じようにわたりをする鳥には、ほかにハクチョウやカモの仲間などがいる。ハクチョウやカモの仲間は（　②　）のために日本にわたってくる。

ア　東南アジア　　イ　西アジア　　ウ　ハワイ諸島　　エ　ヨーロッパ　　オ　シベリア
カ　はんしょく　　キ　ひ暑　　ク　冬ごし

2　筑波大学附属駒場《つくばだいがくふぞくこまば》中学校では、中学１年生が学校の田んぼでイネを育てている。４月に種もみを１つぶずつ専用の容器にまいて発芽させて苗床《なえどこ》をつくり、６月には田植えをする。１つぶの種もみが１本の苗《なえ》になり、これが水田に植えつけられると、イネ１株にまで成長する。イネは８月には開花し、花はやがて稲穂《いなほ》になる。稲穂の種子はだんだんふくらんで成熟し、10月には収かくの時期をむかえる。イネがどれくらい大きくなったのか、稲刈《いねか》りの直前に調べてみた。調査したことと調査結果は、以下の通りである。後に続く文の（　①　）と（　②　）に最も近いものをそれぞれ選びなさい。

【調査したこと】
・１株あたりの穂《ほ》の数
・穂１本あたりの種子の数

表　調査結果

	株１	株２	株３
穂の数	11	12	9
種子の数	180	141	114
	167	130	168
	168	132	146
	205	171	128
	66	173	170
	176	144	170
	120	121	111
	144	115	145
	129	102	161
	199	152	
	195	150	
		132	

穂《ほ》から外した種子のもみがらをとって玄米《げんまい》にしたところ、調査した３株分で玄米の重さは 105 g だった。玄米を精米して白米にすると重さは９割になるといわれている。お米はたくと水を吸って重さが 2.3 倍になるとすると、茶わん１ぱい分の白いご飯を150gとしたとき、茶わん１ぱいは精米した白米の約（　①　）つぶ分になり、これはイネの約（　②　）株分であるといえる。

ア　330　　イ　1100　　ウ　2900　　エ　3300　　オ　7600
カ　0.2　　キ　0.7　　ク　1.8　　ケ　2.1　　コ　4.8

3　あきらくん、けんたくん、さとしくんの３人は、いろいろな中学校の文化祭に出かけて、おもに理科に関する展示を見学した。□内の文を読んで、後の各問いに答えなさい。

> あきらくん：この学校には日時計が設置されていて、展示にも説明があったね。
> けんたくん：シンプルだけど分かりやすいね。
> さとしくん：どうやったら正確につくることができるのかな。

1．同じ時こくに日時計のぼうがつくるかげの方角とかげの長さについて、正しいのはどれですか。

ア　夏と冬で、日時計のぼうがつくるかげの方角は同じで、日時計のぼうがつくるかげの長さも同じである。
イ　夏と冬で、日時計のぼうがつくるかげの方角は同じだが、日時計のぼうがつくるかげの長さは変わる。
ウ　夏と冬で、日時計のぼうがつくるかげの方角が逆だが、日時計のぼうがつくるかげの長さは同じである。
エ　夏と冬で、日時計のぼうがつくるかげの方角が逆で、日時計のぼうがつくるかげの長さも変わる。

> けんたくん：すごい！この学校ではプラネタリウムが制作されているよ。
> さとしくん：え～。作るのはすごくたいへんじゃない。
> あきらくん：何等星まで見えるようにしてあるのかな。
> けんたくん：ぼく、星座にくわしくないから、よく分からないよ。北極星はどれなの？

2．プラネタリウムで星の動きを再現したとき、投えいされた星の中で北極星を見つける一番かんたんな方法について、10字以内で書きなさい。

> けんたくん：へぇ～。この学校には地形についてのジオラマの展示があるよ。
> さとしくん：見てよ。川に見立てて水が流れているよ。リアルだなぁ。
> あきらくん：本当だ。川が曲がりくねっているね。
> けんたくん：あんまり水を流しすぎると、こわれないかな。

3．実際の川で、水がたくさん流れたときに予想される、川の曲がりくねる流路のようすはどれですか。

ア　水がたくさん流れても、曲がりくねる川の流路のようすは変わらない。
イ　曲がりくねる川の流路の外側がけずられて、深さが深くなる。
ウ　曲がりくねる川の流路の外側に土砂がたまって、はばがせまくなる。
エ　曲がりくねる川の流路の内側がけずられて、深さが深くなる。
オ　曲がりくねる川の流路の内側に土砂がたまって、はばがせまくなる。

3は次のページに続く

あきらくん：おや、この学校では、校門のすぐそばに百葉箱があるよ。

けんたくん：本当だ。でも道路のそばだから、空気が良くないかも。

さとしくん：とにかく、科学部の人にいろいろ聞いてみようよ。

けんたくん：今年の夏は、最高気温の記録もぬりかえられたしね。

4．百葉箱を設置する条件について、正しくないのはどれですか。

ア　地面から 1.2〜1.5 m の高さに設置する。

イ　近くに建物がない開けた場所に設置する。

ウ　地面からの照り返しを防ぐために草地の上などに設置する。

エ　風通しの良いところに設置する。

オ　観測用のとびらを南向きに設置する。

けんたくん：あれ、この学校では火山のふん火の実験をするらしいよ。

さとしくん：ばく発でもするのかな。こわいよ。

あきらくん：何か注射器に赤いものを入れているよ。ばく発ではなさそうだな。

けんたくん：スライムだね。よう岩が火口からふきだすように見せるためだと思うよ。

さとしくん：でも実際に火山がふん火したら何が出てくるの。

5．実際の火山のふん火では、流れ出てくるよう岩のほかに、ばく発によって火山灰や軽石も火口からふき出てくる。軽石の特ちょうはどれですか。

ア　黒っぽくて、表面がなめらかである。

イ　黒っぽくて、表面に小さな穴がたくさんある。

ウ　白っぽくて、表面がなめらかである。

エ　白っぽくて、表面に小さな穴がたくさんある。

4 日本では、昔も今も塩は海水から作られている。現在の塩作りのおもな方法は、イオン交換膜《こうかんまく》法とよばれるもので、電気のエネルギーを利用して効率よくこい塩水を作り、それをにつめて塩を作っている。一方、昔の塩づくりは、塩田とよばれる平らな土地に海水を運んで行っていた。

揚《あ》げ浜《はま》式塩田では、早朝、おけを使ってくみあげてきた海水を砂地に均等になるようにまき、午後にその砂地の砂を集め、そこに海水を流しこんで砂に付いた塩分をとかしだし、それをにつめて塩を作っていた。以下の各問いに答えなさい。

揚《あ》げ浜《はま》式塩田（能登《のと》）

1．海水は、海からくみあげておけに入れたままにするよりも、塩田の砂地にまいておくほうが早く塩分がこくなる。その理由を述べた次の文の（ ① ）～（ ③ ）にあてはまる語を答えなさい。

海水を砂地にまくと、水の（ ① ）が起こりやすくなるため、早く塩分がこくなる。その理由は２つあり、１つは、（ ② ）を受ける面積が広くなること。もう１つは、（ ③ ）とふれる面積が広くなることである。

2．海水には塩のほかににがりとよばれるものがとけている。塩作りでは、海水をにつめて塩のつぶが出てきたとき最後まで水を蒸発させず、「塩床《しおどこ》」とよばれる下に小さなみぞ（穴）がある貯蔵場に何日か置き、にがりがとけた水を流しだして取り除いている。

1 kgの水に28 gの塩と7 gのにがりがとけている海水の水の重さを何gまで減らせば、にがりのつぶを出さないようにして最も多くの塩のつぶを取り出せますか。ただし、海水の温度は30℃とし、同じ温度の水100gにとける塩は最大で36g、にがりは最大で56gとし、塩とにがりは混ざっても、それぞれがとける最大の量は変わらないものとする。

3．夏には、１日２回海水をまいて塩作りをすることができる。100 m^2の塩田に、400 kgの海水を１日２回まいて塩を作ったとき、１日に1 m^2あたり最大で何gの純すいな塩が作れますか。最も近いものを選びなさい。ただし、塩を取り出す方法や海水の温度と成分は問２と同様とする。

ア 17g　イ 27g　ウ 35g　エ 55g　オ 90g
カ 110g　キ 140g　ク 180g　ケ 220g　コ 280g

5 次の文を読んで、以下の各問いに答えなさい。

鉄の粉末とアルミニウムの粉末が混ざったものがある。この２種類の金属の粉末を分けるには、磁石を使って（　①　）だけを引きつける方法がある。そのほか、（　②　）をとかした水よう液にこの粉末を加えると（　③　）だけがとけるので、これを（　④　）して（　⑤　）だけを取り出すことができる。

1．（　①　）～（　⑤　）に当てはまるものを答えなさい。ただし、同じ記号を何回選んでもよい。

ア　鉄　　イ　アルミニウム　　ウ　塩化水素*　　エ　食塩　　オ　水酸化ナトリウム　　カ　冷や　　キ　ろ過

* 塩化水素の水よう液は、塩酸である。

2．下線部の実験を行ったとき、実験中に観察できることや（④）した液の性質について述べた文で正しいものはどれですか。すべて選びなさい。ただし、（③）を完全にとかしきるために（②）の水よう液は必要な量よりも多く用いたものとする。

ア　（③）がとけるとき、あわが出る。

イ　（③）がとけるとき、あわが出ない。

ウ　液をスライドガラスに取って弱火であたためると、あとに何も残らない。

エ　液をスライドガラスに取って弱火であたためると、（②）だけが残った。

オ　液をスライドガラスに取って弱火であたためると、（②）と（③）が残った。

カ　液をスライドガラスに取って弱火であたためると、（③）だけが残った。

キ　液をスライドガラスに取って弱火であたためると、（②）が残り、とけた（③）とはちがう別のものも残った。

ク　液をスライドガラスに取って弱火であたためると、とけた（③）とはちがう別のものだけが残った。

6 白黒２種類のたくさんの積み木と１枚の板を用意した（図１）。積み木は白黒とも１辺が５cmの立方体で重さは等しく、色だけが違う。板は長さが35cmで、５cmごとに区切ったＡ～Ｇの積み木を積む場所がある。まず、机の上に黒い積み木を１つ置き、Ｄが重なるように板をのせた（図２）。次に、この上にいろいろな積み方で積み木をのせて観察した。以下の文の（ ① ）～（ ⑦ ）に当てはまる数値を答えなさい。

【操作１】白い積み木を１つ使う。これをＡに積むと、板の左はしが下がった。Ｂに積むと、板は水平のままだった。Ｃ～Ｇに順番に積んでみると、Ｃ、Ｄ、Ｅ、Ｆでは板は水平のままだったが、Ｇでは板の右はしが下がった。

【操作２】Ａ～Ｇに黒い積み木を１つずつ、計７個積んだ状態を「土台１段」とする（図３左）。【操作１】と同じように、白い積み木を１つ積んでみたが、Ａ～Ｇのどこでも板のはしが下がることはなかった。次に、白い積み木をＡにだけ積み、その数を１個から２個、３個と増やしてみた。すると、全部で（ ① ）個積んだとき、板の左はしが下がった。今度は、Ａ～Ｇに黒い積み木を２つずつ、計14個積んだ状態を「土台２段」とする（図３右）。「土台１段」と同じように、Ａに積む白い積み木の数を１個から２個、３個と増やしてみると、全部で（ ② ）個積んだとき、板の左はしが下がった。

【操作３】白い積み木をつかって、図４のような階段状の積み方を考える。図４の左から「２段」、「３段」、・・・「７段」となる。それぞれの「段」をその形のまま板の上に積んでみた。「２段」では、階段の左はしがＡ～Ｆになる６通りの積み方があるが、このうち板のはしが下がらないのは２通りあった。「３段」では、５通りの積み方のうち、板のはしが下がらないのは（ ③ ）通りあった。「４段」では、４通りの積み方のうち、板のはしが下がらないのは（ ④ ）通りあった。「５段」では、３通りの積み方のうち、板のはしが下がらないのは１通りあった。「６段」では、２通りの積み方のうち、板のはしが下がらないのは１通りあった。「７段」では、１通りの積み方しかないが、これをのせると板の右はしが下がった。

【操作４】「７段」の下に黒い積み木で「土台１段」、「土台２段」、・・・のように、土台を１段ずつ追加してみた。すると、「土台（ ⑤ ）段」となったとき、板が水平のままとなった。同じように、「６段」では、「土台（ ⑥ ）段」となったとき、すべての積み方で板のはしが下がらなかった。また、「５段」では、「土台（ ⑦ ）段」となったとき、すべての積み方で板のはしが下がらなかった。

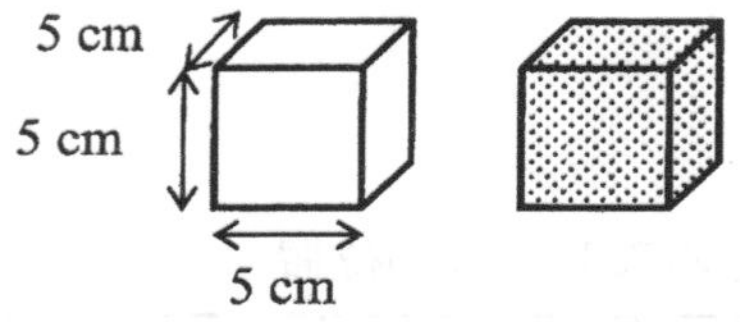

白い積み木（左）と黒い積み木（右）

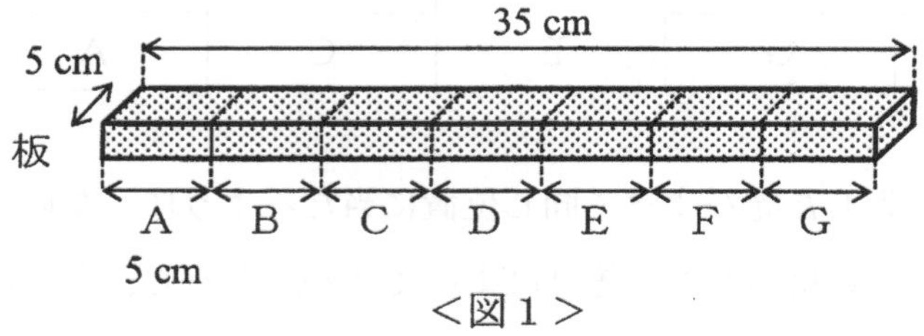

＜図１＞

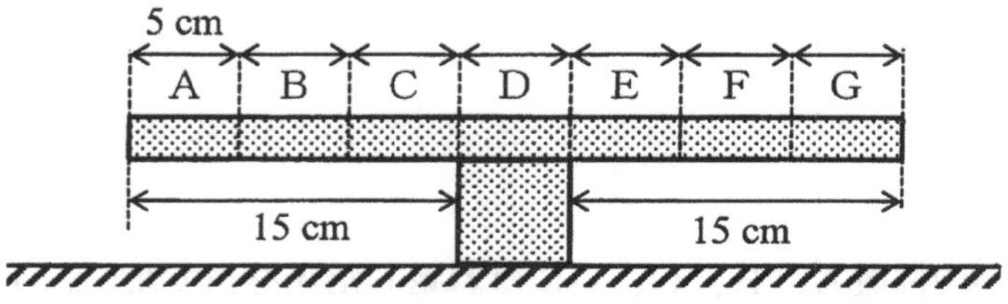

＜図２＞

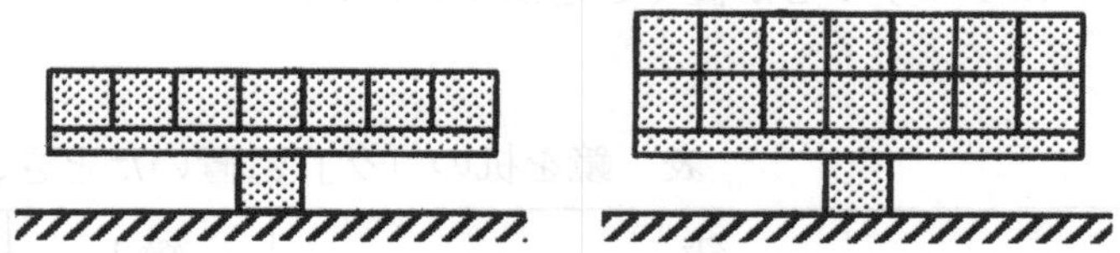

土台１段　土台２段

＜図３＞

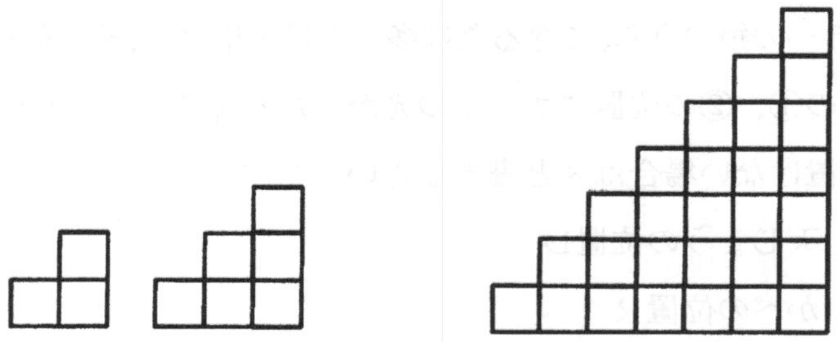

２段　３段　・・・　７段

＜図４＞

7　鏡の面の向きを変えられる６つの鏡１～鏡６を用意して、理科室で実験を行った。まず、下の図のように鏡１を机の「ケ」に置き、窓から入ってくる日光を鏡の面に当て、はね返した光が天じょうの位置Kに当たるように鏡の面の向きを調整した。

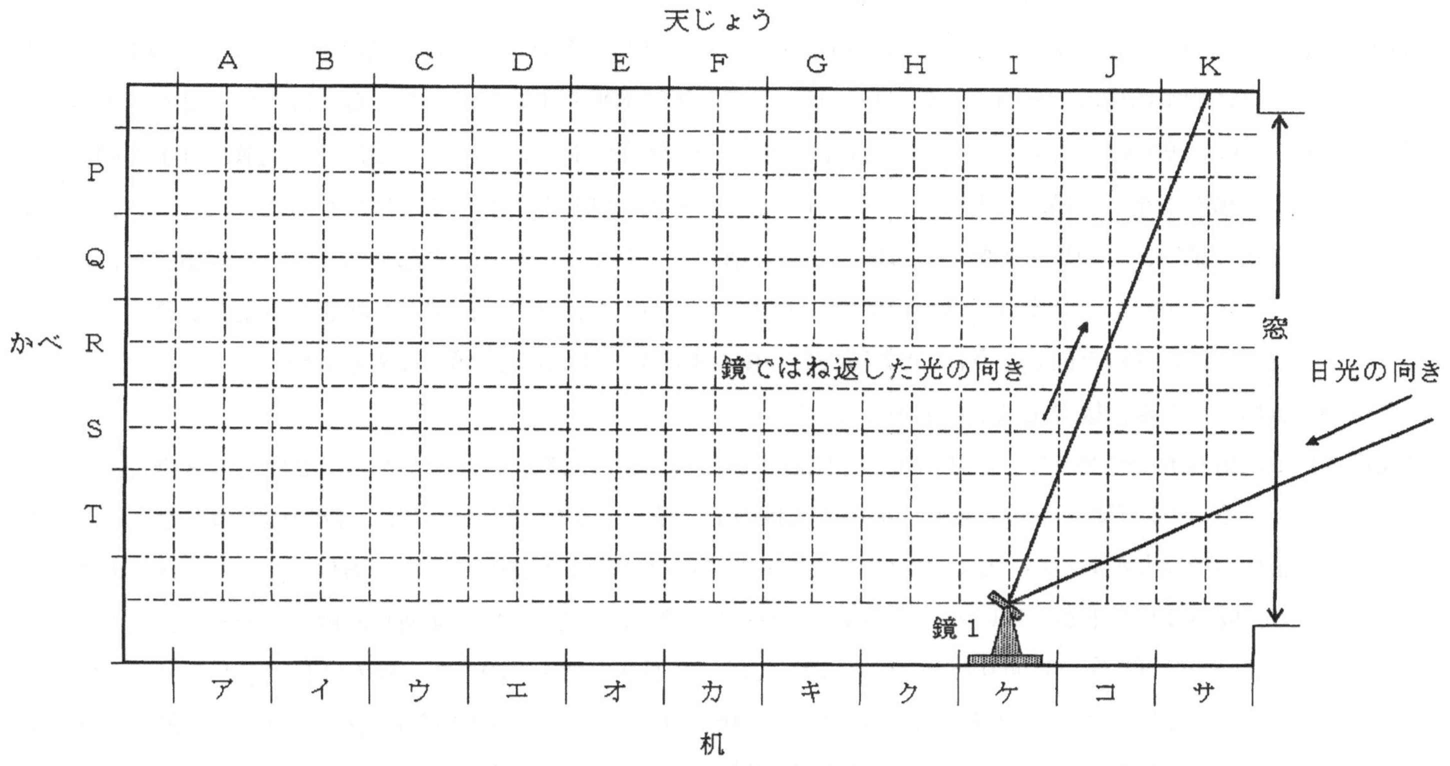

図　理科室のようす

次に、鏡２～鏡６についても、机の「ケ」に置いたとき、はね返した光が当たる天じょうの位置が下の表のようになるように、それぞれ鏡の面の向きを調整した。これ以降、いずれの鏡も鏡の面の向きは変えない。後の各問いに答えなさい。ただし、光の向きを観察している間に、日光の差しこむ向きは変わらないとする。また、鏡１～鏡６は、机のア～サに１つずつしか置くことができない。

表　鏡を机の「ケ」に置いたとき、はね返した光が当たる天じょうの位置

鏡	鏡１	鏡２	鏡３	鏡４	鏡５	鏡６
はね返した光が当たる天じょうの位置	K	I	G	E	C	A

1．６つの鏡のうち、できるだけ多くの鏡を用いて、それぞれの鏡ではね返した光がすべて同じ位置に当たるようにしたい。次の①、②の位置にすべての光が当たるためには、６つの鏡をそれぞれ机のどこに置けばよいですか。ただし、どこにも置けない場合は×と書きなさい。

① 天じょうの位置D

② かべの位置R

2．６つの鏡のうち、鏡１～鏡４の４つを用いて、天じょうの４つの位置A、B、C、Dにはね返した光を当てたい。４つの鏡がそれぞれ別の位置に光をはね返すように、鏡１～鏡４を机に置く置き方は何通りありますか。ただし、同じ机の位置に複数の鏡を置くことはできない。

〔注〕　答えはすべて、解答用紙の定められたところに記入しなさい。

(40分)

1　つぎの文と地図を読んで、あとの1から7までの各問いに答えなさい。

あらた君はテレビのニュースで、2018年は小笠原諸島《おがさわらしょとう》が日本に返還《へんかん》されて50年目にあたることを知りました。調べてみると、小笠原諸島が独特な自然や歴史をもつことがわかりました。

図1

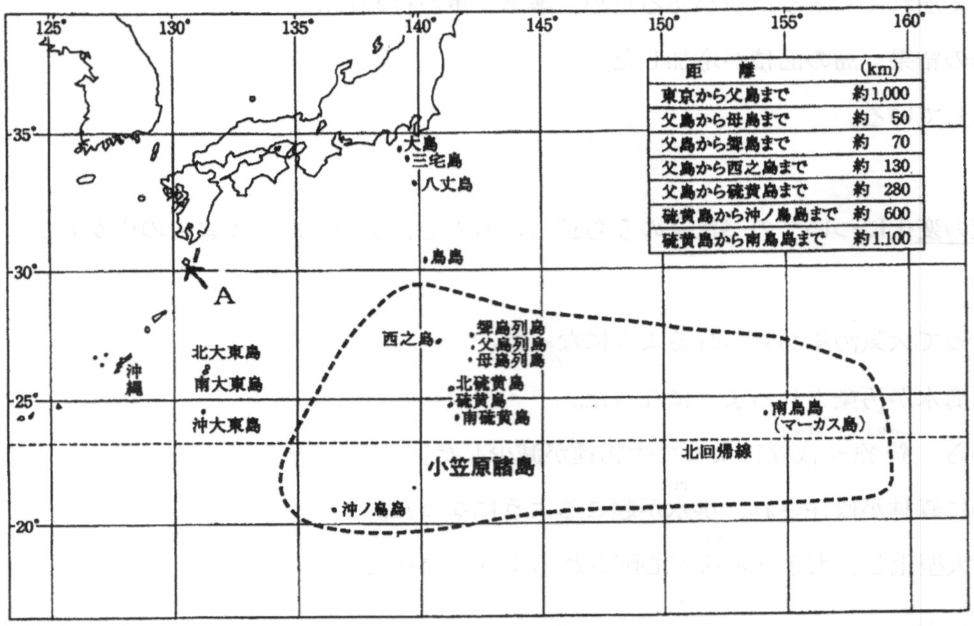

郭南燕、ガバン・マーコック編著『小笠原諸島ーアジア太平洋から見た環境文化』より

位置について

小笠原諸島は本土から南へ約1,000 kmのあたりにある。聟島《むこじま》列島・父島列島・母島列島・硫黄《いおう》火山列島の四列島に南鳥島・沖ノ鳥《おきのとり》島・西之《にしの》島などを加えた、30余りの島々からなっている。このうち、民間人が住んでいるのは父島と母島の2島だけだという。

生き物について

小笠原諸島は固有の動植物に恵《めぐ》まれている。「東洋のガラパゴス」とも呼ばれ、独自の進化をした生物たちを観察することができる。しかし、島の動植物は生態系の繊細《せんさい》なバランスの上になりたっており、環境《かんきょう》の変化に弱い。植物では約400種のうちの40%が固有種であるが、絶滅《ぜつめつ》した、あるいは絶滅が心配される種類が多い。動物でも鳥類・貝類・昆虫《こんちゅう》などの固有種で絶滅・激減の危機にあるものが多い。観光客に人気のあるアオウミガメは、かつて個体数を大きく減らし、その回復のために人工的な繁殖《はんしょく》や放流が取り組まれていたが、個体数の回復は実現できていない。

交通について

小笠原諸島への交通手段は、東京ー父島を25時間で結ぶ週一便のフェリーだけだ。島民の生活の便を考えて、飛行場の建設や時速 70 kmで走ることができる高速船の就航など、交通手段の改善が検討されてきたが、現在まで実現しないままでいる。

歴史について

200年前までの小笠原には人が住んでいなかったと言われていたが、1991年の発掘《はっくつ》調査で約2,000年前に人が住んでいたことが証明されたという。ただ、定住は長く続かなかったようだ。1820年代に欧米《おうべい》各国が捕鯨《ほげい》のために日本近海へ進出し、母島・父島が発見され、停泊《ていはく》地に使われた。その後、1830年に欧米人と太平洋諸島の人々によって最初の入植が行われた。1876年に日本が小笠原への主権を宣言し、そこから日本人の入植が始まった。

太平洋戦争では父島・母島・硫黄島などが戦場となり、多くの死者を出した。住民は義勇兵を除き、本土へ引き揚《あ》げていた。戦後はアメリカ軍の占領《せんりょう》下に置かれ、まず欧米系住民の帰島が許された。父島や硫黄島は軍事基地としての役割を担《にな》った。1972年の沖縄《おきなわ》に先立ち、1968年に返還され、すべての住民が戻《もど》れることになった。

1　小笠原諸島に関連してのべた文のうち正しくないものを、次のアからオまでの中から二つ選び、その記号を書きなさい。

ア　硫黄島は太平洋戦争において戦場になり、その戦いで両軍に多くの死者を出した。

イ　南鳥島は日本の最南端《たん》に位置している。

ウ　沖ノ鳥島は波の力によって崩《くず》れてしまう危険があるため、護岸工事が行われた。

エ　西之島は活発な火山活動の結果、島の面積が増加した。

オ　小笠原諸島は沖縄県に属している。

2　小笠原諸島で見られる環境の変化についてのべた文のうち正しいものを、次のアからオまでの中から二つ選び、その記号を書きなさい。

ア　観光施設《しせつ》の増加にともなって大気汚染《おせん》が見られるようになった。

イ　工場が増加したことで、海水が汚染されるようになった。

ウ　人々の入植が始まってから、狩猟《しゅりょう》や伐採《ばっさい》によって生物種が減少した。

エ　建築用の木材を得るために森林が伐採され、洪水《こうずい》が起こるようになった。

オ　海水温の上昇《じょうしょう》で台風が大型化し、大きな被害《ひがい》が心配されるようになった。

3　小笠原諸島における飛行場の建設や高速船の就航に関連してのべた文として正しくないものを、次のアからオまでの中から二つ選び、その記号を書きなさい。

ア　山を切り崩して飛行場をつくる場合、動植物や生活用水への影響《えいきょう》が心配される。

イ　海を埋《う》め立てて飛行場をつくる場合、魚介《ぎょかい》類など海の生物への影響が心配される。

ウ　飛行場の建設により、島で出た急病人を東京へ搬送《はんそう》しやすくなる。

エ　高速船の就航で農産物を本土へ早く運べるようになり、島内の酪農《らくのう》業が盛《さか》んになる。

オ　高速船の就航で東京からの日帰り旅行が可能になり、島への観光客の増加が期待される。

4　あらた君は、父島に残る太平洋諸島の文化を調べてみようと思いました。そのときの方法として適切でないものを、次のアからオまでの中から二つ選び、その記号を書きなさい。

ア　役場に行き、この50年の父島全体の人口の増減を調べる。

イ　人々の居住地を歩き、外国語表記の看板や住居を観察する。

ウ　太平洋諸島の文化に詳《くわ》しい人に、インタビューを申し入れる。

エ　島のお祭りに参加し、民謡《みんよう》や踊《おど》りなどを観察する。

オ　1960年と2014年の地形図を手に入れ、土地利用の変化を見る。

5　沖縄に関連してのべた文として正しくないものを、次のアからオまでの中から二つ選び、その記号を書きなさい。

ア　台風や梅雨前線の影響で、飲料水や農業用水に恵まれている。

イ　日本最西端の与那国《よなぐに》島は、沖縄県に属している。

ウ　東京よりも平均気温が高く、サトウキビなど気候に合った作物が栽培《さいばい》されている。

エ　琉球《りゅうきゅう》王国時代は鎖国《さこく》をしており、独自の文化を育んできた。

オ　太平洋戦争でアメリカ軍が上陸し、多くの住民を巻き込《こ》んだ戦闘《せんとう》が行われた。

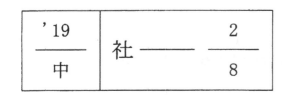

6　現在、日本には小笠原諸島以外に３カ所の世界自然遺産が存在する。図１のＡで示した場所にある自然遺産で評価されている点について、価値と動植物からそれぞれ一つずつ選び、その記号を書きなさい。

価値　ア　海氷がもたらす豊富な栄養、豊かな生態系
　　　イ　標高差がもたらす多様な植生
　　　ウ　固有種が多い独特な生態系
　　　エ　生き残った原生林、マタギ文化

動植物　a　アオウミガメ　アブラヤシ
　　　　b　ヒグマ　サケ
　　　　c　シカ　スギ
　　　　d　ツキノワグマ　ブナ

7　あらた君は、父島の二見《ふたみ》港と母島の沖《おき》港周辺の地形図を手に入れ、見比べることにしました。下の二枚の地形図から読み取れることについてのべた文として正しいものを、次のアからカまでの中から二つ選び、その記号を書きなさい。

ア　父島よりも母島に住む人の方が多い。
イ　二見港と沖港がある湾《わん》は、ともに南を向いている。
ウ　父島・母島ともに、コメ作りが盛んである。
エ　父島には、アメリカ軍専用の水上機発着所がある。
オ　父島・母島ともに、魚を加工する工場を持っている。
カ　父島・母島ともに小中学校があり、父島には高等学校もある。

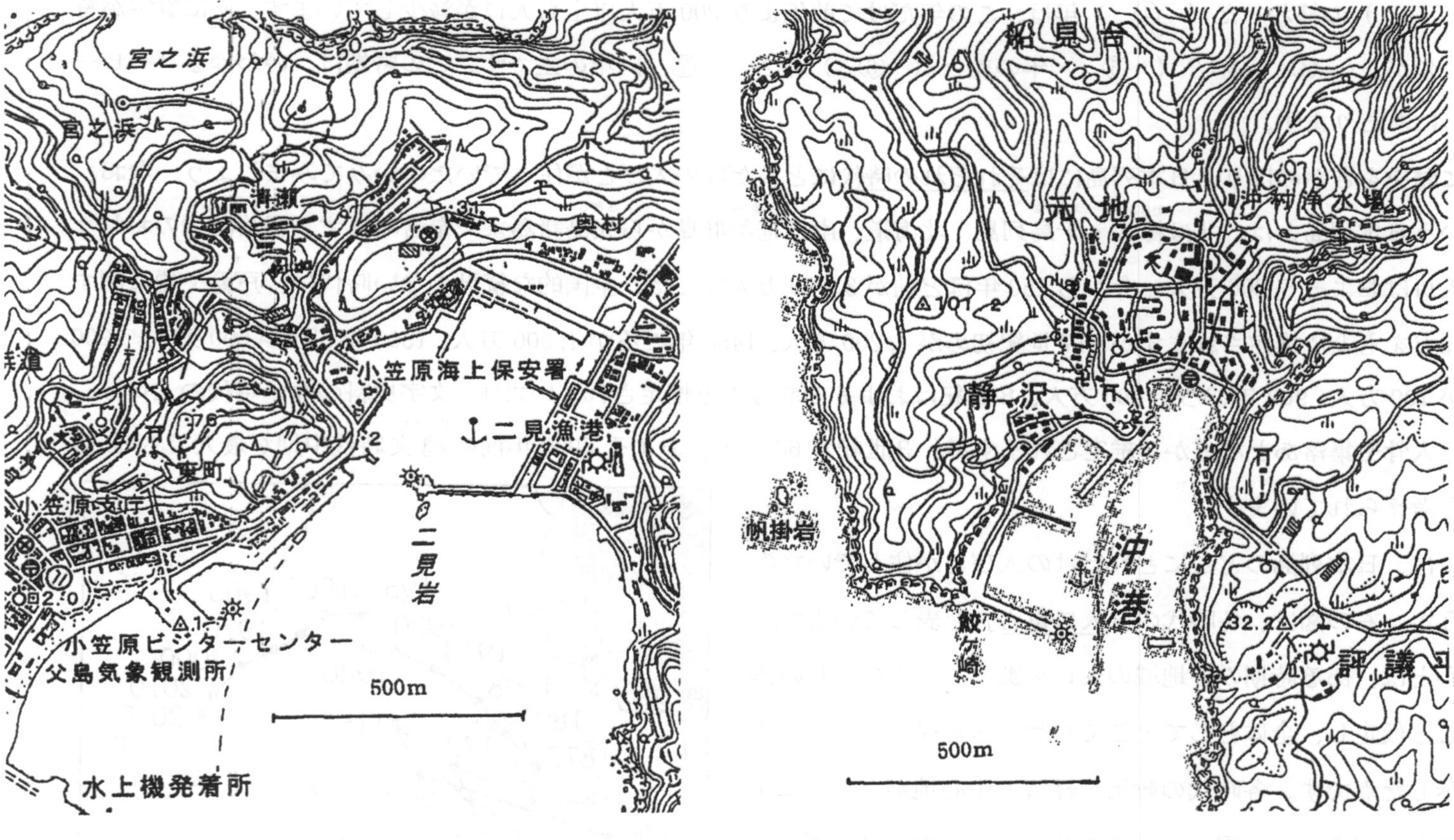

国土地理院地形図　２万５千分の１　「父島」「母島北部」を拡大した

2 つぎの文と図表を参考にして、あとの１から４までの各問いに答えなさい。

総務省統計局の人口推計によると、日本の総人口は2007～2010年の間に１億2,800万人台でしたが、2011年からは毎年減少するようになり、2018年４月段階の総人口は１億2,650万人となっています。日本は2010年代に人口減少社会になったと考えられているのです。2053年には総人口が１億人を下回って、2065年には8,808万人にまで減少するという将来の推計値も示されています（国立社会保障・人口問題研究所2017年４月公表）。日本の人口の移りかわりをみていくと、それぞれの時代の特徴《とくちょう》を示していることがわかります。総人口が１億人を超《こ》えたのは1967年、１億2,000万人を超えたのは1984年でした。1960年代は（　Ａ　）が続いて国民の生活水準は向上し、また、1980年代は経済大国として世界から評価された時期でした。つぎの表は、国勢調査がおこなわれるようになった1920年以降の総人口を５年おきに示したものです。なお、1945年から1970年まで（　Ｂ　）の人口は含《ふく》まれていません。この表をみると、2010年まではずっと人口が増加し続けているかのようですが、もう少し細かくみてみましょう。それぞれの年の人口が、その５年前の人口からどれだけ増えたかを計算してください。そうすると、数字が特に小さなものがいくつか出てきます。例えば、〈　①　〉年と〈　②　〉年の差は84万2,000人で、100万人を下回っています。〈　②　〉年は出生率の最低値1.26を記録した年でした。すでに1990年代から人口の増え方はゆるやかになっていましたが、2000年代にはさらに人口の伸《の》びが小さくなり、2010年代にはとうとう減少に転じました。この他に数字が小さいのが、〈　③　〉年と〈　④　〉年の差です。これは（　Ｃ　）の影響《えいきょう》と考えられ、（　Ｃ　）の終わった〈　④　〉年は、この年だけで前年より200万人以上も人口が減少しています。逆に数字が特に大きいのが、〈　④　〉年と〈　⑤　〉年の差と〈　⑥　〉年と〈　⑦　〉年の差です。この時期は、いわゆる「ベビーブーム」にあたります。

年	総人口	年	総人口	年	総人口
1920	55,963	1955	89,276	1990	123,611
1925	59,737	1960	93,419	1995	125,570
1930	64,450	1965	98,275	2000	126,926
1935	69,254	1970	103,720	2005	127,768
1940	71,933	1975	111,940	2010	128,057
1945	72,147	1980	117,060	2015	127,095
1950	83,200	1985	121,049		(単位　千人)

さらに歴史をさかのぼり、日本列島にはそれぞれの時代にどれだけの人びとが住んでいたのかみてみましょう。なお、ここでいう日本列島とは、北は樺太《からふと》・千島《ちしま》列島・北海道、南は奄美《あまみ》群島から先島《さきしま》諸島までを含みます。明治時代のおわりごろの人口はおよそ5,000万人、今から150年ほど前が3,300万人でした。全国的な統計のない時代は、戸籍《こせき》や税に関する書類などをもとに推定されますが、17世紀初めが1,200万人、1450年ごろが1,000万人、1300年ごろが600万人、1200年ごろが700万人、900年ごろが600万人、８世紀はおよそ500万人と推定されています。文字史料のない時代の人口は、出土した人骨や集落あとなどから推定されますが、３世紀が60万人、およそ5000年前の縄文《じょうもん》時代中期が最大でも30万人程度と考えられています。

それでは、日本列島のどこにどれだけの人びとが住んでいたのでしょうか。右の図は、各時代の「人口重心」を表しています。人口重心とは、ある時期の各地域の人口を調べ、一人ひとりの体重が同じと仮定し、全体としてどこでバランスを保つことができるかを示した点です。各時代の政治・経済の中心地がどこかによっても異なってきます。図に示された時代の他、例えば、縄文時代の重心は、現在の＿＿＿＿あたりにあったと推定されています。木の実をつける落葉広葉樹林の広がっていた東日本は、照葉樹林が年中しげっていた西日本よりも食料を得ることが容易でした。

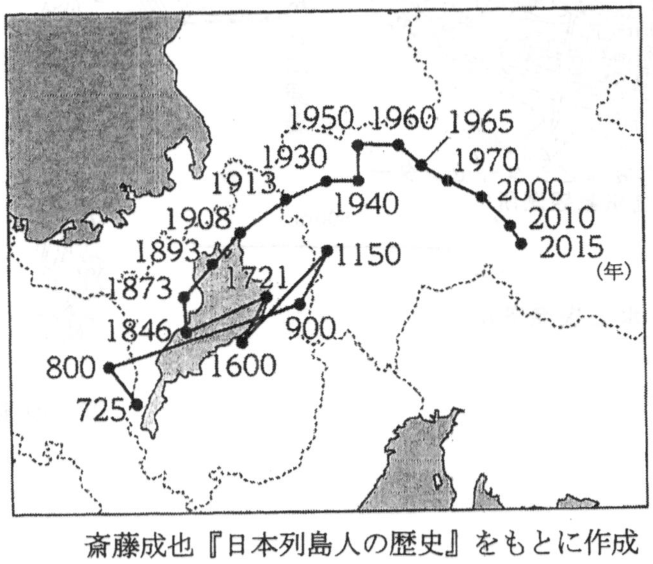

斎藤成也『日本列島人の歴史』をもとに作成

そのため、東日本に人口が集中しており、現在よりもさらに東に重心があったと考えられています。重心が西に大きく移動するのは、西日本で（　D　）が始まってからです。

こうしてみると、日本列島の人口は必ずしも増え続けてきたわけではなく、また、人口の多い地域も変化してきたことがわかります。人口減少社会をむかえ、これからの日本を考える上で、人口の歴史を知っておくのも大切でしょう。

1　（　A　）～（　D　）にあてはまることばを書きなさい。ただし、（　B　）にあてはまるのは都道府県名である。

2　〈　①　〉～〈　⑦　〉にあてはまる年を、本文中の表から選んで答えなさい。

3　それぞれの時代について、つぎの（1）（2）の問いに答えなさい。

（1）本文で示された人口とそれぞれの時代のできごとに関連してのべた文として正しくないものを、つぎのアからオまでの中から二つ選び、その記号を書きなさい。

ア　日本の人口が60万人だったころ、ある女王が中国に使いを送って皇帝《こうてい》から銅鏡などをあたえられた。

イ　日本の人口が700万人だったころ、地方から都に運ぶ税には木製の荷札がつけられていた。

ウ　日本の人口が1,200万人だったころ、江戸《えど》の城下町が広がり、武士や町人など多くの人が住むようになった。

エ　日本の人口が3,300万人だったころ、製糸工場の女性など、工場で働く人の労働条件が社会問題となった。

オ　日本の人口が１億人だったころ、国民総生産額がアメリカに次いで世界第２位になった。

（2）推定される人口のうち、８世紀のものには、日本列島の北部と南部の人口が含まれていない。それはなぜだと考えられるか。当時の日本列島の状況《じょうきょう》と本文の内容をふまえながら、30字程度で説明しなさい。

4　人口重心に関連して、つぎの（1）（2）の問いに答えなさい。

（1）本文中の＿＿＿にあてはまる場所としてもっとも適切なものを、つぎのアからオまでの中から一つ選び、その記号を書きなさい。

ア　岡山《おかやま》県　　イ　京都府　　ウ　滋賀《しが》県　　エ　三重《みえ》県　　オ　長野県

（2）各時代のできごとと人口重心に関連してのべた文として正しいものを、つぎのアからキまでの中からすべて選び、その記号を書きなさい。ただし、それぞれの重心の位置は現在の都道府県名で示している。

ア　奈良《なら》に都があったころの人口重心は、奈良県の北部に位置していた。

イ　平安京に都がうつったころ、人口重心が京都府内に移動した。

ウ　平氏が強い力をもつようになったころ、人口重心はそれまでより西の方に移動した。

エ　近松門左衛門《ちかまつもんざえもん》が活やくしていたころの人口重心は、琵琶《びわ》湖の東岸に位置していた。

オ　京都から東京に都がうつったころ、人口重心は大きく東の方に移動した。

カ　満州に多くの人が移住したころ、人口重心は満州のある北西の方に移動した。

キ　東海道新幹線が開業したころから現在にいたるまで、人口重心はしだいに南東の方に移動している。

3　つぎの文を読んで、あとの１から６までの各問いに答えなさい。

私たちは毎日のように、新聞やテレビで紛争《ふんそう》のニュースを目にします。現代の紛争では、民族や宗教、資源をめぐる対立などで多くの人が殺されたり、難民になったりするなど、人道的な問題が起こることがあります。このようなとき、国際社会はその国の同意なしに武力で介入《かいにゅう》して、その国の人びとの安全を守るべきでしょうか。

この問題については、大きく二つの立場があります。第一に、内政不干渉《ふかんしょう》の原則を重んじる立場です。内政不干渉の原則とは、国の政治や経済、外交政策などについては、国民が決めることなので他国の干渉は受けないという考え方です。この立場は、多くの戦争や紛争は内政干渉から起こったため、平和を保つためには内政不干渉の原則に反するべきではないとします。第二に、人道的介入を行うべきとする立場です。人道的介入とは、内戦や地域紛争で多くの人の命が失われたり、ある国の政府が国民を迫害《はくがい》したりするとき、迫害をやめさせるために他国が武力介入することです。この立場は、人権や命はとても重要であるため、他国の介入以外に危機をとめる手段がない場合は介入するべきとします。

人道的介入をするべきかという問題に直面した事例として、1990年代のコソボ、2010年代のリビアがあります。セルビア共和国の自治州だったコソボでは、1998年、独立を求める住民を政府が弾圧《だんあつ》し、はげしい内戦が始まりました。アメリカやイギリスは仲介《ちゅうかい》をしようとしましたがうまくいかず、1999年にＮＡＴＯ（北大西洋条約機構）軍がセルビアなどに空爆《くうばく》を行いました。この空爆に中国やロシアは反対しましたが、ＮＡＴＯは虐殺《ぎゃくさつ》をやめさせるための人道的介入であると説明しました。国際社会の合意がなく行われた空爆は、大きな議論をよびました。空爆は78日間におよび、その後、和平が結ばれました。リビアでは、2011年に、独裁《どくさい》をしていたカダフィ大佐《たいさ》をやめさせようとするデモが始まると、政府はそのデモを武力で弾圧しました。これに対処するため、アメリカやフランスなどの多国籍《たこくせき》軍が空爆を行いました。その後、ＮＡＴＯが引きついで、空爆は約半年間行われました。空爆の結果、カダフィ政権は事実上崩壊《ほうかい》しました。

これらの事例では、人道的介入の是非《ぜひ》が問題になりました。コソボでの空爆について、おもに先進国からなる「コソボに関する独立国際委員会」は「違法《いほう》だが正当なものだった」としましたが、内政不干渉の原則に反するとして反発する国々もありました。その後、カナダ政府が主導した「介入と国家主権に関する国際委員会」は、2001年の報告書で、人びとを保護する責任は国家にあるが、それが果たされない時は国際社会が「保護する責任」を負うとして、人道的介入を正当化しました。2005年の国際連合首脳会合の成果文書は、「保護する責任」の対象を、多くの命が失われたり人道的な危機が起きたりする場合のみにすること、武力の行使には国際連合安全保障理事会が認めることが前提であることを確認しました。2011年のリビアへの介入は、安全保障理事会が「保護する責任」にもとづいて介入を決定したものでした。

「保護する責任」にもとづいて行動したとしても、どのような行動が人びとを救い、人権を保障することになるのかという判断はとても難しいものです。一方で、じっくりと時間をかけて判断すると、危機を放置することになりかねません。「保護する責任」にもとづいてどのように行動していくのか、という問題は残されたままです。

1　難民に関連してのべた文として正しいものを、つぎのアからオまでの中から二つ選び、その記号を書きなさい。

ア　難民を保護するために、国際連合の加盟国は、助けを求めて自国に来るすべての人びとを受け入れる義務がある。

イ　イスラエルとパキスタンとの間では領土の主張などをめぐって争いが続き、多くの難民が発生した。

ウ　近年、「ロヒンギャ」とよばれる人びとがミャンマーで迫害を受けて国外に逃《のが》れたことで多くの難民が発生した。

エ　近年、シリアから逃れた人びとの多くは、政府が難民を積極的に受け入れているブラジルへと渡《わた》っている。

オ　「国境なき医師団」などのＮＧＯ（非政府組織）は、感染症《かんせんしょう》の予防、安全な水の確保などをして難民を助けている。

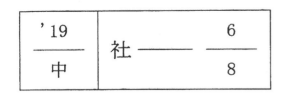

2　日本の政治や経済、外交政策に関連してのべた文として正しいものを、つぎのアからオまでの中から二つ選び、その記号を書きなさい。

ア　大きな災害が起きたとき、人びとのくらしを守るために、国会・内閣・裁判所の権限を一つに集中させて政治がうまく働くようにすることができる災害救助法がつくられた。

イ　成人年齢《ねんれい》を18歳《さい》に引き下げる改正民法が成立したため、改正民法が施行《しこう》されれば18歳や19歳は保護者の同意がなくてもスマートフォンを買うことができる。

ウ　世田谷区は、同性パートナーシップ宣誓《せんせい》の制度を取り入れており、同性カップルの結婚《けっこん》を認めることを法律で定めている。

エ　日本の人口にしめる高齢者の割合が増加しており、現在、国の支出にしめる社会保障の費用の割合は国債《こくさい》費や公共事業の費用に比べて大きくなっている。

オ　ソマリア沖《おき》の海賊《かいぞく》が大きな問題となったが、日本国憲法の平和主義にもとづいて、日本政府はソマリア沖に自衛隊を派遣《はけん》しなかった。

3　つぎの図はいくつかの内戦や地域紛争の場所を示したものである。図中の場所A～Dと説明①～④の組み合わせとして正しいものを、つぎのアからエまでの中から一つ選び、その記号を書きなさい。

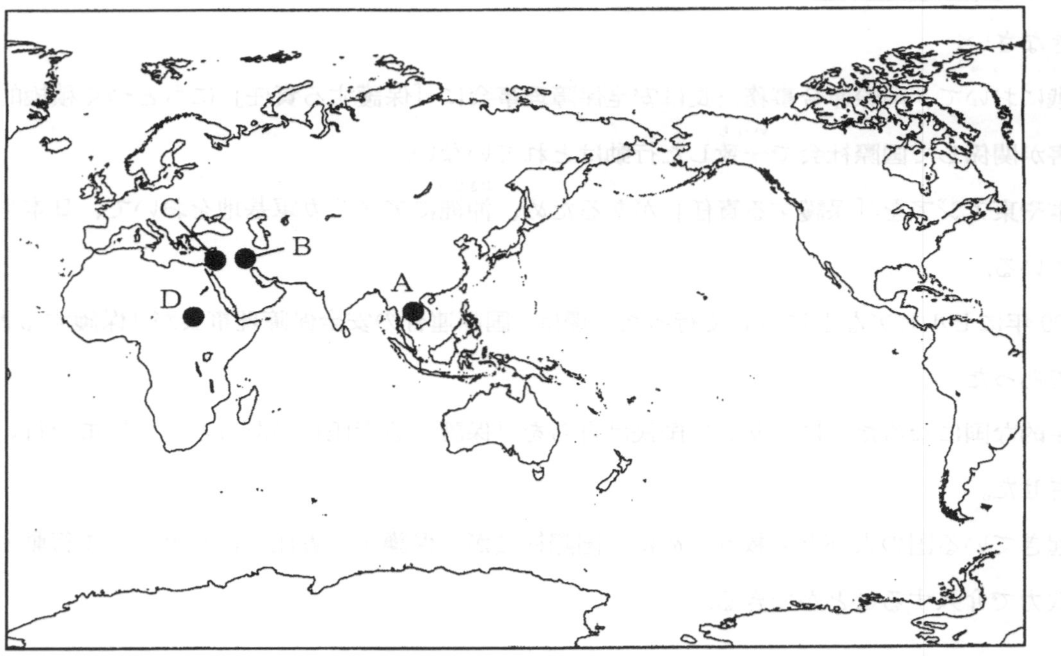

①　南北の住民の間で対立が続いていたが、南部の地域は新しい国家として独立した。

②　アメリカが攻撃《こうげき》した後、日本の自衛隊が復興を助けるために派遣された。

③　日本の自衛隊が初めて国際連合のＰＫＯ（平和維持《いじ》活動）の一環《いっかん》として活動した。

④　三つの宗教の聖地をかかえ、アラブ人とユダヤ人の対立が続いている。

ア　A-①　　イ　B-②　　ウ　C-③　　エ　D-④

4　人権に関連してのべた文として正しくないものを、つぎのアからオまでの中からすべて選び、その記号を書きなさい。

ア　日本国憲法では、教育を受ける権利が保障されているため、義務教育は無償《むしょう》となっている。

イ　日本に住んでいて税金をおさめている外国人は、日本国憲法で国政選挙の選挙権があると定められている。

ウ　日本では、法律の定める手続きによらなければ、刑罰《けいばつ》をかせられることはない。

エ　日本国憲法では、国民の三つの義務のすべてを果たしていない人には、刑罰がかせられると定められている。

オ　日本国憲法には、くらしやすい環境のもとで生活する権利である環境権が条文として書かれている。

5　本文中にあるアメリカ、イギリス、中国、ロシアに関連してのべた文として正しくないものを、つぎのアからオまでの中からすべて選び、その記号を書きなさい。

ア　アメリカと北朝鮮《きたちょうせん》の首脳会談が、2018年に史上初めて行われた。

イ　国際連合本部はアメリカにあるが、分担金の割合は中国、アメリカ、日本の順番で多い。

ウ　イギリスの女性大統領は、2019年にイギリスがＥＵ（ヨーロッパ連合）から離脱《りだつ》することを表明している。

エ　中国には、言葉や習慣がちがう50以上の民族がくらしているが、漢民族が人口全体の約50%をしめている。

オ　ロシアは、2010年代にサッカーワールドカップとオリンピックを開催《かいさい》した。

6　本文でのべられている「保護する責任」の意味をふまえた文として正しいものを、つぎのアからオまでの中から二つ選び、その記号を書きなさい。

ア　近年のシリア内戦において、国際連合事務総長は安全保障理事会に「保護する責任」にもとづく積極的な行動を求めたが、各国の利害が関係して国際社会で一致《いっち》した行動はとれていない。

イ　アメリカは、日本や東アジアを「保護する責任」があるため、沖縄《おきなわ》にアメリカ軍基地をおいて、日本や東アジアの平和と安全を守っている。

ウ　ＮＡＴＯ軍が1999年にセルビアなどに対して行った空爆は、国際連合の安全保障理事会が「保護する責任」にもとづいて認めたものであった。

エ　独裁国家から民主的な国になるために、リビア国民は自らを「保護する責任」があるとしてデモを行い、カダフィ政権を事実上崩壊させた。

オ　人道的な危機が起きている国の人びとを救うために、国際社会が「保護する責任」にもとづいて行動する場合、その国の同意なしに武力で介入することができる。

31
中
国

受験番号

氏名

解答用紙

評点

※100点満点
(配点非公表)

一

問一
A
B

問二
前者は
後者は

問三

問四

問五

二

三

問一

問二
A
B
C

問三
(ア)は
(イ)は
だが、
である。

問四

’19 中	算

受験番号		氏名	

※100点満点
（配点非公表）

解答用紙

【注意】① 答えはすべて，解答用紙の定められたところに記入しなさい。
② 円周率は3.14を用いなさい。

評点	

	計算		答え
[1]		(1)	km
		(2)	方角　　距離　　km
		(3)	
[2]		(1)	と　，　と
		(2)	通り
		(3)	通り
[3]		(1)	重なるまでの時間　　秒後　　Aからの距離　　m
		(2)	重なるまでの時間　　秒後　　Aからの距離　　m
		(3)	重なるまでの時間　　秒後　　Aからの距離　　m
[4]		(1)	度
		(2)	cm
		(3)	cm^2

’19 中	理

受験番号		氏名	

解答用紙

※100点満点
（配点非公表）

評点	

1	1	ツバメ		カラス							
	2	場　所		材　料							
	3										
	4	①		②							
2		①		②							
3	1										
	2										
	3										
	4										
	5										
4	1	①		②		③					
	2	g									
	3										
5	1	①		②		③		④		⑤	
	2										
6	操作2	①		②							
	操作3	③		④							
	操作4	⑤		⑥		⑦					
7	1		鏡1	鏡2	鏡3	鏡4	鏡5	鏡6			
		①									
		②									
	2	通り									

'19 中	社

受験番号		氏名	

解　答　用　紙

※100点満点
（配点非公表）

評点	

1

1			
2			
3			
4			
5			
6	価値	動植物	
7			

2

1	A		B					
	C		D					
2	①		②		③		④	
	⑤		⑥		⑦			
3	(1)							
	(2)	30						
4	(1)							
	(2)							

3

1	
2	
3	
4	
5	
6	

筑波大学附属駒場中学校

令2 — 中 — 国 — 1 — 5

(40分)

［注意］ 答えはすべて、解答用紙の定められたところに記入しなさい。
本文は、問題作成上、表記を変えたり省略したりしたところがあります。

一 次の文章を読んで、後の問いに答えなさい。

以前、目の見えない知人が、柱にぶつかるのは悪いことじゃない、と言っていた。目の見える側からすると、柱にぶつかるのは「あぶないこと」だ。けれども彼《かれ》らにしてみれば、ぶつかることだって「ああ、ここに柱があるのね」という知覚方法の一種である。ある観点からすれば「しっぱい」でも、①別の観点からすれば「せいこう」だ。

ここ二週間の私は、まさに「柱にぶつかりまくっている」状態である。三月末に桜の咲《さ》きかけた日本を離《はな》れ、アメリカのボストンに移住。家族とともに、半年ほどこちらに滞在《たいざい》する予定だ。慣れない土地にいると、自分にとって当たり前だと思っていたことが思わぬしっぱいであったりする。でもそのことによって「へーしっぱいなんだ！」とそこに柱があったことに気づく。

たとえば数字「0」の発音。美術館に行くと、来訪者の情報を集めるために居住地の郵便番号を聞かれることが多い。私が住んでいる地域は郵便番号が0から始まるので、「ゼロ、トゥー、……」と言うと、相手が聞き返してくる。それで、もう一度「ゼロ、トゥー、……」と言うが通じない。仕方なく、紙に書いて伝えるはめになった。

それから数日後。テレビのCM《シーエム》を見ていて②何が「柱」だったのか分かった。0の発音は「ゼロ」ではなくむしろ「ズィーロウ」のような感じなのである。まさか「ゼロ」がカタカナ英語だったとは。それ以来、そのタイミングがくるたびに、あのCMのコメディアンを真似《まね》て、思い切り「ズィーロウ」と発音している。

あるいはスーパーに行ったとき。アメリカはクラフトビールがおいしいと聞いていたので、夕食時に一杯《いっぱい》やりたくてぶらぶら店内を物色していた。ところがどこを探してもビールを売っていない！　ビールどころかワインもウイスキーも売っていない！　おかしいと思ってレジの店員さんにたずねると「うちはアルコールを売る店じゃないのよ」との返事。それならばと二軒目《にけんめ》のスーパーに入ったが、ここでも結果は同じ。結局、小さな酒屋を見つけて、やっとこさビールにありつくことができた。

あらためて調べてみると、ここマサチューセッツ州では、特別な許可がないかぎりスーパーや食料品店ではアルコールを扱《あつか》ってはいけないことになっているそうなのだ。つまり、それだけアルコールに対する警戒心《けいかいしん》が高いということ。夕暮れのスーパーで「ビールはないのか？」と訊《き》いてくるアジア人は、そうとうヤバい客に見えていたかもしれない。

救いなのは、こちらに来てから一度も、しっぱいを恥《は》ずかしいと思わずに済んでいることである。私がいくらおかしな発音をしたり、あやしい振《ふ》る舞《ま》いをしたとしても、相手は怪訝《けげん》な顔をしないのだ。「ゼロ！」と言い張っても、「なぜかしら、私には聞き取れなくて……」と本気で考えてくれている風だし、「ビール！」と質問しても笑顔《えがお》で首を振る。もしこれが、「何を言っているんだこいつは」という態度で返されていたら、わたしのしっぱいは恥《はじ》となり、次のチャレンジをする勇気を失っていただろう。

③逆もまたしかりである。ボストンは海辺の町ということもあり、ファストフード店などでもパックに入ったサーモンの寿司《すし》を売っている。サーモンマニアの九歳《きゅうさい》の息子は当然食卓《しょくたく》に並んだそれにとびつき、ぱくぱくと口に入れた。「ん、おいしい！」と口にはしたものの、なんだか微妙《びみょう》な顔。サーモンは確かにおいしいのだが、シャリに使われている米の種類がコシヒカリやあきたこまちではなく、こちらで主流のジャスミンライスで、「日本のとはなんか違《ちが》う」のだ。

息子も最初は「なんか違う」派だった。日本の本物のお寿司が食べたい、いつものラーメンが食べたい、と駄々《だだ》をこねていた。けれどもお母さんがいかにしっぱいをしているか、そしてそれに対してこちらの人が寛容《かんよう》か、という話をしてから、態度が変わってきた。「本物／にせもの」「いつもの／へんな」という二分法が、いかに人を傷つけるかに気づいたのである。お母さんがしゃべるブロークンな英語もたくさんある英語のひとつだし、アメリカの粘《ねば》り気《け》のないお寿司もたくさんあるお寿司のひとつなのだ。どちらもしっぱいだし、同時にしっぱいじゃない。

ダイバーシティとか寛容さということが言われるけれど、しっぱいとの付き合い方を考えることは、その第一歩なのかもしれない。自分のしっぱいを通して相手を知ること、そして相手のしっぱいを通して④自分をひろげること。

いや、むしろ自分のしっぱいを経由しないダイバーシティなんて、単なる傲慢《ごうまん》でなくてなんだろう。しっぱいを通して、人は初めて自分にとっての「当たり前」を相対化するチャンスを得るのだから。「みんなちがってみんないい」もとい「みんなしっぱいしてみんないい」だ。

（伊《い》藤《とう》　亜《あ》紗《さ》「ゼロとお寿《す》司《し》」『飛ぶ教室　第58号』光村図書出版所収より）

〈注〉　ダイバーシティ……性別、人種、国籍《こくせき》などの違いを受け入れ、尊重すること。

問一　――①「別の観点からすれば『せいこう』だ」とありますが、なぜ「せいこう」なのですか。

問二　――②「何が『柱』だったのか分かった」とありますが、この例ではどのようなことを「柱」と表しているのですか。

問三　――③「逆もまたしかりである」とありますが、ここではどういうことですか。

問四　――④「自分をひろげること」とはどういうことですか。

□二 北海道の小樽市《おたるし》に住んでいる小学四年生の西村朝日《にしむらあさひ》は、お父さんと信用組合に勤めているお姉ちゃんとの三人で暮らしています。次の文章を読んで、後の問いに答えなさい。

学校から家に帰ると、朝日は素早《すばや》くランドセルを下ろし、肩《かた》ベルトを持って階段の下まで行って、腕《うで》を後ろに引いたのち、思いきり放り投げる。

いくらどんなにがんばっても階段のいちばん上には届かない。朝日の家の階段は途中《とちゅう》で右に曲がっている。でもいつか届く日がくるのではないかと朝日は思っていた。ある日、なにかの拍子《ひょうし》に大きく右に曲がるランドセルの投げ方を会《え》得《とく》するかもしれないと期待しているからなのだった。

朝日の「期待」にはもうひとつあった。こうやって毎日放り投げていれば、ランドセルが早く傷《いた》む。ランドセルは、古びていればいるほどかっこいい。ところどころの縫《ぬ》い目《め》がほころび、いくつか傷がつき、ふちがめくれ上がったかぶせのかっこよさは、一年生が背負うカブトムシみたいに硬《かた》くてつやつや光るそれの比ではない。

朝日のランドセルは着実にその状態に近づいていた。ことに、かぶせに付いている、二本の時計バンドのようなもののくたびれ方なぞは相当いい線をいっているとひそかに自慢《じまん》しているのだが、六年生のランドセルを見かけたら、まだまだだと思わざるをえなく、早くあの域に達したく、毎日の放り投げはもちろん、必要以上の回数と乱暴さを以《もっ》てランドセルを開閉していた。たまに踏《ふ》んづけてみたりもした。

それから朝日は水を飲む。使うコップは、ノルウェーの国旗のもようの入ったマグカップだ。

おととい、島田《しまだ》さんにもらったお土産《みやげ》である。島田さんはお父さんの友だちで、普段《ふだん》は会社員をしているが、実はスキーの「距離《きょり》」の選手で、国内はもとより外国の大会にも出場している。二年前のオリンピックにも出たし、再来年の札幌《さっぽろ》オリンピックにも出るかもしれないほどの選手なのだが、朝日の家では単に「お父さんの友だち」として扱《あつか》われていた。

島田さんは、年に数度やってきては、お父さんと無駄話《むだばなし》をして帰る。かならず外国のお土産を持参し、「これはどこそこで買ったもの」と地名を言い、朝日とお姉ちゃんにわたす。おととい持ってきたのは「ノルウェーのオスロで買ったマグカップ」で、お姉ちゃんには「フランスのグルノーブルで買ったハンカチ」だった。

島田さんのお土産は、その年に行った外国のものではないところに特徴《とくちょう》があった。たぶん、島田さんの家には、あちこちの外国で買ったお土産がたくさんあり、そのなかから、適当に選んで持ってくるのだろう、というのがお姉ちゃんの意見だった。

買ったばかりの新しいお土産を持ってこないのは、「なんとなくいたましい（もったいない）」からで、「そういうケチくさいところがあるから、スキーもパッとしないんでない？」と島田さんが帰ったあと、ビールジョッキを洗いながらつづけた。

「辛辣《しんらつ》だなあ」

お父さんがかぶりを振《ふ》ったら、お姉ちゃんは、

「なーんか焦《じ》れ焦れすんだよね、あのひと見てると」

とそっけなく応じた。

『あのひと』っておまえ」

お父さんはちょっと無理した感じで苦笑いをし、

「おれの友だちなんだから、気ぃ使えや」

と、①わりと本気の声で言った。島田さんは国際大会で華々《はなばな》しく活躍《かつやく》したことがなく、かといって国内でも無敵というわけではない選手だった。それをお父さんはいつも、なにかというとからかいの種にするのだが、自分が言うのとお姉ちゃんに言われるのでは話がちがうようだった。

それは朝日も感じた。お父さんが島田さんに言う「パッとしない」には長年の友だちならではの親しみと、成績こそふ

るわなかったが国際大会に出られたのだからたいしたものだという尊敬と賞賛が込《こ》められているが、お姉ちゃんの口にした「パッとしない」には、「パッとしない」よりほかの意味がなさそうだった。

でも、きっと、島田さんは、お姉ちゃんにそう言われても、お父さんに言われたときのように「いやー」と短い横分けの頭を掻《か》いて、日に灼《や》けた四角い顔をほころばせるんだろうな、と思った。眉毛《まゆげ》も目尻《めじり》も下げて、分厚い肩《かた》をすくめ、衿《えり》が片方なかに入ったポロシャツの胸元《むなもと》を上下させて、「は、は、は」と笑うんだろうな、と。

「あれでもいいとこはあるんだしよ」

お父さんが言いかけたら、お姉ちゃんは、濡《ぬ》れた手をタオルで拭《ふ》いてから、ポニーテールのシッポの部分をふたつに分けてきゅっと引っ張り、結び目のゆるみを直して、

「気は使ってます。まさか面と向かって言うわけないじゃないの」

ただなんか②肝《きも》焼けるだけ、とシンクのふちを手のひらでトンと叩《たた》いた。

（お姉ちゃんはなー）

朝日は胸のうちでつぶやいた。③一年生の背負うランドセルみたいだ、というようなことをつづけて思った。総じて女子のランドセルは男子よりきれいだが、もしお姉ちゃんをランドセルにたとえたら、六年生になっても交通安全の黄色い布がよく似合う新品みたいな状態ではないか。革《かわ》が硬《かた》くて、縫《ぬ》い目《め》もほつれてないやつ。よほど丁寧《ていねい》に扱《あつか》わないとそうはならない。

だからなのかもしれないが、お姉ちゃんは朝日がランドセルを手荒《てあら》に扱うのが我慢《がまん》できないようすだ。朝日の放り投げや踏《ふ》んづけ行為《こうい》を見つけると、「なんてことするの！」とただでさえ大きな目をひんむいて怒鳴《どな》る。ややしばらくキーキー声で怒《おこ》ったあと、④低く、湿《しめ》った声に変え、「そんなことをしたら、お母さんが悲しむ」と朝日がいちばんこたえる言葉を言うのだった。

それを聞くと、朝日は自分がこの世でもっとも悪い人間になった気がしてくる。お姉ちゃんが朝日を叱《しか》るときには決まりごとのように「お母さんが悲しむ」と言うので、朝日にしてみれば聞き慣れた言葉なのだが、言われると、いつも新鮮《しんせん》に、こころが黒く塗《ぬ》りつぶされる。朝日は写真でしかお母さんを知らなかった。お母さんは、朝日を産んだときに天国にとられてしまった。

（朝倉《あさくら》 かすみ『ぼくは朝日』より）

〈注〉 二年前のオリンピック……一九六八年、フランスのグルノーブルで行われた冬季オリンピック。次の一九七二年大会は札幌《さっぽろ》で開催《かいさい》された。

問一 ——①「わりと本気の声で言った」のはなぜですか。

問二 ——②「肝焼ける」とは方言の一つですが、話の流れから推測すると、どのような意味ですか。

問三 ——③「一年生の背負うランドセルみたいだ、というようなことをつづけて思った」とありますが、朝日はお姉ちゃんをどんな性格と考えていますか。

問四 ——④「低く、湿った声に変え」たのはなぜですか。

三　次の詩を読んで後の問いに答えなさい。

栞《しおり》　　蜂飼《はちかい》　耳《みみ》

どうしているかな
　引《ひ》っ越《こ》したあの子
　　きっとげんきだと思うけれど
　　　そしてあたしもげんきだけれど
　　　　離《はな》れていくのがわかるよね
　　　　　パンゲア大陸のように
　　　　　　すこしずつ離れていく
　　　　　　　居場所を変えない樫《かし》の木は
　　　　　　　　栞のようにあかるい
　　　　　　　おなじページを何度でも読む
　　　　　　根もとに埋《う》めた箱のなかみを
　　　　　いつまで憶《おぼ》えていられるのかな
　　　　ふたりで作ったものが
　　　森には　まだまだ残っている
　　いっしょに掘《ほ》った穴ね
　自分で落ちたよ　こないだ
しばらく出たくなかった

〈注〉　パンゲア大陸……古代の地球には一つの大陸だけがあったという考え方があり、この大陸が分裂《ぶんれつ》してユーラシア大陸やアメリカ大陸ができたとされる。

問一　「栞のようにあかるい」とはどういうことですか。

問二⑴　この詩の行の配置には、どのような見た目の特徴《とくちょう》がありますか。

⑵　⑴の特徴は、どのようなことを表していると想像できますか。

【注意】 ① 答えはすべて，解答用紙の定められたところに記入しなさい。

② 円周率は 3.14 を用いなさい。

(40分)

［1］ 次の問いに答えなさい。

(1) 1個50円の品物A《エー》，1個100円の品物B《ビー》をそれぞれ何個か買ったところ，代金は1000円でした。A，Bを買った個数の組み合わせとして考えられるものは何通りありますか。

ただし，どの品物もそれぞれ少なくとも1個は買うものとします。

(2) 1個50円の品物A，1個100円の品物B，1個150円の品物C《シー》をそれぞれ何個か買ったところ，代金は700円でした。A，B，Cを買った個数の組み合わせとして考えられるものは何通りありますか。

ただし，どの品物もそれぞれ少なくとも1個は買うものとします。

(3) 1個47円の品物X《エックス》，1個97円の品物Y《ワイ》，1個147円の品物Z《ゼット》をそれぞれ何個か買ったところ，代金は1499円でした。X，Y，Zを買った個数の組み合わせとして考えられるものは何通りありますか。

ただし，どの品物もそれぞれ少なくとも1個は買うものとします。

［2］ 100 から 199 までの 100 個の整数から 1 つ選び，それを「もとの数」と呼びます。「もとの数」の各桁《けた》の数字を入れかえてできる数と「もとの数」のうち，たがいに異《こと》なるものの和を「合計数」と呼びます。ただし，百の位が 0 となるものは 2 桁の数，百の位と十の位がともに 0 となるものは 1 桁の数として和を考えます。

例えば，「もとの数」が 100 のとき，「合計数」は 100，10，1 の和で，111 になります。

「もとの数」が 101 のとき，「合計数」は 101，110，11 の和で，222 になります。

「もとの数」が 111 のとき，入れかえても 111 だけなので，「合計数」は 111 になります。

このとき，選んだ「もとの数」と「合計数」との関係は次の表のようになります。

もとの数	100	101	102	103	104	…	111	…	199
合計数	111	222	666	888	1110	…	111	…	

次の問いに答えなさい。

(1) 「もとの数」が 105 のとき，「合計数」を求めなさい。

(2) 「合計数」が 999 となるような「もとの数」があります。そのような「もとの数」をすべて答えなさい。

(3) 「合計数」が 2020 より大きくなる「もとの数」があります。そのような「もとの数」は何個ありますか。

［3］　ある会社のタクシーでは，距離に関する料金が，2000 m までの利用で 740 円，そのあとは 280 m の利用につき 80 円ずつ加算されます。

したがって，利用した距離が 2000 m 以下のときは，距離に関する料金は 740 円，
利用した距離が 2000 m をこえると，距離に関する料金は 820 円，
利用した距離が 2280 m をこえると，距離に関する料金は 900 円，
・・・・・・
となります。

(1)　このタクシーを利用した距離が 5000 m のとき，距離に関する料金はいくらですか。

この会社のタクシーでは，距離に関する料金に，時間に関する料金を加えて「運賃」としています。
時間に関する料金は，タクシーの利用開始から 3 分後に 80 円，その後も 3 分ごとに 80 円ずつ加算されます。
したがって，利用した時間が 3 分未満のときは，時間に関する料金は 0 円，
利用した時間が 3 分以上になると，時間に関する料金は 80 円，
利用した時間が 6 分以上になると，時間に関する料金は 160 円，
・・・・・・
となります。

タクシーの速さはつねに時速 42 km であるとして，次の問いに答えなさい。

(2)　このタクシーを利用した距離が 7500 m のとき，「運賃」はいくらですか。

(3)　「運賃」がはじめて 3700 円になるのは，このタクシーを利用した距離が何 m をこえたときですか。

[4]　図1のように，長方形ＡＢＣＤ《エービーシーディー》において，辺 AB の長さが 2 m，辺 AD の長さが 1 m です。この長方形の内側に点Ｐ《ピー》を，4 つの三角形 PAB，PBC，PCD，PDA の面積がすべて異《こと》なるようにとります。4 つの三角形を，面積の小さい順に㋐，㋑，㋒，㋓としたところ，三角形 PAB が㋐となり，㋐と㋑，㋑と㋒，㋒と㋓の面積の差がすべて等しくなりました。次の問いに答えなさい。

図 1

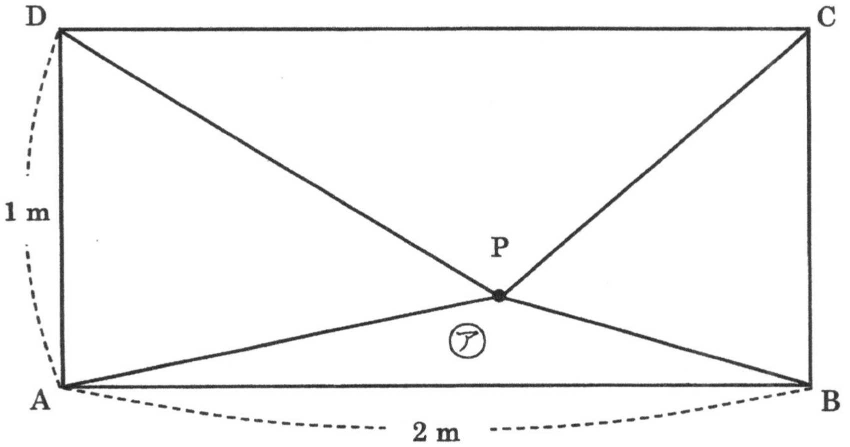

(1)　㋐の面積が $\frac{1}{6}$ m^2 のとき，㋓の面積を求めなさい。

(2)　点 P が図 2 の位置にあるとき，三角形 PDA が㋑です。また図 2 で，点 Q《キュー》は辺 AD 上，点 R《アール》は直線 PQ 上にあり，PQ と AD は垂直です。さらに，斜線《しゃせん》で示した図形 DRAP の面積は，㋐と㋑の面積の差に等しく，$\frac{1}{6}$ m^2 です。このとき，QR の長さを求めなさい。

図 2

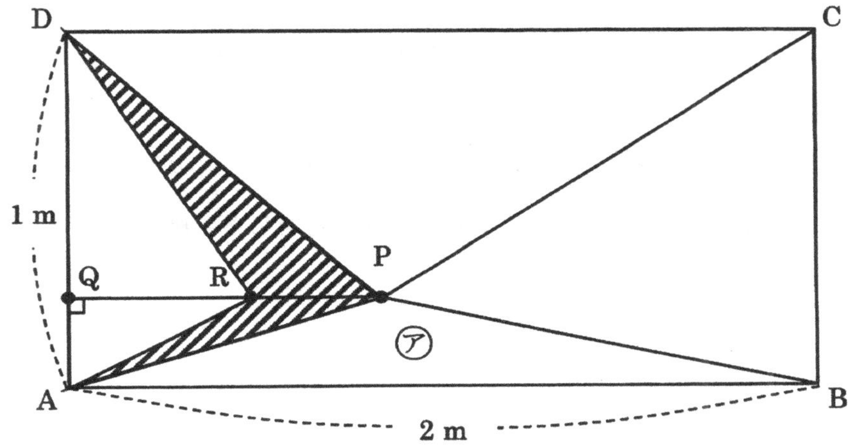

(3)　点 P として考えられるすべての位置を解答欄《らん》の長方形 ABCD の内側にかきなさい。ただし，㋐，㋑，㋒，㋓の面積はすべて異なるので，図 3 の点線部分は答えに含まれません。

図 3

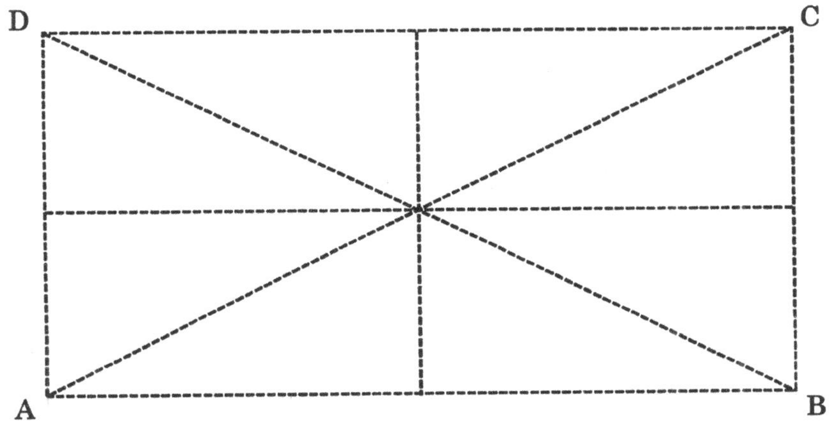

【注意】答えはすべて、解答用紙の定められたところに記入しなさい。また、指示されたもの以外の答えは、ア～シなどのなかから選んで答えなさい。

（40分）

1　黒い積み木を１０個、白い積み木Ａ、Ｂ、Ｃ、Ｄを１個ずつと板で作ったてんびんを用意した（図１）。いずれの積み木も底面の大きさが等しい直方体で、黒い積み木とＡの重さは等しく、Ｂ、Ｃ、Ｄの重さはそれぞれＡの２倍、３倍、４倍である。てんびんは中央に支点があり、左右５か所ずつ区切った場所に、支点から外に向かって①～⑤と番号をつけた。この場所に黒い積み木を置いて土台とし、その上に白い積み木を積むこととする。また、何も置いていないとき、板は水平のままであった。以下の文に続く後の各問いに答えなさい。

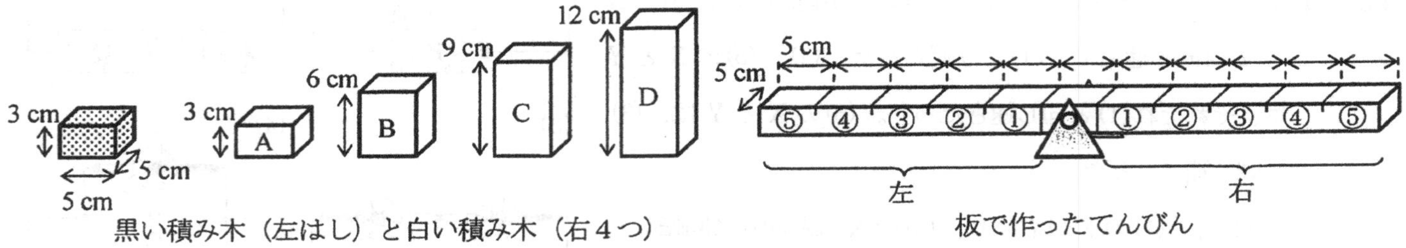

黒い積み木（左はし）と白い積み木（右４つ）　　板で作ったてんびん

＜図１＞

【操作１】黒い積み木を板に置いて土台を作る。次の(1)、(2)の場合、板が水平のままとなる土台が何通りできるか調べた。ただし、左右を入れかえただけのものは同じ置き方とし、１通りと数える。

(1) 板の左右に２個ずつ、４個ともちがう番号に置いた（左右で同じ番号に置かない）場合

(2) 板の左に２個、右に１個置いた場合

【操作２】操作１の(1)で板が水平のままとなる土台を、次のルールにしたがって４けたの数で表した。

黒い積み木を左の①と⑤、右の②と③に置いた場合、板の左はしから順に⑤①②③と並んだことになる。これを４けたの数 5123（図２の上）と表す。3215（図２の下）も同じ置き方と考えるので、大きい方の 5123 をこの土台を表す数とする。

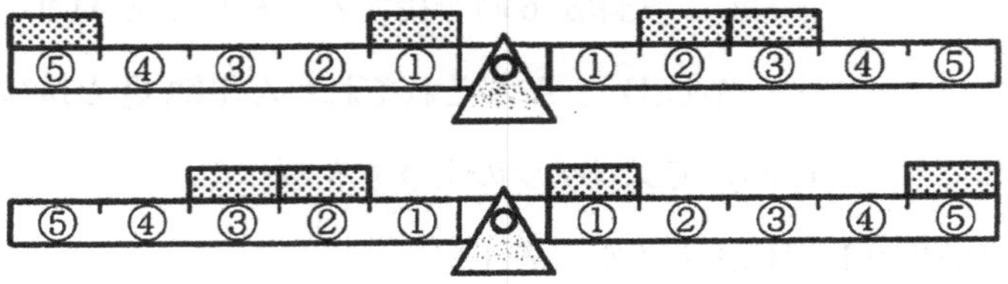

＜図２＞

【操作３】操作１の(1)で板が水平のままとなる土台のうち、操作２で表した４けたの数が最も大きな土台を用意し、黒い積み木の上に白い積み木を積む。次の(3)、(4)の場合、板が水平のままとなる積み方が何通りあるか調べた。

(3) ４個の黒い積み木の上に、白い積み木Ａ～Ｄを１個ずつ積んだ場合

(4) ４個の黒い積み木から選んだ３個の上に、白い積み木Ａ、Ｂ、Ｃを１個ずつ積んだ場合

【操作４】操作３の(4)で板が水平のままとなる積み方では、黒い積み木が置かれていない場所が６か所ある。このすべてに黒い積み木を１個ずつ置いた後、板がどうなるか調べた。

１．操作１の(1)、(2)では、板が水平のままとなる土台はそれぞれ何通りできますか。

２．操作３で用意した土台を表す４けたの数を書きなさい。また、操作３の(3)、(4)では、板が水平のままとなる積み方はそれぞれ何通りありますか。

３．操作４の結果、どうなると考えられますか。

ア　白い積み木の積み方によらず、板の左はしが下がる。

イ　白い積み木の積み方によらず、板は水平のままとなる。

ウ　白い積み木の積み方によらず、板の右はしが下がる。

エ　白い積み木の積み方によって、板の右はし、または左はしが下がるが、水平のままになることはない。

オ　白い積み木の積み方によって、板の右はし、または左はしが下がる。あるいは水平のままとなる。

2　同じ2つのかん電池PとQ、同じ2つのプロペラ付きモーターXとY、どう線を用意して以下の実験を行い、それらの結果をまとめた。ただし、モーターから出ている2本のどう線は、白と黒で区別する。後に続く各問いに答えなさい。

【実験1】かん電池、モーター、どう線を使ったいろいろなつなぎ方（図1）で、プロペラの回転の「速さ」と「向き」を比べた。

【結果1】「速さ」:(1)と(2)で比べると、(2)の方が速かった。(3)のXとYは同じ速さで、(1)より遅かった。(4)、(5)のXとYは、それぞれ(1)と同じ速さだった。(6)のXとYは、(3)と同じ速さだった。

「向き」:(1)のXは右回り、(2)のXは左回りに回転し、(3)～(6)のXは右回り、Yは左回りに回転した。

【実験2】図2のように、かん電池P、モーターX、モーターYを回転できる円板の上でつないだ。たんしAとBはもう1つのかん電池Qとつないである。円板にかかれた矢印は、いま12時を向いているが、円板を時計回りに回転して矢印が3時を指すと、今度はたんしBとCがかん電池Qと接続する。同様に、矢印が6時を指すとたんしCとDが、9時を指すとたんしDとAがそれぞれかん電池Qと接続する。4つの向きでプロペラのようすを調べた。

【結果2】表にまとめた（表1）。

「速さ」:プロペラが図1の(1)と同じ速さで回転した場合は“○”、(2)と同じ場合は“◎”、(3)のX、Yと同じ場合は“△”、回転しなかった場合は“×”と記した。

「向き」:右回りに回転した場合は“右”、左回りに回転した場合は“左”、回転しなかった場合は“×”と記した。

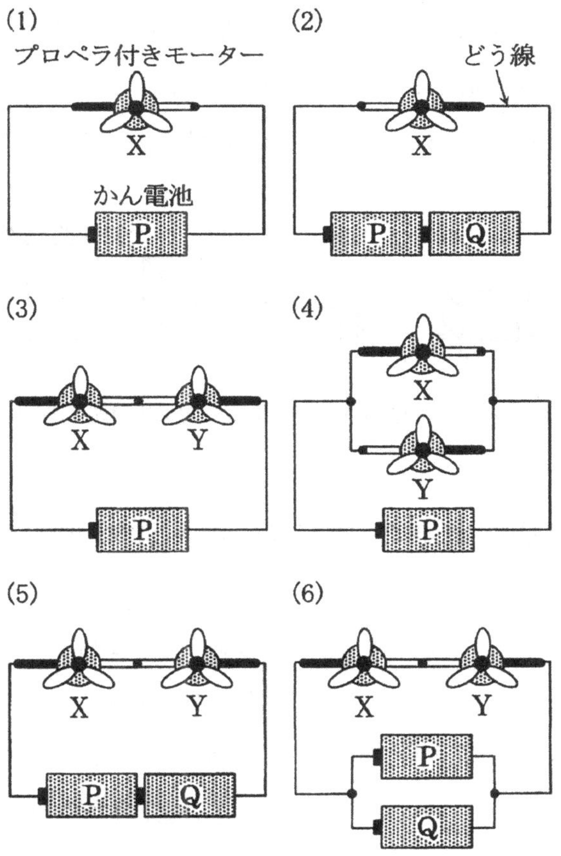

＜図1＞

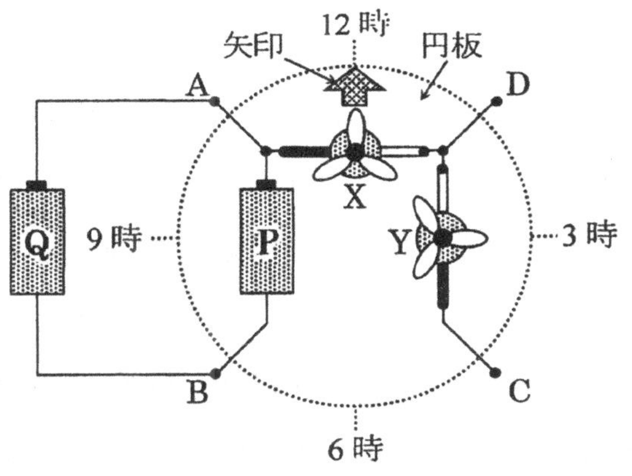

＜図2＞

1．表1の①～⑥に、◎、○、△、×、右、左を入れなさい。

2．実験2の円板上で図3のようなつなぎ方をした。□にはかん電池P、モーターX、モーターYのいずれかが入る。その結果の一部が記された表2の①～⑤に、◎、○、△、×、右、左を入れなさい。

表1　実験2の結果

矢印の向き	モーターX		モーターY	
	速さ	向き	速さ	向き
12時				
3時	①	②	③	
6時			④	⑤
9時	⑥			

表2　問題2の結果

矢印の向き	モーターX		モーターY	
	速さ	向き	速さ	向き
12時	①		②	③
3時			×	
6時			◎	右
9時	④		⑤	

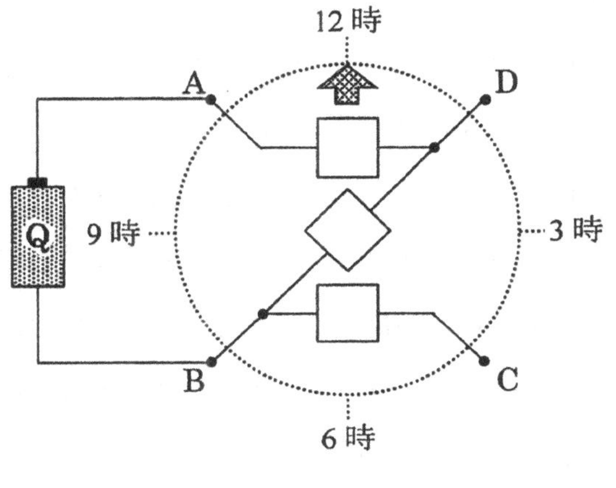

＜図3＞

3 あきらくん、さとしくん、けんたくんの３人は、学校からの帰り道で、受験が終わったら何をするかということについて、いろいろおしゃべりをした。以下の□内の３人の会話を読み、後の問いに答えなさい。

あきらくん：いよいよ受験まであとひと月を切ったね。
さとしくん：そうだね。ひと月後の受験が終わったら何する？
けんたくん：ぼくは思いっきりねたい。
さとしくん：え？きみあまりねてないの？
けんたくん：いや、そういうわけじゃないけど、してみたくない？
あきらくん：まあ、ゲームのやり過ぎよりはいいかもね。

1．けんたくんがねぼうして起きたときには、もうすっかり明るくなっていた。その日が晴れていたとして、時計を使わないで起きたときのおおよその時刻を知る方法を10字以内で答えなさい。

さとしくん：ぼくは博物館に行ってみたいな。
けんたくん：ふ～ん。何か見たいものがあるの？
あきらくん：そういえば、去年、北海道でほぼ全身の骨格が残っていたきょうりゅうが展示されたね。
さとしくん：むかわりゅうだよ。日本ではとてもめずらしいそうだから見てみたいな。
けんたくん：それはどんなものなの？

2．右の写真は、2018年に発表されたむかわりゅうの骨格である。むかわりゅうと同じころ海に生きていて、今はいない生物を１つあげなさい。

あきらくん：ぼくはスキーに行きたいな。
さとしくん：ああ、きみスキー上手だからね。
けんたくん：ぼく運動は得意じゃないから行かないな。
あきらくん：いや、バランスをうまく取ればだいじょうぶだよ。
さとしくん：でも、今年は雪が少ないんじゃなかったっけ。

3．雪を降らせる雲はどれですか。すべて選びなさい。

ア　あま雲　　イ　すじ雲　　ウ　わた雲　　エ　にゅうどう雲

3は次のページに続く

けんたくん：ぼくは温泉に行きたいな。
さとしくん：ああ。受験校の修学旅行では、そういうコースもあるみたいだね。
けんたくん：え〜！いいなあ。ぼくもその学校に行きたい。
あきらくん：いや〜、そうとう勉強しなきゃいけないね。
けんたくん：ぼく、がんばるもん。

4．いくつかの火山の近くには発電を行うし設があり、火力発電と同じしくみで発電機を回す。発電機を回すには、温泉のもとになる火山周辺の高温の水から発生する気体を使う。それは何ですか。

さとしくん：寒いけど、そのせいか星がきれいに見えるね。
けんたくん：本当だ。今、南の空に見えている星座はなあに？
あきらくん：オリオン座だね。冬の大三角形が良くわかるよ。
けんたくん：え〜、どれがどの星なの？

5．冬の大三角形をつくる星 A〜C の名前はそれぞれどれですか。また、一番明るい星と赤い星を A〜C からそれぞれ選びなさい。

ア　リゲル　　イ　プロキオン　　ウ　アンタレス　　エ　ベテルギウス　　オ　シリウス

★ B　　左の図は、ほぼ南中時の星の位置を表している。

A ★

★ C

4 春になると、草むらの草の先たんなどによくナナホシテントウが見られる。学校の草むらでナナホシテントウが卵を産んでいたので、成虫と卵をいっしょに飼育ケースに入れてしばらく観察してみることにした。2、3日たったころ、卵がふ化して幼虫がかえったので、そのまま飼育ケースで観察することにした。次の各問いに答えなさい。

1．ナナホシテントウの成虫の体についての説明で、正しいものを2つ選びなさい。

ア
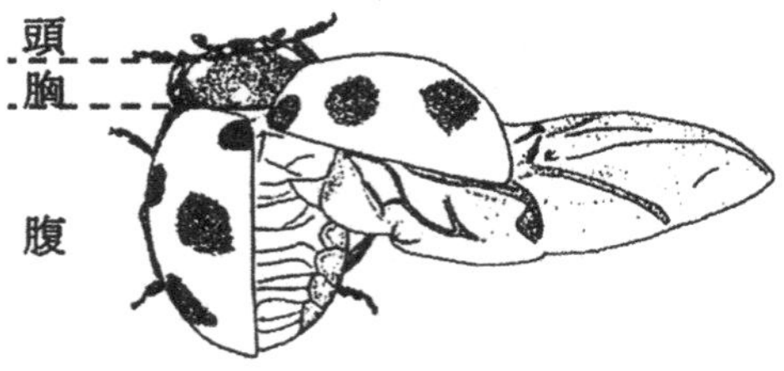

イ
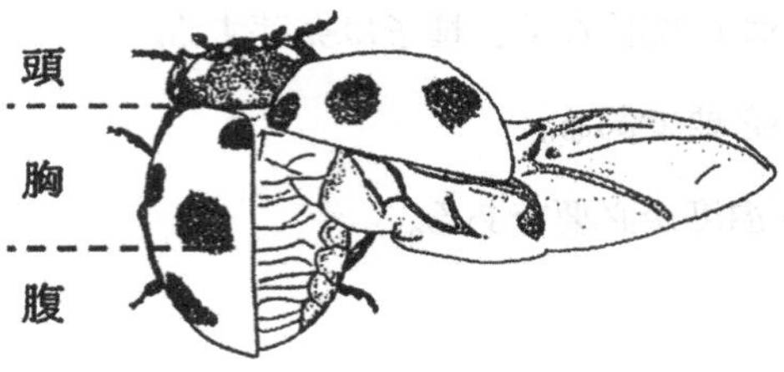

ウ
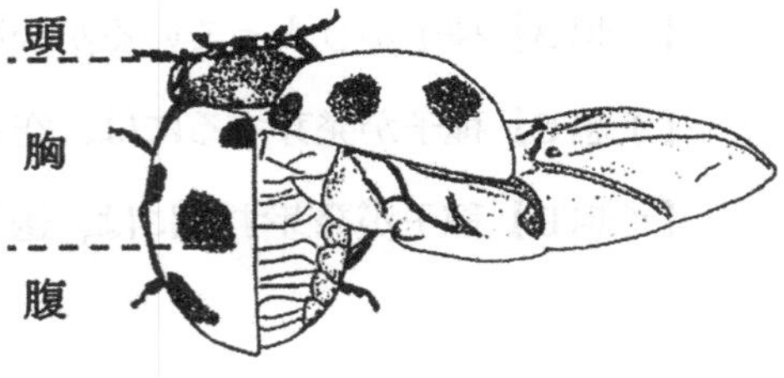

エ
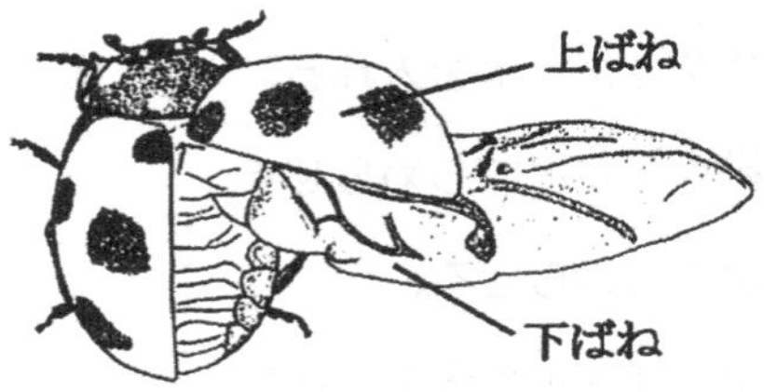

オ
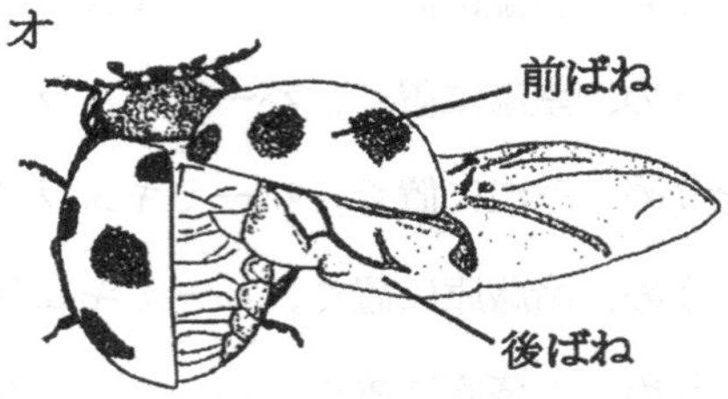

カ
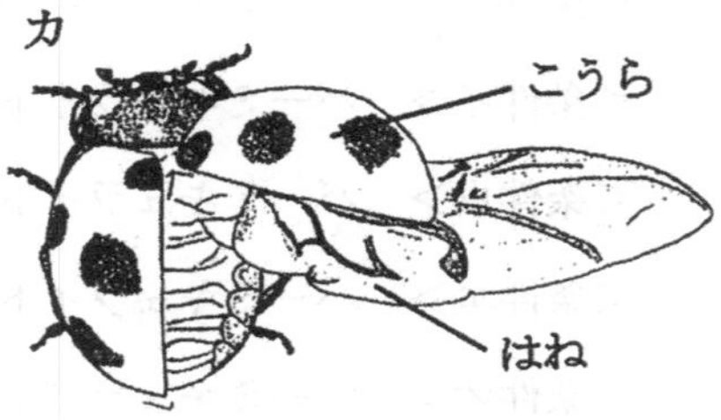

2．ナナホシテントウの幼虫のすがたとして正しいものを選びなさい。

ア

イ
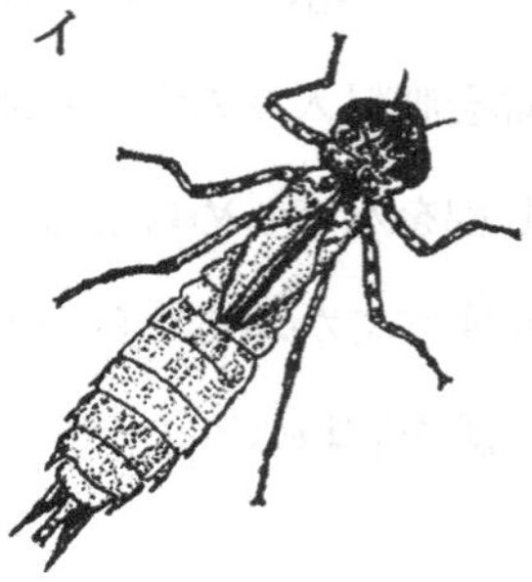

ウ

エ
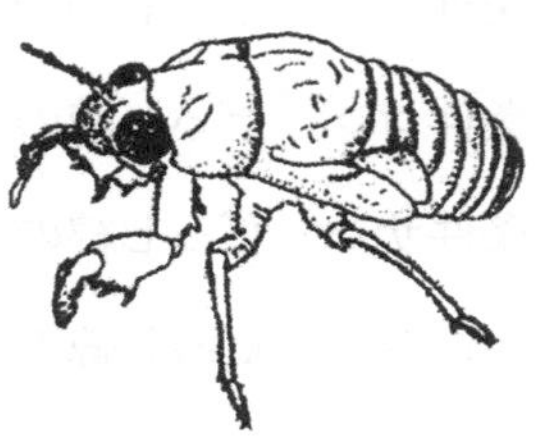

3．ナナホシテントウの幼虫と成虫にやるえさとして適当なものをそれぞれ選びなさい。同じものを選んでもよい。

ア キャベツ　イ 落ち葉　ウ アブラムシ　エ どんぐり　オ 花粉　カ 砂糖水

4．ナナホシテントウの幼虫ははじめ15ひきいたが、数日後、さなぎになる前に幼虫は5ひきに減ってしまった。その理由として考えられることと、これ以上幼虫を減らさないための工夫としてできることを、それぞれすべて選びなさい。

〔理由〕

ア えさをたくさん食べすぎた

イ ケースのふたのすき間からにげた

ウ 成虫が幼虫の世話をしなかった

エ 幼虫がほかの幼虫を食べた

〔工夫〕

ア 成虫をケースからとりのぞく

イ 新しい成虫をつかまえてきてケースに入れる

ウ 幼虫を1ぴきずつ別のケースに分ける

エ 新しいえさをケースに入れる回数を減らす

オ ケースのふたをガーゼと輪ゴムに変える

5　さとしくんは、インゲンマメの種子が発芽する条件について４つの予想Ａ～Ｄを立てた。次に条件ア～シを考え、４つの予想を確かめるのに必要な実験だけを選んで実行し、種子が発芽するかどうかを確かめることにした。室温は 25 ℃、冷蔵庫の温度は４℃、１つのプラスチックカップに１つのインゲンマメの種子を入れ、バーミキュライトとだっし綿には肥料はふくまれていないものとする。後の各問いに答えなさい。

【予想Ａ】水に肥料がふくまれているかいないかに関係なく、種子は発芽する。
【予想Ｂ】種子がうまっているかいないかに関係なく、種子は発芽する。
【予想Ｃ】種子が発芽するには、空気が必要である。
【予想Ｄ】種子が発芽するには、適当な温度が必要である。

＜条件ア＞　バーミキュライトに種子をうめ、室温に置く。バーミキュライトを水でしめらせる。
＜条件イ＞　バーミキュライトに種子をうめ、室温に置く。バーミキュライトと同じ深さまで水を入れる。
＜条件ウ＞　バーミキュライトに種子をうめ、室温に置く。バーミキュライトを肥料入りの水でしめらせる。
＜条件エ＞　バーミキュライトに種子をうめ、冷蔵庫に置く。バーミキュライトを水でしめらせる。
＜条件オ＞　バーミキュライトに種子をうめ、冷蔵庫に置く。バーミキュライトと同じ深さまで水を入れる。
＜条件カ＞　バーミキュライトに種子をうめ、冷蔵庫に置く。肥料入りの水をバーミキュライトがしめるくらいやる。
＜条件キ＞　だっし綿の上に種子を置き、室温に置く。だっし綿を水でしめらせる。
＜条件ク＞　だっし綿の上に種子を置き、室温に置く。種子がすべてかぶるくらいの深さまで水を入れる。
＜条件ケ＞　だっし綿の上に種子を置き、室温に置く。だっし綿を肥料入りの水でしめらせる。
＜条件コ＞　だっし綿の上に種子を置き、冷蔵庫に置く。だっし綿を水でしめらせる。
＜条件サ＞　だっし綿の上に種子を置き、冷蔵庫に置く。種子がすべてかぶるくらいの深さまで水を入れる。
＜条件シ＞　だっし綿の上に種子を置き、冷蔵庫に置く。だっし綿を肥料入りの水でしめらせる。

1．次の文中の（　①　）～（　⑤　）にあてはまる条件はどれですか。

まず、さとしくんは予想Ａを確かめるため、条件アと条件（　①　）をやってみた。その結果、どちらも同じように発芽したので、予想Ａは正しかったと確かめることができた。

つぎに、さとしくんは予想Ｂを確かめるため、条件（　②　）や条件（　③　）をやって、条件アと条件（①）での結果と比べてみることにした。実験した結果、同じように発芽したので、予想Ｂも正しかったと確かめることができた。

さらに、さとしくんは予想Ｃを確かめるため、条件（　④　）と条件（　⑤　）をやって、これまでの４つの実験結果と比べてみることにした。実験した結果、条件（④）と条件（⑤）は発芽しなかったので、予想Ｃも正しかったと確かめることができた。

2．予想Ｄが正しいことを確かめるには、条件アと条件エのプラスチックカップにそれぞれ厚紙などでできた箱をかぶせて条件をそろえて実験しなければならない。その条件は何ですか。

6 食塩、ホウ酸、ミョウバンの３種類の薬品は、水の温度によってとける量が下の表のように変化する。表を参考にして、以下の文に続く後の各問いに答えなさい。

表　水100グラムにとける薬品の量（グラム）

	20 ℃	30 ℃	40 ℃	50 ℃	60 ℃
食塩	35.8	36.1	36.3	36.7	37.1
ホウ酸	5.0	6.8	8.9	11.4	14.9
ミョウバン	11.4	16.6	23.8	36.4	57.4

【操作１】３つのビーカーA、B、Cに30 ℃の水25グラムを入れた。つぎにビーカーAには食塩4.0グラム、ビーカーBにはホウ酸4.0グラム、ビーカーCにはミョウバン4.0グラムを入れてガラス棒を使ってよくかき混ぜた。

【操作２】操作１の結果、すべてとけた薬品の入っているビーカーには、さらに同じ薬品4.0グラムを入れてよくかき混ぜた。

【操作３】操作１の結果、とけ残った薬品の入っているビーカーが１つだけあった。このビーカーに、とけ残りがなくなるまでよくかき混ぜながら30 ℃の水を少しずつ加えていった。

【操作４】操作２の結果、とけ残った薬品の入っているビーカーだけを温めて、すべてとけたときの温度を測った。

１．操作１でとけ残った薬品はどれですか。また、操作２で、さらに入れた薬品がすべてとけた薬品はどれですか。

ア　食塩　　イ　ホウ酸　　ウ　ミョウバン

エ　食塩とホウ酸　　オ　ホウ酸とミョウバン　　カ　食塩とミョウバン

２．操作３の結果、加えた水の量に最も近いものはどれですか。

ア　25グラム　　イ　30グラム　　ウ　35グラム　　エ　40グラム　　オ　45グラム

３．操作４の結果、とけ残りが見えなくなるのは何℃だったと考えられますか。

ア　30 ～ 40 ℃　　イ　40 ～ 50 ℃　　ウ　50 ～ 60 ℃　　エ 60 ℃ ～

7 底の開いたとうめいなびん（集気びんの底を切ったもの）、平らなねんど板、ガラス板を使って、ものの燃え方について調べる実験をおこなった。後の各問いに答えなさい。

【実験１】ねんど板にろうそくを立てて火をつけ、びんをかぶせた（図１）。

【実験２】ねんど板にろうそくを立てて火をつけ、びんをかぶせてからガラス板でふたをした。

【実験３】一部分をけずったねんど板にろうそくを立てて火をつけ、びんをかぶせた。

【実験４】一部分をけずったねんど板にろうそくを立てて火をつけ、びんをかぶせてからガラス板でふたをした（図２）。

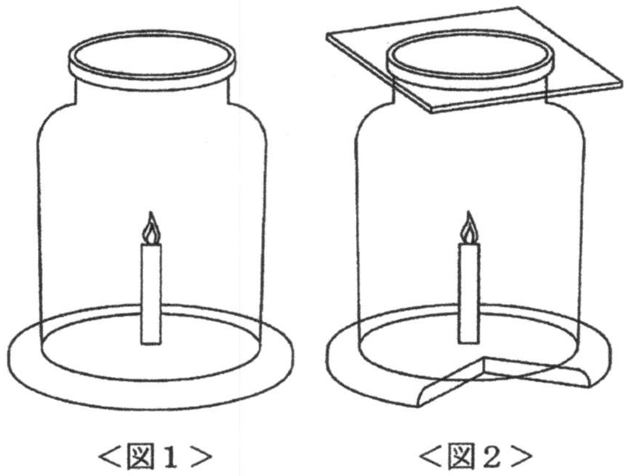

<図１>　<図２>

１．実験をはじめてから、すぐにろうそくの火が消えるものを2つ答えなさい。

ア　実験１　　イ　実験２　　ウ　実験３　　エ　実験４

２．実験２でろうそくの火が消えた後のびんの中の気体の量は、ろうそくに火をつける前の気体の量と比べるとどのようになっているか。ちっ素、酸素、二酸化炭素についてそれぞれ選びなさい。

ア　多くなっている　　イ　変化していない　　ウ　少なくなっている　　エ　なくなっている

〔注〕 答えはすべて、解答用紙の定められたところに記入しなさい。

(40分)

1 つぎの文を読んで、あとの1から7までの各問いに答えなさい。

日本は自然災害が多い国です。毎年のように、洪水《こうずい》、地震《じしん》、噴火《ふんか》などの災害が起こっています。昔から、日本人はそのような災害と付き合いながら生活を営み、その予防と復興に関する知恵《ちえ》を豊富に持っていました。そしてそれらは、各地の伝承や風習、記念碑《きねんひ》として受け継《つ》がれてきたのです。

たとえば、木曽《きそ》川・揖斐《いび》川・長良《ながら》川という木曽三川のはんらんが付近の住民を苦しめていた濃尾《のうび》平野には、水害に関連する「やろか水」という伝承があります。

大雨の降り続いていたころの真夜中に、対岸の淵《ふち》のあたりから、しきりに「やろうかやろうか（欲《ほ》しいか欲しいか）」という声がする。土地の者は一同に気味悪がって黙《だま》っていたのに、一人が何を思ったのか「よこざばよこせ（もらえるならちょうだい）」と返事をしたところ、流れが急に増してきて、見る間に一帯の低地を海にした。

これは大雨の際に川の上流から不思議な声を聴《き》いたという伝承です。おそらくこの「声」は、山鳴りのことだと思われます。山鳴りは、山間部で発生した土石流やがけ崩《くず》れが沢《さわ》を流れ下ることで音が生じ、この音が反響《はんきょう》するために発生することがわかっています。「やろか水」は、増水した川からの音を何者かの声だと語り継ぐことで、洪水の危険性を警告しているのです。

自然災害による被害《ひかい》を少しでも小さくできるかどうかは、今日でも大きな関心事といえます。地震学者の今村明恒《いまむらあきつね》は、明治 38 年に発表した論文で、地震が大都市を襲《おそ》った際の火災の危険性について警告を発しました。しかし、ある新聞が「今村博士の大地震襲来説、東京市大罹災《りさい》の予言」と題して大々的に取りあげ、さらに直後に関東地方で数回にわたる強い地震が起こったことから、世の中に地震に対する不安や恐怖《きょうふ》が広がり、デマ騒《さわ》ぎまで起こりました。今村は、日ごろからの準備の重要性を強調したにもかかわらず、世の中をいたずらに騒がせたとしてその責任を厳しく問われました。しかしこの十数年後、関東大震災が発生します。正午直前に発生した地震は大火災を引き起こし、東京市街の大部分に広がったこともあり、犠牲《ぎせい》者の約９割が火災によって亡くなっています。地震による火災に注意をうながした今村の予想どおりのことが起こってしまったのです。関東大震災後に、今村は皮肉にも地震を予知した「地震の神様」とたたえられ、日本の地震研究を引っぱっていくことになります。今村はこれまで以上に地震観測の研究に力を入れ、その上で、防災や減災という考え方を普及《ふきゅう》させることも大切だと考えました。とくに、防災意識をもたせるには子どものころからの教育が重要だと考え、江戸《えど》時代に起きた津波《つなみ》の実話にもとづいた小学校の授業づくりの研究にも取り組みました。

わたしたちの生活の身近な場所にも、災害の記憶《きおく》を忘れさせず、防災意識を高めてくれる記念碑などが存在します。岩手県宮古市重茂姉吉《おもえあねよし》地区に建てられた石碑には、「明治 29 年の津波で村の生存者はわずか２人、昭和８年の津波では４人だけだった」と過去の大津波の悲惨《ひさん》な状況《じょうきょう》を伝えたうえで、「大津波の悲劇を記憶し、何年たっても用心せよ」と戒《いまし》め、「津波はここまで来る。ここから下には、家を作ってはならない」と警告しています。実際に、東日本大震災の津波は、この石碑の手前にまで迫《せま》りましたが、警告どおり上にあった集落には至らず、建物被害はなかったといいます。

伝承はただの昔話ではなく、わたしたちに災害を生き抜《ぬ》くための知恵を授《さず》けてくれます。明治 43 年、のちに日本民俗《みんぞく》学の祖といわれる柳田国男《やなぎたくにお》は、岩手県遠野《とおの》地方の伝承を集めた『遠野物語』を発表します。『遠野物語』には、河童《かっぱ》や天狗《てんぐ》、座敷童子《ざしきわらし》など数々の妖怪《ようかい》が登場し、神隠《かみかく》しや臨死体験などの怪異現象、あるいは神やそれを祀《まつ》る行事や風習などが語られています。柳田は、その序文で「これは目前の出来事なり」「この書は現在の事実なり」と述べています。「目前」や「現在」はなにも柳田が生きた時代だけを指すのではありません。人々が言い伝えてきたことには、あらゆる時代の人びとの「目前」や「現在」にとって学ぶべきことが含《ふく》まれていると柳田は指摘《してき》しているのではないでしょうか。現代の防災には、多くの科学技術が役立てられています。しかしそれだけでなく、伝承や記念碑などに込《こ》められた先人の思いを語り継いでいくことも、災害から身を守るうえで大切なことだといえるでしょう。「災害は忘れたころにやってくる」といいます。防災意識を高めるために、まずは、身近な災害伝承を集めてみてはいかがでしょうか。

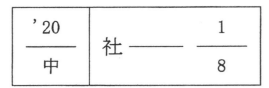

1　自然災害に関連してのべた文として正しいものを、つぎのアからオまでの中から二つ選び、その記号を書きなさい。

ア　元号が「昭和」から「平成」にかわった年に起こった阪神《はんしん》・淡路《あわじ》大震災では、戦後初めて災害救助のために自衛隊が派遣《はけん》された。

イ　自然災害による被害が想定されるエリアや避難《ひなん》する場所などを表示した地図を防災マップ（ハザードマップ）といい、自治体のほか、防災学習として授業で作成する学校もある。

ウ　水防用の土砂などを備えておくほか、災害発生時には復旧基地にもなる砂防ダムの整備がすすんでいる。

エ　各都道府県では、地震が発生して大きな揺《ゆ》れが到達《とうたつ》する数分前に、緊急《きんきゅう》地震速報を出して、すばやい避難ができるようにしている。

オ　首都圏外郭《しゅとけんがいかく》放水路とは、洪水を防ぐために建設された巨大《きょだい》な地下放水路である。

2　木曽三川および濃尾平野に関連してのべた文として正しいものを、つぎのアからオまでの中から二つ選び、その記号を書きなさい。

ア　木曽三川が合流する地点には、戦国大名の武田《たけだ》氏が築いたという「信玄堤《しんげんづつみ》」とよばれる堤防《ていぼう》が残っている。

イ　木曽三川の下流地域では、集落を水害から守るために輪中を築いた。

ウ　木曽三川の下流地域は、大型の台風がやってくると高潮の被害を受けやすい。

エ　濃尾平野では、太平洋側から吹《ふ》いてくる湿《しめ》った季節風の影響《えいきょう》で冬には雪がたくさん降り、たびたび雪害が起こる。

オ　濃尾平野には、豊臣秀吉《とよとみひでよし》が朝鮮《ちょうせん》に水軍を送った際の拠点《きょてん》である名護屋城が築かれた。

3　江戸時代の文化に関連してのべた文として正しいものを、つぎのアからオまでの中から二つ選び、その記号を書きなさい。

ア　仏教がすたれ、この世が終わってしまうのではないかという不安や末法の考え方が広まった。

イ　将軍の保護を受けた観阿弥《かんあみ》・世阿弥《ぜあみ》父子によって能が大成され、江戸に多くの芝居《しばい》小屋がつくられた。

ウ　歌川広重《うたがわひろしげ》は、東海道の名所風景を題材とした「東海道五十三次」を描《えが》いた。

エ　天文学や測量学を学んだ伊能忠敬《いのうただたか》は、幕府から全国の測量を命じられた。

オ　蘭学《らんがく》を学ぶ人々が増えたため、本居宣長《もとおりのりなが》はオランダ語の入門書や辞典を出版した。

4　関東大震災に関連してのべた文として正しいものを、つぎのアからオまでの中からすべて選び、その記号を書きなさい。

ア　東京を中心とした震災の被害状況については、ラジオを通じて全国に伝えられた。

イ　朝鮮人が暴動を起こすというデマが流れ、多数の朝鮮人や中国人らが殺される事件が起きた。

ウ　東京では、地震の直後に発生した火災によって多くの人々が亡くなった。

エ　一刻も早い復興を成しとげるために、政府は震災発生の翌年に復興庁を新設した。

オ　関東大震災が発生した９月１日は「防災の日」に定められ、防災訓練などが行われている。

5　さまざまな地域の行事や風習に関連してのべた文として正しくないものを、つぎのアからオまでの中から二つ選び、その記号を書きなさい。

ア　日本では、端午《たんご》の節句や七夕といった今も続く年中行事が、室町《むろまち》時代からさかんに行われるようになった。

イ　日本では、新米を供《そな》え、天皇《てんのう》が自らもそれを食べて豊作や国の平安を祈る大嘗祭《だいじょうさい》という行事が毎年行われる。

ウ　日本では、８月 15 日は「終戦の日」とされており、平和集会や全国戦没《せんぼつ》者追悼《ついとう》式などが開かれる。

エ　中国の伝統行事である春節のときには、世界各地の中華《ちゅうか》街で盛大に祝われる。

オ　アメリカには、10 月 31 日に祖先の霊《れい》を迎えて悪霊《あくりょう》を追い払《はら》い、秋の収穫《しゅうかく》を祝うハロウィンという風習がある。

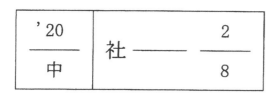

6　柳田国男が『遠野物語』を発表した年から、今村明恒が地震と火災の関係性について警告した論文を発表した年の間の出来事として正しいものを、つぎのアからオまでの中から二つ選び、その記号を書きなさい。

ア　ロシアの南下政策を警戒《けいかい》したイギリスが、日本との間に同盟を結んだ。

イ　日清《にっしん》戦争の講和会議で、日本は清から賠償金《ばいしょうきん》を取り、台湾《たいわん》などを日本の植民地とすることが決まった。

ウ　小村寿太郎《こむらじゅたろう》が条約改正の交渉《こうしょう》を行い、関税自主権の回復に成功した。

エ　日露《にちろ》戦争の講和会議で、日本に樺太《からふと》の南部などが譲《ゆず》られることが決まった。

オ　陸奥宗光《むつむねみつ》が条約改正の交渉を行い、領事裁判権をなくすことに成功した。

※6は問題不適切のため，全員正解となりました。

7　つぎのアからカまでの文は、日本で起こった自然災害についてのべている。これらの文を時代順に並べかえ、2番目と4番目の記号を書き、また、その自然災害に関連する下線部の場所を下の地図の①から⑪までの中から一つ選び、番号を書きなさい。

ア　リオデジャネイロオリンピックの開催《かいさい》の年に起こった地震によって、ある城ではすべての重要文化財建造物が被災し、石垣《いしがき》が崩落《ほうらく》するなど大きな被害を受けた。

イ　応仁の乱がはじまってから 31 年後に起こった南海トラフ巨大地震と推定される明応地震で、津波によってある湖が太平洋とつながったと伝えられている。

ウ　平安京に都がうつってから 75 年後に、東北地方で貞観《じょうがん》地震が起こった。このときの津波が越《こ》えなかったと伝えられる「末の松山」は、のちに多くの歌人が和歌によみ、東日本大地震のときにも注目された。

エ　ソチオリンピックの年に起こったある火山の噴火は、噴火警戒レベル1の段階での噴火だったため、火口付近に居合わせた登山者ら 58 名が死亡し、日本における戦後最悪の火山災害といわれる。

オ　シドニーオリンピックの開催の直前に、ある島ではマグマ水蒸気爆発《ばくはつ》が起こったため全島民が島外に避難し、避難生活は長期化し、約4年後になってようやく避難指示は解除された。

カ　島原・天草一揆《いっき》発生の 70 年後に起こったある火山の大噴火について、当時江戸に住んでいた新井白石は、「雪のように白い灰が降り、西南の空をみると黒い雲が広がっていた」と記している。

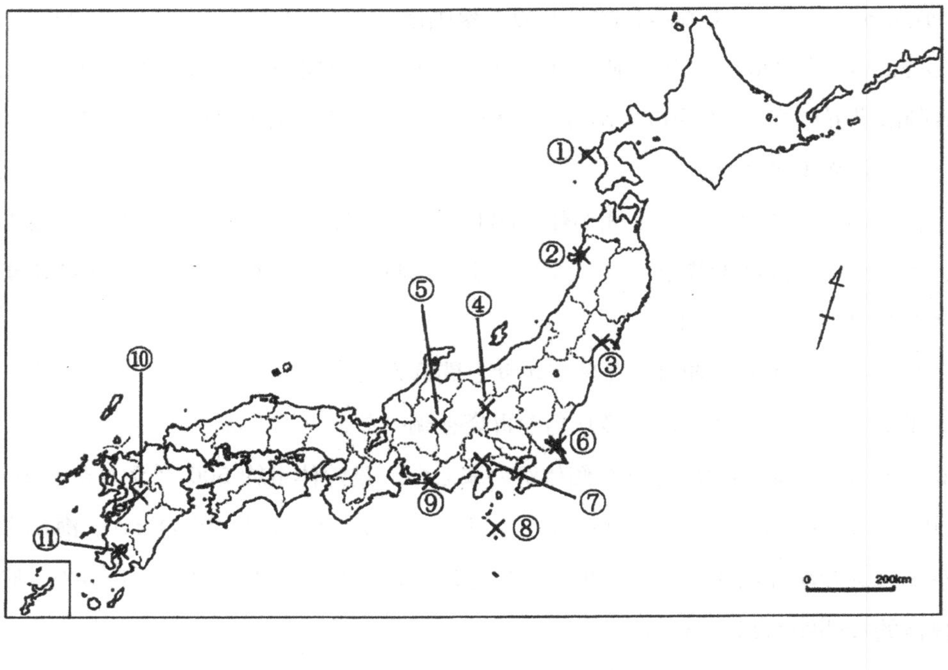

2 つぎの文を読んで、あとの１から７までの各問いに答えなさい。

2016 年の世界経済フォーラムにおいて、「2050 年までに海洋中に存在するプラスチックの量は、重量ベースで魚の量を超《こ》える」との試算が報告され、世界中に大きなショックを与《あた》えました。このことをきっかけに、海に大量にたまっているプラスチックごみの存在が知られるようになりました。2017 年の国際自然保護連合（ＩＵＣＮ）が出したレポートによると、毎年 950 万トンものプラスチックごみが新たに海に流出しています。中でも直径５ミリ以下のプラスチックであるマイクロプラスチックは、海流によって世界中の海に広がっており、マリアナ海溝《かいこう》や北極、南極でも見つかっています。マイクロプラスチックには、洗顔料や歯磨《はみが》き粉などに入れられたもともと小さくつくられたプラスチックのほか、タイヤや衣類などが使われているうちにけずられ、細かくなったプラスチックがあります。

イギリスの調査会社の 2016 年のレポートによると、海に流出するプラスチックごみの 80％は陸上由来のものと推計されており、ペットボトルや容器包装用のプラスチック、ビニール袋《ぶくろ》など、日用品が多くなっています。海洋由来のプラスチックには漁網《ぎょもう》など漁業にともなうものや、旅客《りょかく》船・貨物船から捨てられたものに加え生活排水《はいすい》に含まれるマイクロプラスチックがあります。

汚染《おせん》は広範囲《はんい》に広がっていますが、プラスチックごみが集中する場所が明らかになってきました。世界の海には、輪のように流れる亜熱帯還流《あねったいかんりゅう》と呼ばれているものが５つあります。海洋を漂《ただよ》うプラスチックごみは、ぐるぐると回っているこれらの海流の大きなループに入ると、渦《うず》に巻かれながらだんだんと内側へと運ばれていきます。このようにして、おびただしい量のプラスチックごみがたまり続ける場所ができるのです。こうした場所で最大のものが、アメリカ合衆国カリフォルニア州の沖合《おきあい》にある「太平洋ごみ海域」です。オランダのＮＰＯ（非営利組織）、オーシャン・クリーンアップなどの調査によると、ここは 160 万平方キロにわたってプラスチックごみに覆《おお》われており、その量は７万９千トンにのぼります。海域の一部を調査した結果、ラベルに書かれた言語が確認できた 386 個のプラスチックごみのうち、最も多かったのが日本語で約３分の１、ついで中国語であったそうです。

プラスチックごみを海に多く流出させているのはどこの国でしょうか。2010 年のジョージア大学のジャムベック氏らの調査によると、陸上から海洋に流出したプラスチックごみを調べた結果、上位３カ国は中国（年間 353 万トン）、インドネシア（129 万トン）、フィリピン（75 万トン）でした。その他、20 位以内にベトナム、スリランカ、タイ、マレーシア、北朝鮮《きたちょうせん》などアジアの国々が入っています。ちなみにアメリカ合衆国は 20 位、日本は６万トンで 30 位に入っています。ヨーロッパ諸国は対策が進んでおり、「2030 年までに使い捨てプラスチック容器包装をＥＵ域内でゼロにする」という目標を掲《かか》げました。レジ袋の規制は世界中で 60 カ国以上が行い始め、アフリカや中南米諸国、アジアなどの発展途上《とじょう》国でも日本よりも強い規制を行っている国があります。

プラスチックは自然に存在するものではなく、人間が作り出した人工物です。そのため分解されることはなく、自然に還《かえ》ることができないため、半永久的に海洋を漂うことになります。現時点においても、海に大量にたまっているプラスチックは、生物や経済に大きな影響《えいきょう》を与えています。

海に漂うプラスチックがもたらす最大の問題は、生物がエサと間違《まちが》えて食べてしまうことです。東京農工大学の高田氏らによる調査においてハシボソミズナギドリという渡《わた》り鳥の胃袋を調べたところ、調べた 12 羽すべてで胃の中からプラスチックが見つかり、最高で 0.6 グラムが検出された個体がいました。鳥の体重約 500 グラムを人間の体重 50 キログラムに換算《かんさん》すると、人間で 60 グラム分のプラスチックが胃の中にあることになります。そのほか、海に漂う漁網やロープが海洋生物を傷つけたり、ウミガメの産卵《さんらん》場所のような生物の生息地を荒《あ》らしたりするなどの問題や、船の故障や観光業の不振《ふしん》の原因になるなど、経済的な問題も起こっています。

プラスチックをエサとして間違えて食べた場合、直接からだや内臓を傷つけることがあります。また、プラスチックに含まれている様々な化学物質や、海洋中に残留しているＰＣＢ（ポリ塩化ビフェニール）などの汚染物質がプラスチックに吸着され、生物の体内に取り込《こ》まれることがわかっています。ＰＣＢは肝《かん》機能障害や免疫《めんえき》機能の低下、発がん性の疑いのほか、胎児《たいじ》への影響など強い毒性を持っています。これらの物質が魚の体内で濃縮《のうしゅく》され、人体にも影響を及《およ》ぼす危険が生じてきているのです。

世界経済フォーラムでの試算が現実にならないように、プラスチックごみへの対策が急がれています。海に漂うプラスチックを取り除くことのほか、海に流出する量を減らしていく取り組みが欠かせません。これ以上海に漂うごみを増やさないためには、現代に生きる私たち一人一人が、できることを考えて行動を始めなくてはならないでしょう。

（参考：枝廣淳子《えだひろじゅんこ》『プラスチック汚染とは何か』岩波書店　をもとに作成した）

1　北極・南極についてのべた文として正しくないものをつぎのアからオまでの中から二つ選び、その記号を書きなさい。

ア　北極点は大陸の上にあるが、南極点は海を覆った氷の上にある。

イ　北極点からみて南極点は、地球上で最も遠い地点にある。

ウ　地球の温暖化にともない、北極や南極にある氷が溶《と》けはじめている。

エ　日本からみて、北極は真北にあり、南極は真南にある。

オ　緯線《いせん》は北極と南極を通り、東西それぞれ０度から180度までである。

2　日本の漁業に関連してのべた文として正しいものをつぎのアからオまでの中から二つ選び、その記号を書きなさい。

ア　都道府県別で最も漁業生産額が多いのは、静岡《しずおか》県である。

イ　青森県では、イカやカニなどの養殖《ようしょく》業が盛《さか》んである。

ウ　寒流と暖流がぶつかるところで漁獲《ぎょかく》量が多い理由は、水温差でプランクトンが発生しやすいからである。

エ　漁船の大型化により、遠洋漁業の漁獲量は年々増えている。

オ　国民一人あたりの水産物の消費量を比べると、日本の方がアメリカよりも多い。

3　日本から出たプラスチックごみが、「太平洋ごみ海域」にたどり着くまでに最も大きく影響を受けると考えられる海流の名前をつぎのアからエまでの中から一つ選び、その記号を書きなさい。

ア　対馬《つしま》海流　　イ　リマン海流　　ウ　黒潮（日本海流）　　エ　親潮（千島海流）

4　中国についてのべた下の文として正しくないものをつぎのアからオまでの中から二つ選び、その記号を書きなさい。

ア　世界最高峰《ほう》を有するヒマラヤ山脈が、国土の一部に含《ふく》まれている。

イ　国内産業を育成するため、経済特区において外国企業への規制を強化している。

ウ　一人っ子政策のために人口増加が抑《おさ》えられ、現在の人口はインドにつぎ世界で二位になっている。

エ　ウイグル族に対する弾圧《だんあつ》が行われ、国際的に非難されている。

オ　2019年に香港《ホンコン》において、若者を中心とした自由を求める大規模な運動が起こった。

5　プラスチックごみが海に流出する量を減らしていく方法についてのべた文として正しくないものをつぎのアからオまでの中から一つ選び、その記号を書きなさい。

ア　漁業で使う網《あみ》を、自然に分解される素材でつくる。

イ　スーパーのレジ袋をもらわないため、マイバッグを持参する。

ウ　ストローの素材を、プラスチックから紙へ変える。

エ　日本国内で回収されたペットボトルを、外国に買い取ってもらう。

オ　プラスチックごみのリサイクル率を高めるために、ごみの分別を徹底《てってい》する。

6　プラスチックのリサイクルに興味を持ったひさよし君は、工場の見学を通してより詳《くわ》しく知りたいと思いました。工場見学に関する手順についてのべたアからカまでの文を、適切な順番に並べかえ、解答欄《らん》に合わせてその記号を書きなさい。

ア　候補の中から場所や見学の条件などを見て、見学する工場を決める。

イ　訪問して見学し、必要に応じて質問する。

ウ　インターネットなどで、見学できそうな工場を探す。

エ　学んだことを、許可を得てとったメモや写真、音声記録を用いて整理する。

オ　電話やメールで申し込み、訪問日時を決める。

カ　書籍《しょせき》やインターネットの情報をもとに質問を考える。

7　本文の内容についてのべた文として正しくないものを、つぎのアからオまでの中から二つ選び、その記号を書きなさい。

ア　プラスチックごみは、深海の海底を含めて世界中の海で見られるようになった。

イ　「太平洋ゴミ海域」で発見されたごみの多くは、アメリカから出されたと推定される。

ウ　漁船や貨物船、旅客船から出されるプラスチックごみは、海に出されるプラスチックごみ全体のおよそ20%であると推定される。

エ　レジ袋の規制において、日本はアジアの中で最も厳しい基準が用いられている。

オ　ＰＣＢは強い毒性を持ち、人体の健康に悪い影響をもたらすことがわかっている。

3　つぎの文を読んで、あとの１から６までの各問いに答えなさい。

みなさんが通う小学校には給食の時間がありますか。2018年の調査によると、完全給食（主食、おかず、牛乳がそろった内容）を実施《じっし》する学校の割合は、全国の小学校では98.5%、中学校では86.6%です。公立学校に限ったデータですが、実施率を都道府県別にみると、小学校では最も低い県でも96%台です。中学校では地域差が大きく、本校の通学圏《けん》でみても、東京都・埼玉《さいたま》県・千葉県ではほぼ100%に近いですが、神奈川《かながわ》県では44.5%となっています。ともあれ、現代日本の学校教育を受けたほとんどの人が、少なくとも小学校では学校給食を経験していることになります。

ニューヨーク在住の映像作家である佐竹敦子《さたけあつこ》さんは、2015年に、日本の学校給食の様子をおさめた９分ほどの動画を製作しました。その動画を動画共有サービス YouTube で公開したところ、世界各国で大きな反響《はんきょう》があり、今や再生回数が2,500万回を越《こ》えるほどになりました。日本の学校給食は、世界的にみても特徴《とくちょう》的なものであるようです。ここでは、日本の学校給食の意義を見直し、その課題について考えてみましょう。

そもそも、なぜ弁当の持参や食堂・売店の設置ではなく、給食が一般的になったのでしょうか。日本における給食の始まりは、1889年に山形県の鶴岡《つるおか》で、僧侶《そうりょ》たちが設立した私立小学校の取り組みだとされています。この学校は、寺の周辺に住む貧困《ひんこん》児童に教育を受けさせ、無償《むしょう》で食事を提供しました。1919年には、東京で自治体が提供する給食が始まり、全国に普及《ふきゅう》していきました。給食が始まったころの主な目的は、貧しさのために十分な食事をとることができない欠食児童に対する福祉《ふくし》でした。第二次世界大戦を経た後、1954年に制定された学校給食法は、給食を教育の一環《いっかん》ととらえました。こうして、クラス全員が一斉《いっせい》に同じ食事をとるという、わたしたちがよく知る給食の時間がつくられていったのです。それは教育活動の形であると同時に、貧富の差が教室内で目立たないようにする方法でもありました。現代日本では、子どもの貧困が重大な社会問題となっています。学校給食の福祉政策としての側面は、今日でも重要だといえるでしょう。

2000年代には「食育」ということばが広がり、教育活動としての給食の意義があらためて注目されました。学校が食育を期待される社会的背景には、高齢化《こうれいか》の進行や生活習慣病の増加などがあります。国民の健康な食習慣は、医療《いりょう》費を含《ふく》む

社会保障費などの財政問題と関わり、国の政策上の関心事になってきました。また、食育が推進される背景には、食料問題・農業問題もあります。戦後、日本各地で食料不足が深刻な状況《じょうきょう》にあったとき、アメリカが自国内で消費しきれない小麦を無償の援助《えんじょ》物資として提供しました。それ以来、給食の主食は1970年代前半までパンなど小麦製品のみでした。日本人の食の好みは、こうした給食のあり方と無関係ではないでしょう。そして、食習慣の変化が食料自給率を低下させ、日本の農業や農村の衰退《すいたい》を招いている、という危機感から、食育への期待が高まっているのです。

このように重要な役割を担《にな》ってきた学校給食ですが、いくつかの課題も抱《かか》えています。その一つは、費用負担とのバランスをふまえて、地域の子どもたちや保護者が納得《なっとく》できるような運営の方法を探ることです。たとえば、給食の調理方式には、大きく分けて、自校方式（各学校内に設けた調理場でつくる）とセンター方式（複数の学校の分をまとめて校外の調理場でつくる）があります。傾向《けいこう》として、近年はセンター方式を採《と》る自治体が多くなっています。また、給食事業を民間業者に委託《いたく》する自治体や、民間業者による弁当デリバリー方式を採る自治体もあります。給食の運営に対しては、質の低下や安全性を心配する子育て世代の関心が高く、方式の変更《へんこう》等が地方議会で論題になることもあります。

その他、給食に関わる社会的課題として、世界的に関心を集めている食品ロスの問題も重要です。学校給食の食べ残しは、年間５万トンにものぼるとみられています。これはたしかにもったいないですが、給食本来の意義をふまえれば、残さず食べるよう強《し》いることにも問題があるでしょう。また、近年は外国にルーツをもつ児童が増え、宗教上の理由から特定の食材を避《さ》けることも珍《めずら》しくありません。たとえば、ムスリムの子どもがハラール給食を必要とした場合、どのように対応するのか、指針づくりが求められています。

日本の小学生にとって身近な生活の一部である給食は、わたしたちの社会が抱える様々な課題につながっています。社会について学ぶ視点をもちながら、給食の経験を振《ふ》り返ってみませんか。

1　佐竹さんが利用した動画共有サービスにおいて、利用者が多くの動画を無料で閲覧《えつらん》できるにもかかわらず、サービスの運営が成り立っているのはなぜか、20字以内で説明しなさい。

2　貧困や福祉政策に関連してのべた文として正しいものを、つぎのアからオまでの中から二つ選び、その記号を書きなさい。

ア　ユニセフの活動には、世界の子どもたちの貧困の状況を調べたり、支援策を立てたりすることが含まれる。

イ　人間として最低限の生活を営むことができない貧困層が世界人口に占《し》める割合は、グローバル化が進んだ1990年代から増加を続けている。

ウ　世界から貧困をなくすことは、国際連合による持続可能な開発目標（ＳＤＧｓ）に含まれている。

エ　日本各地で広がっている「子ども食堂」とは、子どもたちに無償で食事を提供するために、法律に基《もと》づいて国が設置した施設《しせつ》を指す。

オ　健康で文化的な最低限度の生活を保障するため、日本の義務教育では給食を無償で提供することが法律で決まっている。

3　日本の食料生産と食料自給率に関連してのべた文として正しいものを、つぎのアからオまでの中からすべて選び、その記号を書きなさい。

ア　1960年代から、コメの生産量が消費量を上回るようになり、生産調整が行われてきた。

イ　地産地消の取り組みは、食料自給率を上げることにつながると考えられる。

ウ　第二次世界大戦後の食料自給率の低下は、食生活の洋風化が一つの原因と考えられる。

エ　コメの消費量が増え、小麦の消費量が減った場合、食料自給率が低下すると考えられる。

オ　食料自給率は、生産額から計算した値《あたい》よりも、熱量（カロリー）から計算した値の方が高くなっている。

4　給食の調理方式について、自校方式と比較《ひかく》して、センター方式を採る利点と考えられることとして適切なものを、つぎのアからオまでの中から二つ選び、その記号を書きなさい。

ア　食材を一括《いっかつ》して大量に購入《こうにゅう》することで、食材費を安くすることができる。

イ　災害時に避難所《ひなんじょ》への炊《た》き出しをスムーズに行うことができる。

ウ　大規模《だいきぼ》で機械化された設備を用いて調理することで、人件費をおさえることができる。

エ　食中毒が発生したときに被害《ひがい》を最小限にとどめることができる。

オ　調理時間を長くとることができるので、より手間をかけておいしい料理を提供できる。

5　地方議会に関連してのべた文として正しいものを、つぎのアからオまでの中から二つ選び、その記号を書きなさい。

ア　地方議会の議員の中から、首長（都道府県知事や市区町村長）を選出する。

イ　その地域に限って効力をもつ法律を制定、改正、廃止《はいし》する権限をもつ。

ウ　議員選挙に立候補する際は、政党に所属しなければならない。

エ　専門的な審査《しんさ》や調査を行うため、委員会を設置することがある。

オ　国会や中央省庁に対して意見書を提出することができる。

6　本文中で示した学校給食の課題に関連してのべた文として正しくないものを、つぎのアからオまでの中から二つ選び、その記号を書きなさい。

ア　国民の健康づくりに関する政策全般《ぜんぱん》を中心的に担っている省庁は、文部科学省である。

イ　給食の民間委託のほか、ごみ収集、保育園、図書館など、さまざまな行政の仕事を民営化したり、民間企業に委《ゆだ》ねたりする動きが各地でみられる。

ウ　規格外で売れなくなった商品などを引き取って福祉施設に提供するフードバンクは、食品ロスを減らす取り組みの一つである。

エ　給食で食品ロスを減らすには、弁当のように全員が同じ品数・分量で効率的に提供することが有効である。

オ　イスラム教では豚肉《ぶたにく》を食べることが禁じられているほか、調理や加工の方法にも決まりがある。

令2
中
国

解答用紙

受験番号

氏　名

評　点

※100点満点
(配点非公表)

一

問一	問二	問三	問四

二

問一	問二	問三	問四

三

問一	問二 (1)	問二 (2)

’20 / 中	算

受験番号		氏名	

解答用紙

【注意】 ① 答えはすべて，解答用紙の定められたところに記入しなさい。
② 円周率は 3.14 を用いなさい。

評点	※100点満点（配点非公表）

	計算		答え
[1]		(1)	通り
		(2)	通り
		(3)	通り
[2]		(1)	
		(2)	
		(3)	個
[3]		(1)	円
		(2)	円
		(3)	m
[4]	(1) m²	(2)	m
		(3)	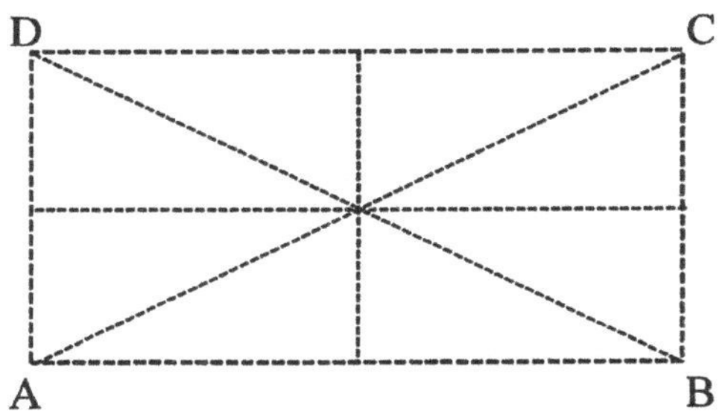

’20 中	理

受験番号		氏名	

解答用紙

評点	
	※100点満点 (配点非公表)

1	1	(1)	通り	(2)	通り						
	2	数					(3)	通り	(4)	通り	
	3										
2	1	①		②		③					
		④		⑤		⑥					
	2	①		②		③		④		⑤	
3	1										
	2										
	3										
	4										
	5	A		B		C		明るい星		赤い星	
4	1			2							
	3	幼虫		成虫							
	4	理由		工夫							
5	1	①		②		③		④		⑤	
	2										
6	1	操作1		操作2							
	2										
	3										
7	1										
	2	ちっ素		酸素		二酸化炭素					

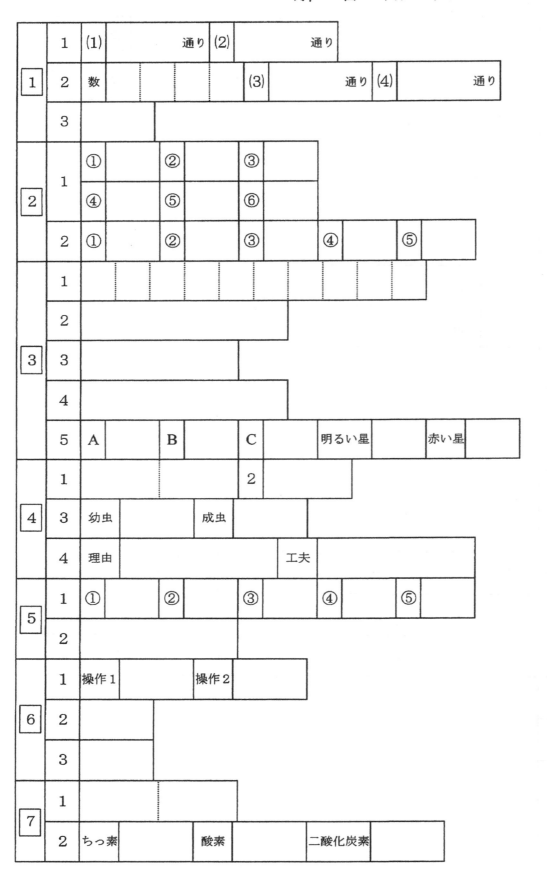

'20 / 中	社

受験番号		氏名	

解答用紙

評点	※100点満点 (配点非公表)

1	1			
	2			
	3			
	4			
	5			
	6			
	7	2番目	記号	番号
		4番目	記号	番号
2	1			
	2			
	3			
	4			
	5			
	6	→ → カ → → →		
	7			
3	1	(20)		
	2			
	3			
	4			
	5			
	6			

筑波大学附属駒場中学校

令3
中
国
1/6

（40分）

［注意］答えはすべて、解答用紙の定められたところに記入しなさい。
本文は、問題作成上、表記を変えたり省略したりしたところがあります。

㊀ 次の文章を読んで、後の問いに答えなさい。

イギリス人の男性と結婚《けっこん》して、パリに住み、出産して、子育てをしたアメリカ人女性がいます。彼女《かのじょ》（パメラ）は、フランス語会話がにがてで、パリに住む外国人の悲しみを味わい、子育てがフランス人のようにうまくいかず、悩《なや》みます。そして、何年かして一時帰国し、故郷《こきょう》のニューヨークで、偶然《ぐうぜん》フランス人の小児科《しょうにか》の先生（英語を話す）に出会い、はじめてフランスの子育てのすばらしさに、遅《おそ》まきながら、目が覚めるのです。

『フランスの子どもは夜泣きをしない』というルポルタージュは、いわば自分のAシッパイ談がないまぜになっています。

さて、そのフランス人の小児科の先生はこう言います。

「最初にアドバイスするのは、赤ちゃんが産まれたら、夜にすぐにあやすのはやめてください、ということです。赤ちゃんにすぐに応じずに、赤ちゃんが自力で落ちつくチャンスを与《あた》えてやる。産まれたばかりのときから、そうするのです」

すぐあやさずにちょっと待って、赤ちゃんを観察するのです。

つまり、「赤ちゃんを待たせることに、意味がある」のです。

「待たせてから、①よろこびを与える」

赤ちゃんが泣いたとたんに抱《だ》き上《あ》げてあやしては、観察していることにはなりません。

ちょっと待つ。これがきわめて大切なのです。

そしてぐずる原因は、空腹《くうふく》だからか、オムツ替《が》えをしてほしいからか、お母さんの肌《はだ》が恋《こい》しいからか、からだが熱くて寝苦《ねぐる》しいからか、どこかに痛《いた》みがあるからか、等々、それを見極《みきわ》めるのです。

ちょっと待つあいだに、赤ちゃんが泣き止《な》む場合がある。ここがキーポイント。

赤ちゃんが泣き止《や》んで、眠《ねむ》りに入ったり、「待つ忍耐《にんたい》」を覚え、「ひとり遊び」をはじめることだってあるのだというのです。

これは、ぼくの考えでは、②「孤独《こどく》」の味を覚えさせてもいるのです。

待つことは、人生において大事なことです。

「待つのが上手な子は、とりわけ集中力と論理的《ろんりてき》思考に秀《ひい》でていた」と、本のなかで、心理学者の研究Bセイカが、紹《しょう》介《かい》されています。

フランスの子が「上手に待つ」ことに、パメラは驚《おどろ》き、その秘密《ひみつ》を赤ちゃんの育て方に見出《みいだ》したのです。

フランスは、島国の日本とちがってヨーロッパ大陸に属していますから、大陸的な気の長さが育つのか、とぼくは思っていたのですが、生まれた時からの育児法に秘密があったのです。驚きです。

乳飲《ちの》み子《ご》の時から「忍耐と気の長さ」を教え、ひとり遊びから「孤独の味」を教える育児法は、アメリカ人女性パメラばかりではなく、今では多くの日本人女性をも驚かせています。

さらに、「赤ちゃんを生まれたばかりの時から待たせる」というフランス式の育児法には、「孤独の味」を味わわせ、「忍耐」を覚えさせるほかに、今ひとつ、「だいじな睡眠《すいみん》時間のCカクホ」がからんでいるのです。

つまり、「泣いてもすぐにはあやさない」ことが、赤ちゃんの睡眠時間にも大きく影響《えいきょう》するのです。夜更《よふ》けに赤ちゃんが泣いてぐずっても、お母さんがすぐに反応しないと、泣き止んで、上手に眠るようになります。

二　次の文章を読んで、後の問いに答えなさい。

開け放しにしておいた仕事部屋のドアの前に、見知らぬ男の子が二人、中を覗《のぞ》き込《こ》むようにして立っている。娘《むすめ》の部屋で先程《さきほど》から、だいぶ大勢の友達がわいわいがやがややっていたのは知っていたが、その中の二人だろう。たぶん部屋での遊びに飽《あ》きて、家の中を偵察《ていさつ》に出てきたに違《ちが》いない。ぼくが曖昧《あいまい》にニッと笑うと、待ってましたとばかりに向こうもニッと笑って、笑ったついでに半歩部屋の中へ進んで、

「何してるの」ときた。

「絵を描《か》いているんだ」とぼく。

「何で絵描いてるの」と小さい方。

「仕事だもん」とぼく。すると大きいほうが、

「あ、ぼく知ってるよ。Mちゃん（娘のこと）のおとうさん、絵を描く人だよ」と①何故《なぜ》かぼくに言った。

「そう、知ってるのか。ぼくは絵を描くんだよ」とぼく。

「ぼく、知ってる」と大きい方が再び言った。

オレも変なこと言うもんだなと思いながら、ぼくは子供《こども》たちをなるべく無視《むし》して絵を描きつづけた。二人はしばらく黙《だま》ってぼくを見ていた。

割合《わりあい》と躾《しつけ》のいい子らしく、大人の仕事というものを案外理解している風で、それ以上やたらに話しかけたりはしない。むしろ邪魔《じゃま》をしないように心がけてさえいるように見える。健気《けなげ》なもんだとぼくは思った。思いながら描きつづけていた。するとどちらかが、フーッと溜《た》め息《いき》を漏《も》らすのが聞こえた。黙っているのが少し苦痛《くつう》なようだ。また何か話しかけるのかな、とぼくが思っていると、たぶん溜め息をした方が予想通り声を出した。でもそれは、ぼくに話しかけたのではなかった。

「赤を塗《ぬ》った」

「今度は茶色を塗る」

「猫《ねこ》の目を描いた」

という具合に、ぼくの作業をいちいち口にした。これはまさに解説、いや実況《じっきょう》放送だ。こちらとしては、これはしんどい。

「猫の目をまた塗った」

修正の筆まで実況放送である。その辛《つら》さに、もうひとつの辛さがくわわった。もう一人の方が、今度はぼくの部屋の中を見廻《みまわ》して、壁《かべ》にかけてある絵や、脇《わき》に並《なら》べてある描きかけの絵などを見ながら、

「船なんかも描くんですね」とか、

「白い鳥が多いんですね」

などとやり始めた。揚句《あげく》の果ては、

「うまいんですね」

などとお世辞になった。このごろのガキはなんてことを言うんだ、まったくあせるなあと、こちらは半ばあせって、半ば呆《あき》れて、さりとて心の裡《うち》を一端《いったん》でも覗《のぞ》かせてしまったら、次に何を言われるか判《わか》ったものではないので、懸命《けんめい》に無視を装《よそお》った。そして装いつつ、あることを思い出していた。

その時のぼくは、たぶん目の前の二人ほどの歳《とし》であっただろう。ぼくたちは時々、河へ遊びに行くために電車に乗った。

「すぐに反応する親の子どもは、夜中に何度も起きて、親を困《こま》らせます」――『フランスの子どもは夜泣きをしない』より――

赤ちゃんが、眠《ねむ》っているあいだによく動いたり、Dザツオンを発したりするのは、まったく正常な行為《こうい》ですから、抱《だ》き起《お》こしたりすると、目をさましてしまいます。それに、赤ちゃんには「睡眠《すいみん》のサイクル」があり、途中《とちゅう》に起こされては迷惑《めいわく》なのです。

赤ちゃんの、睡眠のサイクルは二時間。このサイクルをつなげる学習をしているうちは、赤ちゃんが泣くのはふつうです。泣くたびに、おなかがすいたか、苦しいのかと勝手に判断して、急いであやしてしまうと、「睡眠サイクルを自力でつなげる学習」をしているのが、邪魔《じゃま》されてしまいます。

赤ちゃんにとって必要なのは、サイクルが終わるころにあやしてもらい、眠《ねむ》りに戻《もど》るのを手伝ってもらうことです。「ちょっと待つ」は、眠りのつなげ方を「教える」ことにもなっているのです。

フランスでは、③「躾《しつ》ける」といわず「教える」といいます。

二、三歳《さい》の子が、お母さんの電話中にぐずったりした場合、お母さんはかならず「待ちなさい」と言って「待つこと」を教えます。アメリカの女性ジャーナリストが、自分の子と違《ちが》うことに気づいて、悔《く》やんだ点でした。

Eヨダンになりますが、フランスにかぎらずヨーロッパでは、列車が遅《おく》れることがあっても、みんな黙《だま》って待ちます。駅の放送では、遅れることを知らせるだけです。

④「列車が遅れて、ご迷惑をおかけして、まことに申《もう》し訳《わけ》ありません」などとは、けっして言いません。

考えてみれば、迷惑をこうむったのは、鉄道会社のほうですよね。

ああいう放送はしないほうがいいのです。

（小島《こじま》　俊明《としはる》『ひとりで、考える――哲学《てつがく》する習慣を』岩波ジュニア新書による）

問一　――①「よろこびを与《あた》える」とは、ここではどういうことですか。

問二　――②「『孤独《こどく》』の味」とはどのようなものですか。

問三　――③「『躾ける』といわず『教える』といいます」とありますが、日本で普段《ふだん》使われる「躾ける」という言葉と比べて、この文章にある「教える」にはどんな特徴《とくちょう》があると考えられますか。

問四　――④「『列車が遅れて、ご迷惑をおかけして、まことに申し訳ありません』などとは、けっして言いません」とありますが、その理由を説明しなさい。

問五　――A～Eのカタカナを漢字に直しなさい。

電車に乗るために河へ行ったと言ってもいい。なにしろ時々一〇円を親から貰《もら》って電車に乗った。わずか五円で小人（ぼくたちはこれをコビトと呼《よ》んでいた。そしていつも気にしていた）が一区間乗れた時代、電車に乗ることはぼくたちの豪《ごう》勢《せい》なレジャーであって、月に一度ほど、そんなことが許された。

ぼくたちは電車に乗《の》り込《こ》むと、運転手の脇《わき》に我《わ》れ先に陣取《じんど》った。その当時の電車の運転席は、背板《せいた》一枚《いちまい》で仕切られていて、金属の棒《ぼう》が一本ずつ両脇《りょうわき》に渡《わた》してあるだけのもので、その棒に肘《ひじ》をかければ、運転手はすぐそこにいた。そして運転手と同じ視野《しや》で、ぼくたちは進行状況《じょうきょう》を見てとれた。今の電車はたぶん、かなり高度なものになって、そうとうに複雑な計器などがあるのだろうが、その当時の電車は、電車そのものがそう単純《たんじゅん》な構造をしていたとも思えないが、その計器や運転装置《そうち》に関しては、だいぶシンプルなものに見えた。わずか二つほどのメーターと、時々点滅《てんめつ》するランプが一つ、そして罐《かん》切りの親分みたいなレバーと、足元にペダルがひとつあるばかり。そして運転手のすることといったら、その罐切りを半分廻《まわ》して走りはじめると、しばらくしてもう半分廻し、あるところまで来るとそいつを全部もどす、そして時々、踏《ふみ》切《き》りが見えてくるあたりで脇のひもを引き、警笛《けいてき》を鳴らす、そんな程度でいとも簡単《かんたん》、ぼくたちでもすぐ出来そうな気がした。

だからぼくたちは金属の棒の上に架空《かくう》のレバーを握《にぎ》り、運転手の真似《まね》をした。運転手の両脇に悪ガキが五人ずつぐらい並《なら》んで、あたかも見習い運転手みたいなことをやっていたわけだ。その一〇人ほどの、いや当の運転手を入れて一一人ほどの動作があっという間に揃《そろ》ってしまうほど、電車の運転というやつは単純なものであった。いや、少なくともぼくたちにはそう思えた。だから子供《こども》でもすぐにその真似っこ遊びには飽《あ》きてしまって、次には運転手のいわゆる口頭確認《かくにん》というやつを真似しはじめた。

たとえば駅の構内に入る時、「構内注意」と言う。あるいはカーブしている線路を行く時は「低速進行」、そして巡行《じゅんこう》しはじめるときは「ハヤ速進行」（ぼくの耳にはそう聴《き》こえたが、そのハヤが「早」あるいは「速」なのか、もしくは別の「ハヤ」なのか、あるいはまったくの聴き間違《まちが》いなのかはっきりとは判《わか》らないが）と言う。それを運転手が口にするたび、一〇人が揃ってリピートした。「場内注意」「ジョーナイ　チューイ」。「低速進行」「テーソク　シンコウ」。そして「テーソク　シンコウ」はだんだん「テーソク　チンコウ」とくずれて、大合唱になった。

今から考えれば、ヤレヤレである。そのヤレヤレが月に一度の楽しみで、それも往復たっぷりとなれば、中には運悪く、二度三度とその被害《ひがい》に遇《あ》った運転手がいたはずなのに、ぼくたちは一度として運転手から小言を言われた憶《おぼ》えがない。これはずっと後になって聞いたことなのだが、運転手は運転中、乗客に話しかけてはいけないし、話しかけられても答えてはいけないという服務規定があるのだそうだ。それならば②なおさら罪である。

そしていま思うのは、運転手の気持ちである。規則正しい運転操作《そうさ》も、口頭確認も、はたまた沈黙《ちんもく》も、すべて服務規定である。その罪深さを慮《おもんばか》れば、いまガキに何を言われようとも、ぼくは黙《もく》して罰《ばつ》を受けるのが妥当《だとう》というものだろう。

「女の子みたいな絵が好きなんですね」

「ガンダムみたいなのは描《か》かないんですか」

「ぼくはアニメが好きです」

ガキはいつの間にか机《つくえ》の端《はし》に肘をついて、勝手気ままに喋《しゃべ》りつづけている。ぼくは、ただひたすら筆を動かしつづけている。ひたすらの度が過ぎて、③猫《ねこ》の目を三回も塗《ぬ》ってしまった。

片方《かたほう》が目敏《めざと》くそれを見つけて、

「猫の目、また塗った」

と言った。ぼくとしては、ただ我慢《がまん》しなくてはならない。そして同時に、運転手さんに伝えておかなくてはならない。

三 次の詩を読んで、下の問いに答えなさい。

体育

貞久《さだひさ》　秀紀《ひでみち》

ひとの世
には
こころをこめた体
があるように
体
をこめたこころも
ひとの世にはあるかもしれない
と
あるきながら
考えている
あるきながら考えていると
考えながらあるいてもいた
昼の
垣根《かきね》がある
むこうからひとがあるいてくる
すれちがいながら
垣根ごしに会釈《えしゃく》をかわし
それきりで
過ぎ
ふたたび会うこともなかった
けれど
会釈をするとき
こころ
には
体がこめられた
そんなふうに
かろやかにすれちがうのだった

問一　「こころをこめた体」とは、どういうことですか。

問二　「あるきながら考えていると／考えながらあるいてもいた」とは、どういうことを言っているのですか。

問三　「会釈をかわし」とありますが、この「会釈」はどのようなものだったのですか。

そう、ほんとうに悪気はないんだ。ただぼくたちは電車に乗ることがとても嬉《うれ》しかったから、ちょっとはしゃいでみたわけで、それにつられてあなたがニッコリとぼくたちに微笑《ほほえ》みかけ、「おいおまえたち、電車が好きか」などと声をかけてくれて、「よし、それじゃいっちょスピードアップとゆくか」などと言ってくれたら、さぞ素敵《すてき》だろうなと思っていただけなんだ。ただ仲よしになれたらと思っただけなんだ。ほんとうに、悪気なんてこれっぽっちもなかったんだ。ほんとうに。

　悪気はなかった。悪気なんてないはずだ。そう、机《つくえ》に肘《ひじ》をかけながら、いつの間にかぼくのスケッチブックに悪戯《いたずら》書きを始めているこのガキにも、悪気なんてないんだ。ないに決まっている。そこのところは一応理解しておくとしても、幸いなことにぼくには服務規定というやつがないから、

「こら、いいかげんにしろ。あっちへいけ」

で片付《かたづ》けた。そう、これだって、④悪気はないんだ。

（五味《ごみ》　太郎《たろう》『ときどきの少年』による）

注　背《せ》板《いた》……座席《ざせき》の、背中《せなか》が当たる部分に取り付けられた板。
　　巡《じゅん》行《こう》……直進する線路を進むこと。順行。
　　服務規定……仕事を行う上で守らなければならない決まり。
　　ガンダム……日本のロボットアニメ「機動戦士ガンダム」のこと。またそれに登場するロボットの名前。

問一　——①「何故《なぜ》かぼくに言った」とありますが、「何故か」と書かれている理由を説明しなさい。

問二　——②「なおさら罪である」とは、どんな点についてそう言っているのか、説明しなさい。

問三　——③「猫《ねこ》の目を三回も塗《ぬ》ってしまった」とありますが、ここからどんな様子が分かりますか。

問四　——④「悪気はないんだ」には筆者のどんな気持ちが込《こ》められていますか。

【注意】 ① 答えはすべて，解答用紙の定められたところに記入しなさい。
② 円周率は 3.14 を用いなさい。

(40分)

［1］ 図のように 2 つの円があります。はじめ，大きい円の半径は 5 cm，小さい円の半径は 4 cm で，1 秒ごとにそれぞれが 1 cm ずつ大きくなっていきます。ただし，小さい円は，つねに大きい円の内側にあります。

つまり，2 つの円の半径は，1 秒後は 6 cm と 5 cm，2 秒後は 7 cm と 6 cm，・・・になります。

図で斜線《しゃせん》をつけた，2 つの円のあいだの部分について，次の問いに答えなさい。

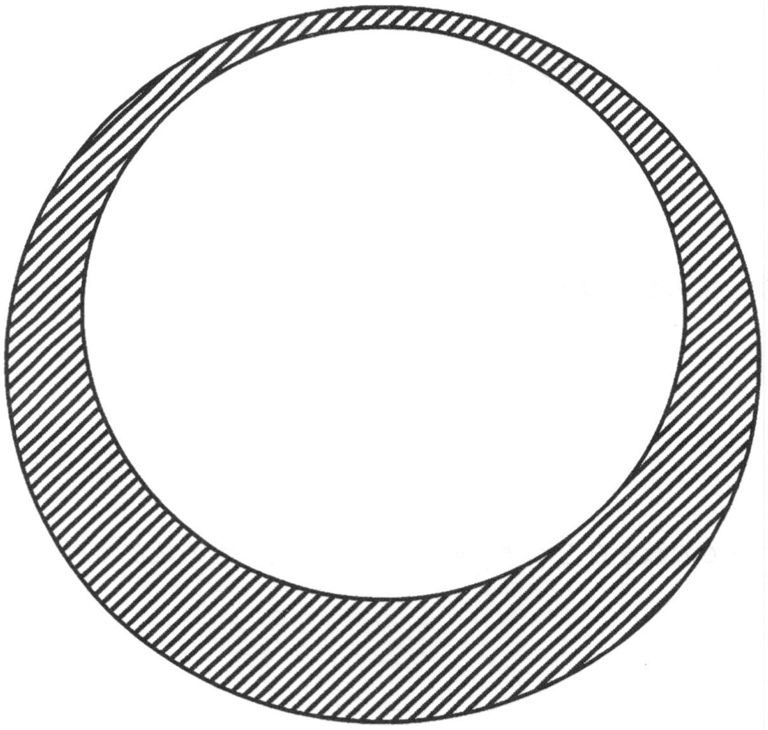

(1) 5 秒後における，2 つの円のあいだの部分の面積を求めなさい。

(2) 2 つの円のあいだの部分の面積が，はじめて 2021 cm^2 をこえるのは何秒後ですか。整数で答えなさい。

(3) ある時刻《じこく》における，2 つの円のあいだの部分の面積を S cm^2，

その 1 秒後における，2 つの円のあいだの部分の面積を T cm^2 とします。

$T \div S$ の値が，はじめて 1.02 より小さくなるような「ある時刻」は何秒後ですか。整数で答えなさい。

［2］ 整数を横一列に並《なら》べてできる数を考えます。たとえば，1から10までのすべての数をひとつずつ並べると

12345678910

という11けたの数ができます。また，1から20までのすべての数をひとつずつ並べると

1234567891011121314151617181920

という31けたの数ができます。

次の問いに答えなさい。

(1) 1から100までのすべての数をひとつずつ並べてできた数に，数字「2」は全部で何個ありますか。
たとえば，1から20までのすべての数をひとつずつ並べてできた数に，数字「2」は全部で3個あります。

(2) 1からある数までのすべての数をひとつずつ並べてできた数に，数字「0」が全部で200個ありました。
ある数を求めなさい。

(3) 1から1000までのすべての数をひとつずつ並べたとき，何けたの数ができますか。

(4) 整数のうち，数字「1」,「2」,「0」のみが使われた数を考えます。
たとえば，このような数だけを，小さい順に1から20までひとつずつ並べると

1210111220

という10けたの数ができます。
数字「1」,「2」,「0」のみが使われた数だけを，小さい順に1から2021までひとつずつ並べたとき，何けたの数ができますか。

［3］　次の問いに答えなさい。

(1)　右の図は，同じ大きさの2つの正方形ABCD，BEFCを並《なら》べてつくった長方形AEFDです。

図の ● で示した6個の点のうち，2個以上の点を通る直線を2本ひくとき，それらをそれぞれまっすぐのばすと，長方形AEFDの外側で交わる場合があります。

このような，長方形の外側で交わる点の位置として，考えられるものは何通りありますか。

ただし，「長方形の外側」には，長方形の辺上や頂点はふくまないものとします。

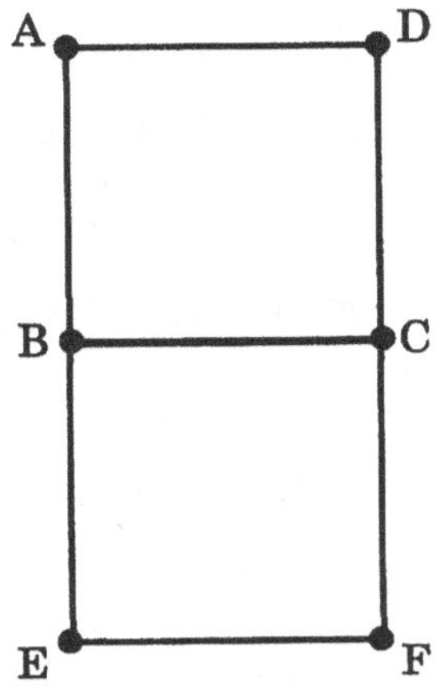

(2)　右の図は，同じ大きさの2つの立方体を積み重ねてつくった直方体です。

図の ● で示した12個の点のうち，2個以上の点を通る直線を2本ひくとき，それらをそれぞれまっすぐのばすと，直方体の外側で交わる場合があります。

このような，直方体の外側で交わる点の位置として，考えられるものは何通りありますか。

ただし，「直方体の外側」には，直方体の面上，辺上，および頂点はふくまないものとします。

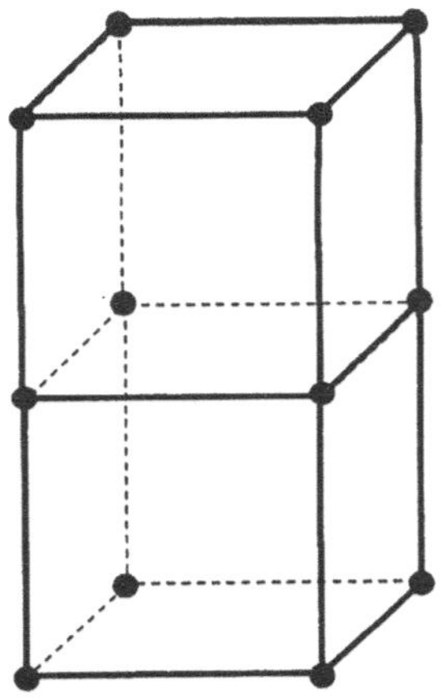

(3)　右の図は，同じ大きさの3つの立方体を積み重ねてつくった直方体です。

図の ● で示した16個の点のうち，2個以上の点を通る直線を2本ひくとき，それらをそれぞれまっすぐのばすと，直方体の外側で交わる場合があります。

このような，直方体の外側で交わる点の位置として，考えられるものは何通りありますか。

ただし，「直方体の外側」には，直方体の面上，辺上，および頂点はふくまないものとします。

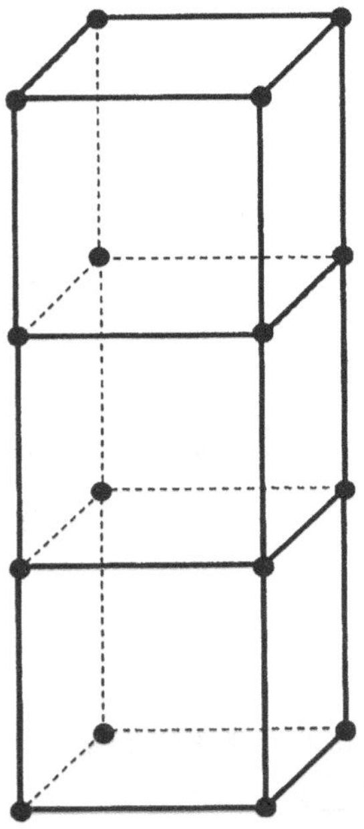

［4］　図のような三角形ABCを底面とする三角柱があります。ABの長さは12 cm，BCの長さは8 cm，角Bは直角です。点D，E，Fはそれぞれ三角柱の辺上にあって，ADの長さは5 cm，BEの長さは10 cm，CFの長さは4 cmです。

点PはDを出発し，秒速2 cmでAに向かって進み，Aに着いたらすぐに折り返し，秒速2 cmでDに向かって進み，Dに着いたらまたすぐに折り返して，同じ動きをくり返します。

点QはEを出発し，秒速3 cmでBに向かって進み，Bに着いたらすぐに折り返し，秒速3 cmでEに向かって進み，Eに着いたらまたすぐに折り返して，同じ動きをくり返します。

点RはCを出発し，秒速1 cmでFに向かって進み，Fに着いたらすぐに折り返し，秒速1 cmでCに向かって進み，Cに着いたらまたすぐに折り返して，同じ動きをくり返します。

3点P，Q，Rが同時に動き始めるとき，次の問いに答えなさい。

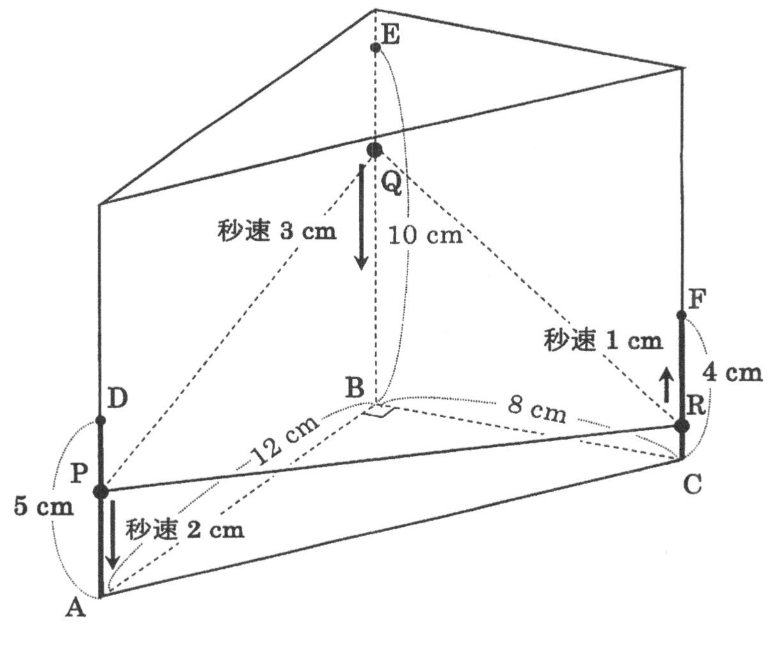

(1)　QRとBCがはじめて平行になるのは，動き始めてから何秒後ですか。

(2)　三角柱を，三角形PQRで2つに分け，三角形ABCをふくむ方の立体を㋐とします。

(ｱ)　立体㋐がはじめて三角形ABCを底面とする三角柱になるのは，動き始めてから何秒後ですか。

(ｲ)　立体㋐が三角形ABCを底面とする三角柱になるとき，その三角柱の体積として考えられるものをすべて求めなさい。

【注意】答えはすべて、解答用紙の定められたところに記入しなさい。また、指示されたもの以外の答えは、ア～ケなどのなかから選んで答えなさい。

（40分）

1 物の燃え方についての条件を確認する実験をいくつか行った。実験では、上にふたができて、開閉《かいへい》できる着火口のある金属のじょうぶなかん（図１）、すき間なく積んだ木片《もくへん》（図２）、たがいちがいに積んだ木片（図３）を使った。ただし、使用する木片を１本だけで、かんの外で燃やしたときには、着火してからは何もしなくても最後まで燃えるものとする。実験の方法と結果を表にまとめた。後の各問いに答えなさい。

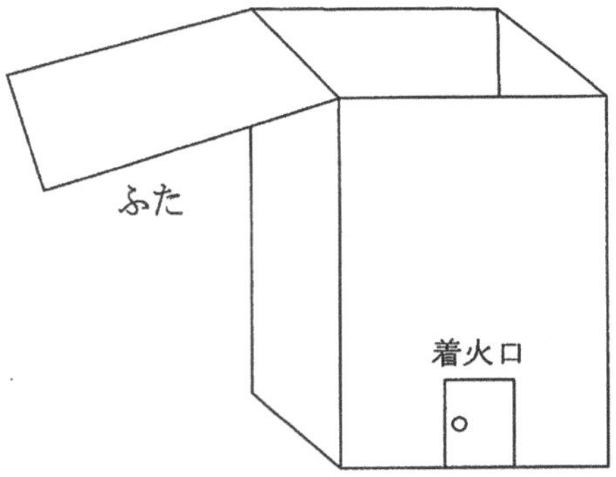

図１

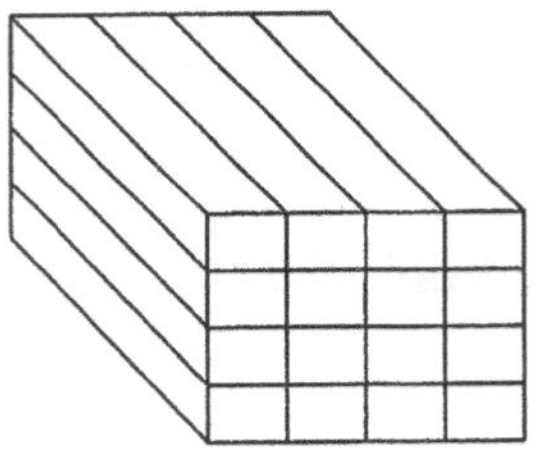

図２

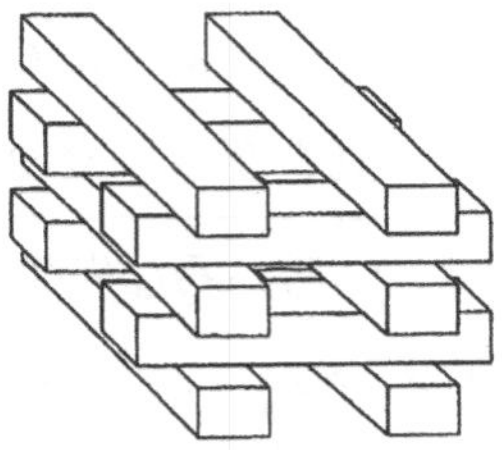

図３

表．実験の方法と結果

	木片の組み方	ふたの開閉	着火口の開閉	結果
実験１	図２	閉めない	閉める	燃えずに残った
実験２	図２	閉めない	閉めない	
実験３	図２	閉める	閉める	燃えずに残った
実験４	図２	閉める	閉めない	
実験５	図３	閉めない	閉める	全部燃えた
実験６	図３	閉めない	閉めない	
実験７	図３	閉める	閉める	燃えずに残った
実験８	図３	閉める	閉めない	

１．次の文中の①～③に入る最も適切な語句を選びなさい。ただし、同じものを選んでもよい。

「木片がすべて燃えた後のかんの中にあるちっ素、酸素、二酸化炭素の割合を、燃やす前と比べると、ちっ素は（　①　）、酸素は（　②　）、二酸化炭素は（　③　）と考えられる。」

ア　変わらない　　イ　増える　　ウ　減る　　エ　無くなる

２．木片がもっともいきおいよく燃えると考えられるのは、どの実験ですか。

３．２で選んだ実験では、どのようなことが起こっていたと考えられますか。すべて選びなさい。

ア　木片が燃えることによってできた気体が、着火口から外に出て行く。

イ　木片が燃えることによってできた気体が、かんの上から外に出て行く。

ウ　木片が燃えるために使われる気体が、着火口から中に入ってくる。

エ　木片が燃えるために使われる気体が、かんの上から中に入ってくる。

オ　木片が燃えるときには使われない気体が、着火口から外に出て行く。

カ　木片が燃えるときには使われない気体が、かんの上から外に出て行く。

1は次のページに続く

4．実験１をふたたび行って、燃え残ってしまう木片をすべて燃やすために、どれか１つを選んで行うとき、最も適切なものはどれですか。ただし、どれを行っても木片すべてが燃えない場合には「×」を書きなさい。

ア　着火口を開ける　　イ　数本の木片を追加する　　ウ　かんを外から温める　　エ　ふたを閉める

オ　数本の木片を取りのぞいて、すき間を作る

5．木片が全部燃えたあとのかんの中の空気をスポイトで取り、水よう液の入った試験管に加えてよく振ると白くにごった。試験管に入っていた水よう液の名前を答えなさい。

2　あきらくん、さとしくん、あらたくんの３人は、一斉《いっせい》休校後に学校から出された課題の相談をすることにした。以下の□内の３人の会話を読み、後の各問いに答えなさい。

あきらくん：いや～、いろいろな先生が別々に課題を出されるととんでもない量になるよね。
さとしくん：まったくだよ。ぼく、もう無理！
あらたくん：そんなこと言わないで、少しでもやろうよ。まず理科から手をつけよう。
あきらくん：え～と、天気について何か調べなきゃいけないな。
あらたくん：今年はまだ１個も台風が来てないよ。
さとしくん：だから台風の大雨による浸《しん》水のニュースがないんだね。

1．一般的に下水道の雨水処理できる降水量は１時間に 50 mm といわれており、それ以上の降水量があったときには、マンホールなどから雨水が逆流し、近くに川がなくても浸水被害が容易に発生する。浸水が都市部で起こりやすい原因を述べた下の文中の①、②にあてはまる語句をそれぞれすべて選びなさい。

「都市部では、（　①　）が減少するとともに（　②　）が増加するという土地利用の変化により、ゲリラ豪《ごう》雨などで局地的に大量に降った雨水は、ほとんどが下水道へ一気に流入してしまう。」

ア　堤防《ていぼう》　　イ　田畑　　ウ　宅地　　エ　林地　　オ　舗装《ほそう》道路　　カ　水門

あきらくん：次は、太陽や月の動きについてまとめなさい・・・か。
あらたくん：10月には満月が２回あるらしい。中秋の名月は１回目の方かな。
あきらくん：すごくめずらしいらしいよ。２回とも見られたらいいな。
さとしくん：お月見だんごは２回食べられないの？

2．２回目に見える満月の見え方はどれですか。

ア　２回目の満月は１回目の満月と同じで、クレーターの少ない黒い部分が見られた。

イ　２回目の満月は１回目の満月とは違って、クレーターの多い黒い部分が見られた。

ウ　２回目の満月は１回目の満月とは違って、黒い部分が見られなかった。

2は次のページに続く

あらたくん：今年はプラネタリウムを見に行けないから、コンピュータソフトを使って星の動きを調べることになるのかな。

さとしくん：北極星の見つけ方を教えてよ。

あきらくん：北斗《と》七星とカシオペヤ座を使う方法の２つがあるよ。

あらたくん：星座早見を使った方が分かりやすいんじゃない。

さとしくん：あっ！ほんとだ。ありがとう。

３．北斗七星とカシオペヤ座の位置と見え方について、正しいものはどれですか。

ア　北極星をはさんで北斗七星とカシオペヤ座は反対の方向にあり、それぞれ一晩《ばん》中見える。

イ　北極星をはさんで北斗七星とカシオペヤ座は反対の方向にあるが、それぞれ見えない季節がある。

ウ　北極星をはさんで北斗七星とカシオペヤ座は反対の方向にないが、それぞれ一晩《ばん》中見える。

エ　北極星をはさんで北斗七星とカシオペヤ座は反対の方向になく、それぞれ見えない季節がある。

さとしくん：あまり外で遊べないからつまらないよ。公園にもなかなか行けないし。

あきらくん：公園に行くとがけがあって地そうが見えることがあるよ。

あらたくん：今は見られないけど、都内の公園でもむかしは見えたって立てふだがあるところがあるね。

さとしくん：ふ〜ん。じゃ、地そうはどうやってできるの？

４．地そうのでき方（ものの積もり方）として正しいものはどれですか。

ア　れきは川の流れによって運ばれにくいので、河口の近くで積もることはない。

イ　砂は川の速い流れによって運ばれて海底に積もるので、砂の中に化石が含まれることがない。

ウ　どろは沈みにくいので、流れによって運ばれて、深い海底まで積もる。

エ　火山の噴《ふん》火による火山灰《かざんばい》は、上空の風によって運ばれるので、火山から遠いほど厚く積もる。

あきらくん：最後は自然災害についてか・・・。

あらたくん：九州地方では火山の活動が盛んみたいだけど、関東地方はそれほどでもないよね。

さとしくん：そのかわり地震《しん》はわりと起こるよ。

あらたくん：でも、同じ地震でも場所によって災害がちがうよ。

さとしくん：そうなの？ くわしく教えてよ。

５．同じ地震でも場所によって発生する災害が異なることがある。次の文で、正しくないものはどれですか。

ア　地震のゆれによってしゃ面ではがけくずれが起きる。

イ　地震のゆれによって道路がでこぼこすることにより、車の通行がむずかしくなる。

ウ　海岸に近い土地では、つなみにおそわれることがある。

エ　かたい土地の方がやわらかい土地より地震のゆれが大きくなり、災害が大きくなりやすい。

[3] うでの骨《ほね》と筋《きん》肉がどのようにうでを動かしているのかを調べるため、模《も》型をつくることにした。図１のように、うでの骨の部分は曲がりにくいかたい厚紙でつくり、２本の骨をつなぐひじの部分は、テープをはって図２のように自由に曲がるようにした。筋肉の部分の模型は、図３のようにポリエチレンのふくろにストローをさして空気が出入りできるようにし、両はしにテープで作ったみみをつけて、クリップで骨の部分に固定できるようにした。このポリエチレンのふくろに空気が入ったときと出たときでは、図４のように横から見たときの形がかわる。うでの内側の筋肉と外側の筋肉をあらわすために、筋肉の模型は２セット用意した。これらを図５のように、うでの内側の筋肉は厚紙の手前、うでの外側の筋肉は厚紙の後ろに置き、クリップで筋肉のみみの部分を骨に固定して、筋肉の模型に空気が入ったり出たりしたときにうでが動くかどうかを調べた。次の各問いに答えなさい。

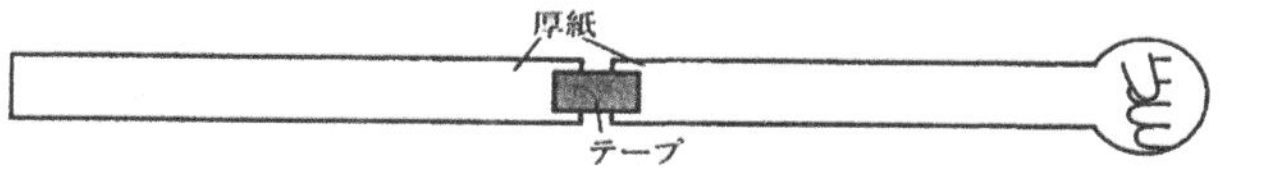

図１　骨の部分の模型

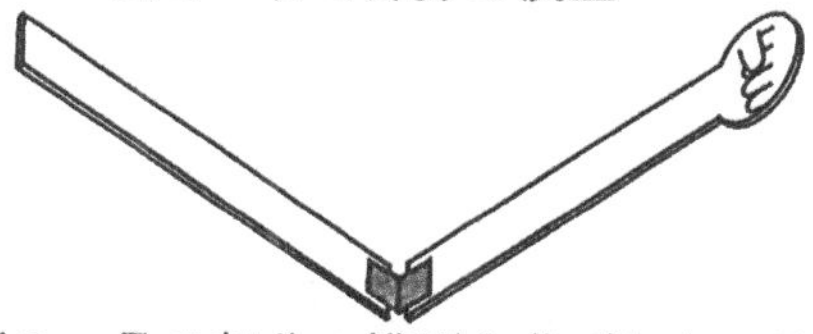
図２　骨の部分の模型を曲げたところ

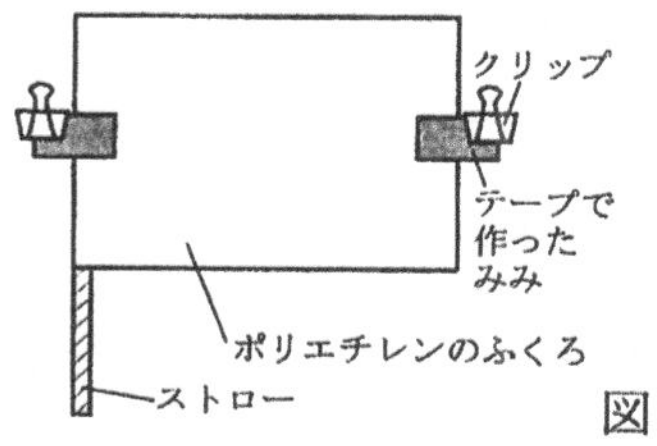

図３　筋肉の部分の模型

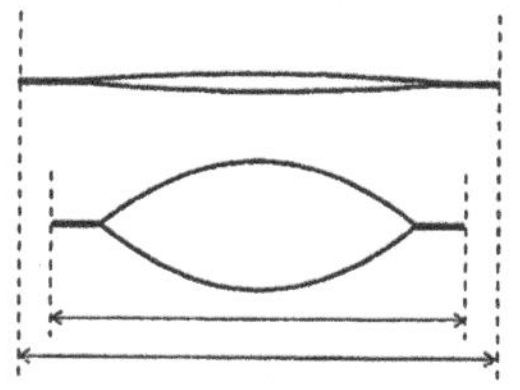
図４　筋肉の模型の空気が出たとき（上）と入ったとき（下）を横から見たときの形

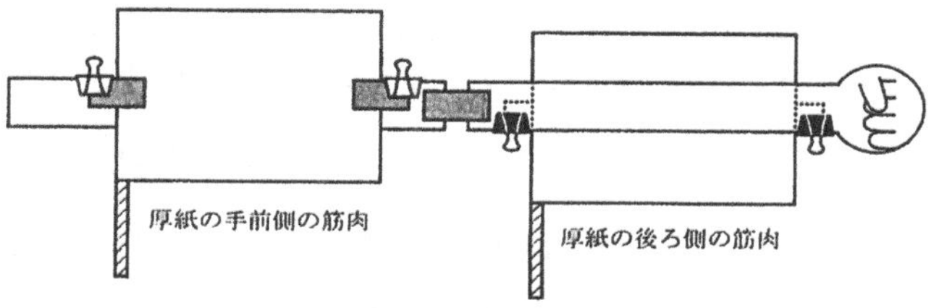

図５　骨の模型に筋肉の模型を２つ固定したところ

1．ポリエチレンのふくろに空気が入ったときと空気が出たときは、筋肉のどのような状態をそれぞれしめしますか。

ア　筋肉がのびている　　イ　筋肉がゆるんでいる　　ウ　筋肉がねじれている　　エ　筋肉がちぢんでいる

2．図５のように骨の模型に筋肉の模型を固定して、どちらのポリエチレンのふくろに空気が入っても、うでは動かなかった。そこで下のア～カのように模型を固定して、空気が入ったときのうでの動きを調べた。次の①や②のように動くのはどれですか。それぞれすべて選びなさい。

① 実際のうでのようにひじを曲げたりのばしたりできる

② 実際のうでのようにひじを曲げることはできるが、曲げたひじをのばせない

ア
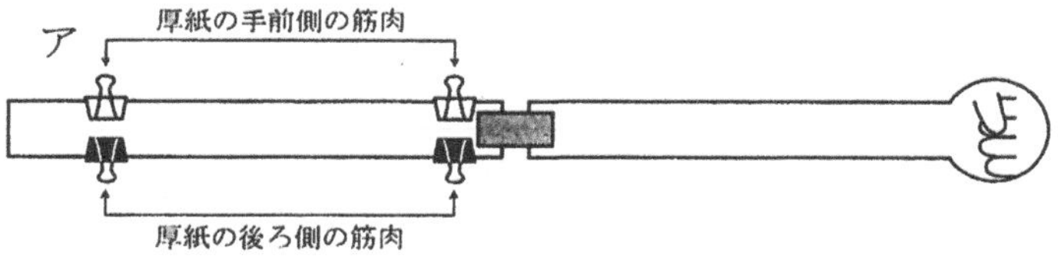

イ
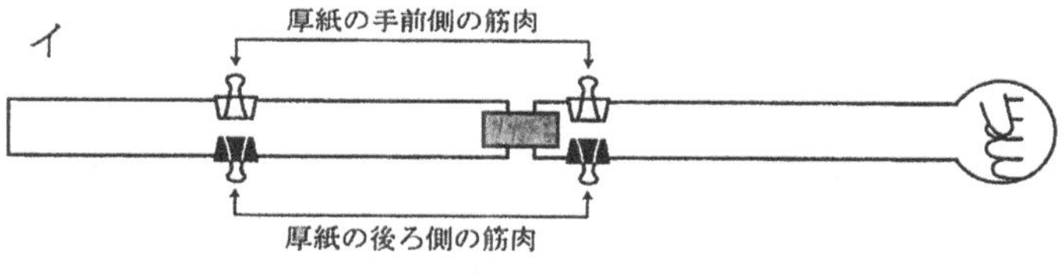

ウ
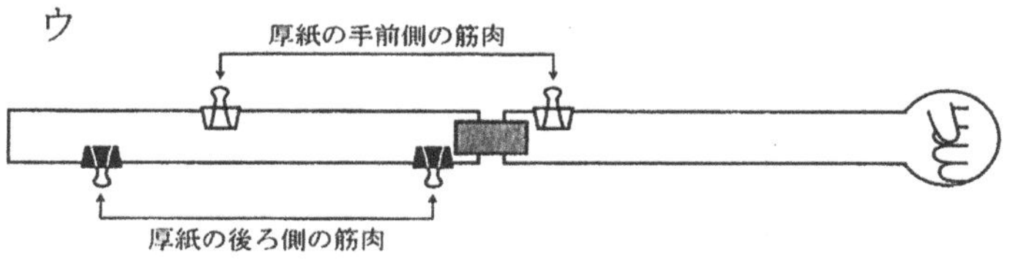

エ
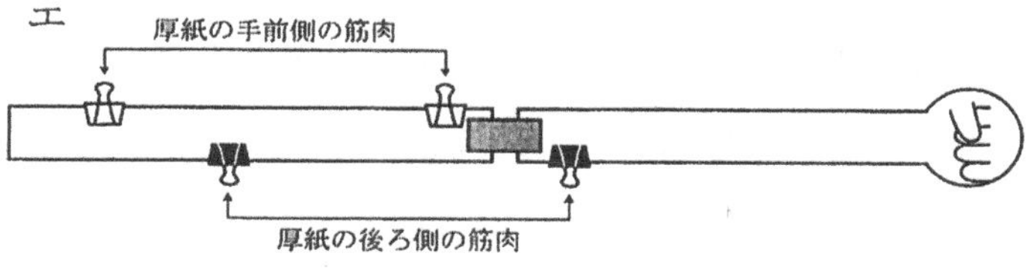

オ
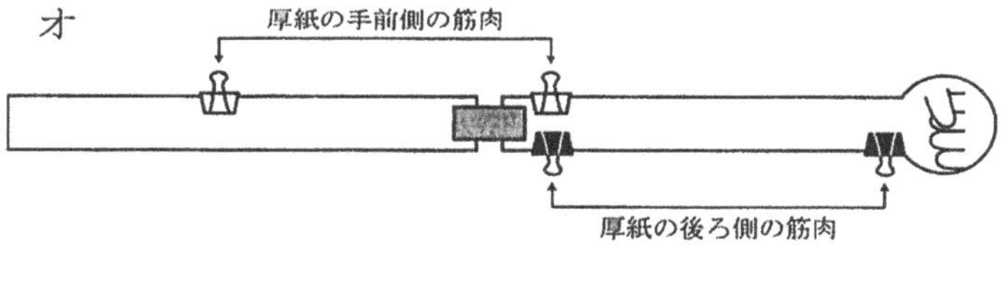

カ
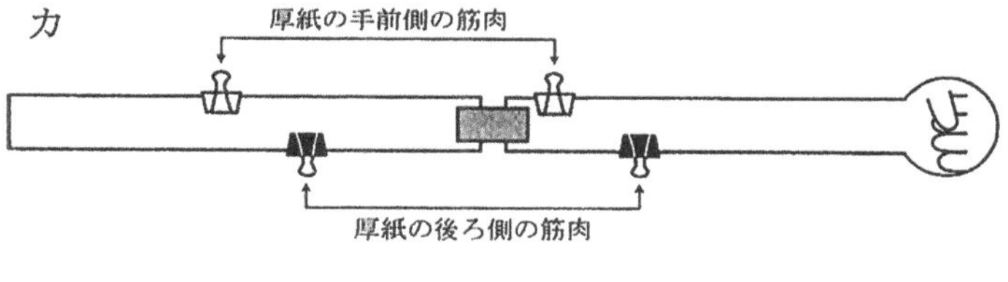

[3]は次のページに続く

３．この模型から考えられる骨と筋肉のはたらきについて、次の文中の①～③にあてはまる語句を選びなさい。

「１つの筋肉の両はしは（　①　）についていて、うでの（　②　）の筋肉が（　③　）ことでひじが曲がる。」

ア　別の骨　　イ　同じ骨　　ウ　別の骨や同じ骨　　エ　内側　　オ　内側と外側の両方

カ　のびる　　キ　ゆるむ　　ク　ねじれる　　ケ　ちぢむ

4　気象庁では1953年から植物34種、動物23種を対象に、全国各地において統一した方法で開花や落葉など生物の現象を観測する「生物季節観測」を行ってきた。開花や落葉の他にも、その季節に入る頃にその生物を初めて見たことを「初見《しょけん》」、鳴き声を初めて聞いたことを「初鳴《しょめい》」といい、各地でその現象が確認された月日が毎年記録されてきた。

私たちはこのような生物の現象によって、春夏秋冬の訪《おとず》れを知ることができる。ところが近年、生物の観測を行うことが難しくなってきており、生物季節観測は2021年１月より、植物６種をのぞいてすべてはい止されることになった。次の①～⑫は、これまで長年観測されてきた生物の現象の例である。後の各問いに答えなさい。

①　アキアカネ初見　　②　アブラゼミ初鳴　　③　ウグイス初鳴　　④　エンマコオロギ初鳴

⑤　サクラ開花　　⑥　イチョウ落葉　　⑦　シオカラトンボ初見　　⑧　タンポポ開花

⑨　ツバメ初見　　⑩　ニホンアマガエル初鳴　　⑪　ホタル初見　　⑫　モンシロチョウ初見

１．①～⑫のうち、夏の訪れ、秋の訪れ、冬の訪れを知らせる現象はどれですか。適当な組み合わせを選びなさい。

＜夏＞

ア ②⑦　イ ②⑩　ウ ②⑪　エ ⑦⑪　オ ②⑦⑩　カ ②⑦⑪　キ ⑤⑦⑪　ク ②⑤⑦⑪

＜秋＞

ア ①④　イ ①⑥　ウ ①⑪　エ ④⑥　オ ①③④　カ ①④⑥　キ ①④⑨　ク ①⑥⑪

＜冬＞

ア ③　イ ⑥　ウ ⑧　エ ⑨　オ ⑫　カ ③⑥　キ ③⑨　ク ①～⑫にはない

２．近年、生物の観測を行うことが難しくなってきている理由として考えられることをすべて選びなさい。

ア　観測する生物の数が減っているため　　イ　観測する生物を食べる生物が減っているため

ウ　観測する生物を採集する人が減っているため　　エ　観測する生物のすみかが減っているため

オ　気温が氷点下になる日が減っているため

5 太さが均一な長さ 60 cm の棒《ぼう》Aを１本と 30 cm の棒Bを２本、黒いおもりを３個、白いおもりを５個と糸を何本か用意して、てこのつり合いを調べる実験を行った。棒Bの重さは棒Aの半分で、棒の両はしにとりつけた糸でおもりや他の棒をつるすことができる。糸の重さは考えないものとして、後の各問いに答えなさい。

【実験１】棒Aの中央（棒Aの左はしから 30 cm の位置）を糸でつると、棒Aは水平につりあった（図１）。

【実験２】棒Bの中央（棒Bの左はしから 15 cm の位置）を糸でつると、棒Bは水平につりあった（図２）。

【実験３】～【実験６】棒Aまたは棒Bの両はしにおもりをつるし、棒が水平につり合うように棒をつる糸の位置を調整した。そのとき使った棒、棒の両はしにつるしたおもりの種類と数、棒をつる糸の位置をそれぞれ記録した（図３～６）。

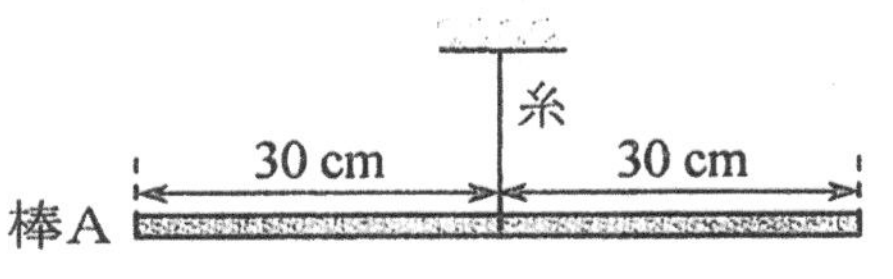

図１【実験１】のようす

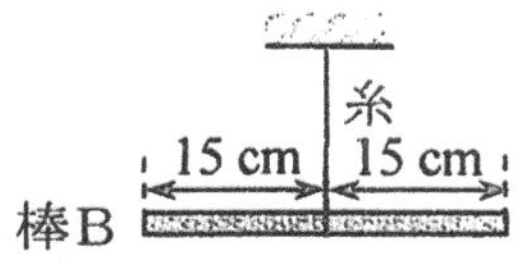

図２【実験２】のようす

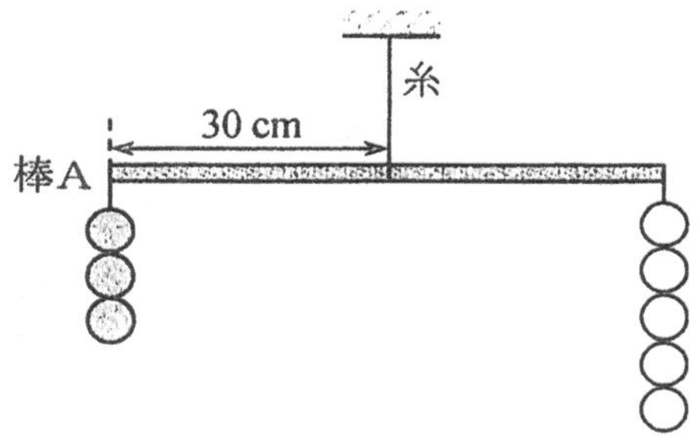

図３【実験３】の記録

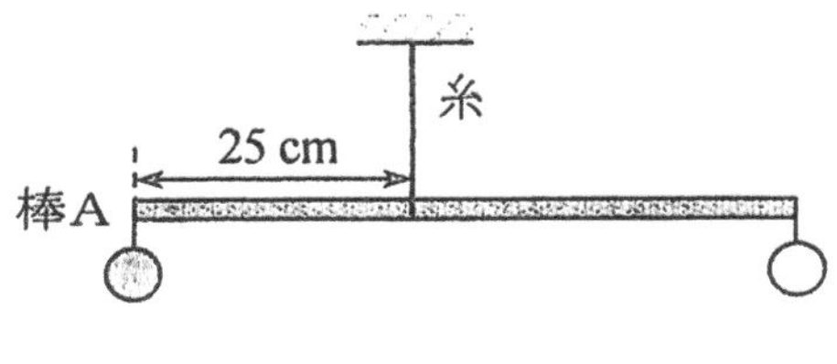

図４【実験４】の記録

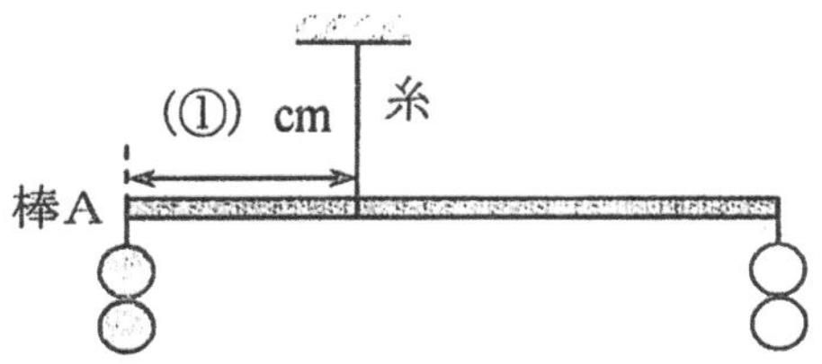

図５【実験５】の記録

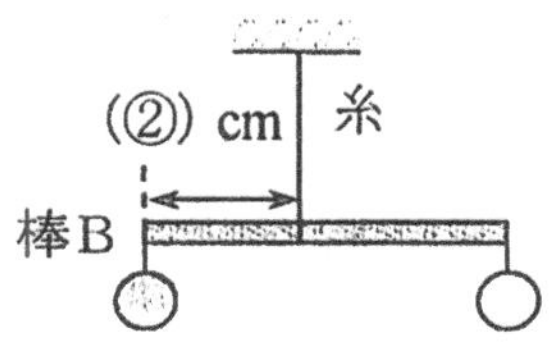

図６【実験６】の記録

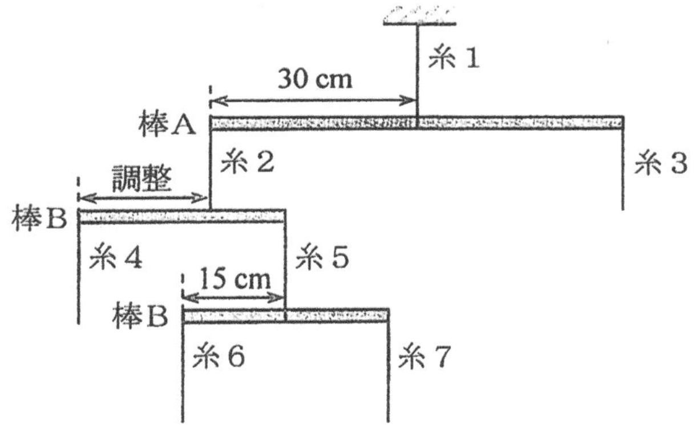

図７【実験７】の装置

１．図５の①と図６の②に入る数をそれぞれ答えなさい。

２．【実験７】として行った内容と結果を記した次の文中の③、④、⑥、⑦、⑧、⑩に入る数と、⑤、⑨に入る色（黒か白）を答えなさい。

「棒Aと棒Bを組み合わせた装置（図７）を作った。糸３、４、６、７におもりをつるし、３本の棒が水平につり合うように、棒Bをつる糸２の位置を調整した。ただし、１つの糸に必ず１つ以上のおもりをつるした。

糸３につるしたおもりの重さの合計が最も小さくなるのは、糸３に黒いおもりを（ ③ ）個、白いおもりを（ ④ ）個、糸６、糸７には（ ⑤ ）いおもりを（ ⑥ ）個ずつつるしたときだった。

黒いおもり３個、白いおもり５個のすべてをつるした場合、３本の棒が水平につり合ったのは、糸３に黒いおもりを（ ⑦ ）個、白いおもりを（ ⑧ ）個、糸６、糸７には（ ⑨ ）いおもりを（ ⑩ ）個ずつつるしたときだった。」

6 電磁石《でんじしゃく》、方位磁針《ほういじしん》、検流計《けんりゅうけい》と同じかん電池を２つ用意した。これらを回転するスイッチと導線《どうせん》を使って接続し、図１のような回路を組み立てた。スイッチは中央にある矢印が北（図では上）→東→南→西→北の順に90°ごとに回転でき、矢印の向きを12時とした場合、1、2、4、5、7、8、10、11時にあるたんし同士をスイッチ上であらかじめつないでおくことができる。図１の例では10時と11時がつながれているので、矢印が北向きなら電磁石の左側と上のかん電池の左側が、矢印が南向きなら下のかん電池の右側と検流計の右側が、それぞれスイッチを通してつながることになる。また、実験を行う前に方位磁針のＮ極は北を向いていた。この回路を使って以下の実験を行い、スイッチの向きによる検流計のふれかた、方位磁針のふれかたのちがいを調べた。後の各問いに答えなさい。

【実験１】図２のようなスイッチに取りかえて、スイッチの向きによる検流計のふれかた、方位磁針のふれかたのちがいを調べ、表１に示した記号を用いて結果を表２にまとめた。

【実験２】図３のような４つのスイッチを用意して、１つずつ、スイッチの向きによる検流計のふれかた、方位磁針のふれかたのちがいを調べた。

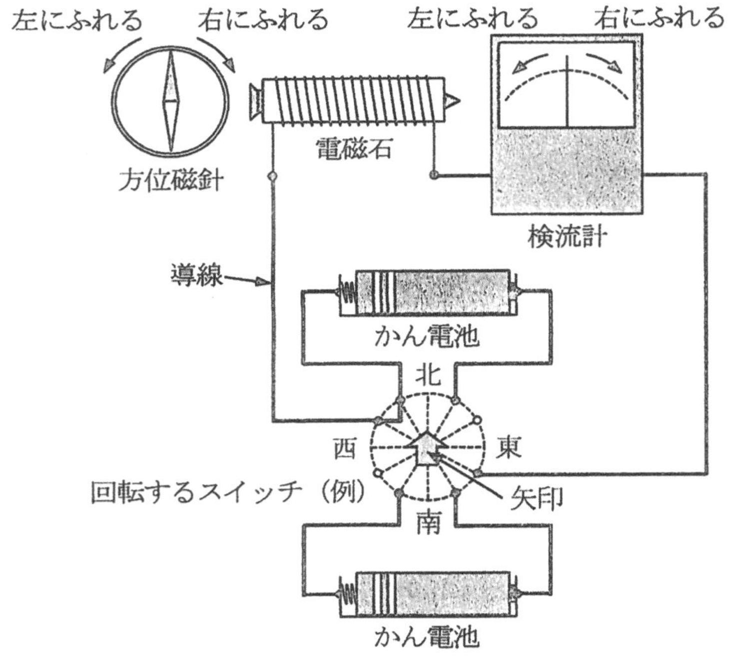

図１　実験で用意した回路

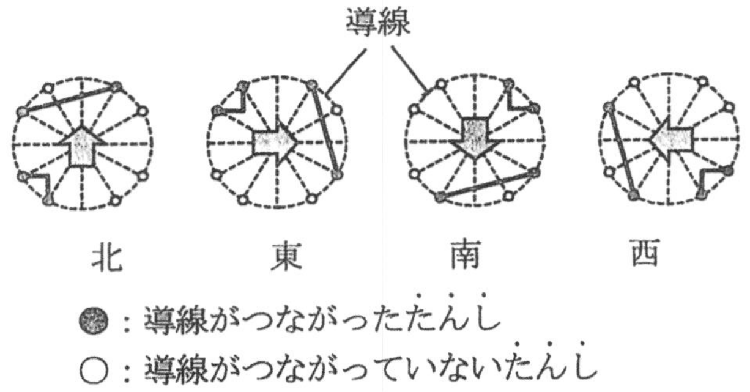

図２　【実験１】のスイッチと向きの関係

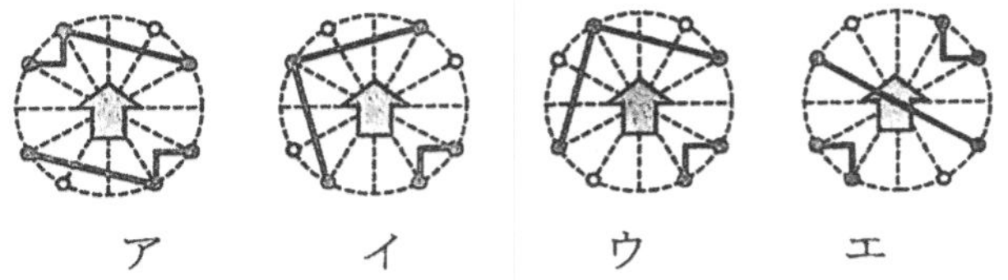

図３　【実験２】で用意したスイッチ

表１　実験の結果を表す記号

方位磁針と検流計のふれる向き	検流計のふれる大きさ
右：右にふれる	◎：大きくふれる
左：左にふれる	○：小さくふれる
×：ふれない	×：ふれない

表２　【実験１】の結果

スイッチの矢印の向き	方位磁針	検流計	
	ふれる向き	ふれる向き	ふれる大きさ
北			
東	左	右	○
南		①	
西	②	③	④

1．【実験１】の結果の一部が記入された表２の①～④に適当な右、左、×、◎、○を入れなさい。

2．【実験２】で次の結果が得られるスイッチをそれぞれすべて選びなさい。ただし、ない場合は「なし」と答えること。

① スイッチがどの向きでも、検流計はふれることがなかった。

② スイッチの向きによって、検流計は大きくふれることがあった。

③ スイッチの向きによって、方位磁針が右にふれるときと、左にふれるときがあった。

〔注〕　答えはすべて、解答用紙の定められたところに記入しなさい。

(40分)

1　つぎの文を読んで、あとの１から７までの各問いに答えなさい。

2020年１月末頃《ごろ》から、東京で航空機の音を大きく感じるようになった人がいるのではないでしょうか。それはこの時期から、「羽田《はねだ》新ルート」と呼ばれる航路が実験的に使われるようになったからです。そのうちの一つである「都心低空飛行ルート」では、航空機が地上に近い高さで飛行するようになったため、以前より大きな騒音《そうおん》がもたらされるようになりました。このルートは羽田空港への着陸時において、南風が吹《ふ》いていて、航空機が多く離《り》発着する時間帯に、さらに学校の終業後である15時〜19時の間にかぎり採用されます。試行期間を終えて、３月29日からは通常の運行経路として、実際に使われるようになりました。それではなぜ、新たにこのようなルートが採用されるようになったのでしょうか。

日本政府は東京オリンピックの開催《かいさい》をきっかけに、日本を観光で訪《おとず》れる外国人の数を増やそうと考えていました。2020年に4000万人の外国人が来ることを目標に、成田空港よりも都心への距離《きょり》が近く、便利な羽田空港を離発着する航空機の数を増やそうとしたのです。これまでは「長距離国際線は成田空港、国内線と近距離国際線は羽田空港」というすみ分けがありましたが、2010年に新たに埋《う》め立てによってつくられた羽田の新滑走路《かっそうろ》が使われ始めると、長距離国際線も羽田で受け入れるという方針に変えたのです。

羽田空港が従来、都心上空のルートを用いず、東京湾《わん》側からのルートだけを使っていたのは、騒音と落下物対策のためです。1970年代に江戸川《えどがわ》区や大田区などの住民が抗議《こうぎ》活動や訴訟《そしょう》を起こして旧運輸省と取りきめた「海側から着陸、海へ向かって離陸」という合意事項《じこう》が、今度のルート変更《へんこう》で白紙に戻《もど》されてしまったのです。政府は伊丹《いたみ》空港や福岡《ふくおか》空港、ロンドンやニューヨークで市街地上空がルートになっていることを指摘《してき》して、理解を求めています。

着陸時の新ルートは、米軍の横田空域への侵入《しんにゅう》を防ぐために急旋回《せんかい》し、埼玉《さいたま》県上空から練馬《ねりま》区を通り、渋谷《しぶや》区・新宿《しんじゅく》区上空で高度を約900mに落とし、品川《しながわ》区では東京タワー（333m）よりも低い位置になります。このとき品川区大井町《おおいまち》駅周辺でパチンコ店の店内レベルの80デシベル、時にはそれ以上の騒音が発生し、日常生活に大きな影響《えいきょう》をあたえることが心配されています。

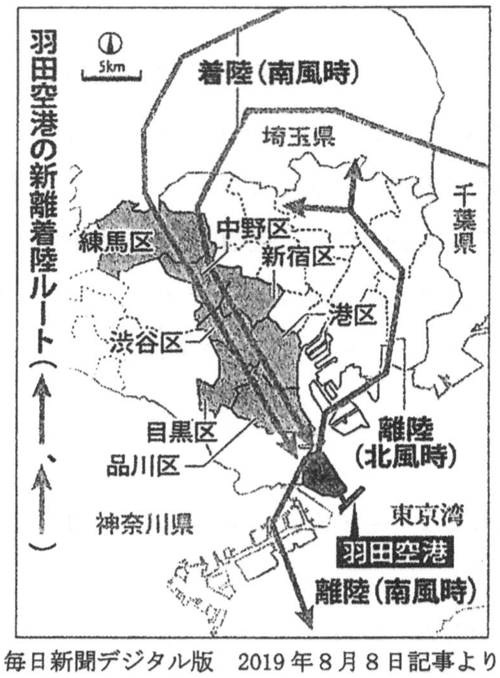

毎日新聞デジタル版　2019年８月８日記事より

騒音に加えて、飛行機からの落下物も心配されています。2018年５月24日、熊本《くまもと》空港を離陸した航空機のエンジンから部品が飛散し、地上の車両や窓ガラスを壊《こわ》すという事故が起きました。航空機の部品の他に、氷塊《ひょうかい》が落ちることもあります。雪や雨にぬれた滑走路から離陸した場合、水分が車輪などについたりすることは避《さ》けられません。これが上空で氷となり、着陸体勢に入るときの衝撃《しょうげき》などで落下することがあるのです。このような落下物の危険を避けるため、成田空港では北寄りの風の場合、海上で車輪を出すことが義務づけられています。政府は、2008年度から2017年度までの全国に

おける航空機からの落下物発生件数を 25 件としています。これは実際に落下物が確認されたものの件数であるため、実際はもっと多いかもしれません。羽田空港における離陸時の新ルートでは、川崎《かわさき》市の工業地帯上空を通ることがあり、落下物が工場火災等の大きな事故につながる危険性を指摘《してき》する識者もいます。

さらに、「都心低空飛行ルート」で求められる着陸時の進入角度の問題もあります。2014 年の新ルート発表以来、進入角度は 3.0 度で説明されてきましたが、2019 年になって 3.45 度の進入が発表されました。この 3.45 度は世界の規模の大きな空港では例のない急角度で、通常は 3.0 度の進入が適当とされています。3.0 度を超《こ》える空港はドイツのフランクフルト空港で 3.2 度、かつて存在し、山側からの進入時に世界一着陸が難しいといわれていた香港《ホンコン》の啓徳《けいとく》空港は 3.1 度でした。羽田新ルートの 3.45 度の進入について、100 カ国以上の 10 万人を超えるパイロットが加入する **IFALPA**（国際定期航空操縦士協会連合会）や、世界の約 300 の航空会社が加盟する **IATA**（国際航空運送協会）は、安全上の懸念《けねん》を表明しています。しかも気温が 35 度を超えるような条件下では航空機の高度が高くなるため、進入角度が 3.7 度を超えるものになると予想されます。この角度は多くのパイロットが危険を感じるもので、飛行機の尾部《びぶ》を滑走路にこする「尻《しり》もち事故」と呼ばれる事故の危険が増すといわれています。また、気温が高いとエンジンの性能が低下するため、より出力を上げることになり、騒音の大きさも約 10%上がるとされています。

「新ルート」のこのような問題が知られるようになり、品川区、港区、目黒区、新宿区、板橋区、豊島《としま》区、大田区、江戸川区、江東《こうとう》区、川崎市、さいたま市などで住民による反対運動が起こっています。新型コロナウイルス感染《かんせん》収束後の東京の玄関《げんかん》口をどのように形づくるのかについて、住民もふくめて広く国民的な議論や検討をする必要があるでしょう。

（参考：杉江弘・山口宏弥『羽田増便・都心低空飛行が危険なこれだけの理由』合同出版）

1　一年の中で最も都心低空飛行ルートが採用される可能性が高い時期を、つぎのアからオまでの中から一つ選び、その記号を書きなさい。

ア　春　　イ　梅雨《つゆ》　　ウ　夏　　エ　秋　　オ　冬

2　日本の観光に関連してのべた文として正しいものを、つぎのアからオまでの中から二つ選び、その記号を書きなさい。

ア　2019 年に日本を訪《おとず》れた旅行者を国別に見ると、中国からの旅行者が最も多い。

イ　日系の外国人旅行者は、パスポートを見せることなく日本への入国ができるようになった。

ウ　増加する外国人観光客の宿泊施設《しせつ》の不足を補うため、民泊《みんぱく》に関する条例がつくられた。

エ　新型コロナウイルス感染症《かんせんしょう》の拡大で海外旅行が避けられたため、2020 年の国内旅行者数は前年に比べて増加した。

オ　新型コロナウイルス感染症の拡大にともない、外国人観光客を誘致《ゆうち》するため、ＧｏＴｏトラベルキャンペーンが実施された。

3　埋め立て地についてのべた文として正しくないものを、つぎのアからオまでの中から二つ選び、その記号を書きなさい。

ア　日本においては東京や大阪《おおさか》、名古屋《なごや》などの大都市周辺で多く見られる。

イ　土地の標高が低く軟弱《なんじゃく》なため、水害や地震《じしん》などの自然災害に弱い。

ウ　埋め立て地をつくることで、周辺の潮の流れが変わって新たな漁場ができ、漁獲《ぎょかく》量が増えることが多い。

エ　高度経済成長期以降では、水田などの農地として利用されることが多い。

オ　東京湾では、焼却《しょうきゃく》や破砕《はさい》されたごみから埋め立て地がつくられている。

4　日本の工業地帯に関連してのべた文として正しいものを、つぎのアからオまでの中から二つ選び、その記号を書きなさい。

ア　製鉄や石油工業の工場は、海に面した場所に多くつくられている。

イ　工業地帯・地域別の工業生産額は、京浜《けいひん》工業地帯が最も大きい。

ウ　関東内陸工業地域では、重工業よりも軽工業の生産額が大きい。

エ　精密機械工業は、地方の空港や高速道路沿いに多くみられる。

オ　北陸工業地域では、食料品の生産額が最も大きくなっている。

5　ある国や地域についてのべた文のうちドイツと香港にあてはまるものを、つぎのアからオまでの中から一つずつ選び、その記号を書きなさい。

ア　2015 年の難民危機以来、メルケル首相《しゅしょう》のもとで多くの難民を受け入れてきた。

イ　2016 年の国民投票の結果をうけて、2020 年末のＥＵからの離脱《りだつ》が決定した。

ウ　2018 年２月に冬季オリンピックが開かれた。

エ　2019 年の逃亡《とうぼう》犯条例改正案への反対から始まったデモは、2020 年に入っても継続《けいぞく》して行われた。

オ　2020 年に大統領選挙が行われ、バイデン氏が次期大統領となることが決定した。

6　地図中の区間において新ルートを使った飛行機に乗ったとき、日中の晴天時に窓から見える景色として正しくないものを、つぎのアからカまでの中から二つ選び、その記号を書きなさい。

ア　南風時の離陸の後、右手に横浜《よこはま》ベイブリッジが見える。

イ　北風時の離陸の後、右手に東京ディズニーランドが見える。

ウ　南風時の着陸の前、右手に東京スカイツリーが見える。

エ　南風時の着陸の前、左手に東京湾が見える。

オ　南風時の離陸の後、左手に富士山が見える。

カ　北風時の離陸の後、左手に東京タワーが見える。

7　本文の内容についてのべた文として正しくないものを、つぎのアからオまでの中から二つ選び、その記号を書きなさい。

ア　都心低空飛行ルートでは、新宿駅上空で東京スカイツリーよりも低い位置を飛んでいる。

イ　外国では、首都上空に飛行ルートが設定されていない。

ウ　都心低空飛行ルートが上空を通らない自治体においても、反対運動が起こっている。

エ　気温が高くなるとエンジンの出力を上げる必要があるため、騒音が大きくなる。

オ　東京湾に落下物が落ちて沈《しず》んだ場合は、落下物発生件数に数えられていない。

[2] つぎの文を読んで、あとの１から７までの各問いに答えなさい。

社会の授業で「[A]」をテーマに調べて発表する課題が出ました。あるクラスでは、つぎのような発表がされました。

◎２班の発表

Q．いつからウシは家畜だったの？
①紀元前6000年頃《ごろ》、現在のトルコの草原地帯で飼育
②日本列島では弥生《やよい》時代以前の飼育の証拠《しょうこ》は未発見
③古墳《こふん》時代にはウシ型の埴輪《はにわ》が登場
中国大陸のウシと同種のウシ(現在より小型)

Q．ウシをどう役立てていたの？
⑧肉食禁止により、ウシは主に荷物を運搬《うんぱん》する役牛として利用されるようになる
⑨鎌倉《かまくら》時代にウシやウマに鋤《すき》を引かせる牛馬耕が普及
1950年代の耕うん機導入まで牛馬耕が一般的

Q．昔からウシを食べていたの？
④675年に「ウシ・ウマ・イヌ・サル・ニワトリの肉を食べてはならない」という天皇の命令が出る
⑤奈良～平安時代、朝廷《ちょうてい》で薬や行事の供物《くもつ》として牛乳や蘇《そ》(乳製品の一種)を使用、諸国に蘇の納付を求めた
⑥武士の台頭に伴《ともな》って牛乳の使用は廃《すた》れる
⑦明治４年に肉食解禁、牛鍋《ぎゅうなべ》が流行
東京の大名屋敷跡《あと》で搾乳《さくにゅう》業、都市の飲み物として普及《ふきゅう》

Q．秀吉《ひでよし》や家康《いえやす》が牛車《ぎっしゃ》に乗ったのはなぜ？
⑩乗用の牛車は、特に９世紀末以降、女性と高位の貴族たちの間で利用が広がる
⑪鎌倉・室町《むろまち》時代の武家で実際に牛車に乗ったのは将軍家だけだった
⑫貴族が没落《ぼつらく》してウシの飼育が困難となり、15世紀後半頃には牛車の利用が廃れる（運搬用の牛車《ぎゅうしゃ》は残る）
⑬秀吉や家康は天皇に会う際、牛車に乗った

◎７班の発表

Q．なぜ古墳からウマが出てくるのか？
⑭日本列島でのウマ飼育の最古の例は４世紀後半、中国の古代馬と同じ特徴《とくちょう》(現在の小型馬ほどの大きさ)
⑮５世紀頃に朝鮮《ちょうせん》半島から乗馬の技術や馬具が伝わる
古墳の副葬品《ふくそうひん》に馬具、ウマ型の埴輪も登場

Q．なぜ絵馬《えま》に願いをこめるのか？
⑳ウマは降雨や疫病《えきびょう》終息を祈《いの》るなど様々な祭祀《さいし》で利用
高価なため土や木でつくられたウマで代用
㉑平安時代、朝廷は国家の祈《き》とうに用いるウマを貴族に納めさせたが、ウマがない場合は絵馬で代替《だいたい》させた
㉒室町時代になると個人の願いをこめることが主流に

Q．朝廷と武士とウマの関係は？
⑯７世紀後半、朝廷が公的なウマの利用を制度化した
⑰奈良時代には左右馬寮《めりょう》が設置され、朝廷は東日本でウマを飼育・貢納《こうのう》させた
⑱[B]
⑲元軍の影響《えいきょう》で集団戦法が広がったが、依然《いぜん》として戦闘の中心は弓を射る騎馬《きば》武者だった

Q．何の跡地に筑駒《つくこま》はできたのか？
㉓江戸時代、戦争がなくなり騎馬武者が衰《おとろ》える
㉔西洋馬を導入した騎兵隊が日清《にっしん》・日露《にちろ》戦争で活躍《かつやく》した
㉕第一次世界大戦以降、騎兵は衰えていった
㉖1947年、騎兵第一連隊駐屯《ちゅうとん》地跡に東京農業教育専門学校附属《ふぞく》中学校開校

◎11班の発表

Q．イヌの扱《あつか》いは変わったのか？
㉗縄文遺跡《じょうもんいせき》から墓が集まる場所に埋《う》められたイヌの全身の骨や骨折が治った跡がある老犬の骨が出土
㉘猪《いのしし》を狩《か》るイヌが描《えが》かれた弥生時代の銅鐸《どうたく》が出土
弥生遺跡のイヌの骨は、猪などと同様、散乱した状態や、頭骨に傷のある状態で見つかっている
㉙仏教が伝来して不殺生《ふせっしょう》の教えが広がった影響で、675年、最初の肉食禁止令が出る
㉚聖武《しょうむ》天皇の時代、新羅《しらぎ》から狆《ちん》(小型犬)が献上《けんじょう》され、天皇・貴族が室内で飼うイヌとしてもてはやされた
㉛愛玩《あいがん》犬が一般に広がるのは江戸時代
㉜室内犬の飼育が一般化するのは1960年代以降

Q．追うものから追われるものへ？
㉝縄文時代から猟《りょう》犬として活躍《かつやく》
㉞13世紀初頭に犬追物《いぬおうもの》(武士の訓練の一種)が始まった
イヌを放して騎馬武士が射る(殺さない)
㉟娯楽《ごらく》としての闘犬《とうけん》も行われ、執権《しっけん》の北条高時《ほうじょうたかとき》は守護たちにイヌを献上させていた

Q．なぜ中野区役所前にイヌの像があるのか？
㊱５代将軍徳川綱吉《つなよし》の生類憐《あわれ》み政策
生命を重んじる風潮を定着させる目的で出された
幕府はイヌを収容する犬小屋を中野村に設置した
㊲綱吉の死後も生類憐みの精神は引き継がれた

1　課題のテーマ［ A ］に入るものとして最も適切なものを、つぎのアからオまでの中から一つ選び、その記号を書きなさい。

ア　家畜の歴史を世界と比較《ひかく》しよう

イ　日本列島の自然環境《かんきょう》と動物たち

ウ　動物愛護からみる日本史

エ　十二支の動物と日本列島の人々との関わり

オ　戦いに利用された動物たちの歴史

2　秀吉や家康が牛車に乗ったのはなぜ？という問いの答えを、発表内容をふまえて20字程度で書きなさい。

3　東日本はウマの名産地として知られていた。つぎの(1)から(3)は、東日本のある地域を拠点《きょてん》に繁栄《はんえい》した一族についてのべた文である。この一族が建立《こんりゅう》した寺社の名称を一つ答えなさい。また、その寺社の位置として正しいものを、下の地図上のアからキまでの中から一つ選び、その記号を書きなさい。

(1)　平安時代に起こった二つの合戦を通じて、勢力を伸《の》ばした。

(2)　ウマや金などを納めながら朝廷との安定した関係を築いていた。

(3)　源平合戦ののち、源頼朝《みなもとのよりとも》に滅《ほろ》ぼされた。

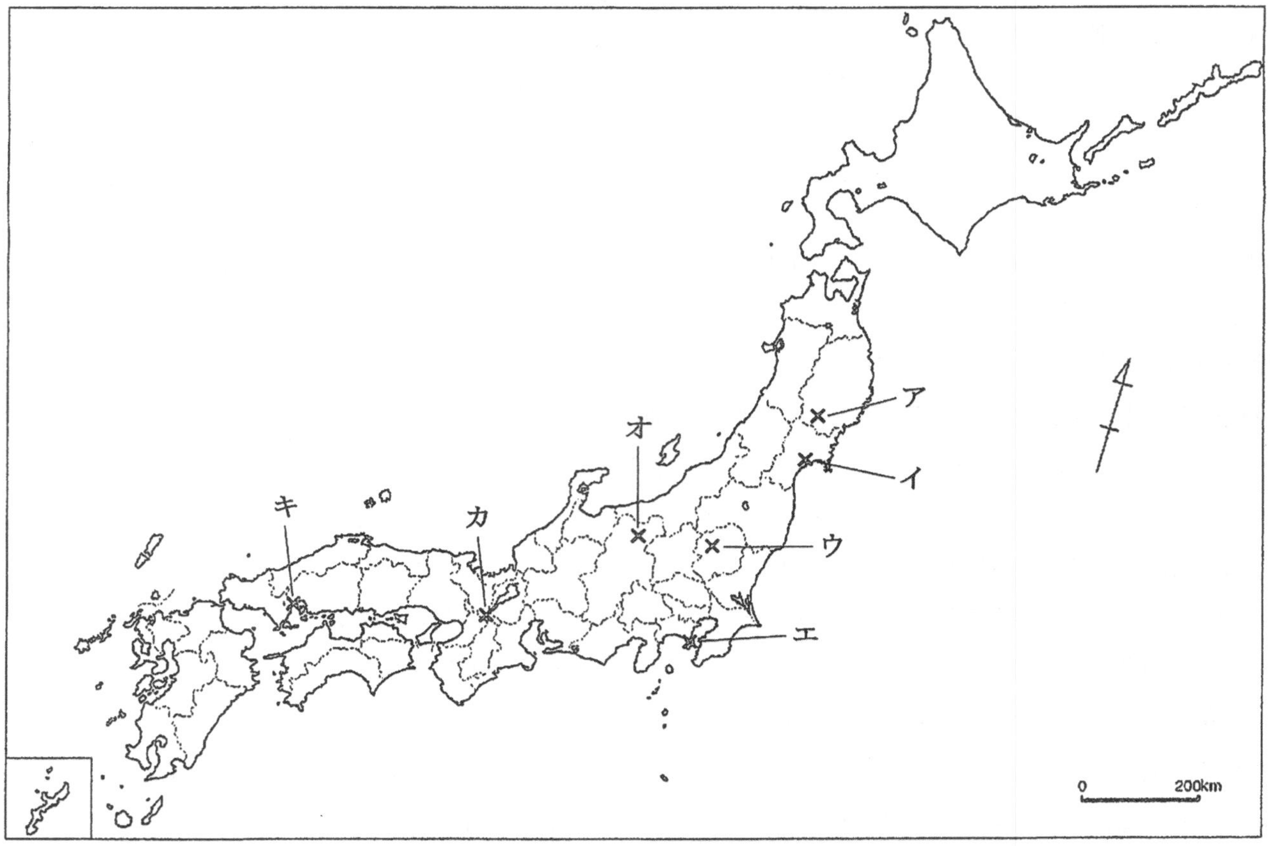

4　［ B ］は⑰と⑲の間のできごとである。ここに入る文章として適切でないものを、次のアからオまでの中からすべて選び、その記号を書きなさい。

ア　朝廷のウマの飼育の管理者から平将門《たいらのまさかど》など有力武士が現れた。

イ　藤原京《ふじわらきょう》と各地を結ぶ道路と駅が整備され、公的な情報伝達の手段としてウマが利用された。

ウ　新たな乗り物として馬車が利用されるようになった。

エ　武士たちは自分の館《たち》やその周辺でウマの飼育をしていた。

オ　海外からの侵攻《しんこう》に対し、全国の騎馬武者たちは恩賞を得ようと戦った。

5　イヌの扱いは変わったのか？という問いに対して、発表内容から考えられる内容として適切でないものを、つぎのアからオまでの中から二つ選び、その記号を書きなさい。

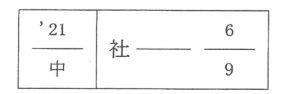

ア　縄文時代のイヌは、けがをしたらすぐ殺されていたと考えられる。

イ　弥生時代のイヌは食用にもされる一方、埋葬《まいそう》されることがなくなったと考えられる。

ウ　縄文時代だけでなく弥生時代の人々も、狩猟《しゅりょう》の際にイヌを使っていたと考えられる。

エ　７世紀の人々はイヌを食べていたと考えられる。

オ　江戸時代になって、イヌは初めてペットとして飼育されるようになったと考えられる。

6　各班が調べた内容を教科書の年表に加えてみることにした。④、⑮、㉔、㉖、㉞のできごとが入る位置として正しいものを、つぎの年表中のａからｑまでの中から一つずつ選び、その記号を書きなさい。

a	平清盛《たいらのきよもり》が太政大臣《だいじょうだいじん》となる	l
米づくりが大陸から伝わる	g	大日本帝国《ていこく》憲法が発布される
b	元が攻めてくる	m
卑弥呼《ひみこ》が中国に使いを送る	h	男子普通選挙制度が定められる
c	足利義満《あしかがよしみつ》が明《みん》との貿易を始める	n
大化改新	i	満州事変が起こる
d	関ヶ原の戦いが起こる	o
東大寺の大仏の開眼式《かいげんしき》が行われる	j	広島と長崎に原子爆弾《ばくだん》が落とされる
e	杉田玄白《げんぱく》らが「解体新書」を出版する	p
京都に都がうつる	k	沖縄《おきなわ》が日本に復帰する
f	ペリーが浦賀《うらが》に来航する	q

7　各班が調べた内容に関連してのべた文として正しいものを、つぎのアからコまでの中からすべて選び、その記号を時代順に書きなさい。

ア　日中戦争が始まった当初、日本軍の中心は騎兵であったが、戦争が長期化すると歩兵中心に変化した。

イ　鎌倉時代に闘犬が行われており、闘犬を好む幕府の指導者もいた。

ウ　日本列島で最も早く飼育されたウマは、現在の主要な競走馬よりも小型だった。

エ　多くの貴族が牛車を利用し始めたころ、遣唐使《けんとうし》が停止されて中国の影響を受けない日本独特の文化がおこった。

オ　平安時代の貴族は、官位上昇や学業成就《じょうじゅ》の願いを絵馬にこめて寺社に奉納《ほうのう》した。

カ　文明開化の風潮の下、日本に初めて牛乳がもたらされ、人々が飲むようになった。

キ　江戸幕府が生類憐み政策を進めたのは、キリスト教禁止と鎖国《さこく》を行った時期より後だった。

ク　高度経済成長期以降、室内でのイヌの飼育が一般化した。

ケ　第一次世界大戦期に好景気をむかえ、農村でもウシとウマにかわり機械で耕作するようになった。

コ　縄文時代の人々は、石や動物の骨・角などをけずってつくった道具を使って狩りをおこなっていた。

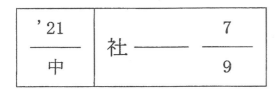

3　つぎの文を読んで、あとの１から６までの各問いに答えなさい。

筑波大学附属駒場《つくばだいがくふぞくこまば》中学校の生徒は徒歩や電車で通学する人が多いですが、自転車で登校する人もいます。本校の近くの道路は人や車の往来《おうらい》も多く、登校時や下校時には自転車事故を起こさないように気をつける必要があります。以前、小学生の運転する自転車が人にぶつかって、裁判になったことがありました。その裁判では、小学生の起こした事故の責任をだれが、どの程度とるのか、ということが争われました。これについて考えてみましょう。

事件は、2008 年の神戸《こうべ》市で起きました。2008 年９月 22 日午後６時 50 分ごろ、マウンテンバイクに乗った小学５年生（11歳《さい》）の少年が、時速 20～30 キロメートルで坂道を下っていました。そのとき、友人と散歩中だった 62 歳の女性と正面衝突《しょうとつ》しました。女性は、はね飛ばされて意識不明の重体となり、その後ねたきりになってしまいました。女性側は、少年の母親に対して約１億 590 万円の支払《しはら》いを求める裁判を起こしました。

女性側の訴《うった》えのように、小学５年生が起こした事故の責任を負うのは親だとしたら、それはなぜなのでしょうか。また、この事件では約１億円という高額な支払いが求められています。親はどの程度まで子どもの責任を負わなければならないのでしょうか。

加害者が被害者《ひがいしゃ》にお金を払わなければならない法的な理由について考えてみましょう。まず、民法という法律には「不注意で人を傷つけたりものをこわしたりしたときは、その損害分を補わなければならない」というルールがあります。この「不注意」のことを、法的には過失といいます。過失とは、自分が必要な行動をとらなければ被害が起こると予想できて、避《さ》けることができたにもかかわらず、必要な行動をとらなかったことをいいます。今回の事件の場合、少年がマウンテンバイクで坂道を時速 20～30 キロメートルで下ったら人をはねてけがをさせることを予想できたか、避けることができたにもかかわらず必要な行動をとらなかったか、が問題となります。次に、少年は女性にけがをさせてしまいました。これは、女性の身体に害をあたえたということになります。これを権利侵害《しんがい》といいます。また、けがをさせた原因は、少年が女性をよけそこなったことです。女性をよけそこなったことと、女性がけがをしたことは、原因と結果の関係になります。これを因果関係といいます。最後に、女性がけがをしてねたきりになったことで、治療《ちりょう》代がかかったり今後の収入が少なくなったりするといった被害がでています。これを損害といいます。つまり、少年がお金を払うとしたら、その理由は①少年が不注意だった（過失）、②女性の身体を害した（権利侵害）、③女性がけがをしたのは少年がぶつかったから（因果関係）、④女性が損をした（損害）、の４つになります。法的にはこの４つの理由がそろうと、原則として加害者は被害者にお金を払わなければならなくなります。

今回の事件で加害者となった少年の場合は、４つの理由がそろうでしょう。ただ、少年は小学５年生のため、仕事をしてお金をかせいでいるわけではありません。少年は、自分の貯金やおこづかいのなかからお金を払うことになるのでしょうか。ここでポイントとなるのは、責任能力という考え方です。責任能力とは、自分のしたことが不法なもので、したことに対する法的な責任をとらなければならないことを認識できる能力のことをいいます。例えば、赤ちゃんや幼い子どもが他の人を傷つけたときに、「不注意なので法的な責任をとれ」といっても仕方がありません。そこで、このような考え方があるのです。いくつになったら責任能力があると決まっているわけではありませんが、小学校を卒業する 12 歳あたりが責任能力があるかどうかのわかれ目といわれています。責任能力のない人が自転車事故を起こしたときは、親などの監督《かんとく》義務者の監督責任が問われることになります。

今回の裁判では、少年が 11 歳であることから責任能力がないとされ、親の監督責任が問われました。裁判で少年の母親は、日ごろから自転車のスピードを出しすぎないことやヘルメットを着けることを教えて、監督義務を果たしていたと主張しました。一方女性側は、事故当時はその指導通りになっていなかったことから、少年の母親は監督義務を十分に果たしていなかったと述べ、両者の争いは続きました。2013 年、この裁判の判決が出ました。裁判所は、少年の前方不注視が

事故の原因と認定するとともに、事故時は高速で運転していたこと、ヘルメットを着けていなかったことなどをあげ、「親が監督義務を果たしていない」として、少年の母親に約9,500万円の支払いを命じたのです。

小学生が起こした自転車事故について親が被害者に1億円近いお金を払うべき、という判決は、社会に大きな影響をあたえました。この判決を受けて、兵庫《ひょうご》県は2015年に、自転車保険への加入を義務づける条例を全国に先がけてつくりました。東京都でも2020年4月から大きな変化がありました。「自転車の安全で適正な利用の促進《そくしん》に関する条例」が改正・施《し》行《こう》され、自転車保険への加入が義務化されたのです。国レベルでは、2017年に自転車活用推進法が施行され、その中で国が地方公共団体に対して条例などで自転車保険への加入を義務づけるように要望しています。今後、兵庫県や東京都のように条例をつくる動きがさらに広まってくるでしょう。

今回の自転車事故のように、ある事件がきっかけとなって新しい制度がつくられることがあります。そのようなとき、みなさんも市民としてどのような制度がよいのか考えてみてはいかがでしょうか。

1　つぎの文は自転車事故に関連して中学生が書いた小レポートである。文中の（　A　）と（　B　）にあてはまる語の組み合わせとして適切なものを、つぎのアからカまでの中から一つ選び、その記号を書きなさい。

> 自転車事故が重大なけがにつながらないように道路交通法では、責任能力のない（　A　）歳未満の子どもが自転車に乗るときには、保護者は子どもにヘルメットをかぶらせるよう努めなければならないと定めている。
>
> 筑波大学附属駒場中学校がある世田谷区では、2020年10月から（　A　）歳未満の子どもが自転車に乗るときには、保護者は子どもにヘルメットをかぶらせなければならないと定めており、道路交通法よりも強い意味をもたせている。この世田谷区のルールについて、地域の人々にインタビューをした。多くの人は安全を守るために必要だからよいルールだという意見だった。その一方で、このルールにはヘルメット着用義務だけでなく、スマートフォン等を使ったり傘《かさ》をさしたりしながら運転することの禁止が明記されていて、私たちの（　B　）ルールだという人もいた。

	（ A ）	（ B ）
ア	6	平等を保障する
イ	13	平等を保障する
ウ	18	平等を保障する
エ	6	自由を制限する
オ	13	自由を制限する
カ	18	自由を制限する

2　少年の母親に対して約1億590万円の支払いを求める裁判のように、原告と被告に分かれて主張し合い法にもとづいて解決する裁判（民事裁判）として適切なものを、つぎのアからオまでの中から二つ選び、その記号を書きなさい。

ア　国民が裁判員として参加する、裁判員制度が取り入れられている裁判

イ　亡くなった父親がのこした財産の分け方をめぐって争われる裁判

ウ　不適切なことをしたとされる裁判官をやめさせるかどうか決める裁判

エ　自転車事故を起こして人を傷つけたとして過失致死傷罪《かしつちししょうざい》にとわれる裁判

オ　工場が出すけむりにふくまれる硫黄酸化物《いおうさんかぶつ》が原因でぜんそくになったとして、工場をもつ会社を訴《うった》える裁判

3　権利に関連してのべた文として正しくないものを、つぎのアからオまでの中からすべて選び、その記号を書きなさい。

ア　プライバシーの権利は、日本国憲法に明記されていないが、裁判では認められている。

イ　裁判を受ける権利は、国民の基本的人権として日本国憲法で保障されている。

ウ　太平洋戦争後に地域の若者たちがまとめた五日市憲法には、国民の権利についてくわしく書かれている。

エ　国際連合は、障がい者の権利を市民が守ることを義務づけた障害者権利条約を採択《さいたく》している。

オ　子どもの権利条約で、子どもには自由に自分の意見をあらわす権利があることが示されている。

4　本文でのべられている法的な責任の意味をふまえた文として正しいものを、つぎのアからカまでの中から二つ選び、その記号を書きなさい。

ア　小学生は、祖父が大切にしている盆栽《ぼんさい》をまちがってこわした場合、保護者にやってしまったことを正直に話す責任がある。

イ　中学生は、部活の試合で負けたら部をやめると宣言した場合、負けた時には部をやめるという形で責任をとらなければならない。

ウ　高校生は、友人とけんかをして相手にけがをさせた場合、治療費を払うなどの形で責任をとらなければならない。

エ　国会は、政府が外国と条約を結んだ場合、その条約を承認するか話し合って決める責任がある。

オ　内閣は、国会に対して責任を負っているため、内閣不信任案が可決されたら総辞職をしなければならない。

カ　裁判所は、重い障がいがある人が他人のものをこわして訴えられた場合、その人がやったことの責任をとるべきか判断をする。

5　条例に関連してのべた文として正しいものを、つぎのアからオまでの中から二つ選び、その記号を書きなさい。

ア　香川《かがわ》県では、子どものゲーム利用時間を制限するよう保護者に求める条例が施行された。

イ　川崎《かわさき》市では、ヘイトスピーチをした人に刑事罰《けいじばつ》をかす条例が全国ではじめて施行された。

ウ　衆議院と参議院でそれぞれ話し合い、両院で可決されると条例案が条例になる。

エ　条例を改正するためには、住民投票で過半数の賛成が必要と憲法に定められている。

オ　条例をつくる議会の議員は、20歳以上の有権者の投票によって選ばれる。

6　地方公共団体に関連してのべた文として正しくないものを、つぎのアからオまでの中から二つ選び、その記号を書きなさい。

ア　地方公共団体や国には、自転車レーンのように利益がでないために企業が供給しにくいものを供給する役割がある。

イ　地方公共団体が自らあつめる財源として、所得税という会社の所得にかされる税金がある。

ウ　「ふるさと納税」は、自分の生まれ育った地方公共団体のみに寄付ができる制度である。

エ　地方公共団体間の財政力の差を少なくするために、国は地方交付税交付金を交付している。

オ　新型コロナウイルス感染症《かんせんしょう》の拡大を防止するために、東京都や神奈川《かながわ》県は営業時間短縮や休業の要請《ようせい》に応じた事業者に対して協力金を交付した。

令3
中
国

解答用紙

受験番号

氏名

評点

※100点満点
(配点非公表)

一

問一

問二

問三

問四

問五

A

B

C

D

E

二

問一

問二

問三

問四

三

問一

問二

問三

’21 中	算

受験番号		氏名	

解答用紙

評点	※100点満点 (配点非公表)

【注意】① 答えはすべて，解答用紙の定められたところに記入しなさい。
② 円周率は3.14を用いなさい。

計算		答え		
[1]		(1)		cm²
		(2)		秒後
		(3)		秒後
[2]		(1)		個
		(2)		
		(3)		けた
		(4)		けた
[3]		(1)		通り
		(2)		通り
		(3)		通り
[4]		(1)		秒後
		(2)	(ア)	秒後
			(イ)	

2021 中	理

受験番号		氏名	

解答用紙

評点	※100点満点 (配点非公表)

1	1	①		②		③			
	2	実験							
	3								
	4								
	5								
2	1	①		②					
	2								
	3								
	4								
	5								
3	1	入ったとき		出たとき					
	2	①		②					
	3	①		②		③			
4	1	夏		秋		冬			
	2								
5	1	①	cm	②	cm				
	2	③	個	④	個	⑤	個	⑥	個
		⑦	個	⑧	個	⑨	個	⑩	個
6	1	①		②		③		④	
	2	①		②		③			

'21 中	社

受験番号		氏名	

解　答　用　紙

評点	※100点満点 (配点非公表)

1	1	
	2	
	3	
	4	
	5	ドイツ　　香港
	6	
	7	
2	1	
	2	20
	3	名称　　位置
	4	
	5	
	6	④　⑮　㉔　㉖　㉞
	7	
3	1	
	2	
	3	
	4	
	5	
	6	

筑波大学附属駒場中学校

令4 中 国 1/6

（40分）

〔注意〕

答えはすべて、解答用紙の定められたところに記入しなさい。

本文には、問題作成のための省略や表記の変更《へんこう》があります。

一 次の文章を読んで、あとの問いに答えなさい。

お詫び
著作権上の都合により、文章は掲載しておりません。
ご不便をおかけし、誠に申し訳ございません。
教英出版

お詫び
著作権上の都合により、文章は掲載しておりません。
ご不便をおかけし、誠に申し訳ございません。
教英出版

（片渕《かたぶち》　須直《すなお》「『アニメーション』を考える、ある視点」による）

〈注〉　アニミズム……自然界のあらゆる事物に霊魂《れいこん》が宿ると信じる考え方。　ブレヒト……ドイツの劇《げき》作家。
アフガン……アフガニスタンのこと。

問一　——①「別の次元、異なった意味合いのこと」とは、具体的にはどういうことですか。

問二　——②「『ほんとうの動き』として受け止める」とは、どういうことですか。

問三　——③「まるで絵本のような省略の行き届いた絵柄で、日常的な仕草をするときなどの方が、この効果は顕著である」とありますが、なぜですか。

問四　——④「高畑さんの『異化効果』に鑑みれば、アニメーションがそうした題材にまで手を伸ばすことは間違いなく、意味のあること」とありますが、これについて次の(1)・(2)に答えなさい。
(1)「アニメーションがそうした題材にまで手を伸ばす」とは、どういうことですか。
(2)なぜ「意味のあること」なのですか。

二　次の文章を読んで、あとの問いに答えなさい。

　リビングで、もう長いこと、ぼくは画用紙を眺《なが》めていた。これは夏休みの宿題だ。自分でぜんぶ考えて『あかるい選挙ポスター』を描《か》かなければならない。でも、どうしてなのだろう。絵を描くのは好きだけれど、宿題となると気分が乗らない。

　パレットに絵の具をしぼりだし、絵筆をぬらす。とりあえず風船を描いてみる。風船は黄色く、ばかでかくなった。選挙っぽいかんじをだすために、風船のしたにひもを数本結《ゆ》わえ、箱を足して、気球に変更《へんこう》した。画用紙が湿《しめ》ってかんじるほど蒸し暑い。午前十一時、おもては、かんかん照りだった。

「①困《こま》ったことになった」

　と、携帯《けいたい》電話を片手に、お父さんは言った。

「なにが？」

　と、筆先から顔をあげず、ぼくは訊《たず》ねた。

　気球の背景は何色にしよう。別の紙にためし塗《ぬ》りをし、筆を迷わせる。ぶなんなのは、やっぱり青空だ。それとも赤い夕焼け空。星をちりばめた夜空。かみなり雲や、入道雲というのもいいかも知れない。

「俺の後輩《こうはい》が、はじめて技師として、今回、映画《えいが》をやっているんだが、どうも監督《かんとく》に無理難題《なんだい》をだされたらしくてね」

「ふうん」

「手助けして欲《ほ》しいと泣きつかれた」

「へえ」

「そいつは、まだ未熟《みじゅく》で、経験も浅い。技師になるには早かったんだよ」

「そっかあ」

「夏休みはもう終わりだ」

「え？」

　驚《おどろ》きのあまり、ぼくはお父さんをみた。

　お父さんはうつむいていた。いかにも「申し訳《わけ》ない」といった姿勢《しせい》で、でも「自分のせいじゃないのだから見逃《みのが》してくれよ」と、開き直っているようにもみえる。ぼくは水色で空を塗り終えたところだった。絵筆を置いて、お父さんの言葉の意味を考えてみる。夏休みが終わるということ。それはつまり、ぼくをここに残して仕事にいくということだ。また約束を破られた。そう思ったら、頭にかっと血がのぼった。

「ひどいじゃないか！」

　ぼくは言った。

「そうだよな……その通りだ。ほんとうに、ひどい。ひどいんだが、その仕事は……」

　お父さんがしどろもどろになったって、ぼくは今度こそ、絶対に許さない。

「その仕事は、なに？」

　速攻《そっこう》の先制パンチでつっこむと、

「もともと、俺が引き受けた大事な仕事だったんだ。それを急に、こっちの都合で代わってもらったわけだから。だから……責任をとらなきゃ、まずい」

言いにくそうに、お父さんは答え、

「そんな大事な仕事を、どうして代わってもらったりするんだよ」

ぼくは容赦《ようしゃ》なくストレートをお見舞《みま》いした。

ノック・アウト！

カーン、カーン、カーン、と、ゴングが鳴りわたる。

「俺が夏休みをとるためには、ほかにどうしようもなかったんだ」

お父さんはうなだれた。

ぼくの拳《こぶし》はお父さんの顔面にはいり、お父さんはリングに倒《たお》れたも同然で、ゲームの勝者はぼくだ。②しかし同時に、敗者もぼくだった。

あんなに忙しかったお父さんが休みをとってくれたこと。休みをとったせいで、大事な仕事を、他人にあげなければならなかったこと。いま、そのひとに迷惑《めいわく》をかけていることも、すべてはぼくのせいだった。ぼくに反論《はんろん》できる余地はない。

でも、ぼくは「わかった」とは言えなかった。お母さんには、どんなに嫌《いや》だと思ったことでも平気なふりをして、そう言えていたのに。③お父さんには言いたくない。

描《か》きかけの絵をつかんで、ぼくはたちあがる。すでに、選挙ポスターを完成させる気力はなくなっていた。ぼくはまた、なんにもしたくない病になるのだろう。あの平和な時間が終わった瞬間《しゅんかん》――お母さんがいなくなった日のように。すこし思い出しただけで、だるくなり、ちからが抜《ぬ》けていく。のろのろとテーブルのうえを片付け、パレットと絵の具箱と絵筆バケツをもって、ぼくがリビングをでようとしたとき、

「なあ」

声が聞こえた。

「葉太、俺の仕事を手伝ってくれないか？」

と、お父さんは続けた。

仕事？

誰《だれ》に問うともなく、頭のなかだけで、ぼくはくり返した。

お父さんが仕事している姿を、ぼくはまだ一度もみたことがない。どんなことをしているのかも、よくわからない（お母さんは何度も話してくれたけれど、お父さんからはまともに聞いたことがない）のに、いきなり手伝うだなんて。

そんなことできるのだろうか？

想像もつかないけれど、ぼくの鼓動《こどう》は高鳴り、勝手にわくわくしてきてしまう。

「わかった」

自分の部屋へむかいながら、ふてくされた声をよそおって、さりげなく答えた。④ふり返るのは恥《は》ずかしいので、わざとまえをむいたままで。

（唯野《ただの》　未歩子《みぁこ》『はじめてだらけの夏休み　大人になりたいぼくと、子どもでいたいお父さん』）

〈注〉　お母さんがいなくなった……「お母さん」が病気療養《りょうよう》のために別居することになった。

問一 ——①「困《こま》ったことになった」という言葉を、「ぼく」は最初どのように捉《とら》えていますか。

問二 ——②「しかし同時に、敗者もぼくだった」とは、どういうことですか。

問三 ——③「お父さんには言いたくない」とありますが、なぜだと考えられますか。

問四 ——④「ふり返るのは恥《は》ずかしい」とありますが、なぜですか。

三 次の文を、カタカナは漢字に直し、ていねいに大きく一行で書きなさい。

オシえるはマナぶのナカばなり

四 次の詩を読んで、あとの問いに答えなさい。

合唱

谷川《たにかわ》 俊太郎《しゅんたろう》

遠くの国で物のこわれる音がして
幾《いく》千万のちりぢりの会話が
終日僕《ぼく》を苦しめる

多忙《たぼう》な時間
非情な空間

机《つくえ》の上の英和辞典に
何かしれぬ憤《いきどお》りを覚えながら
僕は地球の柔《やわ》らかい丸味を
実感したいとおもっていた

その午後
未来は簡単《かんたん》な数式で予言されそうだった

そしてその午後
合唱という言葉が妙《みょう》に僕を魅惑《みわく》した

問一 ――「僕を苦しめる」とありますが、「僕」はどういうことに「苦しめ」られているのですか。

問二 ――「未来は簡単な数式で予言されそうだった」とは、どういうことですか。

問三 ――「合唱という言葉が妙に僕を魅惑した」とありますが、「僕」はどういうところに引きつけられていますか。

【注意】 ① 答えはすべて，解答用紙の定められたところに記入しなさい。
② 円周率は 3.14 を用いなさい。

［1］ ある整数を，2 個以上の連続した整数の和で表すことを考えます。ここでは，整数○から整数△までの連続した整数の和を〈○～△〉と書くことにします。

たとえば，9＝2＋3＋4 なので，9 は〈2～4〉で表せます。9 を 2 個以上の連続した整数の和で表すとき，考えられる表し方は〈2～4〉と〈4～5〉のちょうど 2 種類です。

次の(1)から(3)の整数を，2 個以上の連続した整数の和でそれぞれ表すとき，考えられる表し方を〈○～△〉のようにしてすべて答えなさい。

(1) 50

(2) 1000

(3) 2022

［2］ 縦《たて》と横にまっすぐな道が何本か通っている街があります。縦の道を 1, 2, 3, …, 横の道をア，イ，ウ，…として，縦の道と横の道が交わる場所をすべて「交差点」と呼《よ》びます。たとえば，1 の道とアの道が交わる場所は，交差点 1－アと表します。

このような街で，交差点に警察官《けいさつかん》を配置することを考えます。警察官は，道を通って他の交差点にかけつけます。道でつながっている隣《とな》りあう 2 つの交差点間の道のりは，すべて 1 km です。

たとえば，図①のような，縦に 3 本，横に 3 本の道が通っている 9 個の交差点がある街で，交差点 2－イに警察官を 1 人配置すると，街のすべての交差点に，警察官が 2 km 以内の移動距離《きょり》でかけつけることができます。

次の問いに答えなさい。

図①

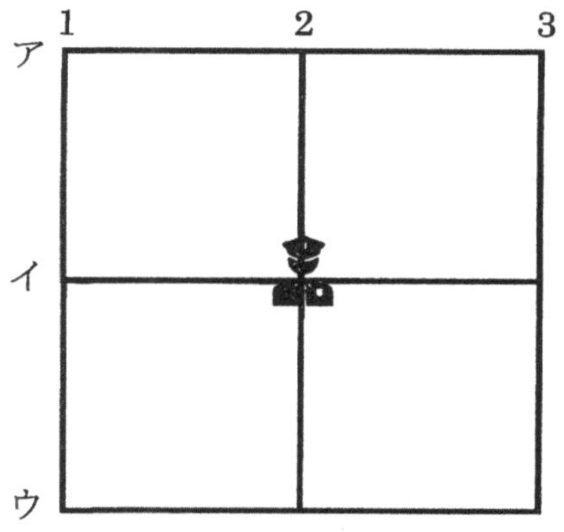

(1) 図②のような，縦に 4 本，横に 3 本の道が通っている，12 個の交差点がある街に，2 人の警察官を配置します。

交差点 2－イに 1 人目の警察官を配置しました。2 人目の警察官をどこかの交差点に配置して，街のすべての交差点に，いずれかの警察官が 2 km 以内の移動距離でかけつけられるようにします。2 人目の警察官を配置する交差点として考えられる場所は何か所ありますか。

図②

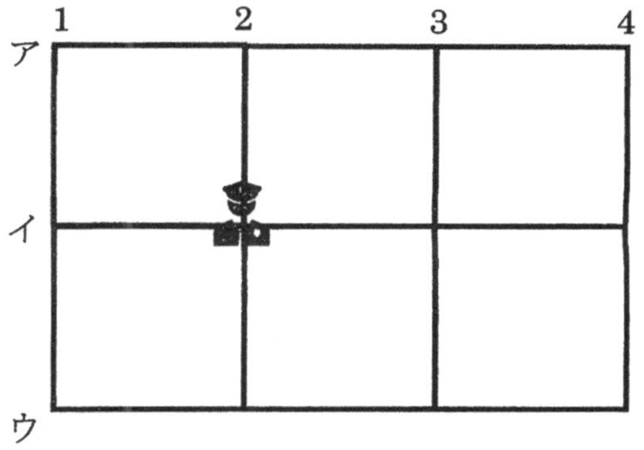

(2) 図③のような，縦に 4 本，横に 4 本の道が通っている，16 個の交差点がある街に，何人かの警察官を配置します。

街のすべての交差点に，いずれかの警察官が 2 km 以内の移動距離でかけつけられるようにします。何人の警察官を配置すればよいですか。考えられるもっとも少ない人数を答えなさい。

図③

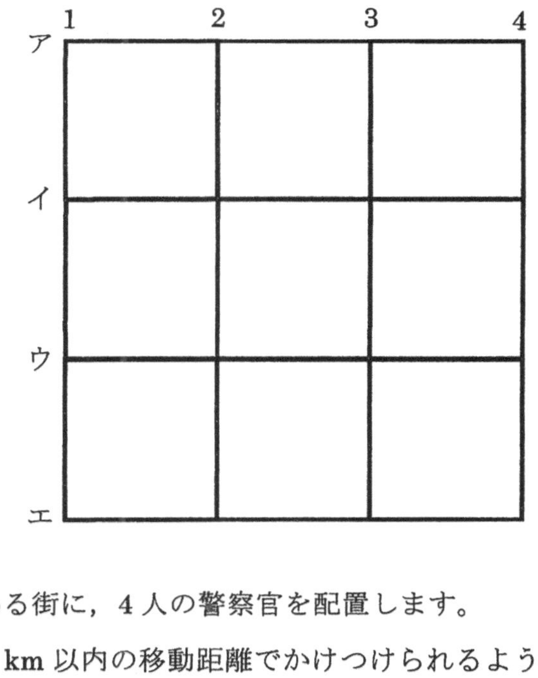

(3) 縦に 15 本，横に 15 本の道が通っている，225 個の交差点がある街に，4 人の警察官を配置します。このとき，街のすべての交差点に，いずれかの警察官が ☐ km 以内の移動距離でかけつけられるよう配置することができます。

☐ にあてはまる整数のうち，考えられるもっとも小さいものを答えなさい。

［３］　たがいに平行な３本の直線㋐，㋑，㋒がこの順に並《なら》んでいます。㋐上には点Ｐがあり，Ｐは毎秒１ｍの速さで㋐上を矢印の方向に動きます。㋑上には長さ５ｍの厚みがない壁《かべ》があり，㋒上には動かない点Ａがあります。

直線ＰＡと壁が交わるとき，Ａから見てＰは壁に隠《かく》れて見えません。また，Ａから見てＰがいずれの壁にも隠れていないとき，ＰはＡから見えています。次の問いに答えなさい。

(1)　図①では，㋐と㋑，㋑と㋒の間かくは，それぞれ３ｍです。㋑上の壁は動きません。Ａから見ると，Ｐは動き始めてしばらくして壁に隠れ，やがて再び見えるようになりました。Ａから見て，Ｐが壁に隠れていた時間は何秒ですか。

図①

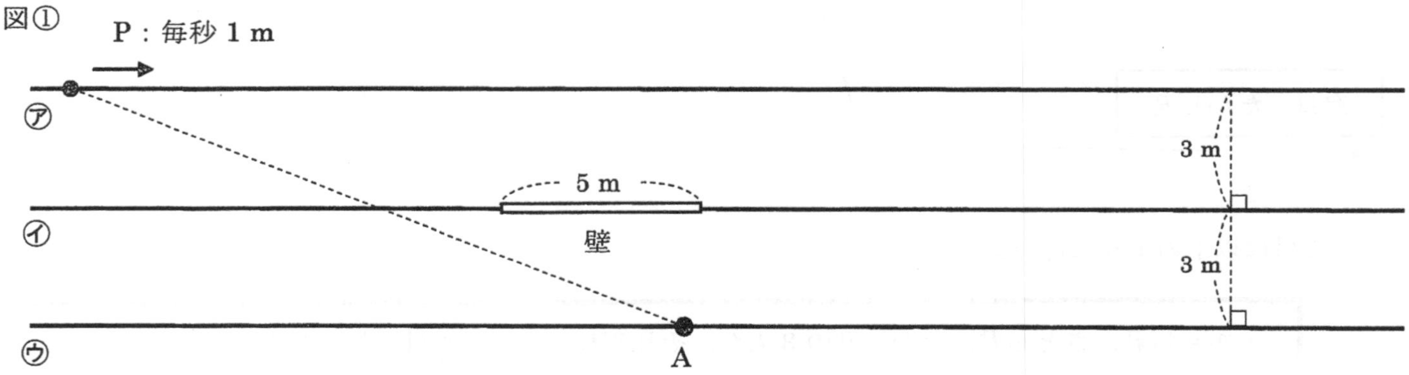

(2)　図②では，㋐と㋑，㋑と㋒の間かくは，それぞれ３ｍです。㋑上の壁はＰが動く方向と同じ方向に毎秒２ｍの速さで動きます。Ａから見ると，Ｐは動き始めてしばらくして壁に隠れ，やがて再び見えるようになりました。Ａから見て，Ｐが壁に隠れていた時間は何秒ですか。

図②

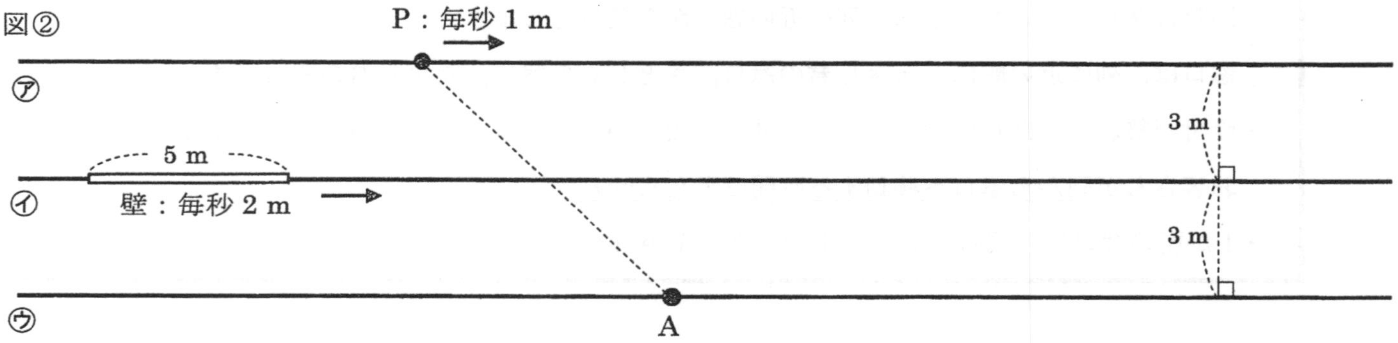

(3)　図③のように，㋐と平行な直線㋓があり，４本の直線㋐，㋑，㋓，㋒がこの順に並んでいます。㋐と㋑，㋑と㋓，㋓と㋒の間かくは，それぞれ３ｍです。㋑上の壁はＰが動く方向と同じ方向に，㋓上の壁はＰが動く方向と反対の方向に，それぞれ毎秒２ｍの速さで動きます。Ａから見ると，Ｐは動き始めてしばらくして㋑上の壁に隠れ，やがて再び見えるようになり，そのまま見え続けました。Ａから見て，Ｐがいずれかの壁に隠れていた時間は何秒ですか。考えられるもののうち，もっとも短い時間ともっとも長い時間を答えなさい。

図③

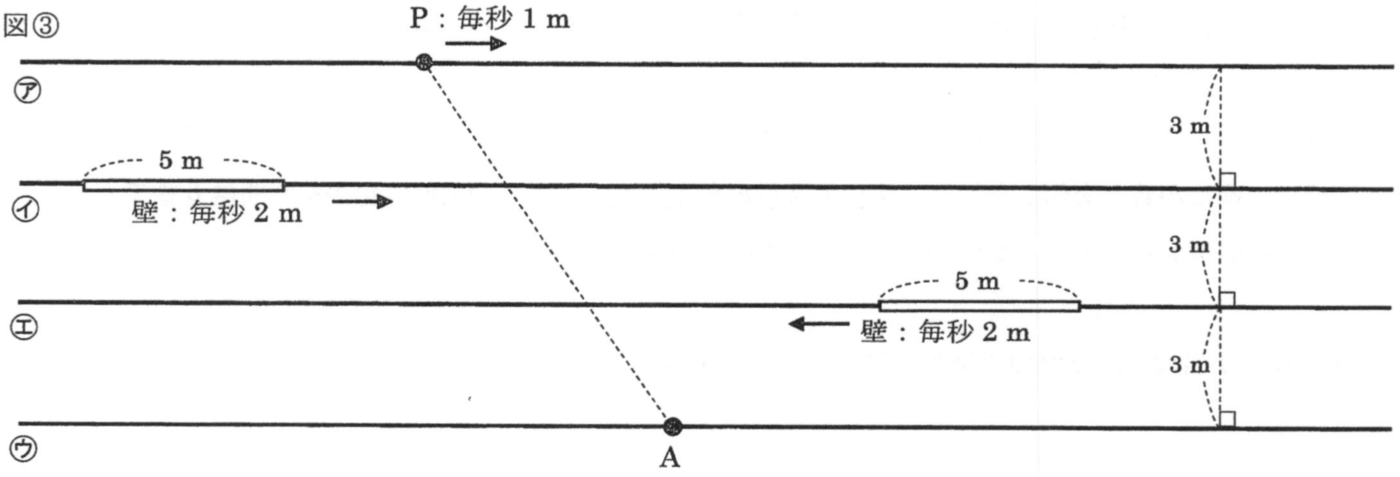

［4］ つくこま中学校の文化祭では，開場前に，整理番号 [1] ～ [545] の 545 人のお客さんが番号の小さい順に一列に並《なら》んでいて，次のように 3 か所の窓口《まどぐち》で担当者《たんとうしゃ》が受付をします。

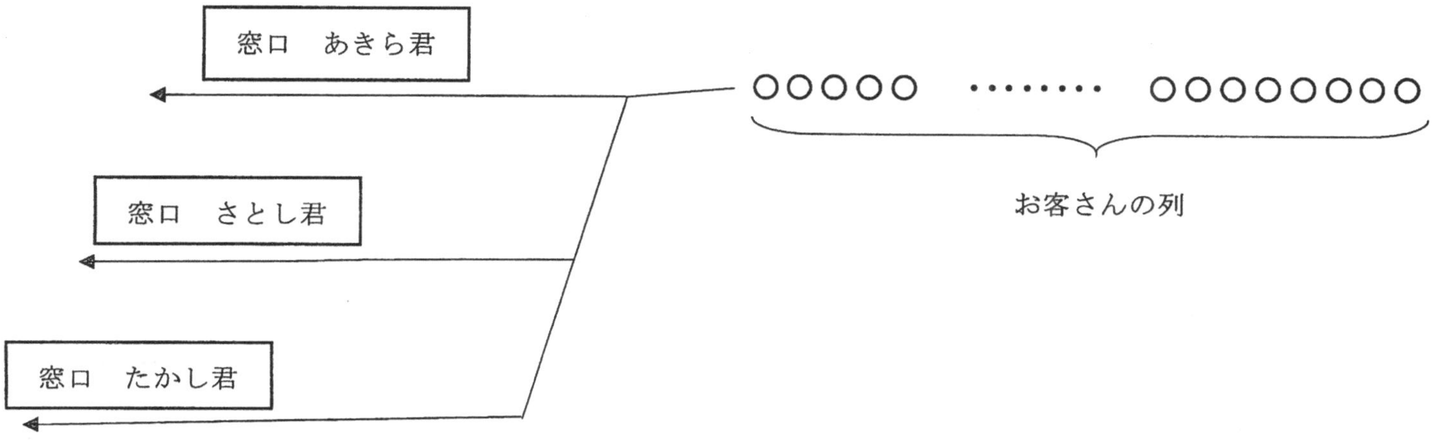

受付は以下のように行います。

- あきら君，さとし君，たかし君の 3 人が，それぞれの窓口で受付を担当します。
- お客さん 1 人あたりの受付にかかる時間は，
  あきら君が 10 秒，さとし君が 13 秒，たかし君が 15 秒です。
- お客さんは整理番号の小さい順に，3 か所ある窓口のうち，あいているところで受付をします。
- 同時に窓口があいたときは，列に近い窓口から受付をします。
  窓口は，列に近い順に，あきら君の窓口，さとし君の窓口，たかし君の窓口です。
- 受付が終わった窓口では，そのとき列の先頭にいるお客さんの受付がすぐに始まります。
  お客さんが<u>列から窓口へ移動する時間は考えません</u>。
- 1 か所の窓口に，同時に 2 人以上のお客さんが行くことはありません。

文化祭の開場と同時に，整理番号 [1] のお客さんがあきら君の窓口に，整理番号 [2] のお客さんがさとし君の窓口に，整理番号 [3] のお客さんがたかし君の窓口に行くとして，次の問いに答えなさい。

(1) あきら君が受付をする，ちょうど 30 人目のお客さんの整理番号を答えなさい。

(2)(ｱ) 整理番号 [165] のお客さんの受付が終わるのは，文化祭の開場から何秒後ですか。

　(ｲ) 整理番号 [165] のお客さんの受付をするのは，あきら君，さとし君，たかし君の 3 人のうち誰《だれ》ですか。

開場からしばらくして，窓口のあきら君，さとし君，たかし君のうち 1 人が，あるお客さんの受付を終えると同時に，ゆたか君と交代しました。<u>ゆたか君がお客さん 1 人あたりの受付にかかる時間は 8 秒</u>です。この結果，文化祭の開場からちょうど 2022 秒後に，整理番号 [545] のお客さんの受付が終わりました。

(3) ゆたか君は，文化祭の開場から何秒後に，あきら君，さとし君，たかし君のうち誰と交代しましたか。

【注意】(40分) 答えはすべて、解答用紙の定められたところに記入しなさい。また、指示されたもの以外の答えは、ア～クなどのなかから選んで答えなさい。

1 八王子市に住むさとしくん、あらたくん、まさきくんの３人は、野球の練習を終えた後、片付けをしていっしょに帰ることにした。３人の会話を読み、それに続く各問いに答えなさい。

さとしくん：朝の集会で校長先生が、「たまには夜空を見てみましょう。冬は星がきれいに見られますよ！」って言っていたね。
まさきくん：へぇ～。
あらたくん：へぇ～って、まさきくん聞いてなかったの？
まさきくん：・・・。でもさぁ、今日は雲が出ているよ。こんな天気で見られるの？
さとしくん：あぁ、あの雲で雨は降らないからだいじょうぶだよ。

１．このときの空に見られる雲は、次のどれですか。

ア　乱層雲　　イ　高積《こうせき》雲　　ウ　積乱雲

さとしくん：片付けに時間かかったね、もうこんなに暗くなっちゃった。
まさきくん：暗くなったら、月や星が見えてきたね。きれいで神秘的だなぁ。
あらたくん：本当だね。最近、ちゃんと見てなかったけど、校長先生が言ったとおりだね。

２．星と月について、まちがっているものはどれですか。

ア　星によっては、地球から見たときにあまり動かないものもある。
イ　月は、地球のどの場所から見てもずっと動かないように見えることはない。
ウ　地球と月のきょりは、１年間ずっと、地球と太陽のきょりよりも短い。
エ　星も月も、自らが出した光が観察する人の目に届いたときに見える。

まさきくん：昨日ね、月がすごくきれいだったから、写真をとったんだ。
あらたくん：見せて見せて。これ、何時ごろ見た月なの？
まさきくん：えーっと、だいたい午後６時ぐらいだったかな。

３．まさきくんは、右のような写真をとった。この月は、どの方角に見えた月ですか。また、この月を見た日から１週間後、同じ時刻の同じ場所での月の見え方はどれですか。

方　角　：　ア 東　　イ 西　　ウ 南　　エ 北

見え方　：

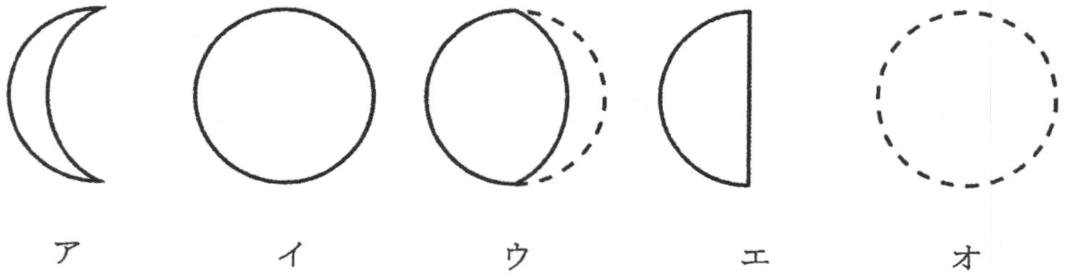

ア　　イ　　ウ　　エ　　オ

1は次のページに続く

さとしくん：さっきから手に持っているそのコンパス、ちょっと変わっているね。
まさきくん：神戸市から転校する前に、となりの席の女子からオリエンテーリング用のコンパスをもらったんだ。
あらたくん：オイル式コンパスだね。いいなぁ。
まさきくん：これで太陽が南を通る時刻を調べたんだけど、どうも引っこしの前の方が遅いんだ。
さとしくん：神戸市と八王子市だと経度が4°くらいちがって、太陽が南を通る時刻も20分近くちがうらしいよ。

4．神戸市と八王子市での太陽の動きを調べるために、図のような垂直に交わる直線をかいた板を水平におき、その中心に棒を立て、棒のかげの先の動きを日の出から1時間おきに調べると、どうなると考えられるか。適切なものをすべて選びなさい。

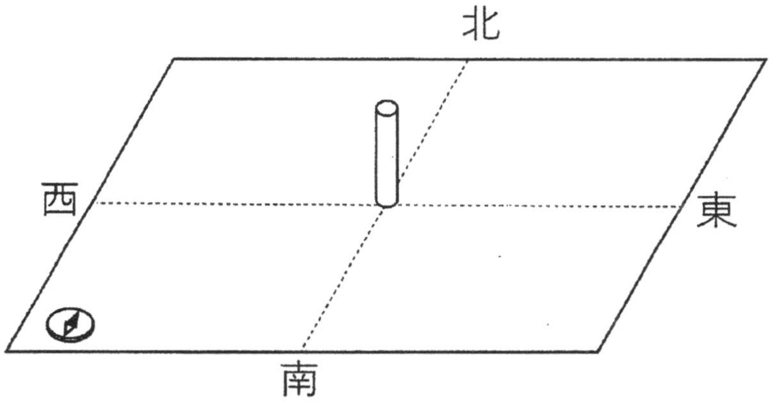

ア　神戸市も八王子市も、棒のかげの長さは日の入り直前よりも正午の方が長くなることはない。
イ　神戸市も八王子市も、棒のかげは東側から南側を通って西側に動いていく。
ウ　神戸市も八王子市も、棒のかげは南側から西側を通って北側に動いていく。
エ　神戸市と八王子市では、日の出の時刻に差がみられる。

あらたくん：オイル式コンパスも良いけど、カバンについているキーホルダーもいいね。砂が入っているの？
まさきくん：甲《こう》子園の砂だよ。ぼくのお兄ちゃんも野球をやっていて、1回甲子園に出たことがあるんだ。
さとしくん：これが甲子園の砂なんだ。思ったより黒いね。この砂って、砂はまの砂なのかな？それとも火山灰とかなのかな？
あらたくん：この砂が火山灰かどうかは、水で洗って観察すればわかるんじゃないかな。明日、先生からけんび鏡を借りてみてみようよ。

5．れき、砂、どろには見られない火山灰がもつ特ちょうを10字以内で書きなさい。

2 ５つのビーカーに、次のどれかの液が入っている。どれに何が入っているかわからなくなったので、次の実験１～３を行った。後に続く各問いに答えなさい。

水　うすいアンモニア水　砂糖水　炭酸水　うすい塩酸

【実験１】５つのビーカーの液をそれぞれ５本の試験管に少量とって、それぞれの液をガラス棒で青色と赤色のリトマス紙につけて色の変化を調べた。

【実験２】５つのビーカーの液を蒸発皿に少量とって、実験用ガスコンロで温めた。

【実験３】実験１、実験２では、５つのうち２つの液の結果が同じだった。そこで、その２つの液を少量入れた試験管に、（　X　）を入れ、それによってあわが出るかどうかを調べた。

１．実験１で、青色リトマス紙を赤色に変える液と、赤色リトマス紙を青色に変える液をそれぞれすべて選びなさい。

ア　水　イ　うすいアンモニア水　ウ　砂糖水　エ　炭酸水　オ　うすい塩酸

２．実験２で、白い固体が残る液はどれですか。　※２は学校当局により削除問題となりました。

ア　水　イ　うすいアンモニア水　ウ　砂糖水　エ　炭酸水　オ　うすい塩酸

３．実験３のXとして考えられるものを２つ選びなさい。

ア　BTBよう液　イ　アルミニウムはく　ウ　水　エ　紙やすりでよくみがいた鉄くぎ

3 ３種類の固体A、B、Cがあり、しょう酸カリウム、ホウ酸、塩化ナトリウムのどれかである。これらの薬品が水にとける量は、水の温度によって表のように変化する。この表を参考にして、実験１～３を行い、どの固体であるかを調べた。後に続く各問いに答えなさい。

表　水100グラムにとける薬品の量（グラム）

	30 ℃	40 ℃
しょう酸カリウム	45.6	63.9
ホウ酸	6.8	8.9
塩化ナトリウム	38.1	38.3

【実験１】３つのビーカーに30 ℃の水25グラムを入れた。ひとつのビーカーには固体Aを5グラム、もうひとつのビーカーには固体Bを5グラム、残りのビーカーには固体Cを5グラム入れ、よくかき混ぜた。

【実験２】固体がすべてとけたビーカーに、さらに同じ種類の固体を（　Y　）グラム加えたところ、どのビーカーでも固体がとけきれずに残った。

【実験３】すべてのビーカーの水の温度を40 ℃まで上げた。

１．実験１で固体がすべてとけた薬品はどれか。すべて選びなさい。

ア　しょう酸カリウム　イ　ホウ酸　ウ　塩化ナトリウム

２．実験２のYについて考える。次の値のうち、実験３で固体の区別ができ、最も値が小さいものはどれですか。

ア　2.5　イ　7.5　ウ　10　エ　15　オ　30　カ　60

4　６種類の植物のたねを観察し、図のように特ちょうをまとめた。次の各問いに答えなさい。

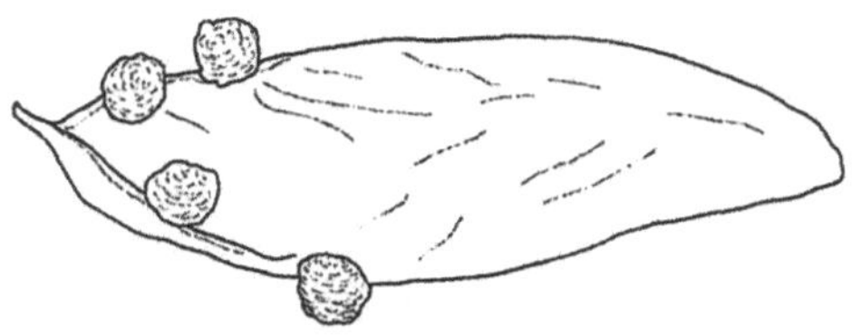

アオギリ（羽のような部分がある）

オオバコ（小さくてねばねばしている）

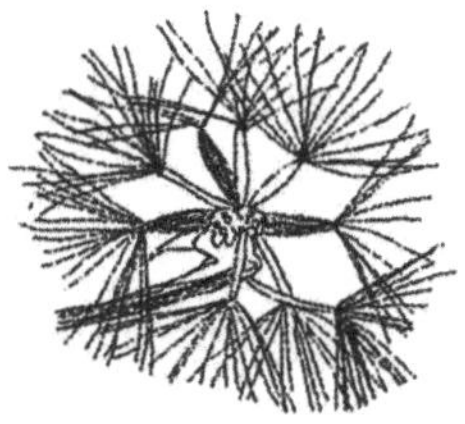

オニタビラコ（綿毛がついている）

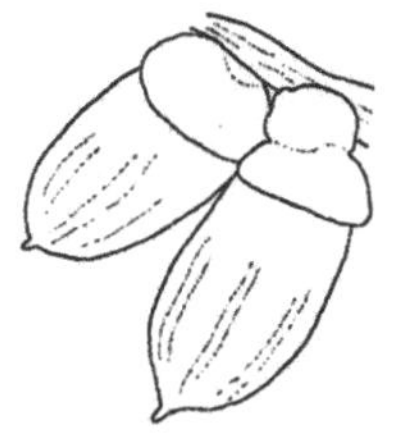

マテバシイ（わると白いかたまりがある）

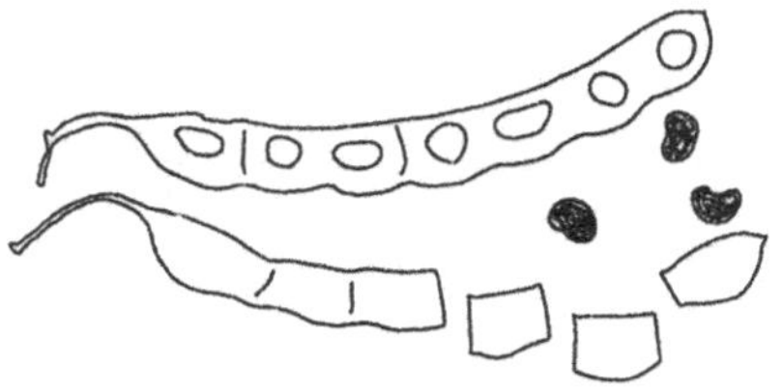

クサネム（コルクのように軽い）

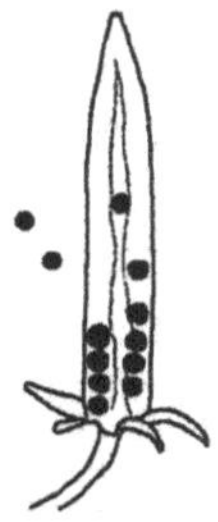

カタバミ（小さなたねがつまっている）

１．たねの運ばれ方には、「風によって飛ばされる」、「動物の体の表面について運ばれる」、「水にういて流される」、「食料として動物に運ばれる」、「はじけて飛び出る」といったものが考えられる。図中の６種類の植物の中で、たねが①「食料として動物に運ばれるもの」と、②「はじけて飛び出るもの」はそれぞれどれですか。

ア　アオギリ　　イ　オオバコ　　ウ　オニタビラコ　　エ　マテバシイ　　オ　クサネム　　カ　カタバミ

２．図はオナモミとカエデのたねである。それぞれどのように運ばれると考えられますか。

①　オナモミ

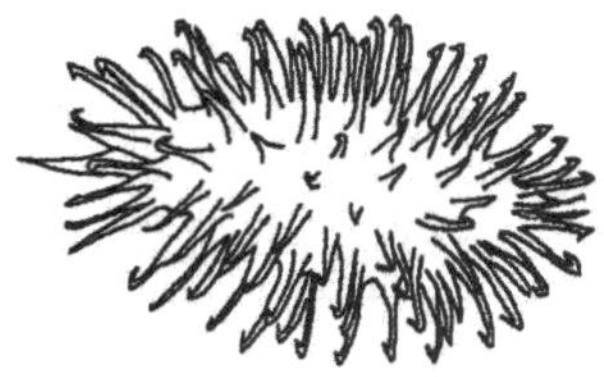

②　カエデ

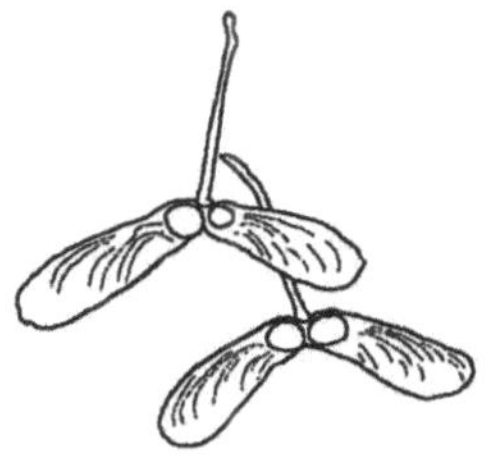

ア　風によって飛ばされる　　イ　動物の体の表面について運ばれる　　ウ　水にういて流される

エ　食料として動物に運ばれる　　オ　はじけて飛び出る

３．たねについて、まちがっているものをすべて選びなさい。

ア　発芽ではたねにたくわえられた養分が使われる。

イ　たねは、何年ものあいだ土の中で休みんしていることがある。

ウ　たねが発芽するために必要な条件は、水、空気、適切な温度、光である。

エ　たねは、植物の一生の中で１回しか作られない。

5　植物の蒸散や、光があたっているときの気体の出入りについて調べるための実験を考えた。次の各問いに答えなさい。

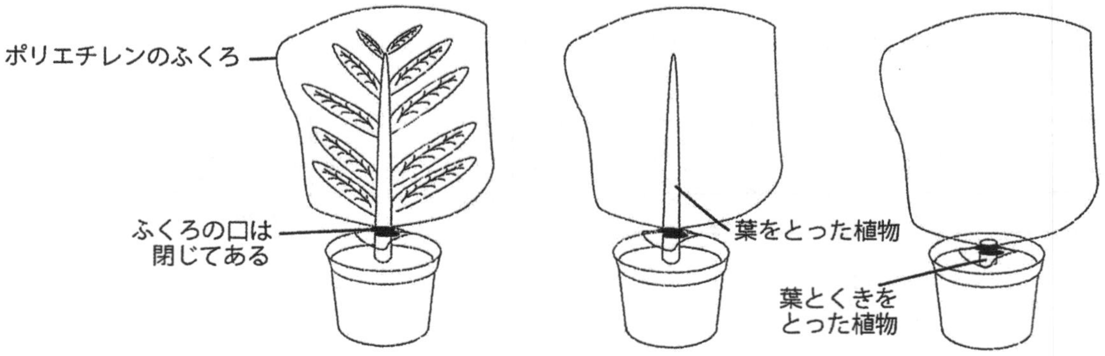

1．次の文章の（　①　）～（　⑤　）にあてはまるものを選びなさい。ただし、同じ記号を何回使ってもよい。

植物の蒸散について調べるために、図のように植物にポリエチレンのふくろをかぶせて実験することを考えた。蒸散する場所がおもに葉であることを確かめるための実験として、（　①　）にポリエチレンのふくろをかぶせ、（　②　）に一定時間おく。比かくする実験として、（　③　）にポリエチレンのふくろをかぶせ、（　④　）に一定時間おく。どちらも（　⑤　）の変化を比かくする。

ア　葉・くき・根がある植物　　イ　葉をとった植物　　ウ　葉とくきをとった植物
エ　光があたる窓のそば　　オ　光があたらない暗い部屋　　カ　酸素の量
キ　二酸化炭素の量　　ク　水てきの量

2．植物の光があたっているときの気体の出入りを確認する実験で、二酸化炭素のう度を測定しようとした場合、使用する二酸化炭素の気体検知管の測定はん囲として最も適しているものはどれですか。ただし、ポリエチレンのふくろには、はきだした息を入れてから実験を行うものとする。

ア　0.03～1.0％用　　イ　0.5～８％用　　ウ　6～24％用

6　同じ角材を２本と同じ木片をたくさん用意して、次の準備と実験１～６を行った。後に続く各問いに答えなさい。

【準　備】角材は重さが木片の９倍で、線を引いて９つに区分して、A、B、・・・、Iと名前をつけた。実験は、いずれも水平な机の上に木片を１つ置いて台とし、その上に木片や角材をのせて行う。

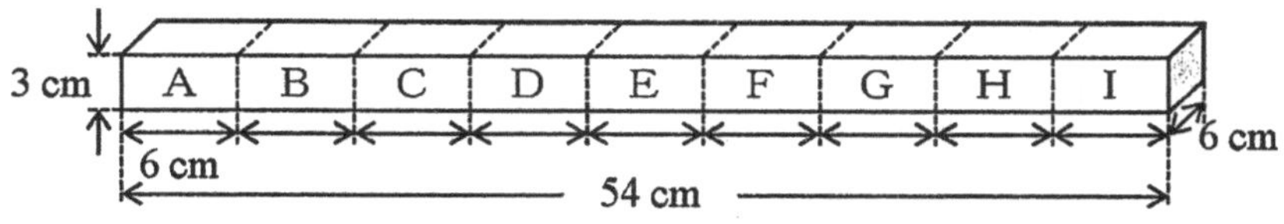

角材

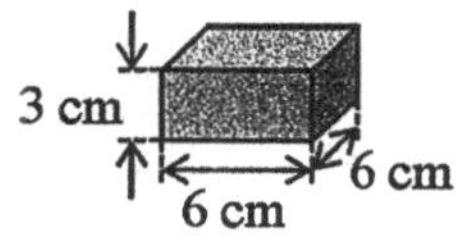

木片（台としても使う）

【実験１】台の上に角材をのせた。台の右はしから角材の右はしまでの長さが 27 cm をこえると、角材はかたむいた（図１上）。次に、台の上に木片をのせた。台の右はしから木片の右はしまでの長さが 3 cm をこえると、木片はかたむいた（図１下）。

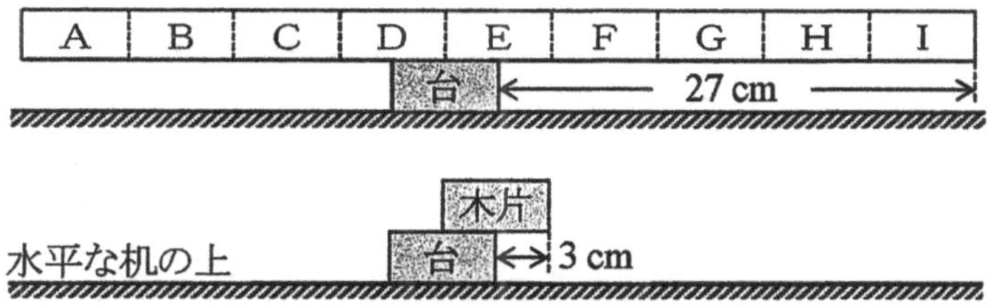

＜図１＞

【実験２】Eが台の上に重なるように角材をのせた（図２）。次に、F～Iのいずれかを１つ選び、その上に重なるように木片を積んでいく。その結果、Fを選んだ場合は積んだ木片の数が（　①　）になったところで角材はかたむいた。また、G、H、Iでは、積んだ木片の数がそれぞれ（　②　）、（　③　）、（　④　）になったところで角材はかたむいた。

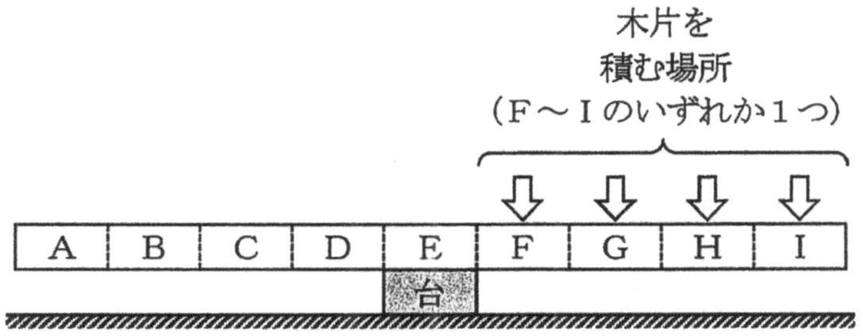

＜図２＞

【実験３】Fが台の上に重なるように角材をのせると、角材はかたむいた。そこで、Iの上に重なるように木片を積んで調整すると、積んだ木片の数が（　⑤　）～（　⑥　）のときだけ、角材は水平のままだった（図３）。

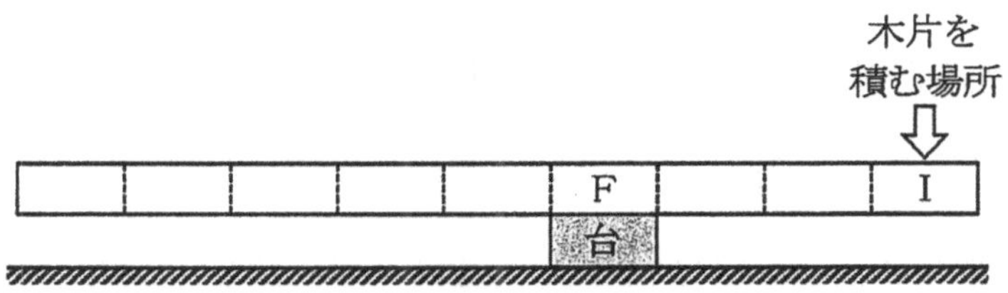

＜図３＞

【実験４】Gが台の上に重なるように角材をのせると、角材はかたむいた。そこで、Iの上に重なるように木片を積んで調整すると、積んだ木片の数が（　⑦　）～（　⑧　）のときだけ、角材は水平のままだった（図４）。

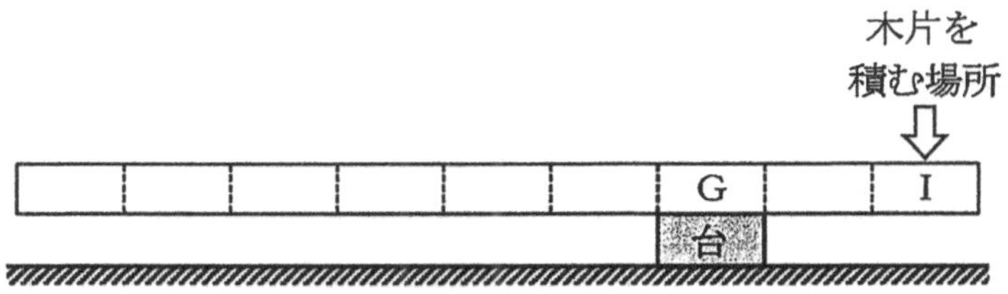

＜図４＞

6は次のページに続く

【実験５】Ｅが台の上に重なるように角材をのせた。その上にもう１本の角材のＦが台の上に重なるように、また、下の角材のＡと上の角材のＢが重なるようにのせると、２本の角材は水平のままだった（図５）。そこで、下の角材のＩの上に重なるように木片を積んでいくと、木片の数が（　⑨　）になったところで、角材はかたむいた。

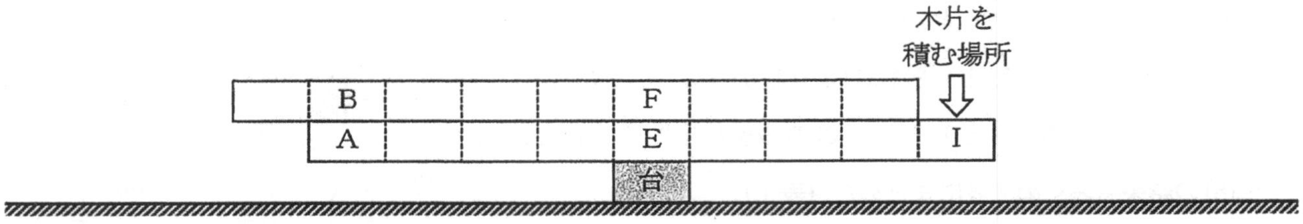

＜図５＞

【実験６】Ｅが台の上に重なるように角材をのせた。その上にもう１本の角材のＩが台の上に重なるように、また、下の角材のＡに上の角材のＥが重なるようにのせると、角材はかたむいた。そこで、下の角材のＩの上に重なるように木片を積んで調整すると、積んだ木片の数が（　⑩　）〜（　⑪　）のときだけ、角材は水平のままだった（図６）。

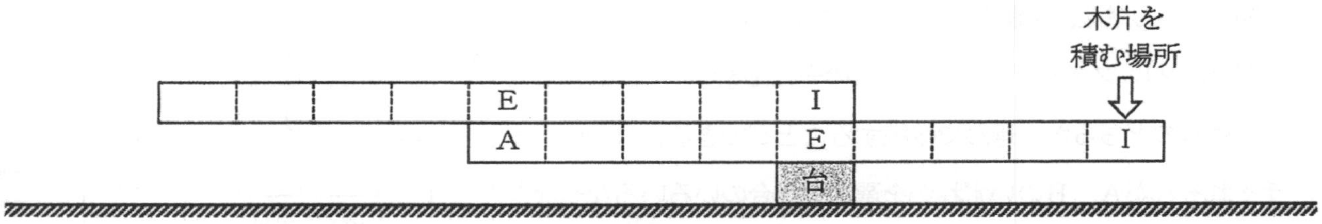

＜図６＞

続けて、木片の数が（⑪）のまま、以下の２つの操作を行った。

〔操作１〕上にのせた角材だけを右に少しずつ動かした（図７）。すると、動かした長さが（　⑫　）cmをこえたところで、角材はかたむいた。

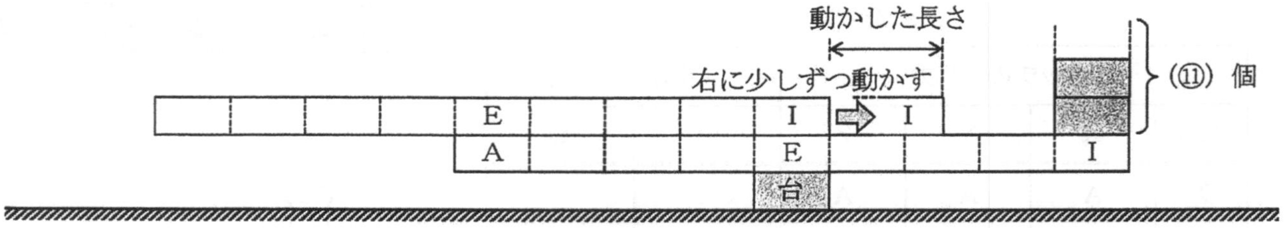

＜図７＞

〔操作２〕上にのせた角材だけを左に少しずつ動かした（図８）。すると、動かした長さが（　⑬　）cmをこえたところで、角材はかたむいた。

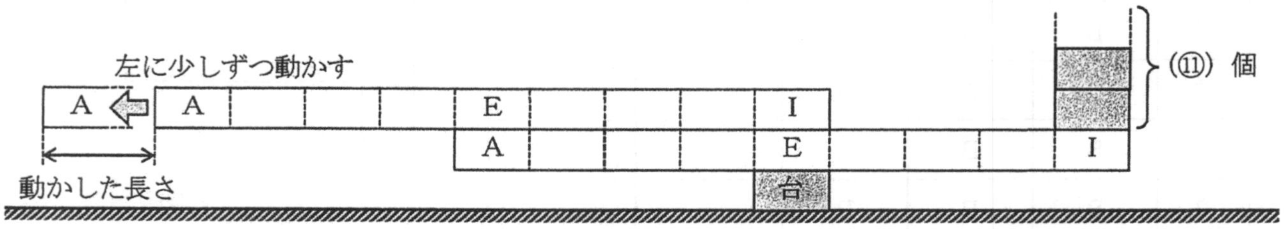

＜図８＞

１．【実験２】の文中の①〜④に入る整数をそれぞれ答えなさい。

２．【実験３】と【実験４】の文中の⑤〜⑧に入る整数をそれぞれ答えなさい。ただし、⑤＜⑥、⑦＜⑧とする。

３．【実験５】と【実験６】の文中の⑨〜⑪に入る整数と、⑫と⑬に入る値をそれぞれ答えなさい。ただし、⑩＜⑪とする。

7 同じ２つのかん電池を２個、同じ２つの豆電球ＰとＱを使った以下の実験を行った。後に続く各問いに答えなさい。

【実験１】かん電池、豆電球を導線でつないだいろいろなつなぎ方（図１の(1)～(8)）で、豆電球のつき方を調べた。

【結果１】(1)と(2)を比べると、(2)の方が明るかった。(3)は２つの豆電球の明るさは同じで、どちらも(1)より暗かった。そこで、(2)のつき方を“◎”、(1)のつき方を“○”、(3)のつき方を“△”と記し、(4)～(8)の結果もふくめて表にまとめた（表１）。

＜表１＞

つなぎ方	(1)	(2)	(3)	(4)	(5)	(6)	(7)	(8)
つき方	○	◎	△	○	○	○	○	○
※(3)～(5)では、２つの豆電球の明るさは同じだった。								

【実験２】かん電池、豆電球と３つのスイッチＸ、Ｙ、Ｚを導線でつないだ（図２）。スイッチは矢印（→）の先たんを動かし、たんしＡあるいはＢのどちらかを選んで接続することができる。３つのスイッチそれぞれがＡ、Ｂのいずれかを選んだ場合のいろいろなつなぎ方で、豆電球のつき方を調べた。

【結果２】実験１で用いた記号“◎”、“○”、“△”を用いて、また、豆電球がつかなかった場合は“×”を用いて、表にまとめることにした（表２）。

＜表２＞

スイッチの入れ方				豆電球のつき方	
記号	X	Y	Z	P	Q
ア	A	A	A		
イ	A	A	B		
ウ	A	B	A		
エ	A	B	B		
オ	B	A	A		
カ	B	A	B		
キ	B	B	A		
ク	B	B	B		

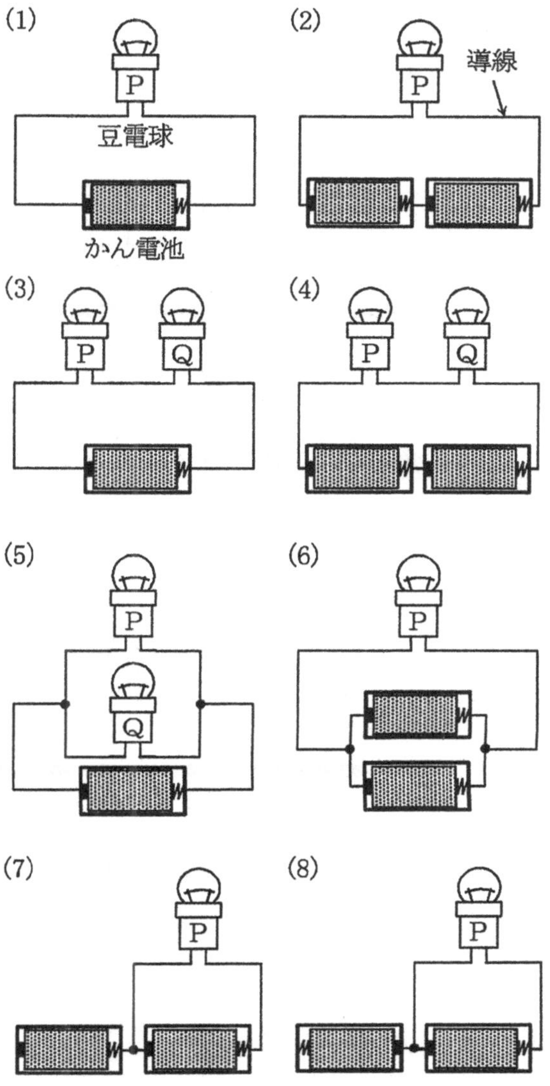

＜図１＞

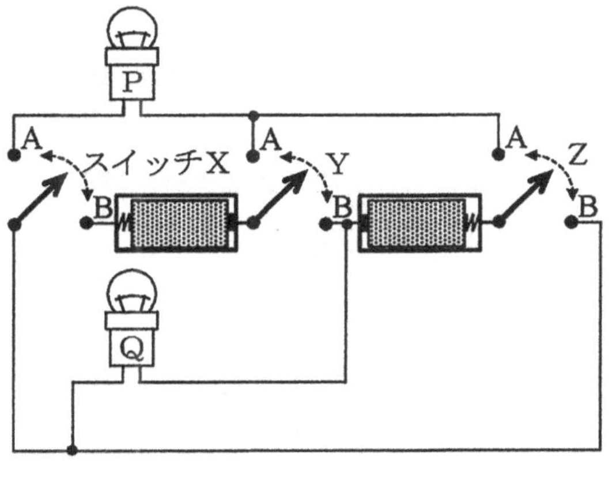

＜図２＞

1．表２の記号ア～クで示したスイッチの入れ方のうち、「２つの豆電球のうち片方が◎、もう片方が×となる」のはどれですか。

2．表２の記号ア～クで示したスイッチの入れ方のうち、「豆電球Ｐが×となる」場合と、「豆電球Ｑが△となる」場合はそれぞれ何通りありますか。ない場合は０通りと答えなさい。

(40分)〔注〕 答えはすべて、解答用紙の定められたところに記入しなさい。

1 つぎの文を読んで、あとの１から７までの各問いに答えなさい。

日本の高度経済成長の原動力となった工業地域の多くは、海に面した場所にあります。日本の工業地域の多くが含《ふく》まれる太平洋《たいへいよう》ベルトという言葉からも、その事実がわかります。日本の工業地域が海に面した場所にある理由は、日本国内で原料や燃料になる資源があまりとれないため、海外からの輸入に頼《たよ》らざるを得ず、資源の運搬《うんぱん》に便利な海に面した場所が選ばれてきたことによります。原料や燃料になる資源はそれぞれ専用の運搬船で海外から運ばれ、経済成長と、それを支える工業生産の原動力となってきました。

海外からの輸入に頼る資源が多いなかで、例外的に国内の自給率が 100%を超《こ》えている資源があります。「白いダイヤ」と呼ばれる石灰《せっかい》石です。産地は全国各地に分布し、合計で 200 カ所を超えています。石灰石は、ガラスの原料などのほか、消毒や土壌《どじょう》の改善などに用いられています。学校では、理科の実験やグラウンドにひく白い線の粉として使うこともあります。

石灰石の主要な用途《ようと》は、セメントの原料です。私たちの身の周りにたくさんあるコンクリートは、セメントで固められている場合がほとんどです。そのセメント工場は、他の種類の工場とは異なり、資源の産地近くに立地することが多くなっています。ここでは、日本国内に数ある石灰石産地の中から、代表的な産地について見てみましょう。

A 秩父《ちちぶ》は、江戸《えど》時代までは絹織物工業が盛《さか》んでしたが、近代以降は豊富な石灰石を原料にしたセメント工業が発展しました。市街地から３㎞ほどの場所にある武甲山《ぶこうざん》は石灰岩の塊《かたまり》でできており、急傾斜《けいしゃ》で目立つ山の姿から、古くから信仰《しんこう》の対象になってきました。武甲山信仰の一つである秩父夜祭は、その文化的な価値が認められ、2016 年にユネスコ無形文化遺産に登録されました。武甲山での石灰石採掘《さいくつ》は 1917 年に開始されました。かつては富士山のように整っていた山容は、白い岩肌《いわはだ》がむき出しになり、頂上部分がピラミッド型になってしまいました。武甲山の姿は大きく変わってしまいましたが、秩父は裕福《ゆうふく》な小都市として発展しました。

B この地域の代表的な風景は、白い砂浜《すなはま》と青い海です。この風景には、サンゴ礁《しょう》が大きな役割を果たしています。サンゴの遺骸《いがい》が真っ白な砂浜をつくり、生きたサンゴは海水を浄化《じょうか》して透明《とうめい》度を高めます。透明度の高い海が亜《あ》熱帯の青空を映し出し、青い海をつくり出しているのです。サンゴ由来の石灰岩が広く分布している内陸部では、石灰石の採掘が行われています。石灰岩は水に溶《と》けやすいその性質から、各地に特徴《とくちょう》的な地形をつくってきました。鍾乳洞《しょうにゅうどう》は県内に約 1500 ヵ所もあるといわれ、観光や信仰の対象となってきました。現地ではガマと呼ばれ、太平洋戦争時には多くの住民を巻き込んだ悲劇の舞台《ぶたい》となりました。

C この地域の石灰岩は、有名な鍾乳洞である秋芳洞《あきよしどう》を中心に、広い範囲《はんい》にわたって分布しています。秋芳洞の内部にある「百枚皿」や「黄金柱」は、その神秘的な姿から、観光客の人気を集めています。この秋芳洞の地上には日本最大の、石灰岩が雨水によって侵食《しんしょく》されてできたカルスト台地である秋吉台《あきよしだい》があります。規模の異なる大小のくぼ地が点在し、特徴的な風景を見せています。ここでとれた石灰石は、日本海と瀬戸内海《せとないかい》に面した同県内のそれぞれの港に運ばれています。この秋吉台をふくむ美祢《みね》市は、「白いダイヤ」のほかに、「黒いダイヤ」を産出した町としても知られています。

これらの産地にみられるように、石灰岩はそれぞれに特徴的な地形をつくり、人々の生活と密接に関わってきました。国内で産出する資源は、石灰石以外にも存在します。国内各地にある資源の産地を訪ね、自然や人々の営みについての学びを深めてみてはいかがでしょうか。

1　A・B・Cの地域を含む県名をそれぞれ書きなさい。ひらがなでもかまいません。

2　太平洋ベルトに関連してのべた文として正しいものを、つぎのアからオまでの中から二つ選び、その記号を書きなさい。

ア　京葉《けいよう》工業地域や瀬戸内工業地域は、生産額にしめる化学工業の割合が50%を超えている。

イ　京浜《けいひん》工業地帯は、東京から静岡《しずおか》県浜松市にいたる一帯を含んでいる。

ウ　中京工業地帯の工業生産額は、国内工業地帯・工業地域の中で最も大きい。

エ　阪神《はんしん》工業地帯は国内の主要な自動車生産地であり、生産額にしめる機械工業の割合が最も大きい。

オ　北九州工業地域は、かつて国内「四大工業地帯」の一つに数えられていた。

3　化石燃料や鉱物資源を運ぶ専用の運搬船として正しいものを、つぎのアからカまでの写真の中から三つ選び、その記号を書きなさい。

ア

イ

ウ

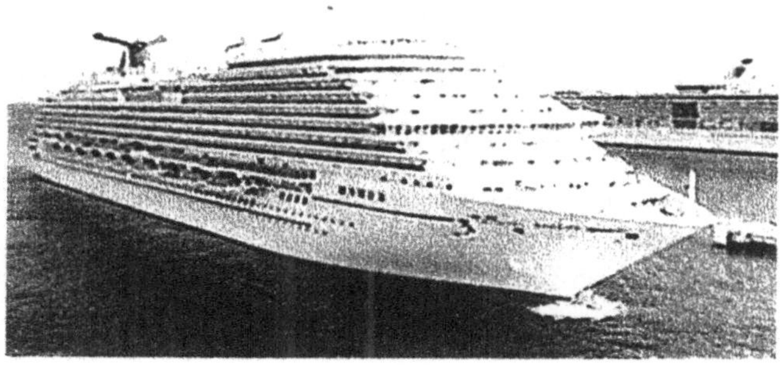

エ

オ

カ

4　セメント工場が資源の産地近くに立地する理由として考えられるものを、つぎのアからオまでの中から一つ選び、その記号を書きなさい。

ア　産地周辺の地域には、大都市周辺よりも働く人が多くいるから。

イ　世界遺産や国立公園に指定されている産地が多く、域外への輸送が禁じられているから。

ウ　石灰石はセメントに比べて重いため、製品よりも原料を運ぶためにより多くの費用がかかるから。

エ　セメントの需要《じゅよう》は、大都市周辺よりも石灰石産地周辺の方が多いから。

オ　セメントはおもに自動車で輸送されるため、高速道路の近くが有利であるから。

5　世界各地の信仰についてのべた文として正しくないものを、つぎのアからオまでの中から二つ選び、その記号を書きなさい。

ア　イスラム教のモスクでは、聖地メッカの方向に向かって祈《いの》りをささげる。

イ　儒教《じゅきょう》では年齢《ねんれい》や地位による上下関係を無くし、互《たが》いに対等に接することが求められる。

ウ　中国では仏教が広く信仰されており、他の宗教の信仰は禁止されている。

エ　アメリカ合衆国に移民としてやってくる中南米の人たちは、多くがキリスト教を信仰している。

オ　ミャンマーから出国し、難民となっているロヒンギャの多くはイスラム教を信仰している。

6　サンゴ礁に関連してのべた文として正しいものを、つぎのアからオまでの中から二つ選び、その記号を書きなさい。

ア　日本の東西南北の端《はし》にある四島には、それぞれサンゴ礁が発達している。

イ　サンゴの白化現象は、おもに海水温の急激な低下によって起きている。

ウ　サンゴ礁が衰《おとろ》えている原因の一つとして、開発にともなう赤土の流入があげられる。

エ　サンゴ礁は様々な生物の生育場所であり、生物多様性の確保に貢献《こうけん》している。

オ　アメリカ軍基地の移設先に辺野古《へのこ》が選ばれた理由として、サンゴが生育していないことがあげられる。

7　つぎの表は、日本の黒いダイヤの輸入先上位5カ国とその割合を示したものである。この資源の名前を書き、さらにこの資源についてのべた文として正しいものを、下のアからオまでの中から二つ選び、その記号を書きなさい。

（2019年）

1	オーストラリア	58.7(%)
2	インドネシア	15.1
3	ロシア	10.8
4	アメリカ合衆国	7.1
5	カナダ	5.5

『データブック 2021』より

ア　日本国内の主要な産地は、新潟《にいがた》県や秋田県、千葉県にある。

イ　海外から輸入する際に、低温で液化した状態にして輸送している。

ウ　製鉄工場において、おもな燃料の一つとして用いられている。

エ　放射性物質を出すため、各国において厳重な管理が行われている。

オ　大気汚染《おせん》や地球温暖化の原因物質を出すため、世界的に利用を規制する動きが進んでいる。

2　「元号の歴史」をテーマとする学習で、５つの班が発表を行った。下の一覧は、班ごとの発表内容をまとめたものである。これを読んで、あとの１から７までの各問いに答えなさい。

【１班】「令和」について

2019 年５月１日、天皇の即位《そくい》にともなって、元号が「令和」と改められた。「大化」以降 248 番目の元号である。これまでの日本の元号は、おもに中国の経典《きょうてん》や歴史書などに基づいて文字が選ばれていたが、「令和」は『<u>万葉集</u>』を典拠《てんきょ》とすることが発表された。新元号への対応準備の期間を確保する必要があることから、新元号は改元の１か月前に事前公表された。

【２班】改元と一世一元の制

元号を改めることを<u>改元</u>という。日本では、「明治」の改元のときに、元号は天皇一代に一つという一世一元の制が定められた。明治以前の改元は、天皇の代始め以外に、祥瑞《しょうずい》（めでたいできごと）や災異（災害や戦乱など）のあとなどにも行われた。めでたい雲が空に現れたので「慶雲《けいうん》」と改元した事例や、戦乱を理由に「応仁」から「文明」へと改元した事例などがある。

【３班】元号のはじまり

元号は、中国を中心とする漢字文化圏《けん》に広まった。中国で<u>漢の時代</u>の皇帝《こうてい》が使い始め、最初の元号は「建元」という。建元元年は紀元前 140 年である。日本でも中国の制度にならって７世紀から導入するようになった。日本の最初の元号は「大化」で、制度として定着したのは８世紀ごろからだった。中国では同じ元号を何度か使う事例が確認できるが、日本では元号の重複はない。また中国では、清《しん》朝の滅亡《めつぼう》とともに元号の制度を廃止《はいし》した。

【４班】元号法について

第二次世界大戦後、日本には元号について規定する法律はなかった。元号に法的根拠をもたせるために、1979 年に<u>元号法</u>が制定された。もともと江戸《えど》時代までは「年号」ということばが一般《いっぱん》的に用いられてきたが、これ以降、「元号」が法的用語となった。元号の使用は、法的には義務づけられていないが、政府は国民に使用の協力を呼びかけている。

【５班】江戸時代の年号の伝達

江戸時代の改元は、朝廷《ちょうてい》の儀式《ぎしき》で正式に決定され、朝廷内ではその日から新年号が用いられた。それを京都所司代という幕府の役人が江戸に伝え、その直後に諸大名が江戸城に集められて改元が伝達された。幕府の正式な改元日は、江戸城での披露《ひろう》の日とされ、全国にもこの日が改元日と伝えられた。<u>松前</u>や<u>対馬《つしま》</u>、薩摩《さつま》など遠方も含《ふく》め、全国には１か月から２か月で新年号が伝達された。

1　<u>万葉集</u>についてのべた文として適切なものを、つぎのアからオまでの中から一つ選び、その記号を書きなさい。

ア　「日がのぼる国の天子、国書を日がしずむ国の天子に届けます」と記されている。

イ　「倭《わ》では、もとは男子が王であったが、くにぐにの間で争いが続いた。そこで、王たちが相談して、一人の女子を王にした」と記されている。

ウ　「この世をばわが世とぞ思うもち月の欠けたることもなしと思えば」という和歌が収められている。

エ　かなと漢文による二つの序文がそえられており、五七五七七の短歌が多く収められている。

オ　天皇や貴族、農民、兵士などがよんだ約 4500 首の歌が収められている。

2　日本の改元の事例として正しいものを、つぎのアからオまでの中から二つ選び、その記号を書きなさい。

ア　縁起《えんぎ》のよい白い亀《かめ》が朝廷に献上《けんじょう》されたので「神亀《じんき》」と改元した。

イ　大きな地震が続いたので、「文明」と改元した。

ウ　ペリーが浦賀《うらが》に来航したので「天保」と改元した。

エ　日露《にちろ》戦争がはじまったので「大正」と改元した。

オ　昭和天皇が亡くなり、新しい天皇が即位するので「平成」と改元した。

3　漢の時代は日本列島では弥生《やよい》時代にあたる。このころの日本列島での出来事や様子についてのべた文として正しいものを、つぎのアからオまでの中から二つ選び、その記号を書きなさい。

ア　中国や朝鮮《ちょうせん》半島から米づくりが伝わり、石包丁を使って稲《いね》の穂《ほ》を刈《か》り取った。

イ　中国や朝鮮半島から日本列島に移り住んだ渡来人《とらいじん》によって、漢字や仏教が伝えられた。

ウ　吉野ヶ里遺跡《よしのがりいせき》のように、集落の周りに堀《ほり》をめぐらせた環濠《かんごう》集落がつくられた。

エ　土器を使って食べ物を煮《に》たり蓄《たくわ》えたりするようになり、豊かなめぐみを願って土偶《どぐう》もつくられはじめた。

オ　中大兄皇子《なかのおおえのおうじ》と中臣鎌足《なかとみのかまたり》が、天皇中心の政治を実現しようと、蘇我《そが》氏を倒《たお》した。

4　元号法制定後、初めての改元よりもあとの出来事として正しいものを、つぎのアからオまでの中から二つ選び、その記号を書きなさい。

ア　アメリカが水爆《すいばく》実験を行い、日本の漁船第五福竜丸《ふくりゅうまる》が被《ひ》ばくした。

イ　アメリカで世界貿易センタービルなどが倒壊《とうかい》した同時多発テロがおこった。

ウ　湯川秀樹《ゆかわひでき》が日本人として初めてノーベル賞を受賞した。

エ　ソビエト連邦《れんぽう》が解体され、ロシア連邦を含む15の国が成立した。

オ　ソビエト連邦との国交を回復し、日本は国際連合への加入を認められた。

5　江戸時代の松前と対馬に関してのべた文を、つぎのアからオまでの中からそれぞれ一つずつ選び、その記号を書きなさい。

ア　シャクシャインがアイヌの人々を率いて戦いを起こした。

イ　首里城を中心に栄え、将軍や国王が代わるごとに江戸に使節を送った。

ウ　役人や一部の商人などを除いて出入りすることができない唐人屋敷《とうじんやしき》がつくられた。

エ　朝鮮との交流の窓口となり、江戸に向かう朝鮮通信使が訪れた。

オ　オランダとの貿易の窓口となり、オランダ商館長は江戸の将軍を訪ね、報告書を提出した。

6　年代の表し方に関連してのべた文として正しいものを、つぎのアからオまでの中から二つ選び、その記号を書きなさい。

ア　西暦《せいれき》は、イエス・キリストが亡くなったと考えられる年を西暦1年として数えている。

イ　奈良時代や室町時代という時代区分の名称《めいしょう》は、国の政治が行われた場所にもとづいている。

ウ　世紀は、100年ごとのまとまりを意味しており、西暦1年から100年までが1世紀である。

エ　関ヶ原の戦いと豊臣《とよとみ》氏の滅亡は同じ世紀におこった。

オ　承久《じょうきゅう》の乱や西南戦争という名称は、どちらも干支《かんし》（えと）という年代の表し方にもとづいている。

7　日本では、708年に「和銅」と改元された。これは、代始めの改元であるとともに、ある祥瑞によって「銅」という漢字が選ばれた改元でもあった。このとき、どのような祥瑞があったと考えられるか、10字程度で説明しなさい。

3 つぎの文を読んで、あとの１から６までの各問いに答えなさい。

2021年２月、菅首相《すがしゅしょう》(当時)は内閣官房《ないかくかんぼう》に「孤独《こどく》・孤立対策担当室」を設置し、孤独・孤立対策担当の内閣府特命担当大臣を任命しました。設置の背景には、「社会全体のつながりが希薄化《きはくか》している中、新型コロナウイルス感染症《かんせんしょう》の社会的影響《えいきょう》が長期におよび、孤独・孤立の問題がいっそう深刻になっている」という認識《にんしき》があります。つながりの希薄化といえば、2010年には「無縁《むえん》社会」ということばが報道番組で用いられ、その年の流行語となりました。孤独・孤立の問題は感染症の影響で一時的に生じたのではなく、ずっと以前から静かに進んでいたのかもしれません。実際、特に首都圏《しゅとけん》に住んでいる人の中では、隣《となり》近所に住む人の顔や名前を知らないこともめずらしくないでしょう。地域社会の変容だけでなく、家族のあり方や労働環境《かんきょう》の変化も、現代の孤独・孤立問題につながっています。また、近年では、就職氷河期のあおりを受けた中高年のひきこもりや、ヤングケアラー（家族の世話を日常的に担《にな》う18歳《さい》未満の人）の孤立が広く知られるところとなりました。このように長期的な背景があることから、孤独・孤立対策担当室の体制は岸田内閣にも引き継《つ》がれています。

孤独・孤立が社会問題化しているのは日本だけではありません。イギリスでは、2018年に、世界に先駆《さきが》けて「孤独担当大臣」が創設されました。孤独を社会的に解決すべきとする議論を先導したのは、2016年に暴漢の襲撃《しゅうげき》を受けて亡《な》くなったジョー・コックス議員です。彼女は、選挙活動で地域の家々を訪問する中で、孤独・孤立を抱《かか》えている人が多くいることに気づきました。コックス議員の悲劇《ひげき》的な死去のあと、政党の違《ちが》いを超《こ》えて孤独問題への関心が高まり、「孤独は隠《かく》れた流行病《はやりやまい》」という認識が広がっていきました。以前から、イギリスでは社会問題に取り組む様々な慈善《じぜん》団体が活動しており、政府はそれらの民間団体への支援《しえん》を充実《じゅうじつ》させることで対策を進めています。個人の感じ方の問題とみなされがちな孤独・孤立を社会問題として位置付けたイギリスの取り組みは、日本をはじめ世界の先進国で注目されました。

孤独・孤立は、なぜ社会全体で解決すべき問題なのでしょうか。イギリスでは、孤独・孤立がもたらす健康への悪影響や経済的な損失の大きさが調査を通して明らかにされてきました。しかし、問題はそうした数値で測れる側面だけではありません。ヨーロッパ諸国では、社会とのつながりを失ってしまった人々の社会的包摂《ほうせつ》（ソーシャル・インクルージョン）が課題とされてきました。社会的包摂とは、多様な困難を抱える人たちを、社会のメンバーとして包み込《こ》んで共に生きていくことをめざす理念です。この理念は、社会から取り残されがちな人たちが、単にお金や物資の支援を受けるだけではなく、社会の中に自分の居場所と出番を確保することを求めるものです。日本でも、この10年ほどの間、社会的包摂と関わる政策方針が検討されています。また、日本では、数々の被災《ひさい》の経験から、地域社会における人と人とのつながりの意義が見直されてきました。ふだんから住民間のつながりがある地域では、人々がお互いを信頼《しんらい》して助け合うことができ、災害への備えや対応を効果的に行うことができると考えられています。

社会問題としての孤独・孤立に対して、政府はどのような取り組みができるでしょうか。まずは、政府が手をさしのべるべき、本人が望まない孤独・孤立をどのように把握《はあく》していくかが課題となります。明確に定義を決めて支援対象を選別するほど、支援から漏《も》れる人たちも多く出てしまうため、実態の把握をもとによく検討していく必要があります。日本政府はさしあたり、孤独・孤立の実態を全国で調査するとともに、関連する活動を行う民間団体に財政的な支援を行う方針です。たとえば、子ども食堂やフードバンクのような民間の活動は、物資の支援だけでなく、孤独・孤立に悩《なや》む人を支援者とつなぐ意味ももっているのです。もちろん、民間団体を頼《たよ》ってばかりではなく、孤独・孤立と結びつきやすい生活難の状況《じょうきょう》を解消するために、政府が経済的支援を進めることが対策の基盤《きばん》となってきます。

いくつかの調査によると、日本人は「人に迷惑《めいわく》をかけてはいけない」「助けを求めると迷惑なのではないか」と感じる傾向《けいこう》が強いようです。いま孤独・孤立が社会問題としてとらえ直されるようになったことは、個人の「自助」を強調する傾向に一石を投じる変化といえるのかもしれません。新たな社会問題にどのような取り組みをしていくべきか、これからの動向に注目しながら考えていきましょう。

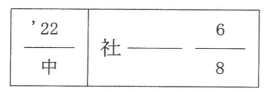

1　日本における新型コロナウイルス感染症の社会的影響についてのべた文として正しくないものを、つぎのアからオまでの中から二つ選び、その記号を書きなさい。

ア　パートやアルバイト、派遣《はけん》など非正規雇用《こよう》の労働者が大きく増えた。

イ　政府の歳出《さいしゅつ》が大きく増えた。

ウ　東京都と他の道府県との人口移動で、東京都の転入数が転出数を上回り続けた。

エ　インターネットを用いた通信販売《はんばい》事業の売上が伸《の》びた。

オ　スマートフォンの位置情報のデータ活用が進み、そのデータの一部が政府に提供された。

2　孤独・孤立の背景にある地域社会の変容、家族のあり方や労働環境の変化について、考えられる説明として適切でないものを、つぎのアからオまでの中から二つ選び、その記号を書きなさい。

ア　町内会や自治会など住民組織に加入しない人が増え、地域の人といっしょに活動する機会が減った。

イ　未婚化《みこんか》が進行したため、核家族《かくかぞく》が全世帯の半数を下回るようになった。

ウ　人口の多い世代が高齢化《こうれいか》したために、高齢者の単独世帯（一人暮らし）の数が増加した。

エ　共働き世帯が減少し、家庭の外で働きながら人間関係を築く機会が減った。

オ　長期の雇用を維持《いじ》できない会社が増え、雇用の形が多様化したために、会社や同僚《どうりょう》とのつながりが弱まった。

3　日本の選挙のしくみや選挙活動についてのべた文として正しいものを、つぎのアからオまでの中から二つ選び、その記号を書きなさい。

ア　選挙で投票する権利は原則として満 18 歳以上の国民にあるが、学生である高校生はその対象ではない。

イ　選挙当日に用事がある人が事前に投票できる制度や、仕事での滞在先《たいざいさき》や入院先などからでも投票できる制度がある。

ウ　候補者《こうほしゃ》や政党は、テレビなどでの政見放送を通して、意見や考えを有権者にうったえることができる。

エ　選挙期間中に候補者が家々を訪問することが主な選挙活動となっている。

オ　駅前などで行われる街頭演説では、候補者本人以外の人が演説することは認められていない。

4　本文で説明した社会的包摂の考え方を具体化した政策として最も適切なものを、つぎのアからオまでの中から一つ選び、その記号を書きなさい。

ア　生活が苦しい人に対して、生活保護制度によって生活資金を給付する。

イ　臨時経済対策として、全国民に対して一律に 10 万円分の商品クーポン券を給付する。

ウ　ホームレスの人を保護し、無償《むしょう》または安価で賃貸《ちんたい》住宅を提供する。

エ　震災避難者《しんさいひなんしゃ》を近隣《きんりん》の自治体で受け入れ、仮設住宅や生活用品を提供する。

オ　障がいのある人がやりがいを感じられる仕事に就《つ》けるよう支援する。

5　災害への備えや対応に関連してのべた文として正しいものを、つぎのアからオまでの中からすべて選び、その記号を書きなさい。

ア　豪雨《ごうう》災害の際、行政が防災情報を発信するものの、住民の避難行動につながりにくいことが課題となっている。

イ　災害救助法にもとづき、被災地の周辺自治体の長は、災害ボランティアを組織して派遣しなくてはならない。

ウ　被災した地域に自衛隊が出動し、逃《に》げ遅《おく》れた人の救助や避難所での支援などの活動を行うことがある。

エ　東日本大震災の復興をすみやかに進めるため、東日本大震災復興基本法にもとづいて復興庁が設立された。

オ　東日本大震災の復興のための財源を確保することを目的として、２度にわたって消費税率が引き上げられた。

6　社会問題としての孤独・孤立に関連してのべた文として正しいものを、つぎのアからカまでの中から二つ選び、その記号を書きなさい。

ア　日本では、厚生労働省《こうせいろうどうしょう》が主導して省庁の壁《かべ》を越えた対策が進められようとしている。

イ　イギリスは、孤独・孤立問題を専門にする支援団体を国が新たに立ち上げていくことで対策を充実させている。

ウ　子ども支援や貧困《ひんこん》対策など、様々な分野で活動している民間団体と政府・自治体との連携《れんけい》が求められている。

エ　孤独・孤立は心理的な問題であるため、貧困対策などの政策とは切り離《はな》して考えていく必要がある。

オ　ヤングケアラーは勉強への取り組みや将来の進路が制限されることが多く、生き方の幅《はば》がせまくなることが問題となっている。

カ　ひきこもりは青少年に固有の問題であり、望ましい人格形成のために、学習だけでなく対人関係の支援が必要とされている。

令4
中
国

受験番号

氏名

解答用紙

評点

※100点満点
（配点非公表）

一

問一	問二	問三	問四 (1)	問四 (2)

二

問一	問二	問三	問四

三

四

問一	問二	問三

'22 中	算

受験番号		氏名	

解　答　用　紙

評点	※100点満点（配点非公表）

【注意】① 答えはすべて，解答用紙の定められたところに記入しなさい。
② 円周率は 3.14 を用いなさい。

	計　算		答　え
[1]		(1)	
		(2)	
		(3)	
[2]		(1)	か所
		(2)	人
		(3)	km
[3]		(1)	秒
		(2)	秒
		(3)	もっとも短い時間　秒　もっとも長い時間　秒
[4]		(1)	整理番号
		(2)	(ｱ)　秒後
			(ｲ)　君
		(3)	秒後に　君と交代した

2022 中	理

受験番号		氏名	

解答用紙

評点	※100点満点（配点非公表）

1	1										
	2										
	3	方角：	見え方：								
	4										
	5										
2	1	青色リトマス紙：	赤色リトマス紙：								
	2										
	3										
3	1										
	2										
4	1	①		②							
	2	①		②							
	3										
5	1	①		②		③		④		⑤	
	2										
6	1	①		②		③		④			
	2	⑤		⑥		⑦		⑧			
	3	⑨		⑩		⑪		⑫	cm	⑬	cm
7	1										
	2	豆電球Pが×となる：　通り	豆電球Qが△となる：　通り								

’22 中	社

受験番号		氏名	

解　答　用　紙

1	1	A　　　　県	B　　　　県	C　　　　県
	2			
	3			
	4			
	5			
	6			
	7	資源名	記　号	
2	1			
	2			
	3			
	4			
	5	松　前	対　馬	
	6			
	7	(15マス、10マス目に「10」)		
3	1			
	2			
	3			
	4			
	5			
	6			

評点	※100点満点 (配点非公表)

筑波大学附属駒場中学校

［注意］
答えはすべて、解答用紙の定められたところに記入しなさい。
本文は、問題作成上、表記を変えたり省略したりしたところがあります。

一　次の文章を読んで、あとの問いに答えなさい。

何かを学ぶ、というのはどういうことでしょうか。文字を習う、九九を覚える、歴史の年号や科学の法則を暗記する……。一般的《いっぱんてき》な学びのイメージは人を「容器」のようなものに見立て、その中にひとつひとつ知識を詰《つ》め込《こ》んでいく、というものではないでしょうか。「容器」に入れるべき知識は「大人」によってあらかじめ選別され、ちゃんと入っているかどうかを時折テストで確認《かくにん》される。それを上手にこなした子は「いい学校」に行き、「いい会社」に入って、「いい人生」を送ることができる。だから、しっかりと学ばなければならない、というわけです。

発達心理学から見た学びは、これとはかなり異なります。それは、ひとことで言うなら、ひとりひとりが世界に意味を構成することです。私たちは生まれた瞬間《しゅんかん》から、必ず何かに接触《せっしょく》して生きています。その「何か」と自分との間に「意味＝つながり」を構成していくこと、それが学びです。お母さんに抱《だ》っこされると嬉《うれ》しい、ハイハイする床《ゆか》がつめたい、お日さまがまぶしい、花からはいい匂《にお》いがする、土は床よりもやわらかい……。そのように考えると、学びの機会がない場所というのは、世界中のどこにもありません。子どもたちは「いい学校」や「いい会社」のために学ぶのだと、目標に向かって仕方なくするものが学びだと思っているかもしれません。しかし、そうではなくて、むしろ①私たちはどこにいても、どんな時でも、「学んでしまう」存在なのです。

学びがこのようなものだということを、実は私たちは誰《だれ》でもよく知っています。幼い頃《ころ》、畳《たたみ》の縁《へり》を「道路」にして、おもちゃの車を走らせたことはありませんか。泥《どろ》でつくった団子を葉っぱの「皿」にのせて、ままごとをしたことはないでしょうか？　私たちが、誰に教えられるでもなく、このような「ごっこ遊び」をするようになるのは、私たちひとりひとりに「象徴《しょうちょう》機能」が備わっているためです。

象徴機能とは、大雑把《おおざっぱ》に言うと、ある物（畳の縁）を別のもの（道路）に見立てる能力のことで、これなしには言語は理解できません。これによって、私たちは新しい意味を創り出すことができます。人間にもしも象徴機能がなければ、「鳥のように」空を飛ぶ飛行機も、「人のように」考える人工知能も、そもそも、「鳥」や「人」といった文字さえもが生まれていないでしょう。遊びは真に新たな意味を作ったり、試《ため》したりする場なのです。これを学びといわずして何が学びになるのでしょうか。このように、②学びと遊びとは元々ひとつのものであり、かつ、それは人間にとっては「本能」とよんでも良いほど、本質的な営みなのです。

ではなぜ、このふたつは分離《ぶんり》してしまったのでしょうか。現代の日本の学校教育では、子どもたちは年齢《ねんれい》ごとに「学ぶべきこと」を設定され、国に決められた教科書に沿って、計画的かつ効率的に「学び」が進められていきます。本来であれば子どもたち自身が自ら構成し、獲得《かくとく》していくはずの「意味」が、標準化された「知識」、既存《きそん》の「正解」として、外から一方的に与《あた》えられるのです。これでは多くの子どもが、学びは将来の目標達成のためには大切だけど楽しくないもの、遊びは楽しいけど無意味なものといった認識《にんしき》を持ってしまうのも無理はありません。

③この誤解は絶望的でさえあります。遊ぶことこそが世界を自分にとって意味あるものとして知ることであり、知の構築なのです。だから、しっかりと遊ぶことは実は楽なものではありません。むしろ時には自分を追い詰め、苦しめることさえあるでしょう。科学者が真理を追求して実験を繰《く》り返《かえ》す時、絵《え》描《か》きがキャンバスに向かって頭を掻《か》きむしる時、その「遊び」は痛みや悲しみさえ伴《ともな》うものとなるでしょう。しかし、そうした過程こそが人生の素《す》晴《ば》らしさを教えてくれるものではないでしょうか。

イタリアのレッジョ・エミリアという都市では、この「学び＝遊び」と同じような考え方に基《もと》づいた幼児教育が行われています。そこでは、まさに、子どもは世界と接することで、世界、他者、そして自分を知っていくと考えます。たとえば、海が青いのは空の色が映っているからだ、という「発見」をした子がいるとします。大人はそれを否定するのではなく、「じゃあ、くもりの日はどうかな？」と言って、いっしょに海を見に行く。そこでこの子は何かに気づくはずです。自然の中にある事実を知るのです。そして、新たな意味を構成しようとするのです。

世界に意味を見つける、構成する（そこではそれを「探索《たんさく》」と呼びます）のは、どの子にも自然に起こることです。大人の役割はそれを自分が信じる「正解」に導くことではなく、その子がいま世界をどのように見ているのか、どんな意味を創り出しているのかを大人の方こそが学び、その子の発達のための環境《かんきょう》を準備することです。それは既存《きそん》の答えを教えるよりもはるかに大変で、何倍も時間がかかることです。しかし、子どもたちにそのような「学び＝遊び」を保障するのは、その子らの人生を尊重することであり、同時に、その子らを自らの意志を持った「市民」に育てることだとレッジョ・エミリアでは考えられているのです。

　日本の子どもはよく先生に「それを勉強することにどんな意味があるんですか」という質問をします。私もたまに学生から「どの本を読んでおけばいいですか」と聞かれることがあります。しかし、学びが、これまで述べてきたように、ひとりひとりが世界に意味を見いだす、作り上げていくことである以上、このような質問に答えることはできないでしょう。その勉強やその本に「どんな意味があるのか」を知っているのは、［　④　］だけだからです。私たちは既存の意味に捉《とら》われることなく、常に新しい意味を創り出すことができる、いや、創り出さずにはいられないのです。それによって私たちは、この世を生きることに意義を見いだし、唯一《ゆいいつ》無《む》二《に》の人生を生きることができるのです。

　結果を予期しない挑戦《ちょうせん》、それが学ぶことであり、遊ぶことです。幼い時に誰《だれ》でももっている、そうした探究心がいつまでも、そして、誰に対しても大切にされる社会、それが私たちには必要です。挑戦が避《さ》けられる社会は安心や信頼《しんらい》がない社会です。失敗を許さない社会、変更《へんこう》をよしとしない社会、それでは遊ぶことも、学ぶことも出来なくなります。今までないモノやコトを想像する力、それが「遊び＝学び」の中で培《つちか》われます。それを通して、真に楽しむ自分に気づき、自らを称《たた》えながら生きていくのです。

（石黒《いしぐろ》 広昭《ひろあき》「学ぶことと遊ぶこと」より）

問一　――①「私たちはどこにいても、どんな時でも、『学んでしまう』存在なのです」とありますが、なぜこのように言えるのですか。

問二　――②「学びと遊びとは元々ひとつのもの」とは、どういうことですか。

問三　――③「この誤解は絶望的でさえあります」とありますが、なぜ「絶望的でさえあ」るというのですか。

問四　［　④　］には、どのような内容が入ると推測されますか。次の中から最もふさわしいものを一つ選び、記号で答えなさい。

ア　それを学ばされている子どもの自分
イ　それを学んで先生になった自分
ウ　それを学ぼうと決めた過去の自分
エ　それを学ばなければならない今の自分
オ　それを学び終えた未来の自分

二 次の文章を読んで、あとの問いに答えなさい。

がしゃん。ぱりん。

また今日も、コップを割ってしまった。きょろきょろして落ち着きのないわたしは、小さな頃《ころ》から、袖《そで》にひっかけたり、取り落としたりして、とにかくガラスの食器を割りまくってきた。四つ下で、ダウン症《しょう》の弟の方が、わたしよりよっぽど慎重《しんちょう》だ。彼《かれ》はまるでヒヨコでもすくうかのように、ずんぐりむっくりした手で大切に食器をあつかう。レストランへ行くと「姉ちゃん、あぶないで」と、彼がわたしの袖元からお冷のコップをそっとよけるのを見て、母はたまげていた。

そんな弟がガラスを割ってしまったところを、二度だけ見たことがある。二十五年目を迎《むか》える彼の人生で、たった二度だけ。母には言っていない。わたしと弟だけのひみつだ。

一度目は、弟が中学生のときだった。いつも学校が終わると、道草をぞんぶんに食いながらのらりくらりと機嫌《きげん》よさそうに帰ってくるはずの弟が、ちっとも帰ってこない。住んでいるマンションの玄関《げんかん》を出て、エレベーターに乗り、一階のエントランスへ様子を見に行くと、なんとそこに弟がいた。顔を真っ赤にして、両目に涙《なみだ》をため、口をきゅっと真横に結んでいる。弟に対峙《たいじ》しているのは、小学生くらいの男の子が二人、さらにマンションの管理人だ。そしてなにより驚《おどろ》いたのは、エントランスのガラス扉《とびら》が、派手に割れていたことだ。

「なにごとですか」

ぎょっとして、わたしがたずねる。膠着《こうちゃく》状態の子どもたちに代わって、状況《じょうきょう》を説明してくれたのは管理人だった。

「ガシャーンって大きな音がしたんで見にきたら、この子たちがいてね。事情を聞いたら、『岸田《きしだ》さんとこのお兄さんが突然《とつぜん》、暴れて割った』って言うもんだから」

①暴れて、割った。

一旦《いったん》、落ちついて想像してみたが、想像ができなかった。弟は、いつもと違《ちが》うことが起きたり、泣きわめいたりしている人を見ると、たしかに状況が飲《の》み込《こ》めず、パニックになることはある。だけど、人やものを傷つけるようなやつではない。彼にとっては、命があるものも、ないものも、②すべてヒヨコなのだ。

「そうなの？」

弟にたずねる。弟は、ぼろっと大粒《おおつぶ》の涙を流して、ぎゅうっと唇《くちびる》を噛《か》み、首を横に振《ふ》った。男の子の一人は、サッカーボールを持っていた。ちょうどエントランスの前は、子どもたちがボール遊びをする広場になっている。

「本当にうちの弟が割ったの？」

男の子たちは顔を見合わせて、気まずそうにした。結局、わたしがエントランスにある監視《かんし》カメラを見ましょうと言うと、彼らはあわてはじめたので、管理人が察したのか「今回はいいですよ」と言い、その場は解散になった。

弟の背中に手をあてると、ぶるぶると彼がふるえているのがわかった。怒《いか》りだろうか、悔《くや》しさだろうか。どちらもだ。家についてから、③二人でわんわんと泣いた。感情も思いやりも、彼の中には立派に育っているのに、それを人に伝える言葉を持ちあわせていない。どれだけの無念だろうか。

二回目は、つい先月だ。順調に物忘れがひどくなった祖母が、勘違《かんちが》いで弟を責めてしまった。弟は一生懸命《いっしょうけんめい》に身振《みぶ》り手振《てぶ》りで弁明するが、耳が遠くなった祖母には届かず、怒りは一方的にヒートアップしていく。最終的に弟は「もういい！」と言って退散したのだが、腹いせに扉を強く閉めたせいで、扉のガラスが砕《くだ》け散《ち》った。弟はべそをかきながら落《お》ち

込《こ》んで、背を丸くしてガラスを片づけていたが、それを手伝うわたしも落ち込んでしまった。④とがって散らばった破片《はへん》は、声にならない声のようだった。彼にとっては、生き物を殺したも同然である。それほどまでに人は、激しい悲しみや怒《いか》りを、黙《だま》って胸に留《とど》めてはいられない。

弟は、わたしには想像もつかない景色を見て、到底《とうてい》信じられないものに愛を注いでいる。それが伝わらない世界に、何度、絶望したことだろう。ガラスを割ったとき、いつも彼《かれ》はめそめそと泣いていた。それでも弟は、ガラスを注意深く拾い集めたら、多少は軽くなった心で立ち直り、別の愛《いと》しいものを見つけて、機嫌《きげん》よくたくましく、できるだけの幸せを探して生きている。まるでずっと前から、そう決まっていたかのように。

姉として、作家として、ひみつを共有する者として、わたしにできることは。同じ理由ではもうガラスが割られることのないように、弟の言葉にならなかった言葉を、理屈《りくつ》じゃ説明できない何かを、深く想像し、何度も物語にし、愛を持って語《かた》り継《つ》いでいくことだ。

（岸田《きしだ》奈美《なみ》「ガラスのこころ」『ベスト・エッセイ2022』所収　光村図書出版より）

〈注〉ダウン症《しょう》……ダウン症候群。生まれつき発達の遅《おく》れをともなうことが多い。
対峙《たいじ》……対立する者がにらみ合ったまま動かないこと。
膠着《こうちゃく》……ある状態に固まって、一向に変化しないこと。

問一　――①「暴れて、割った。」とありますが、この一文の書き方にはどのような効果がありますか。

問二　――②「すべてヒヨコなのだ」とは、どういうことですか。

問三　――③「二人でわんわんと泣いた」とありますが、「弟」と「わたし」はそれぞれどのような気持ちだったと思われますか。

問四　――④「とがって散らばった破片は、声にならない声のようだった」とは、どういうことですか。

三　カタカナは漢字に直し、全体をていねいに大きく一行で書きなさい。

サキんずればヒトをセイす

四 次の詩を読んで、あとの問いに答えなさい。

花時計

木坂《きさか》 涼《りょう》

長針と
短針をちょうだいしたこと
今ではすこし
悔《く》やんでおります。
先祖代々
種子のころより
太陽の位置
気温
星の傾《かたむ》き加減にて
わたしたちの時間は測られてまいりました。
目の前に直接せまりくる
刻一刻を
お返ししとう存じますが
いかがでございましょうか。
――花一同。

〈注〉花時計……左の写真のように、時計の文字盤《ばん》にあたるところを、花で飾《かざ》った時計。

（写真は、神戸《こうべ》市ホームページより）

問一　「悔やんでおります」とありますが、それはなぜですか。

問二　「ちょうだいした」「存じます」「いかがでございましょうか」などの言い方から、どのようなことが読み取れますか。

'23 — 中	算 — 1/4

(40分)

［注意］ ① 答えはすべて，解答用紙の定められたところに記入しなさい。
② 円周率は 3.14 を用いなさい。

［1］ 1から2023までの整数がひとつずつ書かれた2023枚のカードがあります。たかし君は，この中から3の倍数が書かれたカードをすべて取り，残ったカードから，さらに5の倍数が書かれたカードをすべて取りました。

次の問いに答えなさい。

(1) たかし君が取ったカードの枚数は，全部で何枚ですか。

(2) たかし君が取らなかったカードに書かれた数のうち，100より小さいものの合計を求めなさい。

(3) たかし君が取らなかったカードに書かれた数のうち，1からある数までを合計したところ，7777より大きくなりました。ある数として考えられるもののうち，もっとも小さい数を答えなさい。

［2］ 次の図1または図2のマスに，0から9までの数を1つずつ書くことを考えます。

図1

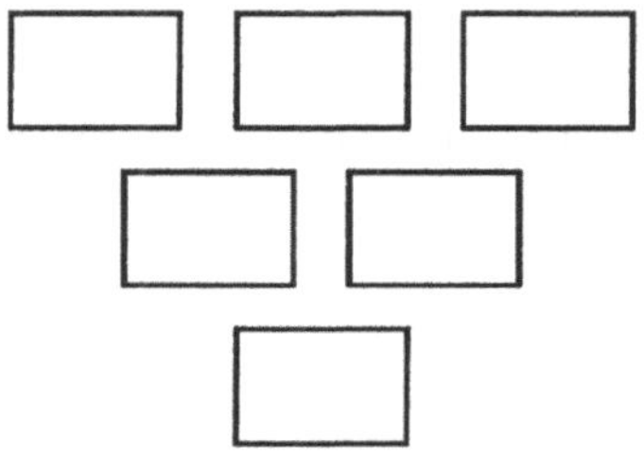

図2

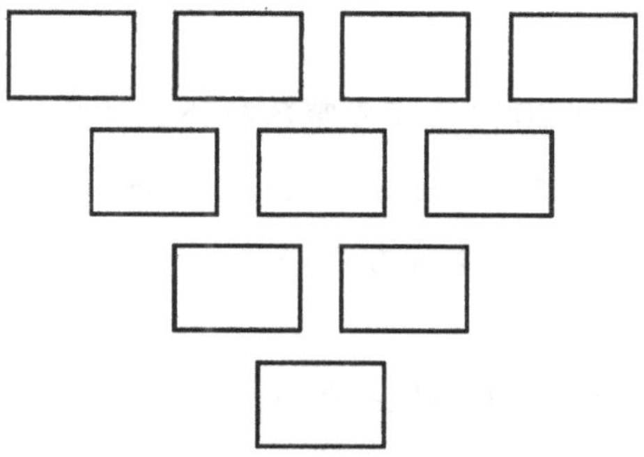

図のマスに数を書く＜きまり＞は次の通りです。

＜きまり＞
① はじめに，3けたの整数，または4けたの整数を，1けたずつに分けて，
図の一番上の段《だん》のマスに書きこむ。3けたのときは図1を，4けたのときは図2を使う。
② 同じ段の，となりあう左右2つのマスに書かれた数のうち，大きい数から小さい数をひき，
その結果を2つのマスのすぐ下のマスに書く。ただし，2つのマスの数が同じときは0を書く。
③ 図の一番下の段のマスに数が書かれるまで，②をくり返す。

例えば，次のように，はじめの整数が2023のとき，＜きまり＞にしたがって最後に書かれる数は1です。

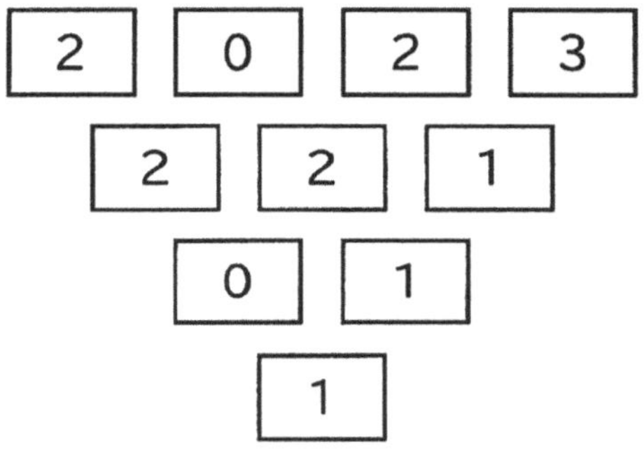

次の問いに答えなさい。

(1) 次の図は，＜きまり＞にしたがって数を書いた結果の一部です。はじめの3けたの整数として考えられるものをすべて答えなさい。

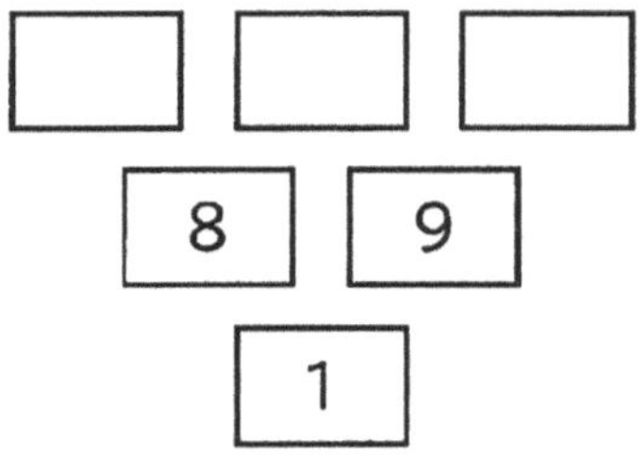

(2) 100から999までの900個の整数のうち，＜きまり＞にしたがって最後に書かれる数が9であるものをすべて答えなさい。

(3) 100から999までの900個の整数のうち，＜きまり＞にしたがって最後に書かれる数が8であるものは何個ありますか。

(4) 1000から9999までの9000個の整数のうち，＜きまり＞にしたがって最後に書かれる数が8であるものは何個ありますか。

［3］ 下の図のような2つの直角三角形があります。あ，いは，それぞれの三角形における角度を表しています。

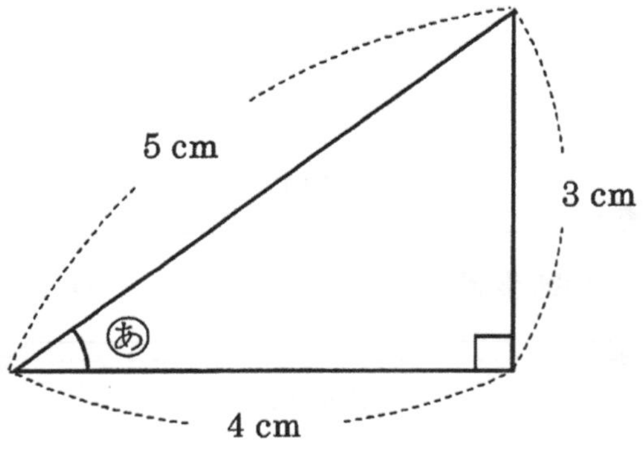

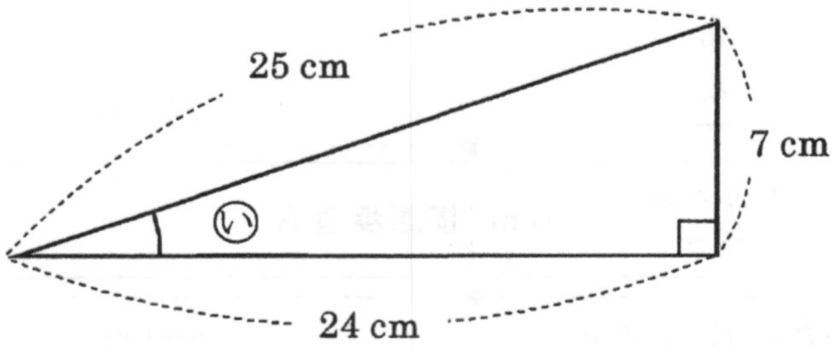

次の問いに答えなさい。

(1) 次の三角形ABCについて，辺の長さの比AB：BCを，もっとも簡単な整数の比で答えなさい。

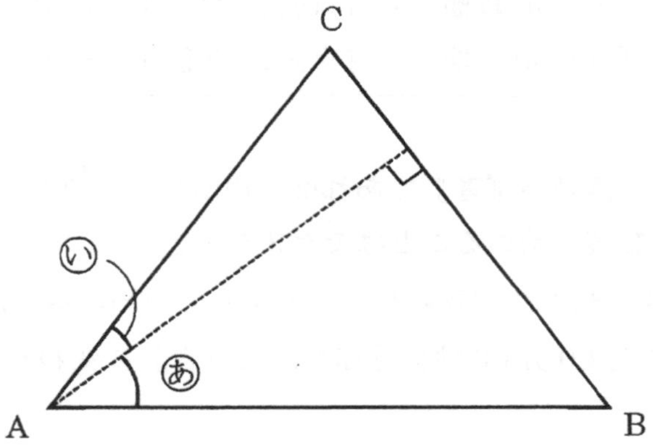

(2) 次の三角形DEFについて，辺の長さの比DE：EFを，もっとも簡単な整数の比で答えなさい。

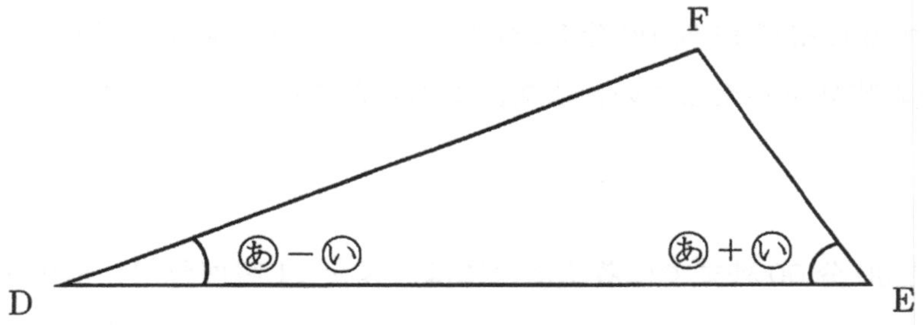

(3) 次の三角形GHIについて，辺の長さの比IG：GHを，もっとも簡単な整数の比で答えなさい。

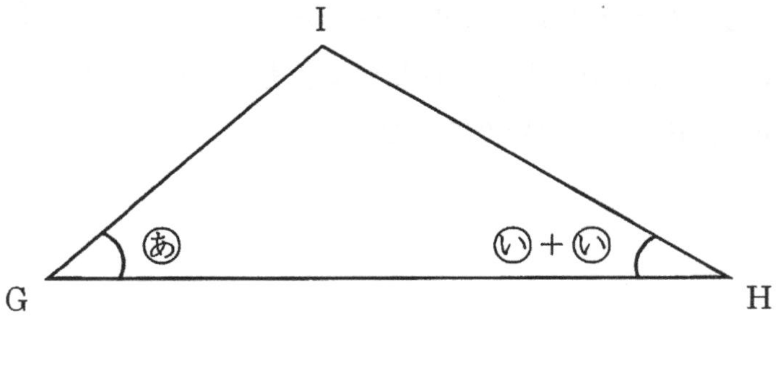

［4］ ゆたか君の家は，東西方向にのびる「ケルネル通り」という道の南側に面しています。駅は道の北側に面しており，家から駅までの間に，3つの横断歩道A，B，Cがあります。下の図は，家，駅，3つの横断歩道の位置の関係と，それぞれの経路の道のりを表したものです。

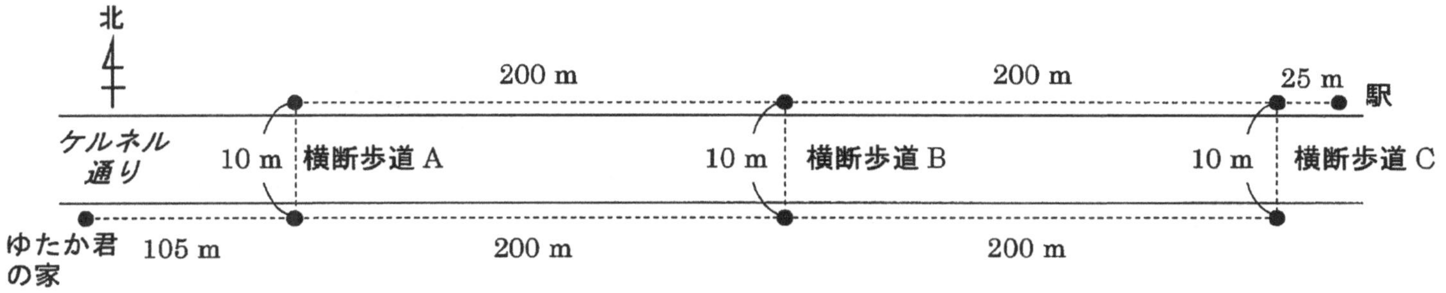

それぞれの横断歩道にある信号は，次の＜規則＞にしたがって，くり返し変わります。

＜規則＞ 横断歩道Aにある信号：『青』30秒間 → 『点滅《てんめつ》』10秒間 → 『赤』20秒間 → （『青』にもどる）
横断歩道Bにある信号：『青』40秒間 → 『点滅』10秒間 → 『赤』30秒間 → （『青』にもどる）
横断歩道Cにある信号：『青』50秒間 → 『点滅』10秒間 → 『赤』40秒間 → （『青』にもどる）

歩行者が横断歩道に着いたとき，信号が『青』であれば，横断歩道を渡《わた》り始めることができます。『点滅』または『赤』であれば，横断歩道を渡り始めることはできません。

『赤』から『青』に変わる瞬間《しゅんかん》，および『青』から『点滅』に変わる瞬間は，渡り始めることができます。これらの3つの信号はすべて，11時00分00秒に『赤』から『青』に変わります。

ゆたか君は家を出発し，秒速1mの速さで歩いて最短経路で駅に向かいます。そのとき，ゆたか君は3つの横断歩道A，B，Cのいずれかを選ぶことができます。

次の問いに答えなさい。

(1) ゆたか君が家を出発する時刻が11時00分00秒のとき，駅に着く時刻は11時何分何秒ですか。もっとも早く着く場合の時刻を答えなさい。また，そのときにゆたか君が渡る横断歩道をA，B，Cの記号で答えなさい。

(2) ゆたか君が駅に11時30分00秒までに着くためには，家を11時何分何秒に出発すればよいですか。もっとも遅《おそ》く出発する場合の時刻を答えなさい。また，そのときにゆたか君が渡る横断歩道をA，B，Cの記号で答えなさい。

(3) ゆたか君のお姉さんは駅を11時31分00秒に出発します。お姉さんは秒速1mの速さで歩いて最短経路でゆたか君の家に向かいます。ただし，お姉さんは必ず横断歩道Cを渡ります。

お姉さんが横断歩道Cを渡り始める時刻までに，ゆたか君とお姉さんが出会うためには，ゆたか君は家を11時何分何秒に出発すればよいですか。もっとも遅く出発する場合の時刻を答えなさい。また，そのときにゆたか君が渡る横断歩道をA，B，Cの記号で答えなさい。

【注意】答えはすべて、解答用紙の定められたところに記入しなさい。また、指示されたもの以外の答えは、ア～クなどのなかから選んで答えなさい。
（40分）

1　3種類のたねA～Cの発芽について調べようと思ったまさあきさんは、図1と図2のような注射《しゃ》器を準備し、図3のような装《そう》置を作った。注射器1は、①の部分に折りたたんだビニールテープがはられ、星印（★）の部分だけ接着されている。このピストンを引いたりおしたりしたところ、ビニールテープは図1のようになった。注射器2は、つなげてあるゴム管の先たんをふさぎ、③の部分に切れこみを入れ、開くと気体が出入りできるようにしてある。このピストンを引いたりおしたりしたところ、びん内のゴム管は図2のようになった。どちらの注射器も、ピストンがスムーズに動くように②の部分にそれぞれの工夫がなされている。準備した装置のびんの中にマシュマロを入れ、ふたをして密閉《みっぺい》したあと、ピストンを引いたりおしたりをくり返したところ、マシュマロに変化が見られた。後の各問いに答えなさい。

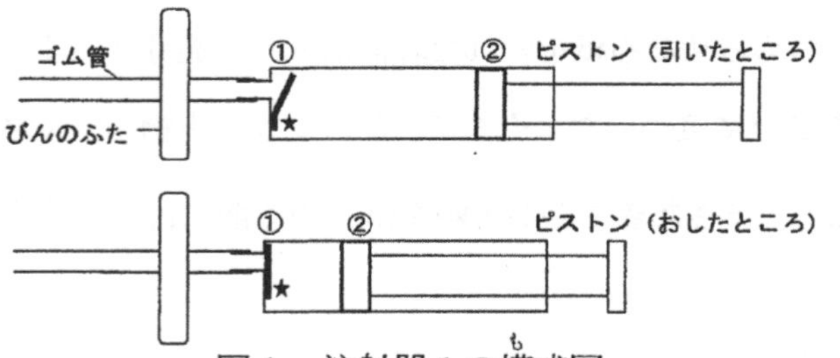

図1　注射器1の模《も》式図

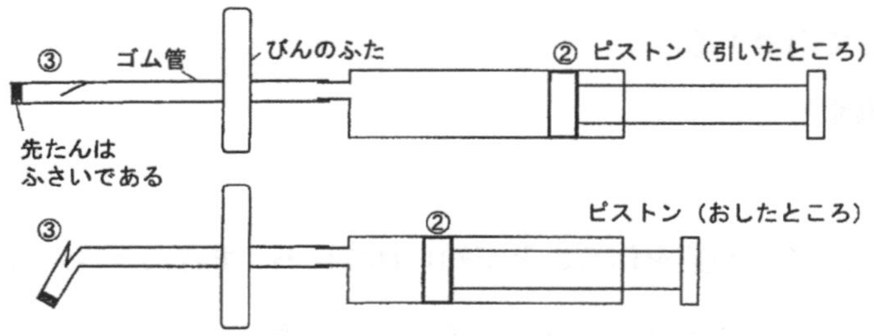

図2　注射器2の模式図

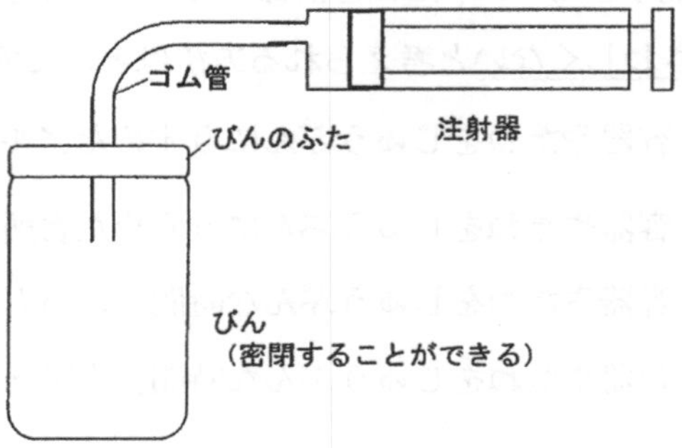

図3　装置の模式図

1．図1の①や図2の③のようなつくりが特ちょう的に見られるヒトの体の場所として、最も適当なものはどれですか。

ア　筋《きん》肉　　イ　骨　　ウ　手　　エ　心臓《ぞう》　　オ　皮ふ　　カ　目

2．マシュマロに起こるおもな変化として、考えられるものはどれですか。

ア　注射器1を使ったときには大きくなり、注射器2を使ったときには小さくなる
イ　注射器1を使ったときには小さくなり、注射器2を使ったときには大きくなる
ウ　注射器1を使ったときには重くなり、注射器2を使ったときには軽くなる
エ　注射器1を使ったときには軽くなり、注射器2を使ったときには重くなる

3．3種類のたねA～Cの吸《きゅう》水について調べるために、注射器1を用いた装置を準備した。まず、それぞれのたねの重さをはかった。次に、3種類のたねを図3のびんに入れ、すべてのたねがひたるだけのじゅうぶんな水を入れてふたをしたあと、マシュマロを入れたときと同じようにピストンを動かした。それから、3種類のたねをびんから取り出して、表面の水をふき取り、もう一度それぞれの重さをはかった。「吸水による増加率」を次のように計算したとき、結果は次のページの表のようになった。

$$\text{吸水による増加率（\%）} = \frac{\text{吸水後の重さ} - \text{吸水前の重さ}}{\text{吸水前の重さ}} \times 100$$

1は次のページに続く

	たねA	たねB	たねC
吸水による増加率（%）	6.94	18.62	20.89

たねA～Cの中で、吸水前の体積が最も大きいと考えられるたねはどれですか。ただし、水に接している表面の面積が大きいほど吸水量も大きく、たねの形はほぼ球体で、吸水前のたねの体積当たりの重さはどのたねも差がないものとする。

ア　たねA　　イ　たねB　　ウ　たねC

4．まさあきさんは、３種類のたねA～Cを吸水させたあと、しめらせたろ紙をいれた容器に入れて発芽するようすを観察していたところ、数日後、黒いカビのようなものが生えたことに気づいた。そこで、このような生物を生やさずに観察を続けるために、たねを消毒して実験をやり直すことにした。まさあきさんが実験をはじめる前に行う対策《さく》として最もふさわしくないと考えられる方法はどれですか。

ア　容器やたねをじゅうぶんにうすめたアルコールで消毒する

イ　容器やたねをじゅうぶんにうすめた台所用洗《せん》ざいで消毒する

ウ　容器やたねをじゅうぶんな時間、ふっとう水で加熱して消毒する

エ　容器やたねをじゅうぶんな時間、太陽光を当てて消毒する

5．たねBは発芽するとき、物質Xによってでんぷんを分解して、くきや葉を作ることが知られている。まさあきさんは、たねBがこの物質Xをいつ作るのか疑《ぎ》問に思い、図４のような実験を考えてやってみることにした。

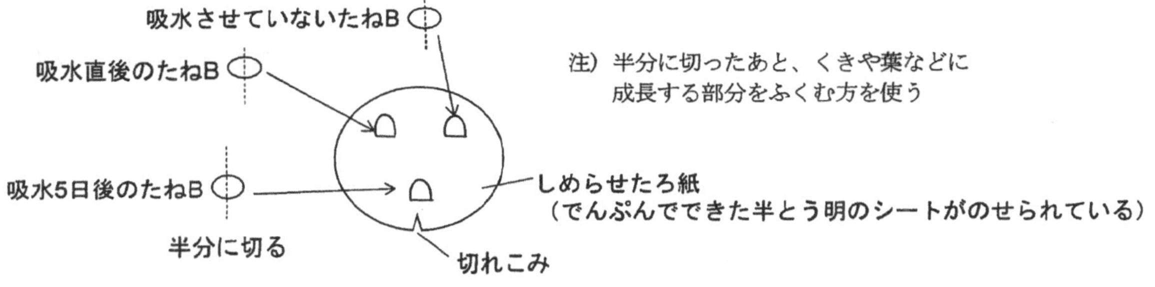

図４　物質Xがいつ作られるかを調べるための実験

半分に切ったたねBを準備し、でんぷんでできた半とう明のシートがのせられているしめらせたろ紙の上にしばらく置いたあと、たねBをとりのぞいてヨウ素液をスプレーでまんべんなくふきかけた。ヨウ素液をふきかけたときのろ紙のようすをみたまさあきさんは、「物質Xは吸水前や吸水直後にはつくられていない」と考えた。このときのろ紙のようすとして、最も適当なものはどれですか。

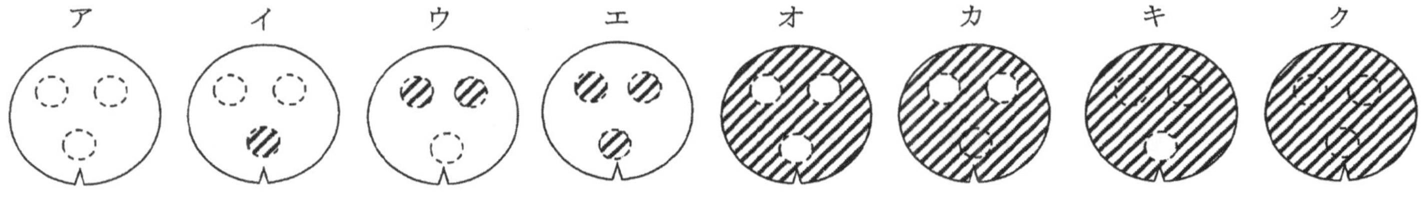

ヨウ素液が反応した部分を▨で示している

[2] ある夏の日の朝6時、野球部のまさきさんとひろかさんは、校庭で早朝練習の準備をしていた。２人の会話を読み、後の各問いに答えなさい。

> ひろかさん：まさき、あそこ見て。こんなに明るいのに月が見えているわ。
> まさきさん：ほんとだ。白く見える月も夜と同じように欠けてるね。

1．２人が見た月は右半分が欠けた月だった。月の見えた方角はどれですか。

ア 東　　イ 西　　ウ 南　　エ 北

> まさきさん：月が欠けて見えるのは、月が自分で光っていないからだよね。
> ひろかさん：そうね。このボールみたいに太陽に照らされた部分だけが明るいから、それをどの位置から見るかで欠けかたが決まるんだよね。

2．朝７時半ごろ、ひろかさんは校庭で校舎を背にして立ち、うでを前にのばして手の平にボールをのせていた。このとき、ひろかさんから見たボールが図１のようだったとき、校舎の配置図として最も適当なものはどれですか。

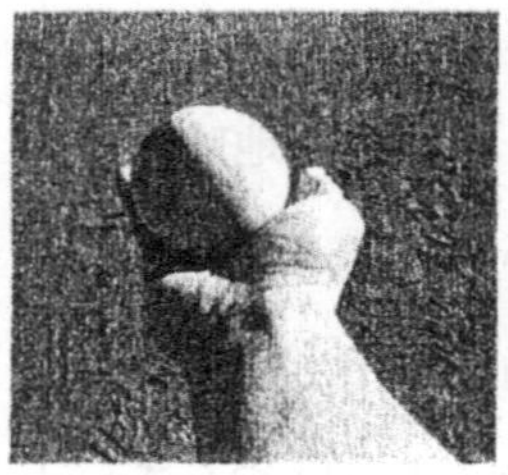

図１

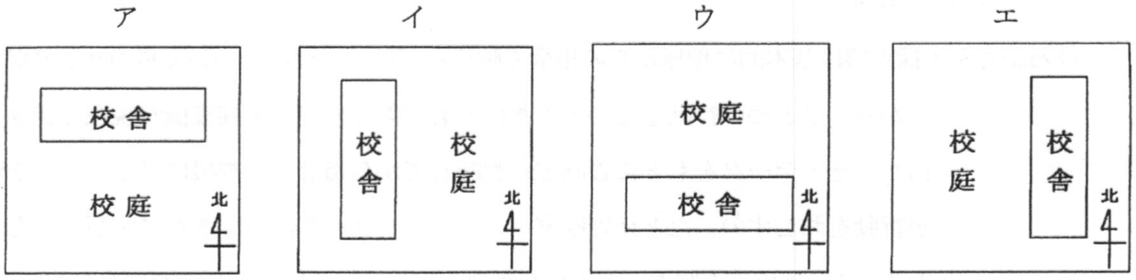

> まさきさん：あそこに見える月は、このあと細くなるのかな？　それとも太くなっていくのかな？
> ひろかさん：次の早朝練習は３日後だよね。そのとき観察してみようよ。

3．３日後に２人が観察したときに見えた「月の形」と「空に見える月と太陽の位置関係」として最も適当なものはそれぞれどれですか。

「月の形」

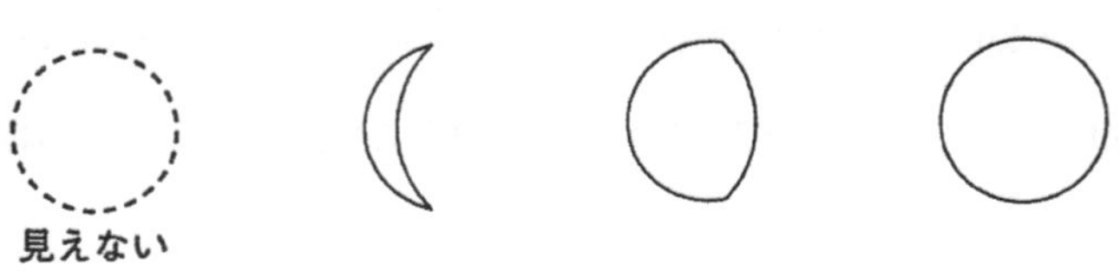

「空に見える月と太陽の位置関係」

ア ３日前より月と太陽がはなれて見えた

イ ３日前より月と太陽が近づいて見えた

ウ ３日前と変わらないように見えた

[2]は次のページに続く

まさきさん：昼の空は月ぐらいしか見えないけど、夜になれば東京でもいろいろな星座《ざ》が見えるよね。
ひろかさん：今夜見える星座って何かなぁ。

4．次の①～⑤の星座のうち、夏の星座であるものにはその星座にふくまれる星を記号で選びなさい。また、夏の星座でないものには×を記入しなさい。

①　さそり座　　②　わし座　　③　こと座　　④　はくちょう座　　⑤　オリオン座

ア　デネブ　　イ　シリウス　　ウ　アルタイル　　エ　ベガ　　オ　アンタレス　　カ　ベテルギウス

まさきさん：宇宙《うちゅう》といえば、宇宙開発の分野は伝統的にアメリカやロシアが強かったけど、最近は中国もがんばってるよね。
ひろかさん：日本も小わく星探《たん》査の分野では、数々の世界初を成しとげてるよ。
まさきさん：それって「はやぶさ」だね。たしか、小わく星から岩石を持ち帰って来たんだよね。
ひろかさん：そう。でも最初の「はやぶさ」は自動制ぎょがうまくいかないなどの数々のトラブルがあって、ちょっとしか持って帰れなかったんだ。
まさきさん：自動制ぎょって？
ひろかさん：探査機は基本的に地球からの指令で動くんだけど、地球と小わく星のきょりがおよそ3億 km もあったから、ひとつの行動をおこすのだけでも大変なの。まず探査機が現在の状きょうを電波で地球に送信し、そのデータをもとに管制室が判断してから指令を探査機に送り返し、それが届いてから探査機が行動をおこすの。たとえ管制室がコンピューターを使ってすぐに判断しても、通信に相当時間がかかるから、秒単位の制ぎょが必要な着地ミッションではぜんぜん間に合わないの。だから「はやぶさ」は自分で状きょうをはあくし、最適な方法を自分で判断して着地をめざしたんだって。
まさきさん：まるでロボットだね。
ひろかさん：そうね。「はやぶさ２」ではこの自動制ぎょがほぼ完ぺきに機能したから、たくさんの岩石を持ち帰ることに成功したわ。
まさきさん：ロボット工学は日本の得意分野だもんね。でも小わく星探査ってちょっと地味だよね。
ひろかさん：そんなことないよ。小わく星のことがくわしくわかれば「地球のようなわく星がどうやってできたか」や「地球にどうやって生命が誕《たん》生したか」といったなぞがわかるかもしれないの。とっても大事な探査なんだよ！

5．仮に電波を使った通信による制ぎょを行う場合、地球から3億 km はなれた探査機がひとつの行動をおこすまでに要する時間は何分ですか。ただし、管制室が判断に要する時間はこれに加えないこととして計算しなさい。また、電波の進む速さは毎秒30万 km とし、小数点以下は四捨五入して整数で答えなさい。

[3] 同じ2つの豆電球PとQ、2つのスイッチXとY、かん電池、導線、6つのたんし（A、B、C、D、E、F）がついた木の板を用意して以下の実験を行い、それらの結果をまとめた。後の各問いに答えなさい。

【実験1】かん電池、豆電球、導線を用いた図1の(1)～(4)のつなぎ方で、豆電球のつき方を調べた。

【結果1】(2)は2つの豆電球とも同じ明るさで、いずれも(1)より暗かった。そこで、(1)のつき方を“○”、(2)のつき方を“△”、つかなかった場合は“×”と記し、(3)と(4)の結果もふくめてまとめると、表1のようになった。

＜表1＞

つなぎ方		(1)	(2)	(3)	(4)
つき方	豆電球P	○	△	○	○
	豆電球Q	なし	△	○	×

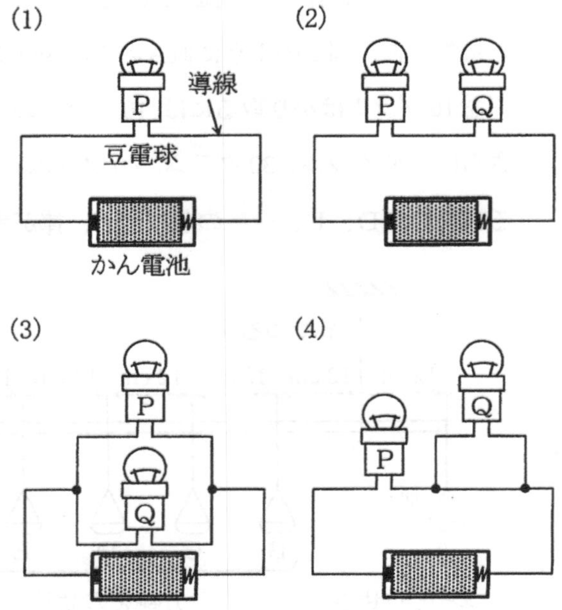

＜図1＞

【実験2】かん電池と2つのスイッチを板の上に置き、図2のように導線でつないだ。3つのたんしA、B、Cから2つを選び、そのたんしに豆電球Pをつなぎ、3つのたんしD、E、Fから2つを選び、そのたんしに豆電球Qをつなぐ。2つのスイッチを操《そう》作して4つの状態それぞれで豆電球P、Qのつき方を調べた。なお、4つの状態とは表2の通りである。

＜表2＞

	状態1	状態2	状態3	状態4
スイッチX	切	入	切	入
スイッチY	切	切	入	入

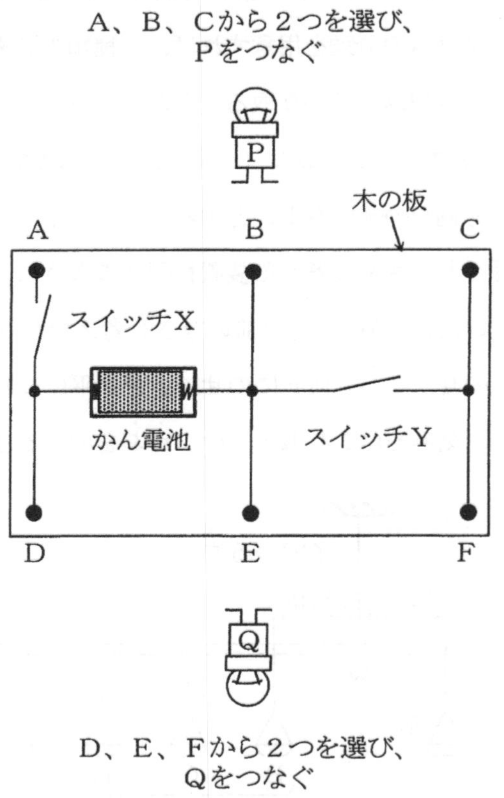

＜図2＞

【結果2】

・Pを接続するたんしをどう選んでも、Qを（　①　）の間につないだら、スイッチの状態によらず、Qの結果は“○”だった。

・Pを（　②　）の間につなぎ、Qを（　③　）の間につないだら、スイッチの状態によらず、Pの結果もQの結果も“×”だった。

・Pを（　④　）の間につなぎ、Qを（　⑤　）の間につないだら、スイッチの状態によって、〔P，Q〕のつき方が〔×，×〕、〔○，×〕、〔×，○〕、〔○，○〕のように4通りに変化した。

1．①～⑤に入る記号は、それぞれどれですか。

ア　AとB　　　イ　BとC　　　ウ　AとC

エ　DとE　　　オ　EとF　　　カ　DとF

2．スイッチの状態によってPのつき方もQのつき方も“△”となるつなぎ方は何通りありますか。ない場合は0通りと答えなさい。

4　あきらさんとさとしさんは、お米のような小さなつぶを 10 グラム刻《きざ》みではかり取る装《そう》置を考えることにした。２人がそれぞれ考えた装置について説明した次の文を読んで、後の各問いに答えなさい。

【準備するもの】棒《ぼう》（長さ 72 cm）：１本　　つぶや分銅をのせる皿（重さ 12 グラム）：６枚《まい》　　いろいろな重さの分銅
棒や皿をつるす糸（重さは考えない）　　おもり（容器に砂《すな》などを入れて自由に重さを調整できる）

【あきらさんの考えた装置】図１のように、つぶを皿Ａに、分銅を皿Ｂ～Ｆにのせて、はかり取る方法を思いついた。しかし、実際に作った装置の点Ｐを糸でつるしても、棒は水平につり合わなかった。棒と皿の重さを考えなかったことに気づき、図２のように皿Ａの下に 360 グラムのおもりをつるすと、棒は水平につり合った。この装置を用いてつぶを 10 グラムはかり取るには、10 グラムの分銅を皿Ｂにのせて棒が水平につり合う量のつぶを皿Ａにのせればよい。さらに、20 グラム、30 グラム、40 グラム、……という順に 10 グラム刻みではかり取るには、10 グラムの分銅をのせる皿をＣ、Ｄ、Ｅ、……の順に変え、棒が水平につり合う量のつぶを皿Ａにのせればよい。

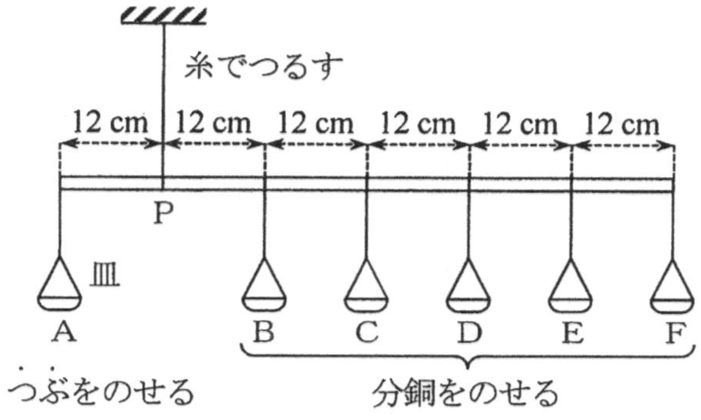

図１　あきらさんの考えた装置のスケッチ

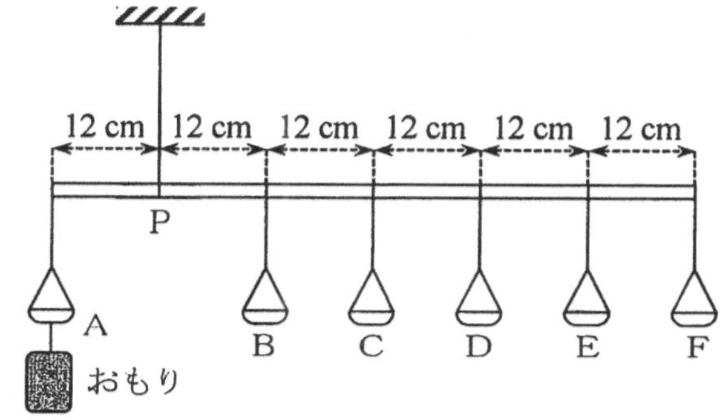

図２　完成したあきらさんの装置

続けて、限られた数の分銅で、できるだけ多くの量をはかり取ることができるように考えた。10 グラムと（　①　）グラムの分銅を用意すれば、２種類の分銅を１つまたは２つ使って、10 グラムから最大（　②　）グラムまで 10 グラム刻みではかり取ることができる。さらに、（　③　）グラムの分銅を用意すれば、３種類の分銅を１～３つ使って、10 グラムから最大（　④　）グラムまで 10 グラム刻みではかり取ることができる。ただし、１つの皿に２つ以上の分銅をのせてもよいとする。

【さとしさんの考えた装置】図３のように、分銅を皿Ａにのせ、つぶを皿Ｂ～Ｆのいずれか１つにのせる方法を思いついた。しかし、棒と皿の重さを考えなかったので、10 グラムのつぶをはかり取るためには、50 グラムの分銅を皿Ａにのせ、つぶを皿Ｆにのせて棒が水平につり合うようにし、20 グラム、30 グラム、40 グラム、……という順に 10 グラム刻みではかり取るには、つぶをのせる皿をＥ、Ｄ、Ｃ、……の順に変え、それぞれ棒が水平につり合えばよいと思

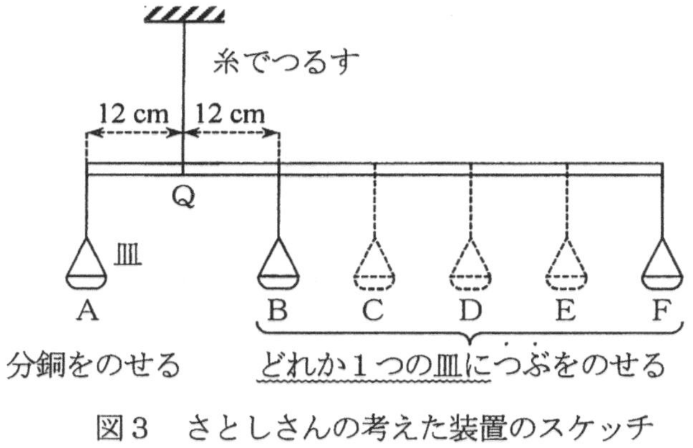

図３　さとしさんの考えた装置のスケッチ

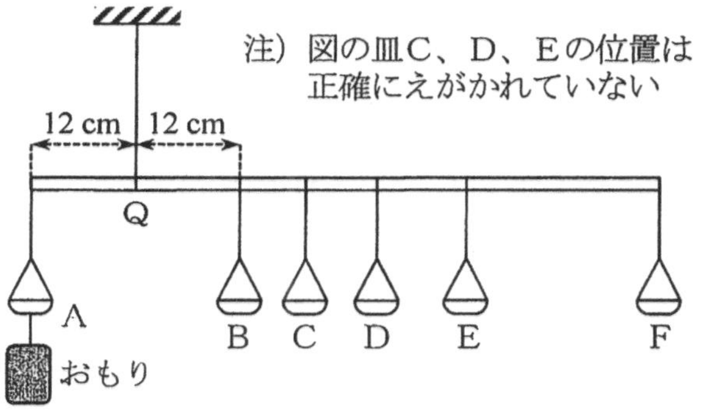

図４　完成したさとしさんの装置

4は次のページに続く

いこんでいた。その結果、皿Eは棒の右はしから（　⑤　）cm、皿Dは棒の右はしから（　⑥　）cm、皿Cは棒の右はしから（　⑦　）cm の位置にそれぞれつるした装置を作ってしまったが、実際に作った装置の点Qを糸でつるしても、棒は水平につり合わなかった。その後、棒と皿の重さを考えなかったことに気づき、（　⑧　）グラムの棒の重さと 12 グラムの皿の重さを考え、すべての皿の位置はそのままにして、皿Aの下に（　⑨　）グラムのおもりをつるすと、図４のように棒が水平につり合った。

１．文中の①～④に入る適当な数を答えなさい。

２．文中の⑤～⑨に入る適当な数を答えなさい。

5　さとしさんの通っている学校の理科の授業では、先生があらかじめ実験した結果をまとめた下の表を参考にしながら、もののとけ方を確認《にん》する実験を行った。後の各問いに答えなさい。

表. 100 グラムの水にとける薬品の量（グラム）

	0 ℃	20 ℃	40 ℃	60 ℃	80 ℃
食塩	35.7	35.9	36.4	37.2	38.0
ミョウバン	3.0	5.9	11.8	24.8	71.2

【手順１】　２つの 100 mL ビーカーAとBのそれぞれに 60℃の水を 50 グラム入れる。

【手順２】　ビーカーAには食塩、ビーカーBにはミョウバンを、それぞれ 5 グラムずつ入れてよくかき混ぜる。

【手順３】　【手順２】を４回くりかえす。

【手順４】　水よう液の温度を、60 ℃から 40 ℃まで冷やす。

【手順５】　それぞれのビーカーから水よう液だけをスポイトで 10 グラムとり、蒸《じょう》発皿に入れて水を蒸発させる。

【手順６】　【手順５】で残っている 40 ℃の水よう液を、20 ℃まで冷やす。

１．【手順４】のあとで、それぞれの薬品は何グラムとけ残っていますか。小数第２位を四捨五入して、小数第１位までの数値で答えなさい。

２．【手順５】のあとで、それぞれの薬品は蒸発皿の上に何グラムありますか。小数第２位を四捨五入して、小数第１位までの数値で答えなさい。

３．すべての手順が終わったあと、先生は実験をしていた 10 グループすべてからミョウバンの水よう液だけを大きな容器に集めた。そして、この大きな容器に 20 ℃の水を加えてミョウバン水よう液の重さを 500 グラムにした。この 20 ℃の水よう液にはあと何グラムのミョウバンをとかすことができますか。小数第２位を四捨五入して、小数第１位までの数値で答えなさい。

6 アルミニウム板を使った工作をしたいと考えたあきらさんは、実験室の「金属板（アルミニウム、鉄、銅）」と書かれた引き出しから１枚だけアルミニウム板をもらおうと考えた。ところが、引き出しの中には、ほぼ同じ大きさの金属板が入っていて、これを見ただけでは、どれがアルミニウム板なのかはっきりとは分からなかった。そこで、下の図のように３種類の金属板にＡ～Ｅの場所を決めた。それから、それぞれの場所に、実験室に置いてあったア～オの水よう液を１種類ずつたらして変化するかどうか調べた。なお、どの金属板を使う場合でも、Ａ～Ｅにはそれぞれ同じ種類の水よう液をたらした。後の各問いに答えなさい。

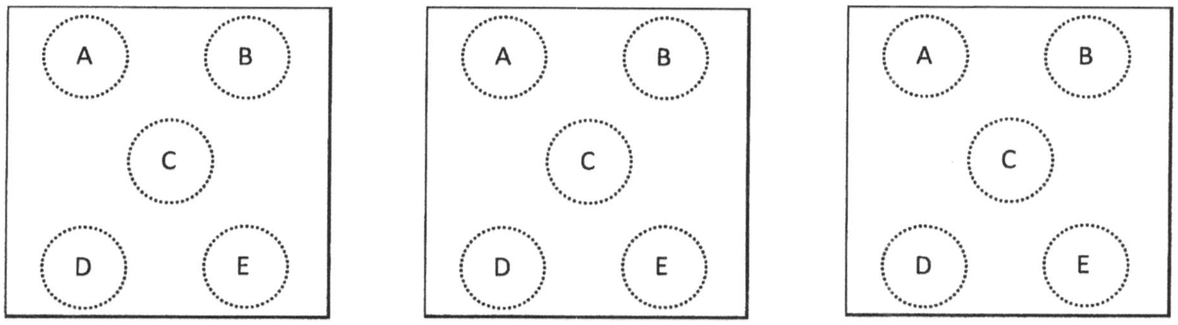

金属板１　　金属板２　　金属板３

ア　うすい水酸化ナトリウム水よう液　　イ　アンモニア水　　ウ　砂糖《さとう》水　　エ　うすい塩酸　　オ　食塩水

1．金属板１では、Ｂだけで金属板の表面に変化があり、金属板２では、Ａ～Ｅのどこにも変化がなかった。金属板３では、ＢとＥで金属板の表面に変化があった。アルミニウム板は、金属板１～３のどれですか。また、ＢとＥにたらした水よう液はどれですか。

2．あきらさんは、この実験方法だと選んだ金属板がいたんでしまう（変化してしまう）ことに気がついた。金属板がいたまない別の方法でアルミニウム板だけを選ぼうと考えたが、残念なことに実験室には磁《じ》石が見当たらなかった。そこで、あきらさんは磁石を使わない別の方法を考え、アルミニウム板をいためることなく選ぶことができた。それは、どのような方法だと考えられますか。７字以内で答えなさい。

(40分)〔注〕　答えはすべて、解答用紙の定められたところに記入しなさい。

1　つぎの文を読んで、あとの１から７までの各問いに答えなさい。

近年、旅行の一つの形態として、ダークツーリズムが注目されるようになりました。ダークツーリズムは1990年代からイギリスで提唱され始めた概念《がいねん》で、悲しみの記憶《きおく》をたどることを目的としています。この悲しみの記憶には、①戦争やテロ、②原子力による事故、③差別や貧困《ひんこん》、④産業の発展による代償《だいしょう》、⑤自然災害などがふくまれます。悲劇の現場を実際に訪《おとず》れ、そこで起こったできごとを知ることで、何かを学ぶことができると考えられています。日本各地にダークツーリズムの対象となりうる場所がありますが、ここでは、四つの場所を紹介《しょうかい》しましょう。

A　岡山県長島には、国立ハンセン病療養《りょうよう》所の長島愛生園《あいせいえん》があります。ハンセン病はらい菌《きん》が引き起こす感染症《かんせんしょう》で、発病すると皮膚《ひふ》や末梢《まっしょう》神経が侵《おか》され、進行すると手足や顔が変形するなどの後遺症《こういしょう》が残ります。らい菌自体は非常に感染力が弱いですが、世間では感染しやすいとの誤った考え方があり、患者《かんじゃ》は結婚《けっこん》や就職を拒《こば》まれ、近所から疎外《そがい》されるなど、偏見《へんけん》や差別の対象となってきました。1931年、国は法律にもとづいて、療養所での治療を名目とした、全患者の強制的な隔離《かくり》をはじめました。こうして、病気への偏見がさらに強まりました。入所者は強い薬が入った消毒風呂に入れられたり、服やお金を取り上げられたりするなど、囚人《しゅうじん》と同様の生活を強《し》いられました。法律にもとづいた隔離政策は1996年まで続けられたのです。現在でも入所者が生活している一方で、歴史館としての整備もすすみ、ハンセン病政策の歴史を学べる施設《しせつ》になっています。

B　この島では2000年８月10日、島の中央に位置する雄山《おやま》が大規模な噴火《ふんか》をしました。その後の噴火で、噴煙《ふんえん》は上空１万４千mにもおよび、火山灰に加えて火山弾《だん》も島内各地に降り注ぎました。噴火は断続的に続き、火砕流《かさいりゅう》が海まで達し、火山性の有毒ガスが島をおおいました。この状況で「全島民の島外への避難《ひなん》」指示が出て、４千人いた島の住民は全員、島を離《はな》れることになりました。阿古《あこ》地区の小・中学校の校庭は溶岩《ようがん》に飲み込《こ》まれました。避難指示が解除されたのは2005年２月１日、４年半後のことです。現在では一部の島民が戻《もど》り、ダイビングや釣《つ》りなどのほか、噴火の痕跡《こんせき》をみることを目的とした観光客も訪れるようになっています。

C　東京都江東《こうとう》区夢の島には、第五福竜丸《ふくりゅうまる》展示館があります。1954年３月１日、太平洋にあるビキニ環礁《かんしょう》で、アメリカが水爆《すいばく》実験を行い、第五福竜丸はその被害《ひがい》を受けました。第五福竜丸は爆心地より160km東方の海上で操業していましたが、突然《とつぜん》西側に閃光《せんこう》が見え、地鳴りのような爆発音が聞こえたといいます。やがて実験によって生じた「死の灰」(放射性物質をふくんだ塵《ちり》)が第五福竜丸に降り注ぎ、乗組員の23人全員が被ばくしました。アメリカがさく裂《れつ》させた水爆「ブラボー」は、日本に落とされた原爆の1000倍の破壊力《はかいりょく》でした。第五福竜丸だけではなく、日本各地から出漁していた多くの船も被害を受けました。ビキニ環礁をふくむマーシャル諸島一帯は、1946年から58年までアメリカの核《かく》実験場となっており、のべ67回の実験が行われました。周辺の島々に暮らす住民の間には、がんや甲状腺《こうじょうせん》異常、死産や先天性障害などの大きな健康被害が現れました。

D　広島県大久野《おおくの》島は、第二次世界大戦中に毒ガスが製造されていた場所です。毒ガスは国際条約で使用が禁止されていました。軍部は地図からこの島の存在を消し、作業員に対しては、家族にさえ仕事について話すことを禁止しました。ここで最も多く製造されたのはびらん性の毒ガスで、皮膚をただれさせ死に至らしめるものです。製造作業中の事故も多く、何も知らない勤労奉仕《ほうし》の学徒らの中にも犠牲《ぎせい》者を出すことがありました。終戦を迎《むか》え、この島の存在が明らかになる中で、元作業員の多くが後遺症を抱《かか》えていることもわかってきました。1988年、この島に毒ガス資料館がつくられ、多くの被害者を出した実態を学び、平和を考えることができる場所となっています。

これらの他にも国内・国外を問わず、ダークツーリズムの対象となる場所が多く存在します。まずは自分の関心のあるテーマについて、実際に現地を訪れ、過去からの学びを深めてはいかがでしょうか。

1　AからDの場所を①戦争やテロ、②原子力による事故、③差別や貧困、④産業の発展による代償、⑤自然災害のいずれか一つに分類し、①～⑤の番号を書きなさい。さらにその分類にふくまれる他の事例をつぎのアからオまでの中から一つずつ選び、その記号を書きなさい。

ア　チョルノービリ（チェルノブイリ）　　イ　水俣《みなまた》病資料館　　ウ　アパルトヘイト博物館
エ　石巻《いしのまき》市大川小学校跡地《あとち》　　オ　ニューヨーク世界貿易センタービル跡地

2　Bの島の名前と、この島がふくまれる都道府県名を書きなさい。島の名前はひらがなで書いてもかまいません。

3　夢の島はかつて、東京都のごみの最終処分場であった。ごみの処理についてのべた文として正しくないものを、つぎのアからオまでの中から二つ選び、その記号を書きなさい。

ア　ごみの分別についてのきまりごとは法律に定められており、国内はどこでも同じルールが適用されている。
イ　燃やすごみにふくまれる生ごみの水分をとることで、燃やす時の燃料が少なくてすむようになる。
ウ　ごみを燃やした時の熱は、熱帯植物園や温水プール、発電などに利用されている。
エ　スプレー缶《かん》は中身を補充《ほじゅう》して再利用するために、資源ごみとして扱《あつか》われている。
オ　燃やしたごみの灰を使って、レンガやセメントをつくる取り組みが行われている。

4　1954 年当時、ビキニ環礁をふくむ海洋上では第五福竜丸だけでなく、多くの漁船が操業《そうぎょう》していた。これらの船が行っていた漁業についてのべた文として正しいものを、つぎのアからオまでの中から一つ選び、その記号を書きなさい。

ア　サケやタラの漁獲《ぎょかく》を目的に操業していた。
イ　当時の乗組員のほとんどが外国人であった。
ウ　神奈川県や静岡県など、太平洋側の港から出船することが多かった。
エ　オイルショックや円高によって燃料費が高騰《こうとう》し、経営が難しくなった。
オ　底引き網《あみ》漁が主体であり、海底の生物を根こそぎ捕獲《ほかく》するなどの環境破壊《かんきょうはかい》を進めた。

5　毒ガスの製造場所にDの島が選ばれた理由と考えられることとして正しいものを、つぎのアからオまでの中から二つ選び、その記号を書きなさい。

ア　対馬《つしま》海流がぶつかる場所で流れが速く、漁船が簡単に近づけないから。
イ　サンゴ礁《しょう》からなる洞窟《どうくつ》が多いため、毒ガスを隠《かく》す場所が多くあったから。
ウ　本土から比較《ひかく》的近いため、物資の運搬《うんぱん》が容易であったから。
エ　気候が安定しており、安全性の確保に役立ったから。
オ　火山島であるため、毒ガスの原料である硫黄《いおう》の生産量が多かったから。

6　AからDの場所のうち二つの近くには、ある一つの工業地帯・地域が広がっています。その工業地帯・地域に関連してのべた文として正しいものを、つぎのアからカまでの中から三つ選び、その記号を書きなさい。

ア　工業地帯・地域別の生産額が、全国で５位以内に入っている。

イ　全国の工業種類別生産額の割合と比較して、化学工業がしめる割合が高い。

ウ　自動車など輸送用機械の生産額が、全国で最も多い都道府県をふくんでいる。

エ　地熱や風力を中心とした再生可能エネルギーを利用する条件に恵《めぐ》まれている。

オ　海岸沿いの埋《う》め立て地を中心に、製鉄の工場がつくられている。

カ　日本有数の水揚《みずあ》げ量をほこる港が複数あり、食料品工業が盛《さか》んである。

7　足尾《あしお》銅山は、④産業の発展による代償に分類されるダークツーリズムの対象となる場所です。その代償とは何か、25字程度で説明しなさい。

2　つぎの文を読んで、あとの１から６までの各問いに答えなさい。

映画『ニューヨーク公共図書館　エクス・リブリス』（2017年公開）は、図書館に集まる無名の人々の営みを記録したドキュメンタリーです。作中の印象深いシーンとして、ある建築家が「図書館とは本の置き場ではありません、図書館とは人なのです」と語る場面があります。実際、この作品では本棚《ほんだな》などの設備だけを撮《と》った映像は少なく、カメラはつねに職員や利用者ら人間を追っています。舞台《ぶたい》となったニューヨーク公共図書館は、ニューヨーク市内に90を超《こ》える施設《しせつ》をもつ世界最大級の図書館で、観光名所としても有名です。そこはまた、読書会、詩の朗読会、移民への英語教育、子どもへのプログラミング教育、学者やアーティストによる講演会といった形で、見ず知らずの市民がゆるやかに交流する活動の場でもあります。

公共図書館がただの「本の置き場」ではないということは、いくつかの身近な図書館を観察してみればすぐにわかるでしょう。館内を歩けば、資料探しのプロである職員が調べものを助けてくれるレファレンスサービスが目に入ります。職員やボランティアが子どもに読み聞かせなどをする「おはなし会」を行う図書館や、来館が難しい人に宅配貸出しを行う図書館もあります。図書館は、年齢《ねんれい》や障害の有無《うむ》などにかかわらず、市民が本とつながることができるようにさまざまな工夫をしているのです。その視点をもって館内を見れば、いたるところにあるバリアフリーやユニバーサルデザインの設備にも気づくでしょう。人と本とをつなぐ役割のほかに、人と人とをつなぐ役割をになっている図書館も少なくありません。行政と市民が対話を重ねてつくった瀬戸内《せとうち》市民図書館（岡山県瀬戸内市）には、「もみわ広場」というスペースがあります。「もみわ」とは、暮らしや仕事の中で生まれた疑問や課題を「もちより」、その解決方法を「みつけ」、発見をみんなで「わけあう」場所をめざした名づけです。武蔵野《むさしの》プレイス（東京都武蔵野市）は、学習スペース、会議室、市民活動情報コーナー、館内の本を持ち込めるカフェなどを備え、地元以外からも多くの来館者を集めてきました。このような図書館は、まちづくりなど地域の課題について、市民が対等の立場で学び、話し合う場を提供しています。同時に、家庭とも職場・学校とも違う居心地《いごこち》のよい活動の場所、いわゆる「サード・プレイス（第三の場）」になっているのかもしれません。

こうした図書館の社会的役割をふまえると、図書館の運営は利用者数や貸出し数だけを重視すればよいものではないことがわかります。民間企業《きぎょう》や博物館などほかの文化施設と異なり、公立図書館は、入館料や資料の利用を無料とすべきことが法律で定められています。どの地域でも、住民の誰《だれ》に対しても無料であることで、国民の学ぶ権利を平等に保障しているのです。関連して、多くの公立図書館に掲示《けいじ》されている「図書館の自由に関する宣言」には、「すべての国民は、いつ

でもその必要とする資料を入手し利用する権利を有する。この権利を社会的に保障することは、すなわち知る自由を保障することである」とあります。さまざまな資料から情報を受け取って自分の意見を作ることができる環境《かんきょう》は、基本的人権の一つである（　Ａ　）の自由の前提だといえるでしょう。

また、目の前の利用者の要望だけでなく、資料そのものの歴史的・文化的な価値を重視して長期的な保存に努めることも、図書館の重要な役割といえます。たとえば、仙台《せんだい》市民図書館（宮城県仙台市）は「3.11震災《しんさい》文庫」を設けて、東日本大震災に関する書籍《しょせき》や新聞、行政の刊行物などさまざまな資料を収集しています。また、東松島市図書館（宮城県東松島市）は「ＩＣＴ地域の絆《きずな》保存プロジェクト」として、震災の体験談や被災《ひさい》地域の写真を集めています。これらの試みは、地域に根ざした記録・記憶《きおく》を後世に伝え、防災や復興のあり方を考えさせる意味をもっています。

一方、公共施設の管理・運営を民間事業者に代行させ、そのノウハウを活用しようとする指定管理者制度を公共図書館にあてはめる動きもみられます。武雄《たけお》市図書館（佐賀県武雄市）は、書店や映像・音楽ソフト販売《はんばい》などの事業を営んできた株式会社を指定管理者とし、図書館、書店、カフェを融合《ゆうごう》させた施設をつくって注目を集めました。こうした事例では、企業に運営を任せることで、目新しい設備や開館時間の延長などいろいろと便利になったという声がある一方、ビジネスとの関係や所蔵する本の選び方などをめぐって不安の声があがることもあります。たとえば、地域の歴史と文化を知るためには貴重な、しかし利用者の少ない郷土資料の扱いについて、書店経営と同じ基準で判断してしまうことは問題があるでしょう。地方公共団体の厳しい財政状況《じょうきょう》を背景に指定管理者制度の活用が多くの分野で進んでいますが、民間に任せることが公共図書館の役割にどのような影響《えいきょう》を与《あた》えるのかを長い目で見ていく必要がありそうです。

映画『ニューヨーク公共図書館　エクス・リブリス』の監督《かんとく》であるフレデリック・ワイズマンは、「図書館は民主主義の柱だ」という作家トニ・モリスンのことばをたびたび引用して自作を語りました。公共図書館という語は、日本では地方公共団体が設置した公立図書館とほぼ同じ意味で使われます。しかし、「公共」という語には本来、特定の人ではなくみんなにかかわる、誰に対してもひらかれている、という意味あいがあります。図書館は、人種、民族、年齢、性別、貧富《ひんぷ》などの異なる背景をもつ人々が自由に知識を求め、一人の市民として民主主義のにない手となっていく「公共」の空間でもあるのです。

1　ニューヨーク公共図書館がある国についてのべた文として正しいものを、つぎのアからオまでの中からすべて選び、その記号を書きなさい。

ア　建国以来多くの移民を受け入れてきており、現在は中南米やアジアからの移民が多い。

イ　外国の中で、日本国籍をもつ人が最も多く住んでいる国である。

ウ　国際連合の活動に最も多くの分担金を支出している国である。

エ　東海岸に位置する首都には、国際連合の本部がある。

オ　日本にとって、輸出・輸入ともに最大の貿易相手国である。

2　図書館の中に見られるバリアフリーやユニバーサルデザインの取り組みの例として適切でないものを、つぎのアからオまでの中から二つ選び、その記号を書きなさい。

ア　貸出カウンターを座《すわ》りながらでもやりとりしやすいくらい低く設計する。

イ　ベンチやソファの真ん中に、横になって寝《ね》ることを防ぐような仕切りを設ける。

ウ　本棚と本棚、机と机の間を広く設計する。

エ　建物の出入り口にスロープや自動ドアを設ける。

オ　図や絵記号ではなく正確な日本語で書かれた説明表示を増やす。

3　本文中の空欄《くうらん》（　Ａ　）に最も適する語を書きなさい。

4　自然災害に対する防災や復興の取り組みについてのべた文として正しいものを、つぎのアからオまでの中から二つ選び、その記号を書きなさい。

ア　自治体が作るハザードマップには、住宅地や防災林の造成など防災と復興の計画が示されている。

イ　集中豪雨《ごうう》などによる水害を防ぐため、東京都などでは地下に人工の調節池を設けている。

ウ　防災に関する知識や技術を学ぶ施設として、東京都に防災館がある。

エ　災害対策基本法は、東日本大震災からの復興のために復興庁を設置することを定めている。

オ　福島第一原発事故後10年を経て避難《ひなん》指示が全面的に解除され、帰還《きかん》困難区域だった地域でも復興が進んでいる。

5　公共図書館への指定管理者制度の導入についてのべた文として正しいものを、つぎのアからオまでの中から二つ選び、その記号を書きなさい。

ア　多様化する市民の要望に対して効果的・効率的にこたえられるサービスの実現をねらいの一つとしている。

イ　施設を所有する権利を民間事業者にゆずり渡《わた》す対価として、自治体が売却《ばいきゃく》の利益を得ることをねらいの一つとしている。

ウ　民間事業者に投資してサービスを向上させるために巨額《きょがく》の費用が必要になるため、財政にゆとりのある自治体を中心に導入が進んでいる。

エ　民間企業が指定管理者になった場合、入館や資料の閲覧《えつらん》に対して利用者から料金を徴収《ちょうしゅう》することで利益を確保することになる。

オ　短期的な目標や効率性を最優先にした運営がなされた場合、経験豊富な職員が人員削減《さくげん》にあったり、文化的な価値のある資料収集の継続性《けいぞくせい》が失われたりすることが心配されている。

6　公共図書館の役割とも関連する民主主義の課題についてのべた文として適切でないものを、つぎのアからオまでの中から二つ選び、その記号を書きなさい。

ア　インターネットを中心にフェイクニュースと呼ばれる誤った情報が拡散される状況が問題視され、適切な資料から情報を得ることの重要性がますます高まっている。

イ　地域共同体における人と人とのつながりの意義が見直される中、人々が集まって共通の関心事について対話し、課題の解決をはかっていくための空間づくりが求められている。

ウ　選挙における投票率は40歳《さい》代が最も高く60歳以上の世代で低い傾向《けいこう》があり、高齢者に現代の政治への関心や知識をもってもらうための活動の機会が重要となっている。

エ　情報通信技術の発達によって個人間、世代間、地域間の情報格差が小さくなっていることをふまえ、政治や行政について知るための資料を電子化して保存していくことが求められている。

オ　日本では国会議員・地方議員に占《し》める女性の比率がきわめて低いことをふまえ、男女平等の実現に向けて社会のあり方や人々の意識を変える学びの場が必要とされている。

3　つぎの文と図Ａ～Ｃを参考にして、あとの１から６までの各問いに答えなさい。

　みなさんは、地球温暖化について勉強したり、考えたりしたことはあるでしょうか。さまざまな技術の発展により、私たちの暮らしは便利になってきましたが、一方で大量のエネルギーを消費し、二酸化炭素などの温室効果ガスを出してきたことが地球温暖化の大きな原因だと考えられています。ここでは、気候変動と各時代の人々がどのように気候に適応してきたかについてみていくことにします。そして、現在の地球温暖化はいつから続いているのか、地球の気候変動の歴史をみた場合に現在の地球温暖化の特徴《とくちょう》としてどのようなことが挙げられるのか、考えていきましょう。

図Ａ　南極の氷を分析《ぶんせき》して復元された過去40万年の気温変動

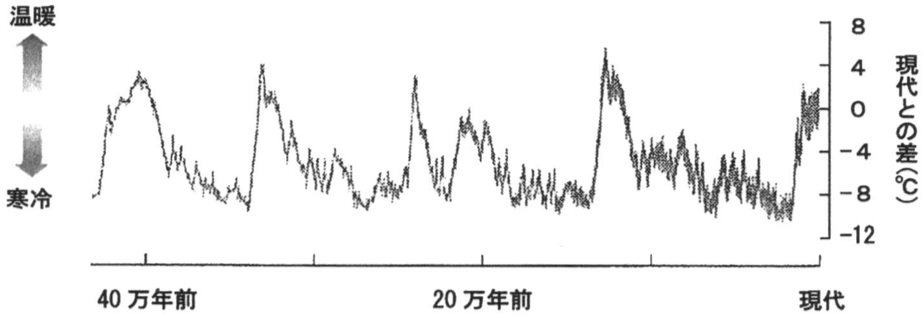

図Ｃ　気候変動による海水面の変化

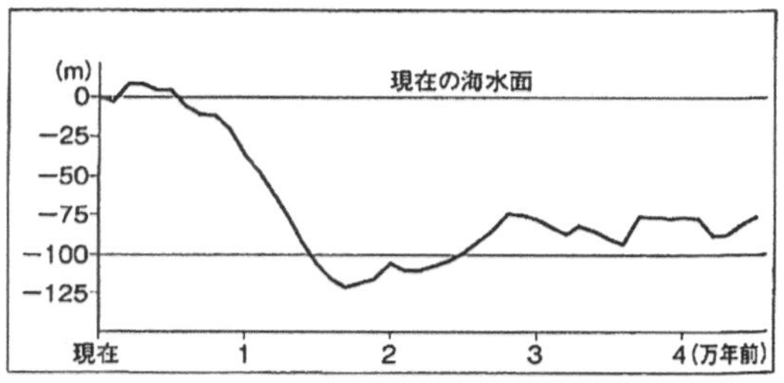

図Ｂ　過去2000年間の地球上の気温変動の分布

※1～2000年の平均気温を基準とする。色が濃いほど基準との温度差が大きい。

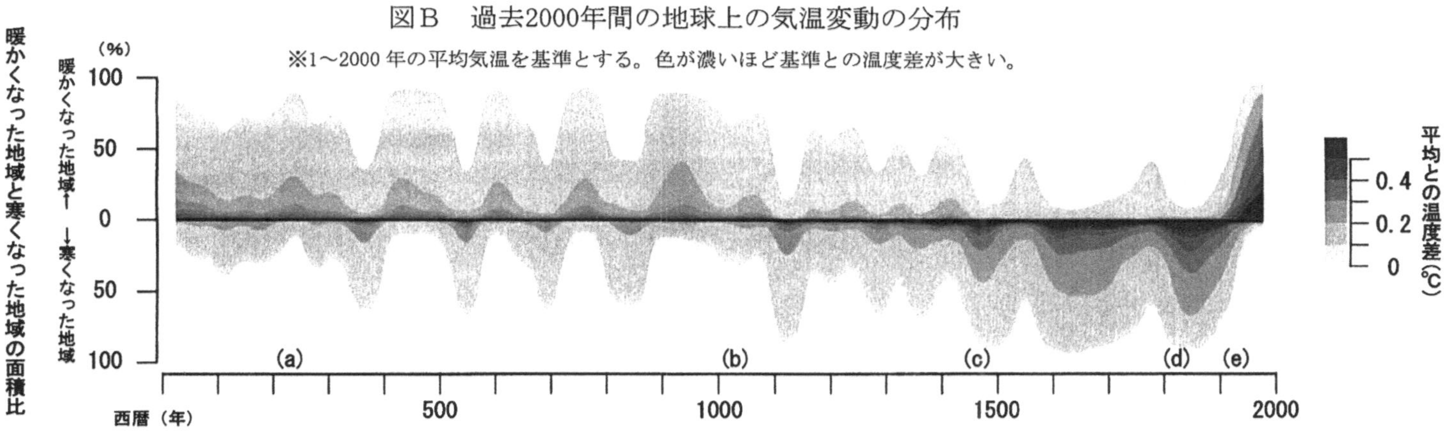

Ａ:中川毅『人類と気候の10万年史』　Ｂ:『NATURE』Vol.571掲載のNeukom論文　Ｃ:松木武彦『列島創世記』　より（一部改変）

１　図Ａ、Ｂから読みとれることとして正しいものを、つぎのアからカまでの中からすべて選び、その記号を書きなさい。

ア　図Ａより、10万年単位で地球の気温変動をみた場合、現代より寒冷な時期が長いといえる。

イ　図Ａより、過去40万年から現代にいたるまで、ゆるやかに暖かくなりつづけてきたといえる。

ウ　図Ａより、過去40万年の気温の変化をみると、現代が最も温暖であるといえる。

エ　図Ｂより、１世紀から18世紀を600年ずつに分けてみた場合、最後の600年間は寒冷化の傾向があるといえる。

オ　図Ｂより、どの時代でも過去2000年間の平均気温より0.4度以上の変動がある地域は50％以上あるといえる。

カ　図Ｂより、平城京に都があったころ、地球上では暖かくなった地域の面積の方が大きかったことがわかる。

2　図Cで海水面が急上昇し始めてからの時期が縄文《じょうもん》時代にあたる。また、縄文時代の後に続き、3世紀の中ごろまでの時期を弥生《やよい》時代とよんでいる。この二つの時代に関連してのべた文として正しくないものを、つぎのアからオまでの中から二つ選び、その記号を書きなさい。

ア　縄文時代では、現代より海水面が高い時期があった。

イ　縄文時代は長きにわたって気温が下がり続ける中、人々は狩《か》りや漁、木の実の採集を中心に生活していた。

ウ　三内丸山遺跡《さんないまるやまいせき》の調査から、縄文時代のこの地域では、くりやくるみなどを栽培《さいばい》していたことがわかる。

エ　米づくりは朝鮮《ちょうせん》半島から九州北部に伝わったが、東日本まで広がったのは古墳《こふん》時代になってからだった。

オ　米づくりが広がった結果、土地や水などをめぐる争いが日本列島各地で起こるようになった。

3　人間は気候に適応しながら農業技術を発展させてきた。つぎの①から④までを、日本で普及《ふきゅう》し始めた時期の順に並べかえ、番号を書きなさい。また、①から④それぞれの時期や普及に関連してのべた文として正しいものを、あとのアからカまでの中から一つずつ選び、その記号を書きなさい。

①　化学肥料　　②　トラクター　　③　二毛作　　④　ほしか(肥料)

ア　畿内《きない》で牛や馬にすきを引かせて農地を深く耕すことが広く行われるようになった。

イ　米の他、菜種や綿花《めんか》などの商品作物を生産し、現金収入を得る人々が増えた。

ウ　全国的な戦乱が100年以上続き、不安定な生活を支えるために戦《いくさ》に参加する百姓《ひゃくしょう》が多く出た。

エ　電化製品や自動車が普及するなど国民の生活水準が上がる一方、農村では人口減や労働力不足が顕著《けんちょ》となった。

オ　つくった布や地域の産物を、税として都に直接納めに行く負担があった。

カ　二つの対外戦争をへて産業が発展し、さらにヨーロッパで大きな戦争が起こると日本の重化学工業は急成長した。

4　つぎのグラフは9世紀以降の日本の人口の推移を示している。これをふまえて、あとの文の（　D　）～（　G　）にあてはまる語句をそれぞれ書きなさい。

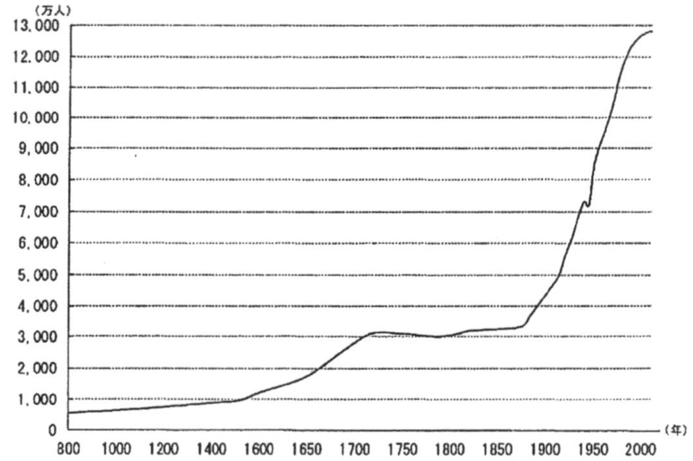

内閣府「人口動態について」より作成

17世紀は世界的に気候が（　D　）化している中、日本では人口が大きく（　E　）していった。これは戦乱が終わって（　F　）が成立し、全国各地で（　G　）が行われて農地が拡大するなど、農業生産力が大きく向上したことが背景にある。

5　図Bの(a)～(e)の時期のできごとについてのべた文として正しいものを、つぎのアからキの中から一つずつ選び、その記号を書きなさい。

ア　世界的な恐慌《きょうこう》にくわえ、農産物価格の下落や冷害などで、特に東北地方の農村で深刻なききんとなった。

イ　摂関《せっかん》政治が最盛期《さいせいき》をむかえ、また、貴族によって阿弥陀堂《あみだどう》がつくられた。

ウ　感染症《かんせんしょう》の流行や貴族の反乱などで世の中が乱れていたので、天皇は大仏をつくって仏教の力で安定させようとした。

エ　不作による米価の高とうや大ききんで苦しむ人々を救うため、幕府の元役人が兵をあげて大商人などをおそった。

オ　大陸から二度にわたって軍勢が攻めてきたが、御家人たちの抵抗《ていこう》や嵐《あらし》によって、軍勢は引き上げていった。

カ　倭国《わこく》各地で争いがおこったので、くにぐにが相談して女王をたてて争いをおさめた。

キ　将軍家や有力大名家の後継《あとつ》ぎをめぐる対立をきっかけに、京都を戦場とした激しい争いがおこった。

6　<u>現在の地球温暖化</u>に関連して、（1）（2）の問いに答えなさい。

（1）つぎの文の（　H　）、（　I　）にあてはまる語句をそれぞれ書きなさい。

図Bから現在の地球温暖化は（　H　）世紀後半から続いているといえる。これはヨーロッパを中心におこった（　I　）をへて人間の活動のあり方が変化し、地球環境に大きな影響を与えるようになったからだと考えられる。

（2）図Aをみると、現在の地球温暖化は地球の気候変動のサイクルに過ぎず、問題ないかのように考える人もいるかもしれない。しかし、現在まで続く気温上昇の原因と特徴をみた場合、過去のものとは大きく異なっていることがわかる。図Bをふまえながら、現在の地球温暖化の原因と特徴について、つぎの形式に沿って説明するとき、下線部に入る語句を書きなさい。

（　I　）をへて、＿＿＿＿＿＿＿＿ことにより、＿＿＿＿＿＿＿＿気温上昇している点。

令5
中
国

解答用紙

受験番号

氏名

評点

※100点満点
（配点非公表）

一

問一	問二	問三	問四

二

問一	問二	問三 わたし	問三 弟	問四

三

四

問一	問二

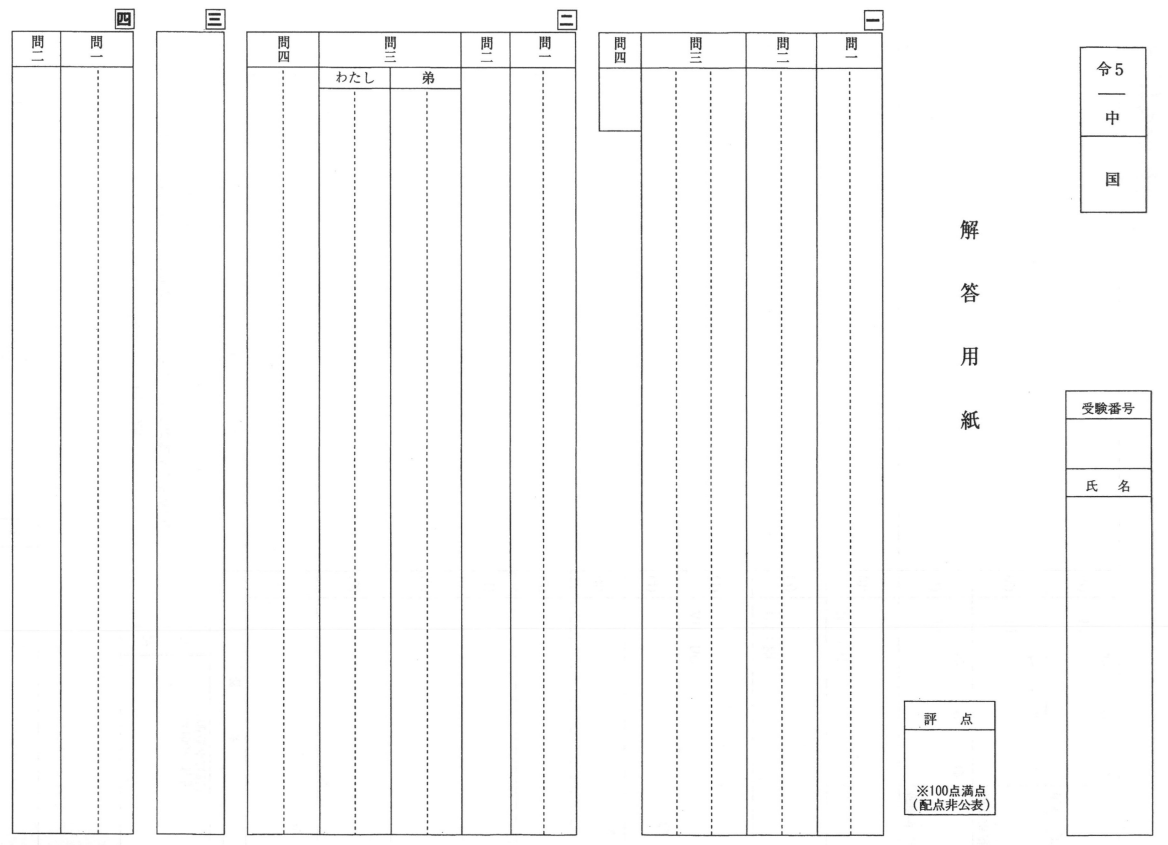

'23 中	算

受験番号		氏名	

解答用紙

【注意】 ① 答えはすべて、解答用紙の定められたところに記入しなさい。
② 円周率は 3.14 を用いなさい。

評点	※100点満点 （配点非公表）

計算		答え	
[1]		(1)	枚
		(2)	
		(3)	
[2]		(1)	
		(2)	
		(3)	個
		(4)	個
[3]		(1)	AB : BC :
		(2)	DE : EF :
		(3)	IG : GH :
[4]		(1)	11 時 分 秒 / 横断歩道
		(2)	11 時 分 秒 / 横断歩道
		(3)	11 時 分 秒 / 横断歩道

2023 中	理

受験番号		氏名	

解　答　用　紙

評点	※100点満点 （配点非公表）

1	1	
	2	
	3	
	4	
	5	
2	1	
	2	
	3	月の形：　　空に見える月と太陽の位置関係：
	4	①　　②　　③　　④　　⑤
	5	分
3	1	①　　②　　③　　④　　⑤
	2	通り
4	1	①　　②　　③　　④
	2	⑤　　⑥　　⑦ ⑧　　⑨
5	1	食塩：　　グラム　　ミョウバン：　　グラム
	2	食塩：　　グラム　　ミョウバン：　　グラム
	3	グラム
6	1	金属板　　B：　　E：
	2	

’23 中	社

受験番号		氏名	

解　答　用　紙

1	評点		※100点満点 （配点非公表）	

1

1	A	分類	他の事例	B	分類	他の事例
	C	分類	他の事例	D	分類	他の事例
2	島の名前		島がふくまれる都道府県			
3						
4						
5						
6						
7	（25マス）					

25

2

1	
2	
3	
4	
5	
6	

3

1						
2						
3	時期の順	→ → →				
	関連してのべた文	①	②	③	④	
4	D	E	F	G		
5	(a)	(b)	(c)	(d)	(e)	
6	(1)	H	I			
	(2)	(I)をへて、　ことにより、　気温上昇している点。				

筑波大学附属駒場中学校

令6 中

国 — 1 — 6

（40分）

〔注意〕

答えはすべて、解答用紙の定められたところに記入しなさい。

本文には、問題作成のための省略や表記の変更《へんこう》があります。

一　次の文章を読んで、後の問いに答えなさい。

カブトムシにあって他のほとんどの昆虫《こんちゅう》にない特徴《とくちょう》の一つは、言うまでもなく、オスの大きな角です。彼《かれ》らが角を持つ理由は、彼らの餌《えさ》と関係があります。カブトムシやクワガタムシなどを採るために私たちが広大な林の中から良い樹液場《じゅえきば》を探《さが》すのは苦労しますが、いくら虫たちが優《すぐ》れた嗅覚《きゅうかく》を持っているとはいえ、彼らにとっても餌場を見つけ出すのは容易ではありません。たくさんの木があっても、樹液の出る木はわずかにしか存在《そんざい》しません。樹液場は餌場であるだけでなく、オスとメスの出会《であ》いの場でもあります。そのため、樹液場には多くのカブトムシが群がることになります。

オスはせっかく見つけた餌場やメスを勝ち取るために、他のオスと戦う必要があります。けんかの際は、大きな武器を持つオスほど勝率が高く、結果的に多くのメスと交尾《こうび》し、多くの子を残すことができます。カブトムシやクワガタムシのみならず、ヤセバエやケシキスイなど、樹液場に来る昆虫の多くが武器を持っているのは偶然《ぐうぜん》ではありません。どの種類も、貴重《きちょう》な餌場を勝ち取るために、①ライバルと戦うための武器を進化させてきたのです。

カブトムシのけんかをよく観察してみてください。最初にオスは必ず相手の体の下に角を入れようとします。相手を木の幹からすくい上げ、引きはがすためです。相手も引きはがされないように、頭部を下げて応戦します。しかし、一瞬《いっしゅん》の隙《すき》を突《つ》き、相手の体の下に角を挿入《そうにゅう》するやいなや、勢いよく頭部を後方にひねり、相手を投げ飛ばします。このように、瞬間的な爆発《ばくはつ》力で相手を投げ飛ばすようなけんかのスタイルは、ヘラクレスオオカブトなどの外国のカブトムシにはあまり見られません。熊手のような形をした日本のカブトムシのオスの頭部の角は、そのような戦いにもってこいの形をしていることから、けんかの様式と角の形はリンクして進化してきたと考えられます。

ところで、図鑑《ずかん》などには、カブトムシがクワガタムシを投げ飛ばしている写真や絵がよく登場します。私も子どもの頃《ころ》に、カブトムシがクワガタムシと対戦させて遊んだことがあります。しかし、本来カブトムシの角はクワガタムシなどの他の昆虫を投げ飛ばすためのものではありません。あくまでも、同種のオスを打ち負かすために進化してきた武器です。そもそもカブトムシとクワガタムシの活動のピークのシーズンはずれているため（クワガタムシがカブトムシを避《さ》けるためと言われています）、両者が野外で出会う機会は、カブトムシのオスどうしが出会う機会に比べれば多くありません。そのため、クワガタムシ vs カブトムシのような異種《いしゅ》間対決は、最強の昆虫を決めたい子どもにとって夢がありますが、進化という視点《してん》に立つと、残念ながら②それほど意味のある実験とは言えません。それよりも、同種どうしが対決したときの行動を観察する方が、武器の進化について多くの情報が得られるはずです。

ここで、カブトムシはなぜオスしか角を持たないのか疑問に思う人もいるかもしれません。メスどうしが樹液場で頭部を押《お》し合いけんかするシーンを見かけることがあるので、メスが角を進化させても良さそうに思えます。しかし、カブトムシだけでなくクワガタムシやシカ、カニなど、他の動物を見ても、より大きな武器を発達させているのはメスではなくオスの方です。これには、③武器を作るコストが関わっています。けんかに勝つためには大きな武器が必要ですが、それを作るためには多くのエネルギーが必要です。メスが大きな武器を作ろうとすると、繁殖《はんしょく》に割《さ》くエネルギーが目減りし、産卵《さんらん》数が減ることになります。そうなると、自分の遺伝子《いでんし》を残すうえで不利になります。一方、精子は卵よりも〝安価〟に生産できます。また、たとえ作れる精子の数が少々減ったとしても、大きい武器を持てば、オスはより多くのメスと交尾できる可能性が高まります。メスは交尾相手の数が増えても産卵数は増えませんが（そもそもカブトムシのメスは一度しか交尾しません）、オスは、交尾相手の数が増えれば増えるほど、残せる子の数が増えてゆきます。つまり、オスは、大きい角を持つことで、それを作るためのコストを上回る利益が得られます。これこそが、多くの動物で、オスの方がより発達した武器を進化させた理由です。

（小島《こじま》　渉《わたる》『カブトムシの謎《なぞ》をとく』ちくまプリマー新書より）

問一 ――①「ライバルと戦うための武器を進化させてきたのです」とありますが、日本のカブトムシのばあいは、ライバルと戦うための武器を、どのように進化させてきたのですか。

問二 ――②「それほど意味のある実験とは言えません」とありますが、それはなぜですか。理由として正しいものを、次のア～オからすべて選び、記号で答えなさい。

ア カブトムシとクワガタムシとの戦いは、長い期間で何度も観察すべきだから。
イ カブトムシとクワガタムシの活動時期のピークを合わせて観察すべきだから。
ウ カブトムシとクワガタムシとの戦いは、自然界ではめったにないことだから。
エ クワガタムシの角に見えるものは、実際はアゴが発達してできたものだから。
オ カブトムシの角は、同種のオスとの戦いに使うことを目的とするものだから。

問三 ――③「武器を作るコストが関わっています」について、次の（1）（2）に答えなさい。なお、「コスト」とは費用や労力のことです。

（1）カブトムシのオスが角を進化させたのはなぜですか。武器を作るコストとの関わりから説明しなさい。
（2）カブトムシのメスが角を進化させなかったのはなぜですか。武器を作るコストとの関わりから説明しなさい。

三 次の慣用句を、カタカナは漢字に直し、文字の形、大きさや配置を整えて一行で書きなさい。

トんでヒにイるナツのムシ

三 次の文章を読んで、後の問いに答えなさい。

お詫び
著作権上の都合により、文章は掲載しておりません。
ご不便をおかけし、誠に申し訳ございません。
教英出版

お詫び
著作権上の都合により、文章は掲載しておりません。
ご不便をおかけし、誠に申し訳ございません。
教英出版

お詫び

著作権上の都合により、文章は掲載しておりません。
ご不便をおかけし、誠に申し訳ございません。

教英出版

お詫び
著作権上の都合により、文章は掲載しておりません。
ご不便をおかけし、誠に申し訳ございません。
教英出版

（斉藤《さいとう》 倫《りん》『ぼくがゆびをぱちんとならして、きみがおとなになるまえの詩集』より）

問一 ——①「作者の気もちが、わかってない」とありますが、「きみ」にそう言った人は、どのような考えのもとに「作者の気もち」がわかるはずだとするのですか。

問二 ——Ⓐ「そうかなあ」／Ⓑ「そうだね」／Ⓒ「へえ。それは、どうして」のそれぞれについて、発言した人物を次のア・イから選び、記号で答えなさい。

ア ぼく（おじさん）
イ きみ

問三 ——②「めんどくさいなあ、かもしれない」とありますが、「きみ」の、おかあさんへの「おいしいよ」という答えが、どうして「めんどくさいなあ」という意味になりえるのですか。

問四 ——③「すこし、じーんとしてしまった」とありますが、「ぼく」が「すこし、じーんとしてしまった」のはどうしてですか。詩（「うしろで何か」）をふまえて答えなさい。

問五 ——④「さっきの詩の、じゃがいも、みたいだね」とありますが、何の、どのようなところが「さっきの詩の、じゃがいも、みたい」なのですか。

【注意】 1. 答えはすべて，解答用紙の定められたところに記入しなさい。
2. 円周率は3.14を用いなさい。

［1］ 整数 $\boxed{A}$ があります。$\boxed{A}$ に対して，整数 $\boxed{B}$，$\boxed{C}$，$\boxed{D}$ を次のように決めていきます。

〈決め方〉 $\boxed{A}$ を 37 でわったあまりが $\boxed{B}$，
$\boxed{B}$ を 17 でわったあまりが $\boxed{C}$，
$\boxed{C}$ を 7 でわったあまりが $\boxed{D}$ です。

たとえば $\boxed{A}$ が2024のとき，2024を37でわったあまりは26なので $\boxed{B}$ は26，26を17でわったあまりは9なので $\boxed{C}$ は9，9を7でわったあまりは2なので $\boxed{D}$ は2です。

次の問いに答えなさい。

(1) $\boxed{B}$ が26，$\boxed{C}$ が9，$\boxed{D}$ が2となるような $\boxed{A}$ として考えられる数のうち，最も小さいものは26です。2番目に小さいものは何ですか。

(2) $\boxed{D}$ が2となるような $\boxed{A}$ として考えられる数のうち，2024以下のものは全部で何個ありますか。

(3) $\boxed{B}$，$\boxed{C}$，$\boxed{D}$ がすべてちがう数となるような $\boxed{A}$ として考えられる数のうち，2024以下のものは全部で何個ありますか。

［2］ サイコロは，向かい合う面の目の数の和が7になっています。
いくつかのサイコロを，その面どうしがちょうど重なるように貼《は》り合わせます。
貼り合わせてできた立体で，重なって隠《かく》れた面の目の数の合計を「ウラの和」，隠れていない面の目の数の合計を「オモテの和」ということにします。

サイコロ

たとえば，2個のサイコロを図1のように貼り合わせたとき，「ウラの和」は6，「オモテの和」は36です。

図1

(1) 3個のサイコロを図2のように貼り合わせます。
「オモテの和」として考えられるもののうち，もっとも大きい数ともっとも小さい数をそれぞれ答えなさい。

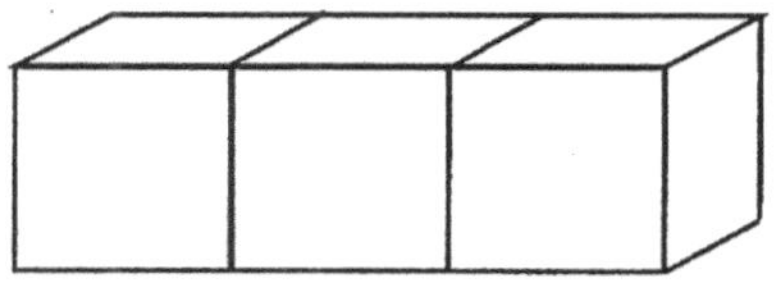

図2

(2) 3個のサイコロを図3のように貼り合わせるとき，「オモテの和」が「ウラの和」でわり切れることがあります。
このような「オモテの和」として，考えられるものをすべて答えなさい。

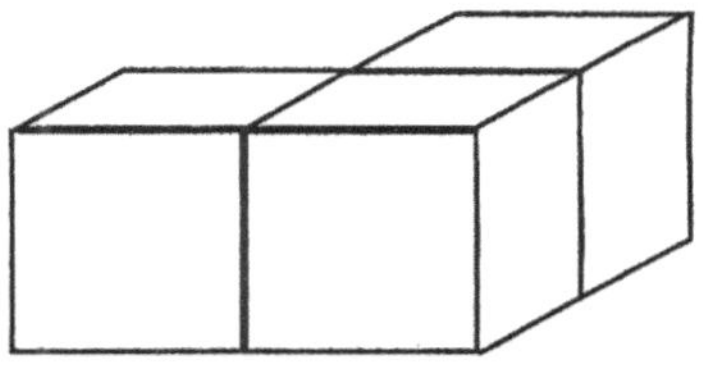

図3

(3) 4個のサイコロを図4のように貼り合わせるとき，「オモテの和」が「ウラの和」でわり切れることがあります。
このような「オモテの和」として，考えられるものをすべて答えなさい。

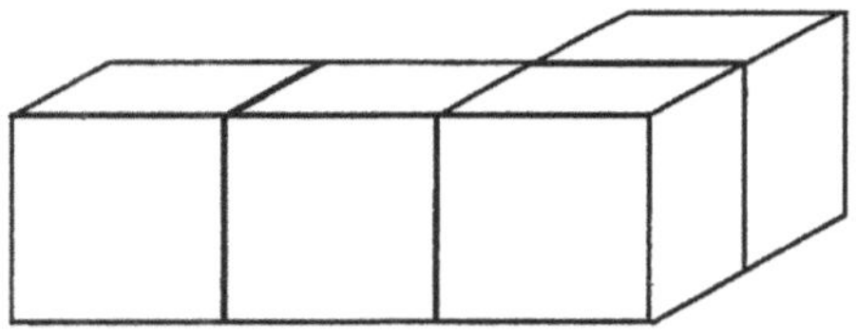

図4

(4) 4個のサイコロを貼り合わせるとき，「オモテの和」として考えられるもののうち，もっとも大きい数ともっとも小さい数をそれぞれ答えなさい。

［3］　一辺の長さが 12 cm の正六角形 ABCDEF があります。

直線 AD 上に点 G，直線 CF 上に点 H があります。三角形 AGF の角 G，三角形 CHD の角 H は，どちらも直角です。

点 P は頂点 A を出発し，正六角形の辺上を毎秒 1 cm の速さで A→B→C→D→E→F→A の順に一周し，動き始めてから 72 秒後に A で止まります。

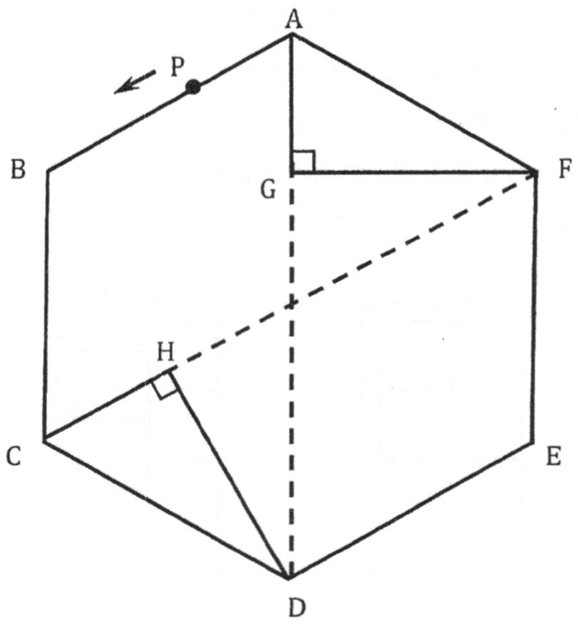

P と G，G と H，H と P をまっすぐな線で結んで作った図形 PGH を考えます。次の問いに答えなさい。

(1)　図形 PGH が三角形にならないのは，P が動き始めてから何秒後ですか。
考えられるものをすべて答えなさい。

(2)　図形 PGH が三角形になり，三角形 PGH の面積が三角形 AGF の面積と等しくなるのは，P が動き始めてから何秒後ですか。考えられるものをすべて答えなさい。

(3)　P と B，B と H，H と P をまっすぐな線で結んで作った図形 PBH を考えます。ただし，P が B に重なる場合は考えないものとします。

図形 PGH，図形 PBH がどちらも三角形になり，三角形 PGH の面積が三角形 PBH の面積と等しくなるのは，P が動き始めてから何秒後ですか。考えられるものをすべて答えなさい。

［4］ 一辺の長さが 10 cm の立方体の面どうしをちょうど重なるように組み合わせてつくったブロックA，B，Cがあります。
ブロックAは立方体6個，ブロックBは立方体2個，ブロックCは立方体3個を組み合わせたものです。

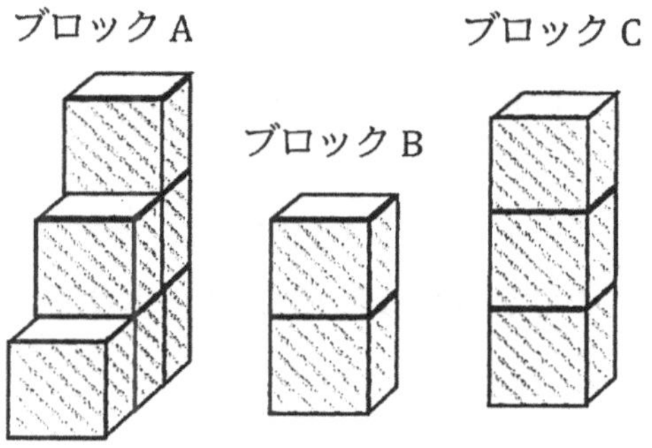

ブロックA，ブロックB，ブロックCを，立方体の面どうしがちょうど重なるよう，さらに組み合わせることを考えます。
ただし，幅《はば》，奥《おく》行き，高さはどれも 30 cm 以下となるようにします。

たとえば，ブロックBとブロックCを1個ずつ組み合わせるとき，図1や図2のような組み合わせ方はできますが，図3や図4のような組み合わせ方はできません。

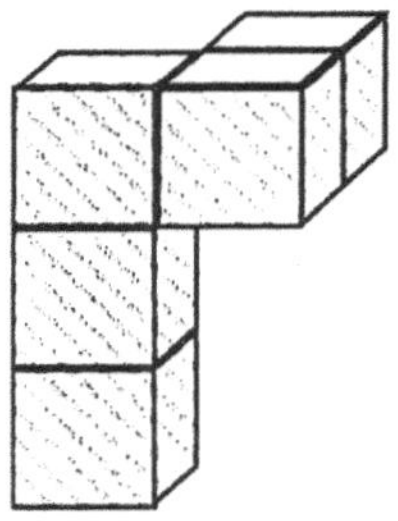
図1（できる）

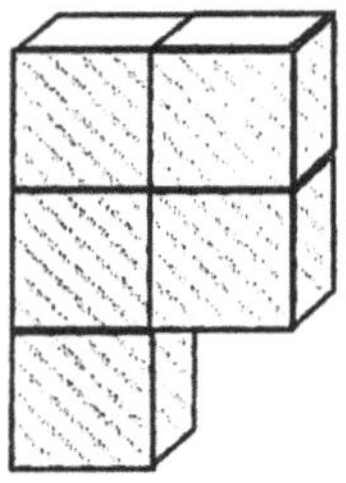
図2（できる）

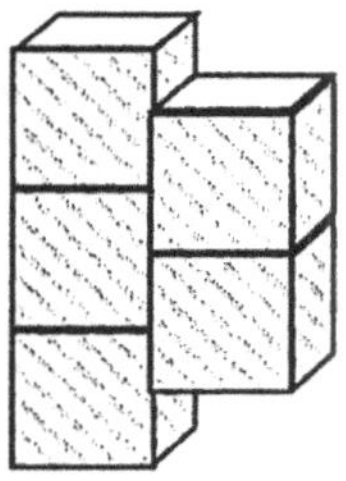
図3（できない）

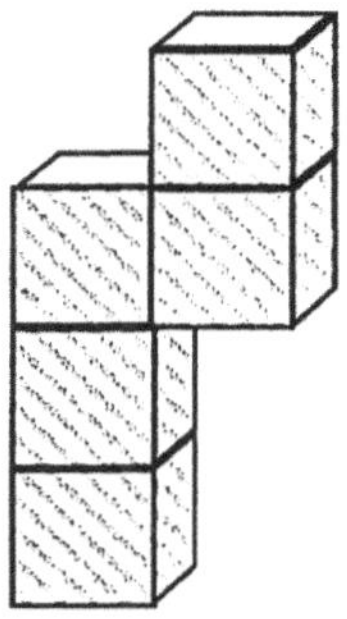
図4（できない）

一辺の長さが 30 cm の立方体の形の水そうがあります。水平に置かれた空の水そうにブロックを置き，12 L の水を入れて水面の高さを調べます。次の問いに答えなさい。

(1) ブロックAを1個，水そうに置いたところ，図5のようになりました。
水を入れたあとの水面の高さは，水そうの床から何 cm になりますか。

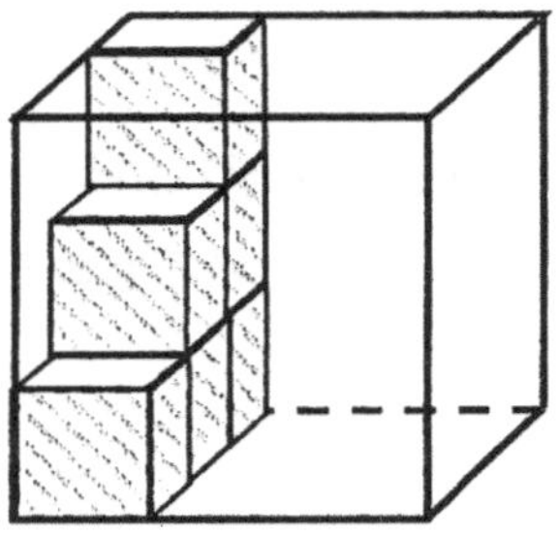
図5

(2) ブロックAとブロックBを1個ずつ組み合わせたものを水そうに置いたところ，真上から見たら図6のようになりました。ただし，ブロックAの位置や向きは図5と変わらないものとします。

水を入れたあとの水面の高さは，水そうの床から何 cm になりますか。考えられるものをすべて答えなさい。

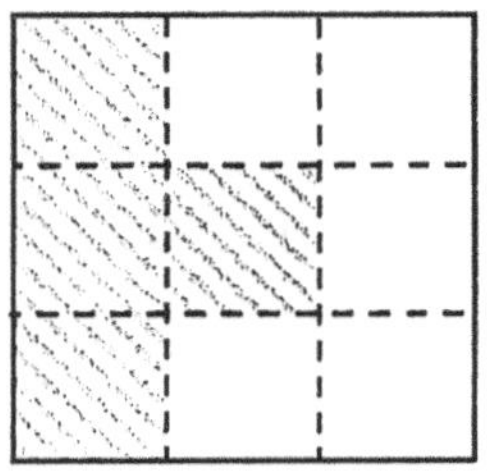
図6

(3) ブロックA，ブロックB，ブロックCを1個ずつ組み合わせたものを水そうに置いたところ，真上から見たら図7のようになりました。ただし，ブロックAの位置や向きは図5と変わらないものとします。

水を入れたあとの水面の高さは，水そうの床から何 cm になりますか。考えられるものをすべて答えなさい。

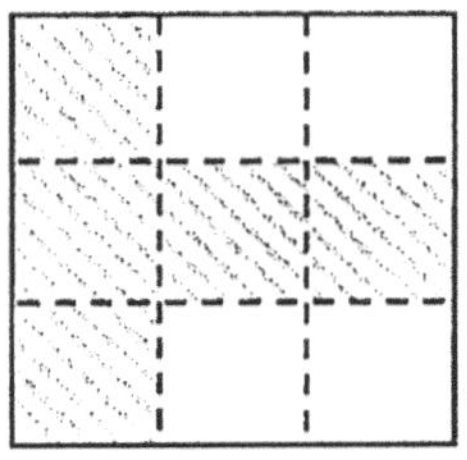
図7

(40分)

【注意】答えはすべて、解答用紙の定められたところに記入しなさい。また、指示されたもの以外は、ア～ケなどのなかから選び、記号で答えなさい。

1 たくやさんの通っている学校の理科実験室には、ラベルがはがれてしまった水よう液が入っているビンがいくつもある。中に何が入っているか分からないとあぶないので、実験をしてビンに正しくラベルをはることを考えた。そこで、それぞれのビンとフタに仮のラベルとしてＡ～Ｇと書いた紙をはり、すべての水よう液を少しずつ試験管や蒸発《じょうはつ》皿にとって、かん気に気をつけながら実験１～７を行い、結果をまとめた。実験をしているようすを見ていた先生が、下のようなラベルを作ってくれた。後の各問いに答えなさい。

炭酸水　食塩水　砂糖《さとう》水　せっけん水

うすい塩酸　アンモニア水　ミョウバン水よう液

【実験１】Ａ～Ｇの水よう液を入れたそれぞれの試験管を、よくふった。

【実験２】Ａ～Ｇの水よう液を入れたそれぞれの試験管に、ＢＴＢよう液を一てき入れた。

【実験３】それぞれの水よう液を蒸発皿にとってから、液体がなくなるまでおだやかに温めた。

【実験４】ＦとＧの水よう液をビーカーにおよそ100グラムとり、水よう液がおよそ半分になるまで実験用ガスコンロでおだやかに温めた。

【実験５】Ａ、Ｂ、Ｅの水よう液を試験管に入れて、図の矢印で示した部分をおだやかに温めた。そのときに出てくる蒸気を水にとかした。得られた水よう液の性質を、ＢＴＢよう液を使って調べた。

【実験６】それぞれの水よう液を入れた試験管に、小さくちぎった細かいスチールウールを入れた。

【実験７】試験管に入れた石かい水に、Ａ～Ｇの水よう液を少量くわえた。

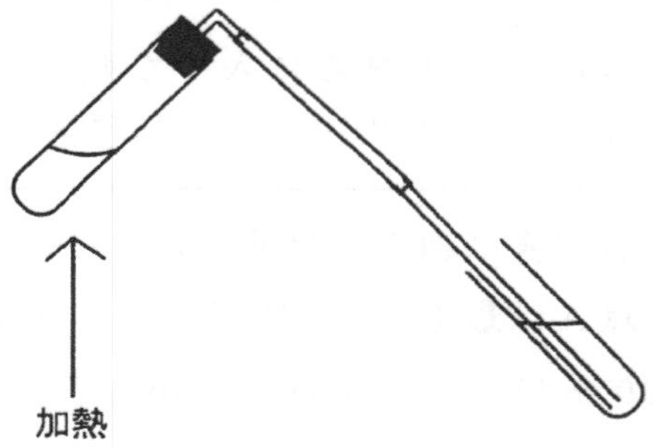

図　実験５のようす

※ＢＴＢよう液は、水よう液の性質が酸性・中性・アルカリ性を調べるための薬品で、それぞれの性質の水よう液に入れると、黄色・緑色・青色になる。

【実験１の結果】Ｄの水よう液をふったときにできたあわはしばらくの時間、水面に残っていた。

【実験２の結果】Ａ、Ｄの水よう液は、ＢＴＢよう液を入れてすぐに青色になった。

【実験３の結果】Ｄ、Ｆ、Ｇの水よう液は、とけていたものが少しだけかたまりとして出てきたように見えた。Ｃの水よう液は、茶色くこげたようになった。

【実験４の結果】温めた水よう液が冷えていくと、Ｆの水よう液を入れたビーカーには変化がなかったが、Ｇの水よう液を入れたビーカーにはとけ残りが見え始めてからじょじょに増えていくように見えた。

【実験５の結果】温める前の水よう液と蒸気を水にとかして得られた水よう液は、ほとんど同じ性質だった。

【実験６の結果】Ｂの水よう液に入れたスチールウールからは細かいあわがたくさん出て、しばらくするとスチールウールはなくなった。Ｅの水よう液に入れたスチールウールにはあわがついたが、スチールウールはなくならなかった。

【実験７の結果】Ｅ、Ｇの水よう液を入れたときだけ、はっきりと白くにごった。

1は次のページにつづく

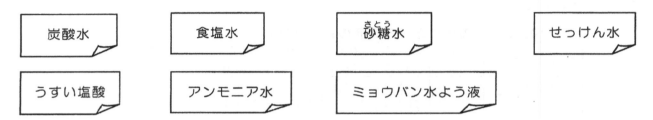

1．実験２でリトマス試験紙を使う場合、性質を調べたい水よう液などにリトマス試験紙を直接つけてはいけない。リトマス試験紙を使って水よう液の性質を調べるにはどのようにすればよいですか。10字以内で答えなさい。

2．実験２で、黄色になったのはＧ以外に２つあった。Ａ～Ｆのうちのどれとどれですか。

3．実験５の結果から、Ａ、Ｂ、Ｅだけに共通していることは何ですか。８字以内で答えなさい。

4．すべての実験結果から判断して、Ａ～Ｇの水よう液が入っているそれぞれのビンにはるラベルはア～キのどれですか。下の**表**を参考に考えなさい。

表　100グラムの水にとける薬品の量（グラム）

	0℃	20℃	40℃	60℃	80℃
食塩	35.7	35.9	36.4	37.2	38.0
ミョウバン	3.0	5.9	11.8	24.8	71.2
砂糖	179.2	203.9	238.1	287.3	362.1

ア　炭酸水　　イ　食塩水　　ウ　砂糖水　　エ　せっけん水　　オ　うすい塩酸
カ　アンモニア水　　キ　ミョウバン水よう液

2　二人の会話を読んで、後の各問いに答えなさい。

つくはさん：科学部はこの夏休みにどこかに行ったの？
こまおさん：夏休みに入ってすぐ、武蔵五日市《むさしいつかいち》の秋川の調査に行ったよ。
つくはさん：あの辺りは少し移動しただけで川のようすが大きく変わるからおもしろいよね。

1．右の**表**は調査した地点Ａ～Ｃにおける水深のデータである。地点Ａは最も上流側にあり、100 ｍほど下って地点Ｂ、さらに100 ｍほど下って地点Ｃがある。各地点とも「左岸からおよそ２ｍ」、「川はばのほぼ中央」、「右岸からおよそ２ｍ」の水深を測定して表にまとめた。表のデータから考えられる川の模《も》式図として最も適当なものはどれですか。ただし、川の上流から下流を見たときに川の左側にある岸が「左岸」、同じく右側にある岸が「右岸」である。

表　各地点における水深のデータ

	左岸	中央	右岸
A	約 50 cm	約 1 m	約 2 m
B	約 30 cm	約 50 cm	約 30 cm
C	約 2 m	約 1.5 m	約 50 cm

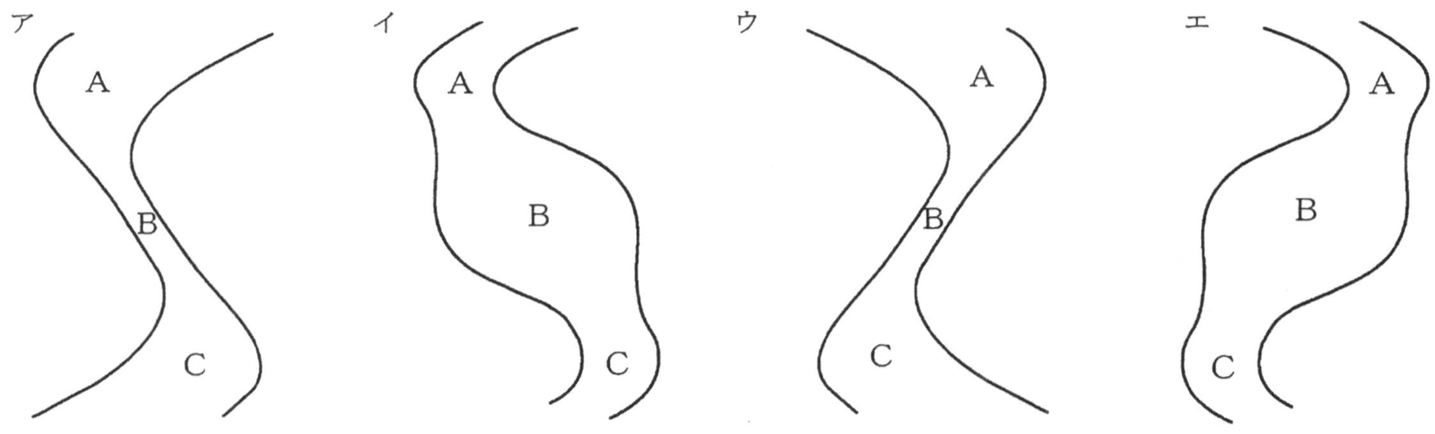

2は次のページにつづく

つくはさん：あのころ台風が近づいてきて大変だったような気がするけど、川はだいじょうぶだったの？
こまおさん：うん。幸い台風が近づく前に調査できたからだいじょうぶだったよ。でも、例年、日本に接近して上陸するような台風は（　Ｘ　）ものが多いけど、今年の台風は進路が異《い》常なものが多かったから予想が難《むずか》しかったね。

2．上の会話文中の（　Ｘ　）に入る文として最も適当なものはどれですか。

ア　沖縄方面から北東に向かって進む　　イ　朝鮮《ちょうせん》半島付近からほぼ真南に向かって進む
ウ　北海道方面から南西に向かって進む　　エ　中国大陸から南東に向かって進む

つくはさん：台風による災害も、毎年のように起きてるよね。
こまおさん：ぼくの家は川のそばだから、台風が来るたびにビクビクするよ。
つくはさん：今は川岸をコンクリートで固めたり、川の流れを人工的に変えたりして、はんらんを防ぐ対策《さく》が進んでいるからだいじょうぶじゃない？

3．河川のはんらんを防ぐために川岸をコンクリートで固める場所として最も適当なものはどれですか。

ア　川岸をけずる力が強い「カーブの外側の川岸」
イ　浅くて水があふれやすい「カーブの内側の川岸」
ウ　川の流れが速い「川がまっすぐな部分の両岸」

こまおさん：うん、そうだね。でも最近は、そうした今までのはんらん対策が「生物多様性」や「川とのふれあい」というめぐみをうばっているのではという意見もあって、対策の方法が見直され始めてるんだよ。たとえばコンクリートの代わりに自然の石を用いて生き物がすみやすいようにしたり、強固で高いてい防はやめて安全なところにわざと水をにがすことで市街地や農耕地へのはんらんを防ごうという方法だよ。
つくはさん：そうか。災害ばかりをおそれすぎて川のめぐみをすべてぎせいにしてしまってはもったいないもんね。そういえば台風も災害だけでなく、めぐみをもたらす面もあるよね。
こまおさん：そうだね。台風があまり来なかった年はダムが空っぽになって、水不足で困《こま》ったりするもんね。

4．川のほかに災害とめぐみの両方をもたらすものとして火山があげられる。火山の存在《そんざい》、あるいはその活動が私たちにあたえるめぐみとして適当でないものはどれですか。

ア　肥よくな土じょう　　イ　美しい景観や温泉《せん》　　ウ　二酸化炭素の吸収《きゅうしゅう》　　エ　豊富なわき水
オ　発電用の熱源《げん》　　カ　様々な石材として使われる岩石

つくはさん：台風が通過したあと、雲一つない快晴になるのもめぐみよね？　そんな夜は星空もきれいだし！
こまおさん：台風一過だね。でもそれってめぐみになるのかなぁ？

5．台風が通過した夏休みのある晴れた夜、20時ころに東京で見られる星座《ざ》として適当でないものはどれですか。

ア　オリオン座　　イ　はくちょう座　　ウ　わし座　　エ　さそり座

3　パルスオキシメーターは、図のように指先にはさんで1分間あたりの脈はくの回数（脈はく数）と血液中の酸素ほう和度を測ることができる装《そう》置である。血液中の酸素ほう和度とは、血液中に十分な酸素がふくまれているかどうかの指標で、値《あたい》が大きいほど血液中の酸素量が多い。あきらさんは、運動によってこれらの値が変化するかどうか調べるために以下の方法で実験を行ったところ、結果は表のようになった。後の各問いに答えなさい。

【実験方法】

次の〔運動前〕と〔運動後〕の動作を5回くり返した。

〔運動前〕いすにすわって深呼吸《こきゅう》をして、10 分ほど動かないようにしてからパルスオキシメーターを指にはさみ、脈はく数と酸素ほう和度を記録した。

〔運動後〕しゃがんでから立ち上がる運動（スクワット）を休まずに1分間で 35 回おこなった。運動をやめた直後にパルスオキシメーターを指にはさみ、運動前から最も変化した脈はく数とそのときの酸素ほう和度を記録した。

図　パルスオキシメーターで測定するようす

表　測定結果（上：1分間あたりの脈はく数　下：血液中の酸素ほう和度）

	1回目	2回目	3回目	4回目	5回目
〔運動前〕	66 97 %	65 97 %	66 97 %	71 98 %	69 97 %
〔運動後〕	108 97 %	116 98 %	116 97 %	115 97 %	117 97 %

1．〔運動前〕と比べて〔運動後〕について、この測定結果から言えることとして最も適切なものはどれですか。

ア　心臓《ぞう》の動きがはやくなり、血液中の酸素量も増える。

イ　筋《きん》肉がたくさん酸素を使って、血液中の酸素量は減る。

ウ　筋肉がより多くの酸素を必要として、呼吸数が上がる。

エ　脈はく数は上がるが、血液中の酸素量はほとんど変わらない。

2．あきらさんは実験をした後、教科書に書いてあることをもとにして次のように考えた。文中の（　①　）～（　③　）に最も適当なものをそれぞれ選びなさい。

【あきらさんの考え】

〔運動後〕に（　①　）が上がっていた理由は、運動によって（　②　）が上がったためである。運動して筋肉が動くと、筋肉では（　③　）や養分がたくさん使われる。すると筋肉から（③）や養分をつかった後に出る物質が血液中に放出され、その物質によって（②）が上がり、（①）も上がったのではないだろうか。

ア　脈はく数　　イ　心臓のはく動の回数　　ウ　酸素　　エ　二酸化炭素

4　生物部のさとしさんとあらたさんは、夏休みに観察したさまざまな生物について話している。以下の会話を読んで、後の各問いに答えなさい。

あらたさん：夏休み、家族で青森に行ってきたんだって？ いいなぁ。どんな生き物がいたの？
さとしさん：いろんな生き物がいたよ。山のふもとにとまったんだけど、朝早起きして散歩してたら「カカカカカ！」っていうか、「ババババババ！」っていうか、とにかく何かを打ちつけるような音がしたの。
あらたさん：キツツキが木の幹をつついてる音？
さとしさん：いや、鳴き声だったんだ。スズメよりもちょっと大きくて、ヒヨドリより小さかった。あわてて写真をとったよ（図１）。

図１　モズの写真

あらたさん：これはモズだね！ まちがいない。モズといえば「はやにえ」だよね。
さとしさん：「はやにえ」って何？
あらたさん：モズのくちばしって、タカみたいにするどいでしょ。こんなかわいいのにタカと同じで肉食なんだ。秋になると、つかまえたバッタやカエルをとがった木の枝とかにくしざしにしておく習性があるんだよ。このくしざしになったエサを「はやにえ」っていうの（図２）。

図２　モズのはやにえ

さとしさん：モズって、ずいぶんきょうれつなことをするんだね。でも、なんでつかまえたエサを枝にさしておくの？ すぐ食べればいいのに。
あらたさん：冬のあいだはエサが少ないから、秋のうちにエサを貯めてるんだよ。さらに最近、新しい発見があったの。「はやにえ」をたくさん食べたモズのオスは、メスにモテるらしいよ。
さとしさん：へぇ～そうなんだ！ おもしろいね。でもなんでモテるの？ 栄養がいいから？
あらたさん：モズのはんしょく期って、まだエサの少ない２月ごろから始まるんだけど、その前に「はやにえ」をたくさん食べたモズのオスは、よりはやい歌声で歌ってメスにアピールして、メスと早くつがいになれるんだって。モズのメスにとって、よりはやい歌声のオスの方がみりょく的らしいよ。

１．モズがバッタやカエルのほかにおもに食べるものとして、適当だと考えられるものをすべて選びなさい。

ア　トカゲ　　イ　花のみつ　　ウ　ハチ　　エ　お米　　オ　小さなネズミ　　カ　ミミズ

２．会話から分かるモズのはんしょくと「はやにえ」との関連について、適当だと考えられるものを２つ選びなさい。

ア　はんしょく期が始まるまで、オスは「はやにえ」を食べずにとっておく。
イ　メスは、よりはやい歌声で歌ったオスにひきつけられる。
ウ　「はやにえ」をメスにあげたオスは、メスとつがいになる時期が早くなる。
エ　「はやにえ」をたくさん食べたオスは、そうでないオスよりもはやい歌声で歌うことができる。

4は次のページにつづく

さとしさん：そうそう、あとオニヤンマがけっこう飛んでたよ。
あらたさん：オニヤンマって、水がきれいなところにしかいないんだよね。
さとしさん：はじめてオニヤンマが産卵《らん》するところを見たんだ。この動画を見てよ。
さわのそばの細い小川みたいなところで、たてに上下して飛んでたよ。
あらたさん：これはすごい！ ストンストンって何度も水につかってるね。
さとしさん：オニヤンマは卵《たまご》から成虫になるまで、３～５年もかかるんだって。

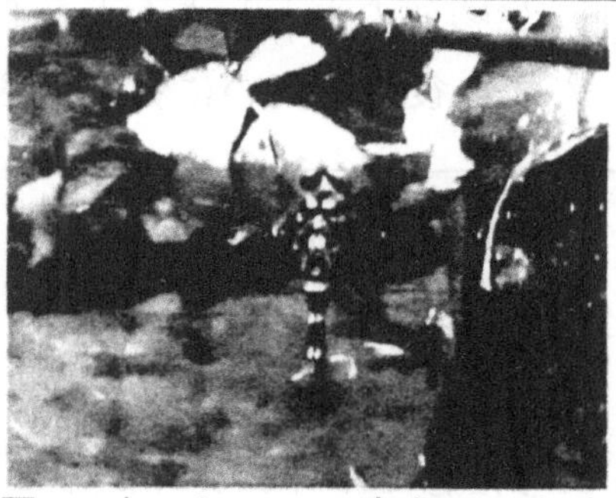
図３ オニヤンマの産卵のようす

３．卵から成虫になるまでの間、オニヤンマと同じような「すがたの順番」で育つこん虫をすべて選びなさい。

ア クマゼミ　イ オオカマキリ　ウ エンマコオロギ　エ コクワガタ　オ アゲハ
カ ナナホシテントウ　キ ツクツクボウシ　ク ショウリョウバッタ　ケ アキアカネ

４．オニヤンマの幼《よう》虫について書いた次の文の（ ① ）～（ ④ ）に適当なものをそれぞれ選びなさい。ただし、①と②は〔えさ〕の中から、③は〔すがた〕の中から、④は〔場所〕の中からそれぞれ選ぶこと。

「オニヤンマの幼虫はどろの中に身をかくし、小さいときはおもに（ ① ）などを食べ、大きくなるとおもに（ ② ）などを食べる。オニヤンマは（ ③ ）のすがたで冬ごしをするため、（ ④ ）が必要になる。」

〔えさ〕　ア はやにえ　イ アブやカの成虫　ウ 小魚やおたまじゃくし　エ ミジンコやイトミミズ
〔すがた〕　ア 卵　イ やご　ウ さなぎ　エ 成虫
〔場所〕　ア １年を通して水がある小川のような場所
イ 冬には水がなくなる水田のような場所
ウ 水がきれいで流れが速い大きい川のような場所

5　２つの同じ豆電球ＰとＱ、２つの同じかん電池を用意し、導線を使ったいろいろなつなぎ方で、豆電球のつき方を調べた。以下の文を読んで、後の各問いに答えなさい。

【実験１】図１の(1)～(5)のつなぎ方で、豆電球のつき方を調べた。

【結果１】(2)の豆電球は(1)より明るかった。また、(3)の２つの豆電球は同じ明るさだったが、(1)より暗かった。そこで、(1)のつき方を“○”、(2)のつき方を“◎”、(3)のつき方を“△”、つかなかった場合は“×”と記し、(4)と(5)の結果もふくめて**表１**にまとめた。

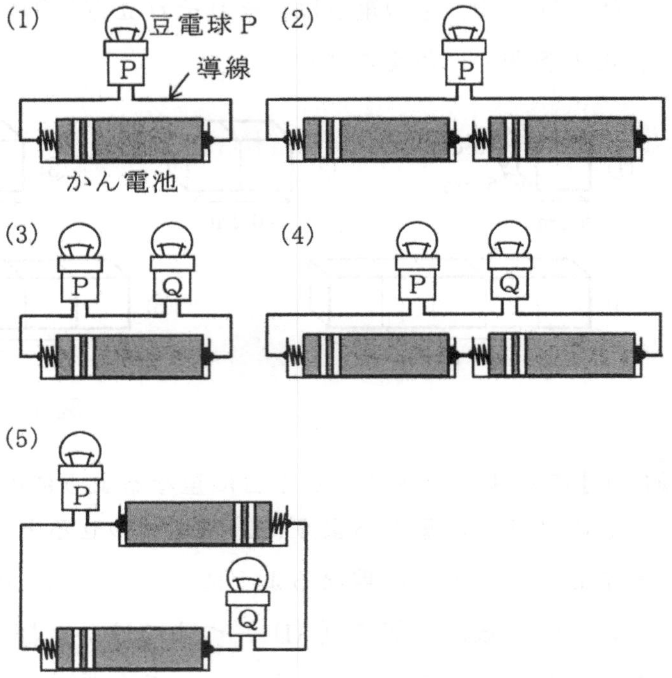

図１

表１

つなぎ方	(1)	(2)	(3)	(4)	(5)
Ｐのつき方	○	◎	△	○	○
Ｑのつき方	なし	なし	△	○	○

【実験２】図２のような装《そう》置を組み立てた。中央の四角状の境界（点線）上にある８個の黒い点（●）はたんしで、同じ四角状の形をした**図３**のような回路板を境界に合わせてはめこむことで、回路板上の８個のたんしとつながる。回路板上の線（実線）はたんし同士をつなぐ導線を表し、矢印（⇨）で示す４つの向きを選んではめこむことができる。いろいろな回路板（**図４**）を用意し、向きを変えながら豆電球のつき方を調べた。ただし、回路板上の導線が交差している部分はつながっていない。

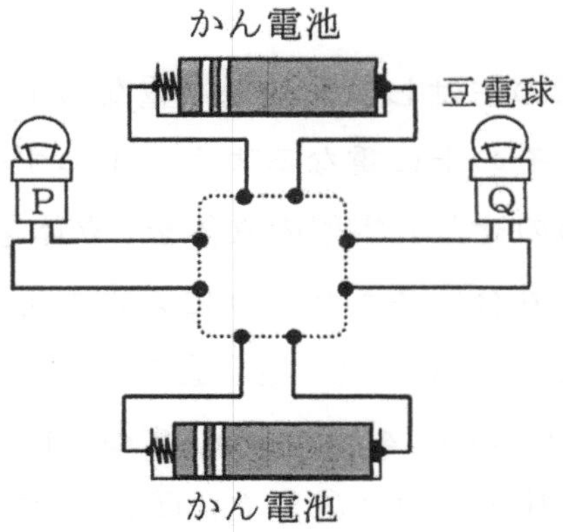

図２

【結果２】図３の回路板を用いた結果を**表２**にまとめた。

表２

矢印の向き	右上	右下	左下	左上
Ｐのつき方	①	②	×	○
Ｑのつき方	×	○	③	④

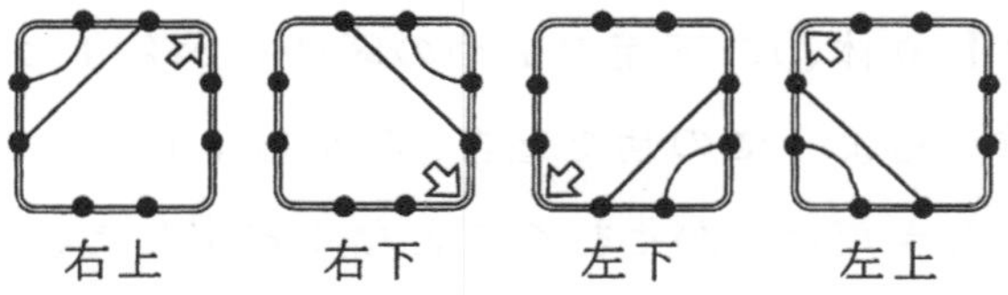

図３

１．**表２**の①～④に入るつき方を表す記号（◎・○・△・×）はそれぞれどれですか。

２．**図４**の回路板のうち、次のつき方となるものはそれぞれどれですか。ただし、そのようなつき方をする回路板がない場合は、「なし」と答えなさい。

⑴ 矢印の向きによってつき方が“◎”となる豆電球があるもの

⑵ 矢印がどの向きでもつき方が変わらないもの

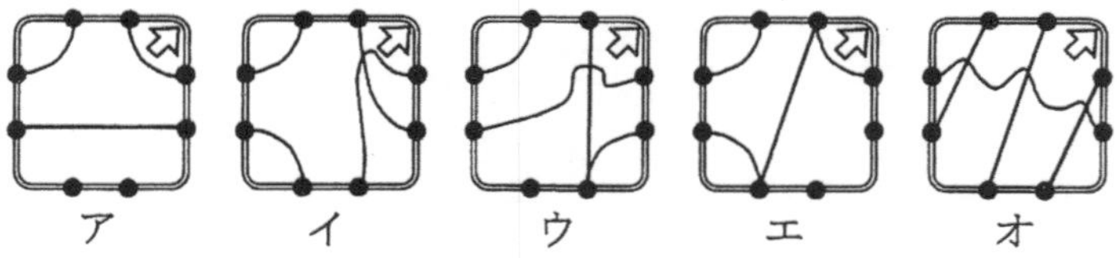

図４

6　断面が正方形の長い角材を切って、**図１**のような立方体①をたくさんと直方体②～⑦を１つずつ用意した。立方体の１つは水平なゆかの上に置いて土台とする。直方体の長方形の面は、5 cm ごとに区切られていて、直方体②、③、④、⑤、⑥、⑦の重さは、それぞれ立方体①の２倍、３倍、４倍、５倍、６倍、７倍である。以下の文を読んで、後の各問いに答えなさい。

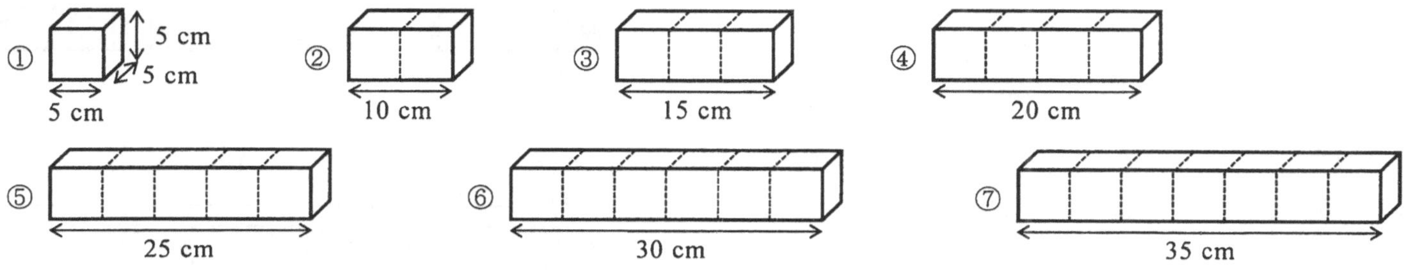

図１　立方体と直方体

【操《そう》作１】⑦を中央の区切りが土台に重なるようにのせた。次に、⑦の左はしの区切りに重なるように①を１つのせると、かたむくことなく安定した。その上に重なるように１つずつ①をのせていくと、のっている①の数が全部で（ (1) ）つまではかたむくことなく安定したが、さらに１つのせると、かたむいてくずれてしまった（**図２**）。

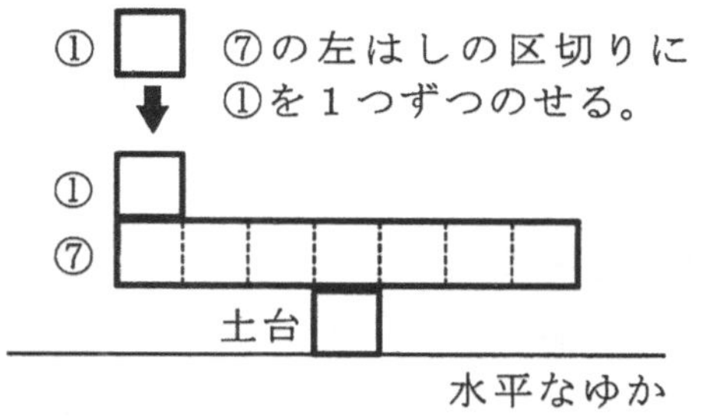

図２

【操作２】⑦の左はしの区切りに重なるように①を接着ざいで固定した。さらにその上に重なるように１つずつ①を接着ざいで固定し、全部で６つのせたＬ字型の立体を「立体⑦」とする。接着ざいの重さは立体のつり合いやかたむきにえいきょうをおよぼすことはない。同じように、⑥、⑤、④、③、②の左はしの区切りの上に重なるように、それぞれ５つ、４つ、３つ、２つ、１つの①を接着ざいで固定し、Ｌ字型の立体⑥、立体⑤、立体④、立体③、立体②とした（**図３**）。

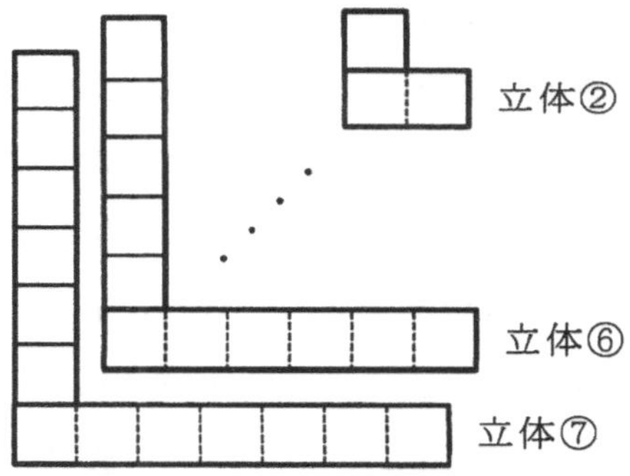

図３

【操作３】立体⑦の下面の７つの区切りから１つ選び、その下面が土台に重なるようにのせたとき、左から（ (2) ）つ目の区切りを土台にのせたときだけ、かたむくことなく安定した。この状態を「状態１」とする（**図４**）。

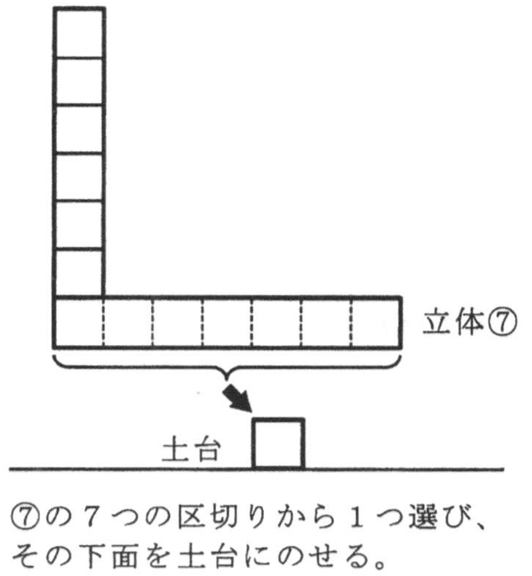

図４

6 は次のページにつづく

【操作４】「状態１」から立体⑥、立体⑤、…、立体②、立方体①の順にすき間なく重ねていくと、（ (3) ）を重ねたときに、かたむいてくずれてしまった（**図５**）。次に、「状態１」から立方体①、立体②、…、立体⑤、立体⑥の順にすき間なく重ねていくと、（ (4) ）をのせたときに、かたむいてくずれてしまった（**図６**）。

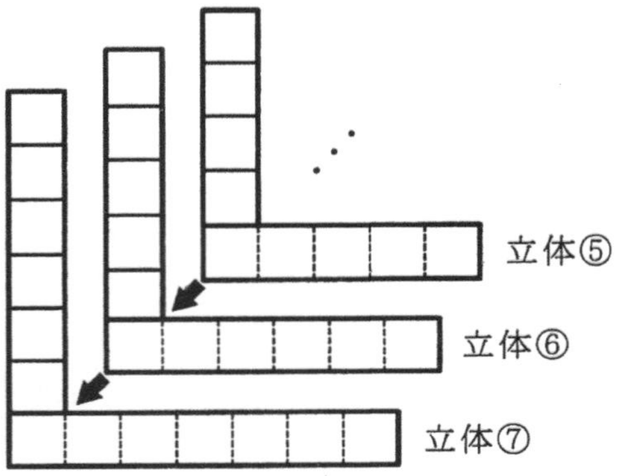

図５

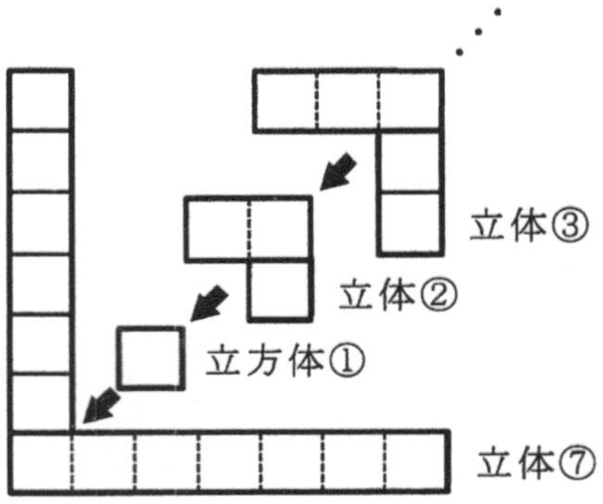

図６

※**図５**と**図６**の立体⑦は、どちらも７つの区切りから１つ選び、その下面を土台にのせてあるが、そのようす（状態１）はえがかれていない。

【操作５】立体⑦を立体⑥の上にすき間なく重ねた。次に、これを立体⑤に、さらに立体④に、というように重ねていった（**図７**）。重ねるごとに、一番下の立体の下面を水平なゆかの上に置いてつり合いを確認すると、立体⑦を含めて（ (5) ）つ重なったものまではつり合ったが、それより多くの立体が重なったものはかたむいてくずれてしまった。さらに、((5))つ重なった状態のまま、一番下の立体の下面の区切りを土台に重ねたとき、左から（ (6) ）つ目の区切りを土台にのせたときだけ、かたむくことなく安定した。

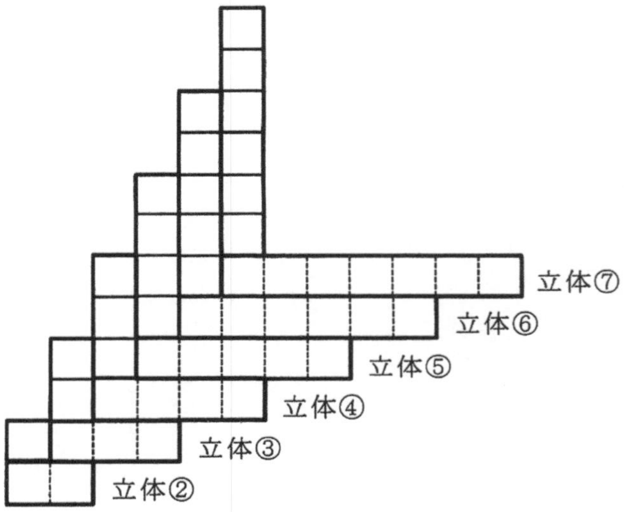

図７

1．文中の(1)、(2)に適当な数を答えなさい。

2．文中の(3)、(4)に適当なものはそれぞれどれですか。

ア　立方体①	イ　立体②	ウ　立体③
エ　立体④	オ　立体⑤	カ　立体⑥

3．文中の(5)、(6)に適当な数を答えなさい。

(40分)〔注〕　答えはすべて、解答用紙の定められたところに記入しなさい。

1　つぎの文を読んで、あとの１から６までの各問いに答えなさい。

2023年は、関東大震災《かんとうだいしんさい》が発生してからちょうど100年にあたります。1923年（　a　）月（　b　）日午前11時58分、相模《さがみ》湾《わん》の底で岩盤《がんばん》の崩壊《ほうかい》が始まり、マグニチュード7.9と推定される大地震が発生しました。伊豆半島から神奈川県《かながわ》、山梨県《やまなし》、東京府（現在の東京都）、千葉県の一部では、当時の最大震度である「６」を記録し、多くの被害《ひがい》がもたらされました。この地震によって、約10万５千人の死者・行方《ゆくえ》不明者が出たとされています。このうち約９万２千人は火災による犠牲者《ぎせいしゃ》であり、とくに各地で発生した火災旋風《せんぷう》により、被害が拡大したことは知られています。

2023年、関東大震災に関わる書籍《しょせき》・記事・映画などがいくつか公開され、朝鮮《ちょうせん》人や中国人などの虐殺《ぎゃくさつ》を題材にしたものが話題になりました。しかし、関東大震災の被害はこれだけではありません。例えば津波《つなみ》や土砂《どしゃ》災害による被害は、無視できないものでした。中でも津波は関東南部の沿岸地域でも起こったことですから、あらためて注目する必要があるでしょう。

この時の津波の犠牲者の数は、少なく見積もっても200人以上とされています。地震発生から５分後には、熱海《あたみ》や鎌倉《かまくら》など、相模湾沿岸地域に津波の第一波が到達《とうたつ》しました。最大の波高は熱海で12m、伊東《いとう》や伊豆大島の岡田《おかた》、房総《ぼうそう》半島の相浜《あいはま》では10m近く、鎌倉や逗子《ずし》で５～６mに達しました。鎌倉だけで、犠牲者は100人をこえたとされています。現在の小田原《おだわら》市にある根府川《ねぶかわ》集落では、海で泳いでいた子ども約20人が犠牲になりました。加えて、集落を山崩《やまくず》れがほぼ同時におそったため、根府川だけで合わせて400人以上が犠牲になったとされています。

日本の津波災害といえば、東日本大震災で大きな被害を出した三陸沿岸地域を思い浮《う》かべる人が多いかもしれません。しかしこれまでにも太平洋側の他の地域や、日本海側の地域でも津波の被害がありました。マグニチュード８を超えるクラスの南海トラフを震源とする地震の発生が危険視されている現在、過去に発生した災害の歴史を知り、それぞれの地域において被害を小さくするための対策が必要と言えるでしょう。

1　本文中の空欄《くうらん》（　a　）・（　b　）にあてはまる数字を書き、さらに政府が定めたこの日の名称《めいしょう》を解答欄にあわせて書きなさい。

2　次の表は、関東６県に山梨県を加えた７県における、コメ生産量、工業生産額、１世帯あたりの乗用車保有台数、漁獲《ぎょかく》量を示したものです。神奈川県、山梨県、千葉県にあてはまるものをアからキまでの中から一つずつ選び、その記号を書きなさい。

	コメ生産量（千トン）	工業生産額（十億円）	１世帯あたりの乗用車保有台数	漁獲量（百トン）
ア	278	12518	0.98	992
イ	26	2482	1.56	0
ウ	73	8982	1.66	0
エ	301	8966	1.62	4
オ	152	13758	0.97	0
カ	345	12581	1.61	3046
キ	14	17746	0.70	309

『データブック2023』より

3　朝鮮や中国についてのべた文として正しいものを、つぎのアからオまでの中から二つ選び、その記号を書きなさい。

ア　朝鮮半島では漢字が用いられてきたが、現在は多くの場面でハングルが用いられている。

イ　朝鮮は第二次世界大戦後に韓国《かんこく》と北朝鮮に分断され、1950年には朝鮮戦争が始まった。

ウ　韓国は原油や鉄鉱石の資源にめぐまれ、これを用いた自動車工業や電気機械工業が盛《さか》んである。

エ　中国は世界一の人口大国であり、2100年ごろまでは人口が増えていくことが予想されている。

オ　中国は世界有数の工業大国であるが、自動車工業が発達しておらず、日本から多くの電気自動車を輸入している。

4　鎌倉についてのべた文として正しいものを、つぎのアからオまでの中から二つ選び、その記号を書きなさい。

ア　まわりを海と山にかこまれており、山を切り開いた切通しと呼ばれる道でほかの地域と結ばれていた。

イ　市内の各地に神社や寺院が現存し、大仏などが多くの観光客を集めている。

ウ　東日本有数の温泉観光地として知られ、海岸沿いに多くのホテルや旅館が立ち並んでいる。

エ　有力な大名の城下町であり、東海道の宿場町として大いに賑《にぎ》わった。

オ　東京湾の入り口に位置し、江戸時代の末期にペリーが上陸した地としても知られている。

5　三陸沿岸地域についてのべた文として正しいものを、つぎのアからオまでの中からすべて選び、その記号を書きなさい。

ア　福島県・宮城《みやぎ》県・岩手県の太平洋側の地域をさしている。

イ　山地が海にまで迫《せま》った地形となっていて、海岸線が複雑に入り組んでいる。

ウ　海産物の養殖《ようしょく》が盛んで、カキやワカメなどが育てられている。

エ　国内の緯度《いど》が同じくらいの地域とくらべて、とくに降雪量が多い。

オ　海岸沿いの鉄道路線が東日本大震災で被災したが、全線で鉄道として復旧している。

6　想定されている南海トラフを震源とする地震についてのべた文として正しくないものを、つぎのアからオまでの中から二つ選び、その記号を書きなさい。

ア　太平洋側の海岸地域で、津波の被害が予想されている。

イ　山間部を中心に、液状化現象の発生が予想されている。

ウ　地震発生のメカニズムは、東日本大震災や関東大震災と同様になると予想されている。

エ　人口100万人以上の大都市では、ほとんど被害が出ないと予想されている。

オ　地震の規模が、関東大震災並みかそれ以上になると予想されている。

2 つぎの文を読んで、あとの１から７までの各問いに答えなさい。

あなたは、東京の港区、新宿区、渋谷区にまたがる明治神宮外苑地区《めいじじんぐうがいえん》の再開発計画について耳にしたことがあるでしょうか。老朽化《ろうきゅうか》したスポーツ施設《しせつ》を場所を移して建設するほか、高さ200メートル近くの高層ビルの建設が予定されています。これにあわせて、外苑一帯に広がる樹木の伐採《ばっさい》と移植も予定されています。有名ないちょう並木は伐採されないものの、隣接《りんせつ》する場所に新野球場が建設されることになります。この再開発をめぐっては、地域住民だけでなく、音楽家の坂本《さかもと》龍一《りゅういち》さんや作家の村上春樹《むらかみはるき》さんら多くの著名人も反対を表明し、話題となりました。さらに、文化遺産の保護などに関する国際的な活動を行っているイコモスも、再開発を認めた東京都や事業者に対して計画の撤回《てっかい》を求めました。イコモスは、神宮外苑を日本が国際社会にほこる「近代日本の公共空間を代表する文化的資産」と評価し、再開発によりいちょう並木が存続の危機に陥《おちい》ると指摘しています。厳《おごそ》かな神社の境内《けいだい》として国費でつくられた明治神宮内苑に対して、外苑は人々に開かれた憩《いこ》いの場として国民からの献金《けんきん》と献木でつくられました。外苑は、いちょう並木だけでなく、芝生《しばふ》広場や聖徳記念絵画館、その背後に広がる常緑広葉樹の森までを含《ふく》めて一つの景観をつくりだしています。

イコモスの指摘の背景には、かつて文化庁がこのいちょう並木を文化財として保全すべき名勝の候補の一つに挙げたことがあります。文化財としての名勝に含まれる庭園や公園には様々な時代のものがありますが、明治時代以前につくられた庭園や公園に比べ、明治時代以降につくられたものは、都市化や再開発によって失われてしまう可能性が高くなっています。そこで文化庁が、近代の庭園や公園などのうち名勝候補の一覧を示し、保全をうながしました。明治神宮内苑も、近代的な林学や造園学などを用いてつくられた人工林であることが高く評価されて名勝候補となっており、文化庁は、長い時間をかけてつくられた内苑と外苑とを合わせて保全することの意義を指摘しています。

明治神宮は、明治天皇《てんのう》をまつる神社で、初詣《はつもうで》のときだけでも毎年約300万人もの参拝者が訪《おとず》れています。1912年に明治天皇が亡《な》くなったのち、東京の政治家や実業家たちは、明治天皇を祭神とする神社を東京（代々木・青山）に建設するよう政府に求めました。すると、東京のような都市環境《かんきょう》では、神社に欠かせない鎮守《ちんじゅ》の森はつくれないと批判の声があがりました。当時、鎮守の森に必要なのは、木材としても広く使われるスギやヒノキといった針葉樹であると考えられていましたが、これらの樹木は煙害《えんがい》に対する抵抗《ていこう》力が弱いことも知られていました。東京や大阪《おおさか》などの都市部では、この時期の急速な都市化と工業化の中で、石炭の不完全燃焼《ねんしょう》で生じる煤煙《ばいえん》により、針葉樹を中心とする森林が維持《いじ》しにくくなっていたのです。それでも、明治天皇とのつながりなどを理由に、代々木に本殿《ほんでん》など宗教施設をおく明治神宮内苑をつくり、青山には人々に開かれた空間としての明治神宮外苑をつくることが決まります。そこで、鎮守の森を一からつくるために様々な議論がなされ、時間の経過とともにスギやヒノキなどの針葉樹を中心とする森から、カシやシイ、クスなど常緑広葉樹を中心とする森に移り変わっていくという植栽《しょくさい》計画が立てられました。つまり、長い時間をかけて都市環境に耐《た》える緑豊かな永遠の森をつくり出そうとしたのです。こうした植栽計画とともに明治神宮の造営は進められ、1920年に創建の式典が行われました。その後、外苑の整備は一体的な景観を重視して計画的に進み、いちょう並木や絵画館がつくられ、野球場は景観をそこなわない場所に建てられました。このようにして1926年に外苑は完成しました。

明治神宮がつくられてからおよそ100年がたちました。近年行われた内苑の生物総合調査では、オオタカをはじめ3000種もの多様な動植物が発見されており、外苑の森とともに大都市の中で生物多様性を支えていることがわかっています。それだけでなく、明治神宮は都市防災の機能もはたしており、例えば東京が空襲《くうしゅう》に見舞《ま》われた際には、その被害《ひがい》を受けて社殿は焼失しましたが、森はほとんど焼けませんでした。現在でも東京都は明治神宮を避難《ひなん》場所に指定しており、大規模災害が発生した際には外苑だけでも８万人以上の避難者が想定されています。また、明治神宮内外苑は、ともに都市景観に美しさをもたらしてきました。いまの再開発計画に必要なのは、より長期的な視点から価値を見直すことなのではないでしょうか。そのうえで、つぎの100年に向けてこの価値ある場所をどのように受け継《つ》いでいくことができるでしょうか。

1　文化財としての名勝のうち、明治時代以前につくられた庭園に関連してのべた文として正しいものを、つぎのアからオまでの中から二つ選び、その記号を書きなさい。

ア　飛鳥宮跡《あすかきゅうせき》からは、貴族たちが宴《うたげ》をひらいた寝殿造《しんでんづくり》の庭園が発見された。

イ　平城京跡には、中大兄皇子《なかのおおえのおうじ》と中臣鎌足《なかとみのかまたり》らが蘇我入鹿《そがのいるか》を殺害した庭園がある。

ウ　奥州藤原氏《おうしゅうふじわらし》の拠点《きょてん》であった平泉には、浄土《じょうど》をあらわす毛越寺《もうつうじ》庭園がある。

エ　龍安寺《りょうあんじ》の庭園は、石と砂で山や水などを表す枯山水《かれさんすい》という様式で室町時代につくられた。

オ　大内氏の城下町であった一乗谷には、大和絵《やまとえ》を完成させた雪舟《せっしゅう》がつくった庭園が残っている。

2　人工林に関連してのべた文として正しくないものを、つぎのアからオまでの中から二つ選び、その記号を書きなさい。

ア　人工林を含む森林が国土に占《し》める割合を日本と中国で比較《ひかく》すると、日本のほうが高い。

イ　白神山地は、日本有数のブナの人工林が評価され、世界遺産に登録された。

ウ　製材工場で出た木のくずをチップに加工し、発電の燃料として活用することもある。

エ　大仙古墳《だいせんこふん》が完成したとき、その地表面は豊かな森林に被《おお》われていた。

オ　人工林には、木材を育てるほか、風や雪、砂の害から人々の命や家、畑などを守るはたらきもある。

3　明治天皇が亡くなってから明治神宮創建の式典が行われるまでの間の出来事として正しいものを、つぎのアからオまでの中からすべて選び、その記号を書きなさい。

ア　ヨーロッパを主な戦場としていた第一次世界大戦が終結した。

イ　日本は外務大臣の小村寿太郎《こむらじゅたろう》のもとで関税自主権を回復した。

ウ　25歳《さい》以上の男性すべてに選挙権が認められた一方で、政府は治安維持法を制定した。

エ　富山の漁村で起こった米の安売りを求める騒動《そうどう》が、民衆の運動として全国に広がった。

オ　ロシアはドイツとフランスをさそい、遼東《りょうとう》半島を清《しん》に返すよう日本に要求した。

4　木材の利用や活用に関連してのべた文として正しくないものを、つぎのアからオまでの中から二つ選び、その記号を書きなさい。

ア　縄文《じょうもん》時代の集落には、集落を守るために木製のさくや物見やぐらなどが設けられた。

イ　弥生《やよい》時代の米づくりでは、田げたやくわなどの木製農具が新たに利用された。

ウ　聖徳太子が建立《こんりゅう》したとされる法隆寺《ほうりゅうじ》は、現存する世界最古の木造建築である。

エ　奈良《なら》時代には、朝廷《ちょうてい》に税を納めるときに木簡を使い、産地と荷物の内容を記した。

オ　鎌倉《かまくら》時代、モンゴル軍との戦いで御家人《ごけにん》たちは木製の容器に火薬と鉄片をつめた「てつはう」という武器を用いた。

5　つぎのアからキの文にある「ここ」は、現在の東京都と大阪府のどちらにあるか分類し、時代順にその記号を書きなさい。

ア　ここを起点に五街道《ごかいどう》が整備され、交通が発展して全国から多くのものや人が行き来した。

イ　ここは、商工業で栄えていたため、織田信長が直接支配した。

ウ　ここにある城の明け渡《わた》しについて、勝海舟《かつかいしゅう》と西郷隆盛《さいごうたかもり》が話し合った。

エ　ここで、アジアで初めてのオリンピックが開かれた。

オ　ここで、日本で初めての万国《ばんこく》博覧会が開かれた。

カ　ここに、豊臣秀吉《とよとみひでよし》が政治の拠点となる城を築いた。

キ　ここに、日本が西洋化したことを外国人に積極的にアピールするための鹿鳴館《ろくめいかん》という洋館を建てた。

6　本文中のこの時期に日本で煤煙が生じる背景についてのべた文として正しいものを、つぎのアからオまでの中から二つ選び、その記号を書きなさい。

ア　重化学工業が発展し、太平洋ベルトを中心に石油化学コンビナートがつくられた。

イ　「三種の神器」と呼ばれたテレビ、電気洗濯機《せんたくき》、電気冷蔵庫などの電化製品が家庭に広まった。

ウ　東京と大阪の間に東海道新幹線が開通した。

エ　鉄道の整備が広がり、蒸気機関車が大都市や軍事拠点、鉱山などをつないだ。

オ　日清戦争で得た賠償金《ばいしょうきん》の一部を使って官営の製鉄所がつくられた。

7　明治神宮内外苑100年の歴史をふまえ、再開発計画に反対する立場からの主張の根拠を考えて30字程度で書きなさい。

3　つぎの文を読んで、あとの１から６までの各問いに答えなさい。

2023年４月の統一地方選挙のとき、10代後半から20代前半の若者が各地で立候補《りっこうほ》を届け出たことが注目されました。受理されないことをわかったうえで、立候補の年齢《ねんれい》制限に問題を投げかける裁判《さいばん》へつなげようとしてとった行動でした。選挙に年齢制限がある理由は、若者には政治に関する知識や経験が不足していることだと考えられます。しかし、もし科学技術の助けによって、知識や経験の差を乗り越《こ》えることができるならどうでしょうか。それが実現する未来を描《えが》いたSF作品が、テレビドラマ「17歳《さい》の帝国《ていこく》」（NHK、2022年）です。本作では、17歳の少年が首長となり、衰退《すいたい》する地域を実験都市ウーアとして理想の社会へと生まれ変わらせようとします。少年をその地位に選んだのはAI（人工知能）です。AIはまた、人々の生活から膨大《ぼうだい》なデータを集めて分析《ぶんせき》し、住民の幸福度を効率的に高める政策を提案します。17歳の首長は、その提案を住民の意思とみなして、実行にうつす決断をしていくのです。そして、この都市では市議会が廃止《はいし》され、市の職員も減らされました。首長もまた、AIがリアルタイムで集計する支持率が30％を切れば辞《や》めることになります。

このような未来はそう遠くないのかもしれません。いま各国で「AI政治家」の開発が進んでいます。「AI政治家」は、世界各国の法律や政策、歴史、地理、経済データなどを学習し、マスメディアの報道やSNS上の書きこみなどを世論として分析したうえで、人々が望む政策を判断するように設計されています。AIが社会において大きな役割をはたすと予想されているのは、政治の世界だけではありません。2015年には、「10～20年後までに、日本で働く人の49％がAIやロボットに代替《だいたい》可能となる」とする研究が注目を集めました。この研究は、601種類の職業について、それぞれ30ほどの特徴《とくちょう》（必要な知識、技能など）を数値化し、各職業がAIやロボットにおき替《か》えられる可能性を計算したものです。これは「AIの普及《ふきゅう》によって大量の雇用《こよう》が奪《うば》われ、働き口が大きく減ってしまう」という主張として受け取られ、多くの人々にショックをあたえました。

「17歳の帝国」が描いたように、人間がAIの助言や提案を社会生活にいかす場面が今後増えてくるでしょう。たとえば、学校では、一人ひとりの学力や苦手分野に合った練習問題を出してもらったり、英会話の相手になってもらったりする場面があるかもしれません。また別の分野では、インターネット上にある個人の情報をもとに、仕事に就《つ》きたい人をその個性に合う会社とひきあわせたり、結婚《けっこん》したい人同士を結び付けたりするサービスも実用化されてきています。その一方、AIの助言や提案に従うことで、差別などの人権侵害《しんがい》が起こってしまう事例も多く報告されており、注意が必要です。

近年では、指示に従って文章や画像などを生み出すことができる生成AIが話題となっています。すでに2016年には、17世紀の画家レンブラントの「新作」をAIが描いたことが注目されていました。ビジネスの現場では、生成AIを対話の相手としながら仕事を進める人が増えています。ただし、主な生成AIサービスの利用ルールには年齢制限があり、小学生のみ

なさんが好きなように使うことは望ましくないとされています。2023年には、国際連合の機関である（　A　）が、教育分野における生成AIの活用についてガイダンスを発表し、利用してよい年齢を「最低限、13歳以上とすべき」としました。その理由の一つは、AIの回答は不適切なものもあり、使い方によっては悪影響《あくえいきょう》がもたらされるからです。試《ため》しに、ある生成AIに社会科に関する質問をしてみましょう。

> 質問１　日本国憲法についてわかりやすく教えて。
>
> 回答１　日本国憲法は、日本国民が自由で平和な社会を築くために定められた法律です。この憲法は、1947年に公布されました。この憲法の基本原理は、国民主権、基本的人権の尊重、平和主義です。この憲法は、天皇が象徴《しょうちょう》であることを定めています。また、戦争放棄《ほうき》を宣言し、平和的な外交政策を採用することを定めています。憲法には、国民の基本的人権が保障されています。具体的には、思想・良心の自由、信教の自由、表現の自由、集会・結社の自由などが挙げられます。また、この憲法によって国会や内閣などの政府組織が設置されており、国民が直接選挙で代表者を選ぶことができます。日本国憲法に示された項目《こうもく》は、日本国民が守らなければならないルールです。
>
> 質問２　日本は国際平和のためにどのような取り組みをしているか、小学校６年生向けに説明して。
>
> 回答２　日本は、国際平和のために多くの取り組みをしています。例えば、国際連合に加盟し、平和維持《いじ》活動に参加しています。また、ODA（政府開発援助《えんじょ》）を通じて、世界中の国々に援助を提供しています。さらに、日本は核《かく》兵器を持たず、核兵器廃絶を訴える国際的な取り組みにも積極的に参加しています。
>
> （ChatGPT3.5により生成した文章をもとに作成）

少なくとも現時点では、AIが作った回答は、文章として不自然なだけでなく、誤りを含《ふく》んでいたり、論理的に矛盾《むじゅん》していたりすることがあります。また、AIは学習した言語情報をそれらしいことばの並びに整えているだけで、一般《いっぱん》的にいえることを述べることしかできません。つまり、社会科の学習で特に大切な、現実の社会問題に対する切実な問題意識や価値判断の力をもっているわけではないのです。

AIが生み出すことばを「正解」とみなしてそれに従うばかりになると、社会から思考と対話が消えてしまいます。「17歳の帝国」の主人公は、AIの提案が正しいのかどうか、街で生活する人々の声を聞きながら深く思い悩《なや》んでいました。そのように、異《こと》なる立場や価値観に触《ふ》れて悩み抜くことこそが、AI時代の人間に求められる活動なのかもしれません。

1　立候補の年齢制限に問題を投げかける裁判が行われる場合、そのしくみについてのべた文として正しいものを、つぎのアからオまでの中から二つ選び、その記号を書きなさい。

ア　この裁判は、一般市民が傍聴《ぼうちょう》することができる。

イ　この裁判は、裁判員裁判によって行われる。

ウ　この裁判は、政治に関わる問題であるため、国会に設置された裁判所で行われる。

エ　この裁判で有罪が確定した場合、その時点で立候補の年齢制限がなくなる。

オ　この裁判での判決に不服がある場合、上級の裁判所にうったえることができる。

2　実験都市ウーアの政治と異なる、現代日本の地方政治の特徴について説明した文として正しいものを、つぎのアからオまでの中からすべて選び、その記号を書きなさい。

ア　首長は議会の一員であり、議会の多数派によって選ばれる。

イ　選挙で選ばれた代表者が話しあって物事を決めるため、そのときの住民の意思に必ず従うわけではない。

ウ　政策を実現するための予算案に対して、議会が賛成の議決をすることが必要である。

エ　住民の意思を政治に反映させる制度は、選挙のみである。

オ　住民からの支持率が下がっても、首長を任期の途中で辞めさせる制度はない。

3　本文でのべた研究にもとづく「AIの普及によって大量の雇用が奪われ、働き口が大きく減ってしまう」という主張に対する反論の根拠《こんきょ》として適切でないものを、つぎのアからオまでの中から二つ選び、その記号を書きなさい。

ア　創造性や共感など、人間ならではの能力を高めることが重要である。

イ　実際に職業に就いている人は、いくつもの多様な業務を同時にこなしていることが多い。

ウ　AIやロボットの普及にともなって、新たなビジネスや職業が生まれる可能性がある。

エ　人間の仕事を代替できるようなAIやロボットを導入するには、人を雇《やと》うよりも費用がかかることが少なくない。

オ　誰もが「健康で文化的な最低限度の生活」をおくれるように、一定の所得を保障する必要がある。

4　個人の情報に関連してのべた文として正しくないものを、つぎのアからオまでの中から二つ選び、その記号を書きなさい。

ア　個人の情報を扱う会社は、それが外部にもれないように取り組むことが法律で定められている。

イ　マイナンバー制度は行政手続《てつづき》に関わる情報を管理するものであり、個人のナンバーを預金口座と紐《ひも》づけることは禁止されている。

ウ　病院や診療所《しんりょうじょ》では、患者《かんじゃ》の病歴など特に配慮《はいりょ》が必要な情報を電子化して保管することは禁止されている。

エ　位置情報など人の移動に関する情報を集め、個人が特定できないように処理したうえで他の会社などに提供することが認められている。

オ　インターネットショッピングの偽《にせ》サイトから、クレジットカードなどの重要な情報を盗《ぬす》む犯罪が起きている。

5　本文中の空欄《くうらん》（　A　）に適する機関を答えなさい。略した名称《めいしょう》でもよい。

6　本文に示したAIが作った回答に対して指摘《してき》できる誤りや補足できることとして適切でないものを、つぎのアからオまでの中から二つ選び、その記号を書きなさい。

ア　日本国憲法が公布されたのは1946年であり、その公布日の５月３日は憲法記念日となった。

イ　すべての法律は憲法にもとづいていることをふまえると、日本国憲法は法律と同等ではない。

ウ　日本国憲法は国の政治の基本的なあり方を定めたもので、国民が守らなければならないルールとは異なる。

エ　日本は憲法で戦力の不保持を定めているため、国際連合の平和維持活動に参加することはできない。

オ　日本は国連で核兵器廃絶をうったえているが、核兵器の開発や保有を禁じる核兵器禁止条約には参加していない。

令6
中

国

受験番号

氏　名

解答用紙

評　点

※100点満点
（配点非公表）

一

問一

問二

問三

（1）

（2）

二

三

問一

問二

Ⓐ

Ⓑ

Ⓒ

問三

問四

問五

'24 中	算

受験番号		氏名	

解答用紙

【注意】 1. 答えはすべて，解答用紙の定められたところに記入しなさい。
2. 円周率は 3.14 を用いなさい。

評点	※100点満点（配点非公表）

	計算	解答	
[1]		(1)	
		(2)	個
		(3)	個
[2]		(1)	もっとも大きい数 / もっとも小さい数
		(2)	
		(3)	
		(4)	もっとも大きい数 / もっとも小さい数
[3]		(1)	
		(2)	
		(3)	
[4]		(1)	cm
		(2)	
		(3)	

2024 中	理

受験番号		氏名	

解　答　用　紙

評点	※100点満点 （配点非公表）

1	1										
	2										
	3										
	4	A		B		C		D		E	
		F		G							
2	1										
	2										
	3										
	4										
	5										
3	1										
	2	①		②		③					
4	1					2					
	3										
	4	①		②		③		④			
5	1	①		②		③		④			
	2	(1)		(2)							
6	1	(1)		(2)							
	2	(3)		(4)							
	3	(5)		(6)							

'24 中	社

受験番号		氏名	

解　答　用　紙

評点	※100点満点（配点非公表）

大問	小問	解答欄		
1	1	a	b	の日
	2	神奈川県	山梨県	千葉県
	3			
	4			
	5			
	6			
2	1			
	2			
	3			
	4			
	5	東京都	大阪府	
	6			
	7	30		
3	1			
	2			
	3			
	4			
	5			
	6			

福岡県

①［国立］福岡教育大学附属中学校（福岡・小倉・久留米）

②［県立］
- 育徳館中学校
- 門司学園中学校
- 宗像中学校
- 嘉穂高等学校附属中学校
- 輝翔館中等教育学校

③西南学院中学校
④上智福岡中学校
⑤福岡女学院中学校
⑥福岡雙葉中学校
⑦照曜館中学校
⑧筑紫女学園中学校
⑨敬愛中学校
⑩久留米大学附設中学校
⑪飯塚日新館中学校
⑫明治学園中学校
⑬小倉日新館中学校
⑭久留米信愛中学校
⑮中村学園女子中学校
⑯福岡大学附属大濠中学校
⑰筑陽学園中学校
⑱九州国際大学付属中学校
⑲博多女子中学校
⑳東福岡自彊館中学校
㉑八女学院中学校

佐賀県

①［県立］
- 香楠中学校
- 致遠館中学校
- 唐津東中学校
- 武雄青陵中学校

②弘学館中学校
③東明館中学校
④佐賀清和中学校
⑤成穎中学校
⑥早稲田佐賀中学校

長崎県

①［県立］
- 長崎東中学校
- 佐世保北中学校
- 諫早高等学校附属中学校

②青雲中学校
③長崎南山中学校
④長崎日本大学中学校
⑤海星中学校

熊本県

①［県立］
- 玉名高等学校附属中学校
- 宇土中学校
- 八代中学校

②真和中学校
③九州学院中学校
④ルーテル学院中学校
⑤熊本信愛女学院中学校
⑥熊本マリスト学園中学校
⑦熊本学園大学付属中学校

大分県

①［県立］大分豊府中学校
②岩田中学校

宮崎県

①［県立］五ヶ瀬中等教育学校

②［県立］
- 宮崎西高等学校附属中学校
- 都城泉ヶ丘高等学校附属中学校

③宮崎日本大学中学校
④日向学院中学校
⑤宮崎第一中学校

鹿児島県

①［県立］楠隼中学校
②［市立］鹿児島玉龍中学校
③鹿児島修学館中学校
④ラ・サール中学校
⑤志學館中等部

沖縄県

①［県立］
- 与勝緑が丘中学校
- 開邦中学校
- 球陽中学校
- 名護高等学校附属桜中学校

もっと過去問シリーズ

北海道

北嶺中学校
7年分（算数・理科・社会）

静岡県

静岡大学教育学部附属中学校
（静岡・島田・浜松）
10年分（算数）

愛知県

愛知淑徳中学校
7年分（算数・理科・社会）
東海中学校
7年分（算数・理科・社会）
南山中学校男子部
7年分（算数・理科・社会）
南山中学校女子部
7年分（算数・理科・社会）
滝中学校
7年分（算数・理科・社会）
名古屋中学校
7年分（算数・理科・社会）

岡山県

岡山白陵中学校
7年分（算数・理科）

広島県

広島大学附属中学校
7年分（算数・理科・社会）
広島大学附属福山中学校
7年分（算数・理科・社会）
広島学院中学校
7年分（算数・理科・社会）
広島女学院中学校
7年分（算数・理科・社会）
修道中学校
7年分（算数・理科・社会）
ノートルダム清心中学校
7年分（算数・理科・社会）

愛媛県

愛光中学校
7年分（算数・理科・社会）

福岡県

福岡教育大学附属中学校
（福岡・小倉・久留米）
7年分（算数・理科・社会）
西南学院中学校
7年分（算数・理科・社会）
久留米大学附設中学校
7年分（算数・理科・社会）
福岡大学附属大濠中学校
7年分（算数・理科・社会）

佐賀県

早稲田佐賀中学校
7年分（算数・理科・社会）

長崎県

青雲中学校
7年分（算数・理科・社会）

鹿児島県

ラ・サール中学校
7年分（算数・理科・社会）

※もっと過去問シリーズは国語の収録はありません。

教英出版
〒422-8054
静岡県静岡市駿河区南安倍3丁目12－28
TEL 054-288-2131
FAX 054-288-2133
詳しくは教英出版で検索
教英出版　検索
URL https://kyoei-syuppan.net/

④[府立]富田林中学校
⑤[府立]咲くやこの花中学校
⑥[府立]水都国際中学校
⑦清風中学校
⑧高槻中学校（A日程）
⑨高槻中学校（B日程）
⑩明星中学校
⑪大阪女学院中学校
⑫大谷中学校
⑬四天王寺中学校
⑭帝塚山学院中学校
⑮大阪国際中学校
⑯大阪桐蔭中学校
⑰開明中学校
⑱関西大学第一中学校
⑲近畿大学附属中学校
⑳金蘭千里中学校
㉑金光八尾中学校
㉒清風南海中学校
㉓帝塚山学院泉ヶ丘中学校
㉔同志社香里中学校
㉕初芝立命館中学校
㉖関西大学中等部
㉗大阪星光学院中学校

兵庫県

①[国立]神戸大学附属中等教育学校
②[県立]兵庫県立大学附属中学校
③雲雀丘学園中学校
④関西学院中学部
⑤神戸女学院中学部
⑥甲陽学院中学校
⑦甲南中学校
⑧甲南女子中学校
⑨灘中学校
⑩親和中学校
⑪神戸海星女子学院中学校
⑫滝川中学校
⑬啓明学院中学校
⑭三田学園中学校
⑮淳心学院中学校
⑯仁川学院中学校
⑰六甲学院中学校
⑱須磨学園中学校（第1回入試）
⑲須磨学園中学校（第2回入試）
⑳須磨学園中学校（第3回入試）
㉑白陵中学校
㉒夙川中学校

奈良県

①[国立]奈良女子大学附属中等教育学校
②[国立]奈良教育大学附属中学校
③[県立]
国際中学校
青翔中学校
④[市立]一条高等学校附属中学校
⑤帝塚山中学校
⑥東大寺学園中学校
⑦奈良学園中学校
⑧西大和学園中学校

和歌山県

①[県立]
古佐田丘中学校
向陽中学校
桐蔭中学校
日高高等学校附属中学校
田辺中学校
②智辯学園和歌山中学校
③近畿大学附属和歌山中学校
④開智中学校

岡山県

①[県立]岡山操山中学校
②[県立]倉敷天城中学校
③[県立]岡山大安寺中等教育学校
④[県立]津山中学校
⑤岡山中学校
⑥清心中学校
⑦岡山白陵中学校
⑧金光学園中学校
⑨就実中学校
⑩岡山理科大学附属中学校
⑪山陽学園中学校

広島県

①[国立]広島大学附属中学校
②[国立]広島大学附属福山中学校
③[県立]広島中学校
④[県立]三次中学校
⑤[県立]広島叡智学園中学校
⑥[市立]広島中等教育学校
⑦[市立]福山中学校
⑧広島学院中学校
⑨広島女学院中学校
⑩修道中学校
⑪崇徳中学校
⑫比治山女子中学校
⑬福山暁の星女子中学校
⑭安田女子中学校
⑮広島なぎさ中学校
⑯広島城北中学校
⑰近畿大学附属広島中学校福山校
⑱盈進中学校
⑲如水館中学校
⑳ノートルダム清心中学校
㉑銀河学院中学校
㉒近畿大学附属広島中学校東広島校
㉓AICJ中学校
㉔広島国際学院中学校
㉕広島修道大学ひろしま協創中学校

山口県

①[県立]
下関中等教育学校
高森みどり中学校
②野田学園中学校

徳島県

①[県立]
富岡東中学校
川島中学校
城ノ内中等教育学校
②徳島文理中学校

香川県

①大手前丸亀中学校
②香川誠陵中学校

愛媛県

①[県立]
今治東中等教育学校
松山西中等教育学校
②愛光中学校
③済美平成中等教育学校
④新田青雲中等教育学校

高知県

①[県立]
安芸中学校
高知国際中学校
中村中学校

神奈川県

①[県立]（相模原中等教育学校
　　　　　平塚中等教育学校
②[市立]南高等学校附属中学校
③[市立]横浜サイエンスフロンティア高等学校附属中学校
④[市立]川崎高等学校附属中学校
✿⑤聖光学院中学校
✿⑥浅野中学校
⑦洗足学園中学校
⑧法政大学第二中学校
⑨逗子開成中学校（1次）
⑩逗子開成中学校（2･3次）
⑪神奈川大学附属中学校（第1回）
⑫神奈川大学附属中学校（第2･3回）
⑬栄光学園中学校
⑭フェリス女学院中学校

新潟県

①[県立]（村上中等教育学校
　　　　　柏崎翔洋中等教育学校
　　　　　燕中等教育学校
　　　　　津南中等教育学校
　　　　　直江津中等教育学校
　　　　　佐渡中等教育学校
②[市立]高志中等教育学校
③新潟第一中学校
④新潟明訓中学校

石川県

①[県立]金沢錦丘中学校
②星稜中学校

福井県

①[県立]高志中学校

山梨県

①山梨英和中学校
②山梨学院中学校
③駿台甲府中学校

長野県

①[県立]（屋代高等学校附属中学校
　　　　　諏訪清陵高等学校附属中学校
②[市立]長野中学校

岐阜県

①岐阜東中学校
②鶯谷中学校
③岐阜聖徳学園大学附属中学校

静岡県

①[国立]静岡大学教育学部附属中学校
　　　　（静岡･島田･浜松）
②（[県立]清水南高等学校中等部
　　[県立]浜松西高等学校中等部
　　[市立]沼津高等学校中等部
③不二聖心女子学院中学校
④日本大学三島中学校
⑤加藤学園暁秀中学校
⑥星陵中学校
⑦東海大学付属静岡翔洋高等学校中等部
⑧静岡サレジオ中学校
⑨静岡英和女学院中学校
⑩静岡雙葉中学校
⑪静岡聖光学院中学校
⑫静岡学園中学校
⑬静岡大成中学校
⑭城南静岡中学校
⑮静岡北中学校
⑯（常葉大学附属常葉中学校
　　常葉大学附属橘中学校
　　常葉大学附属菊川中学校
⑰藤枝明誠中学校
⑱浜松開誠館中学校
⑲静岡県西遠女子学園中学校
⑳浜松日体中学校
㉑浜松学芸中学校

愛知県

①[国立]愛知教育大学附属名古屋中学校
②愛知淑徳中学校
③（名古屋経済大学市邨中学校
　　名古屋経済大学高蔵中学校
④金城学院中学校
⑤椙山女学園中学校
⑥東海中学校
⑦南山中学校男子部
⑧南山中学校女子部
⑨聖霊中学校
⑩滝中学校
⑪名古屋中学校
⑫大成中学校
⑬愛知中学校
⑭星城中学校
⑮名古屋葵大学中学校
　（名古屋女子大学中学校）
⑯愛知工業大学名電中学校
⑰海陽中等教育学校（特別給費生）
⑱海陽中等教育学校（Ⅰ･Ⅱ）
⑲中部大学春日丘中学校
新刊⑳名古屋国際中学校

三重県

①[国立]三重大学教育学部附属中学校
②暁中学校
③海星中学校
④四日市メリノール学院中学校
⑤高田中学校
⑥セントヨゼフ女子学園中学校
⑦三重中学校
⑧皇學館中学校
⑨鈴鹿中等教育学校
⑩津田学園中学校

滋賀県

①[国立]滋賀大学教育学部附属中学校
②[県立]（河瀬中学校
　　　　　守山中学校
　　　　　水口東中学校

京都府

①[国立]京都教育大学附属桃山中学校
②[府立]洛北高等学校附属中学校
③[府立]園部高等学校附属中学校
④[府立]福知山高等学校附属中学校
⑤[府立]南陽高等学校附属中学校
⑥[市立]西京高等学校附属中学校
⑦同志社中学校
⑧洛星中学校
⑨洛南高等学校附属中学校
⑩立命館中学校
⑪同志社国際中学校
⑫同志社女子中学校（前期日程）
⑬同志社女子中学校（後期日程）

大阪府

①[国立]大阪教育大学附属天王寺中学校
②[国立]大阪教育大学附属平野中学校
③[国立]大阪教育大学附属池田中学校

教英出版　2025年春受験用　中学入試問題集

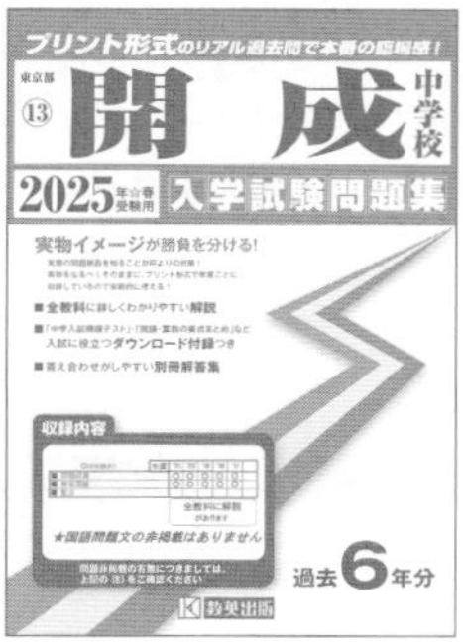

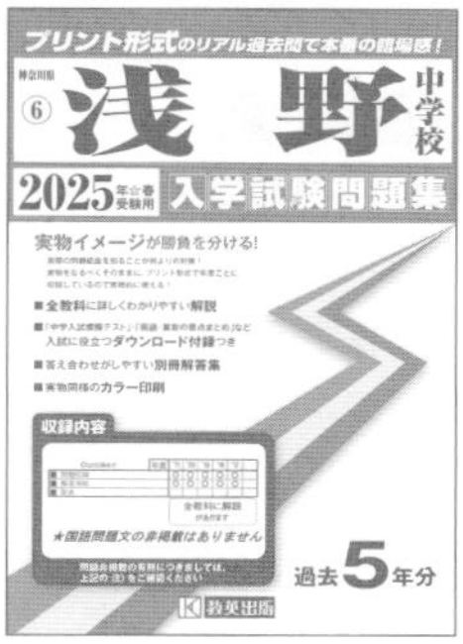

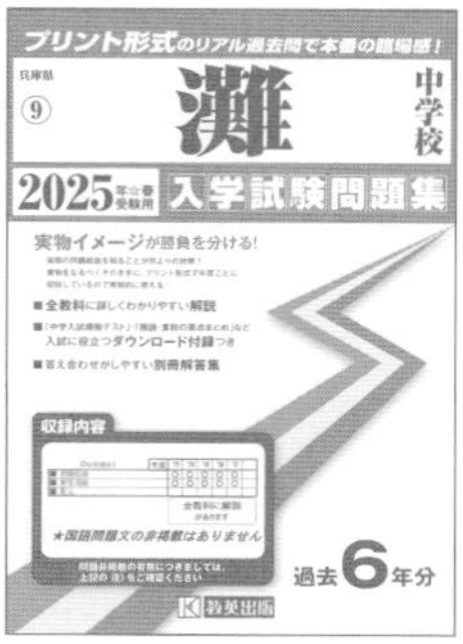

学校別問題集

✿はカラー問題対応

北海道

①[市立]札幌開成中等教育学校
②藤女子中学校
③北嶺中学校
④北星学園女子中学校
⑤札幌大谷中学校
⑥札幌光星中学校
⑦立命館慶祥中学校
⑧函館ラ・サール中学校

青森県

①[県立]三本木高等学校附属中学校

岩手県

①[県立]一関第一高等学校附属中学校

宮城県

①[県立]宮城県古川黎明中学校
②[県立]宮城県仙台二華中学校
③[市立]仙台青陵中等教育学校
④東北学院中学校
⑤仙台白百合学園中学校
⑥聖ウルスラ学院英智中学校
⑦宮城学院中学校
⑧秀光中学校
⑨古川学園中学校

秋田県

①[県立]
- 大館国際情報学院中学校
- 秋田南高等学校中等部
- 横手清陵学院中学校

山形県

①[県立]
- 東桜学館中学校
- 致道館中学校

福島県

①[県立]
- 会津学鳳中学校
- ふたば未来学園中学校

茨城県

①[県立]
- 日立第一高等学校附属中学校
- 太田第一高等学校附属中学校
- 水戸第一高等学校附属中学校
- 鉾田第一高等学校附属中学校
- 鹿島高等学校附属中学校
- 土浦第一高等学校附属中学校
- 竜ヶ崎第一高等学校附属中学校
- 下館第一高等学校附属中学校
- 下妻第一高等学校附属中学校
- 水海道第一高等学校附属中学校
- 勝田中等教育学校
- 並木中等教育学校
- 古河中等教育学校

栃木県

①[県立]
- 宇都宮東高等学校附属中学校
- 佐野高等学校附属中学校
- 矢板東高等学校附属中学校

群馬県

①
- [県立]中央中等教育学校
- [市立]四ツ葉学園中等教育学校
- [市立]太田中学校

埼玉県

①[県立]伊奈学園中学校
②[市立]浦和中学校
③[市立]大宮国際中等教育学校
④[市立]川口市立高等学校附属中学校

千葉県

①[県立]
- 千葉中学校
- 東葛飾中学校

②[市立]稲毛国際中等教育学校

東京都

①[国立]筑波大学附属駒場中学校
②[都立]白鷗高等学校附属中学校
③[都立]桜修館中等教育学校
④[都立]小石川中等教育学校
⑤[都立]両国高等学校附属中学校
⑥[都立]立川国際中等教育学校
⑦[都立]武蔵高等学校附属中学校
⑧[都立]大泉高等学校附属中学校
⑨[都立]富士高等学校附属中学校
⑩[都立]三鷹中等教育学校
⑪[都立]南多摩中等教育学校
⑫[区立]九段中等教育学校
⑬開成中学校
⑭麻布中学校
⑮桜蔭中学校
⑯女子学院中学校
✿⑰豊島岡女子学園中学校
⑱東京都市大学等々力中学校
⑲世田谷学園中学校
✿⑳広尾学園中学校（第2回）
✿㉑広尾学園中学校（医進・サイエンス回）
㉒渋谷教育学園渋谷中学校（第1回）
㉓渋谷教育学園渋谷中学校（第2回）
㉔東京農業大学第一高等学校中等部（2月1日 午後）
㉕東京農業大学第一高等学校中等部（2月2日 午後）

教英出版の中学受験対策

中学受験面接の基本がここに！
知っておくべき面接試問の要領

面接試験に，落ち着いて自信をもってのぞむためには，あらかじめ十分な準備をしておく必要があります。面接の心得や，受験生と保護者それぞれへの試問例など，面接対策に必要な知識を１冊にまとめました。

- 面接の形式や評価のポイント，マナー，当日までの準備など，面接の基本をていねいに指南「面接はこわくない！」
- 書き込み式なので，質問例に対する自分の答えを整理して本番直前まで使える
- ウェブサイトで質問音声による面接のシミュレーションができる

定価：770円（本体700円+税）

入試テクニックシリーズ

必修編

基本をおさえて実力アップ！
1冊で入試の全範囲を学べる！
基礎力養成に最適！

こんな受験生には必修編がおすすめ！

- 入試レベルの問題を解きたい
- 学校の勉強とのちがいを知りたい
- 入試問題を解く基礎力を固めたい

定価：1,100円（本体1,000+税）

発展編

応用力強化で合格をつかむ！
有名私立中の問題で
最適な解き方を学べる！

こんな受験生には発展編がおすすめ！

- もっと難しい問題を解きたい
- 難関中学校をめざしている
- 子どもに難問の解法を教えたい

定価：1,760円（本体1,600+税）

絶賛販売中！

詳しくは教英出版で検索

教英出版　検索

URL https://kyoei-syuppan.net/

■ ご使用にあたってのお願い・ご注意

（1）問題文等の非掲載

著作権上の都合により，問題文や図表などの一部を掲載できない場合があります。

誠に申し訳ございませんが，ご了承くださいますようお願いいたします。

（2）過去問における時事性

過去問題集は，学習指導要領の改訂や社会状況の変化，新たな発見などにより，現在とは異なる表記や解説になっている場合があります。過去問の特性上，出題当時のままで出版していますので，あらかじめご了承ください。

（3）配点

学校等から配点が公表されている場合は，記載しています。公表されていない場合は，記載していません。

独自の予想配点は，出題者の意図と異なる場合があり，お客様が学習するうえで誤った判断をしてしまう恐れがあるため記載していません。

（4）無断複製等の禁止

購入された個人のお客様が，ご家庭でご自身またはご家族の学習のためにコピーをすることは可能ですが，それ以外の目的でコピー，スキャン，転載（ブログ，ＳＮＳなどでの公開を含みます）などをすることは法律により禁止されています。学校や学習塾などで，児童生徒のためにコピーをして使用することも法律により禁止されています。

ご不明な点や，違法な疑いのある行為を確認された場合は，弊社までご連絡ください。

（5）けがに注意

この問題集は針を外して使用します。針を外すときは，けがをしないように注意してください。また，表紙カバーや問題用紙の端で手指を傷つけないように十分注意してください。

（6）正誤

制作には万全を期しておりますが，万が一誤りなどがございましたら，弊社までご連絡ください。

なお，誤りが判明した場合は，弊社ウェブサイトの「ご購入者様のページ」に掲載しておりますので，そちらもご確認ください。

■ お問い合わせ

解答例，解説，印刷，製本など，問題集発行におけるすべての責任は弊社にあります。

ご不明な点がございましたら，弊社ウェブサイトの「お問い合わせ」フォームよりご連絡ください。迅速に対応いたしますが，営業日の都合で回答に数日を要する場合があります。

ご入力いただいたメールアドレス宛に自動返信メールをお送りしています。自動返信メールが届かない場合は，「よくある質問」の「メールの問い合わせに対し返信がありません。」の項目をご確認ください。

また弊社営業日（平日）は，午前９時から午後５時まで，電話でのお問い合わせも受け付けています。

2025春

株式会社教英出版

〒422-8054　静岡県静岡市駿河区南安倍３丁目 12-28

TEL　054-288-2131　　FAX　054-288-2133

URL　https://kyoei-syuppan.net/

MAIL siteform@kyoei-syuppan.net